최신 개정 리프레시

아기곰의
재테크
불변의 법칙

최신 개정 리프레시 *refresh*

아기곰의 재테크

불변의 법칙

아기곰 지음

아라크네

올바른 재테크 전략을 세워라

"왜 재테크를 해야 할까?"

이 질문에 대한 견해는 사람마다 제각기 다를 수 있다. 어떤 이는 "재테크가 삶의 질을 높이며 더 나아가 목표 있는 인생을 만듭니다"라고 이야기하기도 하고, 다른 어떤 이는 "경제적 자유를 얻기 위해 재테크를 합니다"라고 말하기도 한다. 어떤 것이라도 좋다. 그러나 이 단순한 물음에 대한 확고한 소신 없이 시작하는 재테크는 나침반 없이 험한 바다를 항해하는 것과 같이 위험한 것이며, 자기 자신의 인생뿐만 아니라 주변 사람들을 피폐하게 만들 수가 있다.

재테크의 목적을 쉽게 말하면 벌어들인 소득을 더 불리기 위함이라고 할 수 있다. 그러면 왜 재테크를 해야 하나? 물론 인생에서 돈이 가장 중요한 것은 아니다. 그리고 돈만을 추구하는 사람들이 진정한 행복을 느낀다고는 생각하지 않는다. 그러나 행복해야 될 사람들이 돈 때문에 불행하게 된다면 그건 더 큰 문제일 것이다. 실제로 1997년 IMF 외환위기 때나 2008년 국제 금융위기 때 돈 때문에 해체되는 가정들을 우리는 너무나 많이 보아 왔다. 그렇기 때문에 '돈 = 행복'이라는 등식에 빠져서는 안 되겠지만, "돈은 더러운 것이므로 선비가 만져서는 안 될 것"이라는 봉건 시대적 현실 외면 논리에 빠지는 것도 문제가 있다. 돈이란 행복을 구성하는 것 — 사랑, 믿음, 종교, 가정, 건강, 친구 등 — 의 하나이지, 그 이상도 이하도 아니라 하겠다.

인생을 살아가면서 돈의 노예가 되어서는 절대 안 되며 돈의 주인이 되어야 한다는 것은 누구나 알고 있는 사실이며 또한 모든 이의 바람이기도 하다. 돈으로부터 자유로워지는 것, 돈의 주인이 되는 것, 이것이 바로 재테크의 목적이라 할 수 있다. 그러면 '돈으로부터 자유로워진다'는 것은 어떤 의미일까? 일정한 목표에 이르면 마음껏 돈을 사용할 수 있다는 의미일까? '돈으로부터 자유로워진다'는 것은 단순히 그런 의미만은 아니다.

모 회사에 입사 동기이며 동창인 A 씨와 B 씨가 있었다. 두 사람 모두 뛰어난 실무 능력을 인정받아 과장까지 고속 승진을 거듭했다. 그러나 스스로 의사 결정을 내려야 하는 직급에 이르자, 두 사람에 대한 회사 내의 평가는 달라지게 되었다. A 씨는 고집은 있지만 소신파로 정평이 나 있었고, B 씨는 인간 관계는 좋지만 자기 의견이 없는 사람으로 평가받기 시작했다. 그리고 회사 내에서는 점점 A 씨의 의견이 많이 반영되기 시작했다. 과장 때까지는 선의의 경쟁을 벌이던 두 사람이 왜 이렇게 차이가 나기 시작했을까?

A 씨는 아내와 맞벌이하면서 꾸준히 재테크를 해 온 결과 어느덧 남부럽지 않은 자산가가 되어 있었기 때문에 자신도 모르게 말이나 행동

에 자신감이 차 있었다. 이에 반해 자산을 축적하지 못한 B 씨는 상사나 관련 부서와 의견이 맞부딪칠 때마다, 집에서 자기만을 바라보고 사는 아내와 자식이 눈에 어른거려서 자기 주장을 접고는 했던 것이다. 그러다 보니 자기 의견을 내놓는 것이 아니라 상대방의 의중을 살피는 데만 익숙해지고 스스로는 아무런 부가가치를 창출해 내지 못하는 관리자로 낙인찍히게 되었다. 재테크를 통해서 A 씨는 자신감을 얻었고, 의사 결정이 필요할 때 그 일 자체와 무관한 것(예: 가족의 미래에 대한 염려 등)으로부터 자유를 얻은 것이다. 이것은 재테크가 돈이라는 실제적인 이익 이외에, 보이지 않는 부가 이익도 가져다줄 수 있음을 말해 준다.

이 책은 금융상품 소개나 세부적인 기법을 알려 주는 기술서가 아니다. 또한 복잡한 이론을 소개하는 어려운 경제서도 아니다. 성공적인 재테크를 위해 우리가 꼭 알아야 할 이론들을 현실에 접목하여 하나의 책으로 만들어 낸 것이다. 이 책은 학교를 막 졸업하고 사회에 첫발을 내딛는 사회 초년생, 이제 막 결혼하여 신혼의 꿈을 펼쳐 갈 젊은 부부, 그리고 지금보다 윤택한 삶을 지향하려는 사람들에게 조금이라도 도움이 될까 하여 쓰여졌다.

이 책을 읽는 분들이 언젠가는 경제적 자유를 얻기를 바란다. 경제적 자유란 말 그대로 자유를 얻는 것이다. (먹고살기 위해) 아무것도 하지 않아도 되는 자유, (본인이 하고 싶은) 무엇이라도 할 수 있는 자유를 말한다. 쉽게 말해 심신에 지친 본인을 위해 몇 달간 해외 여행을 다녀와도, 생계를 포함하여 현재의 생활 수준을 유지하는 데 아무런 지장이 없는 경지를 경제적 자유라 할 수 있다. 물론 누구라도 직장을 그만두고 그동안 번 돈으로 몇 달간 해외여행을 갈 수는 있다. 귀국해서 새로운 직장을 얻으면 그만이다. 하지만 이를 경제적 자유라 하지는 않는다.

본인이 이런 생활을 하고 있다면 20년 후, 30년 후를 생각해 보라. 그때도 본인을 찾아 줄 직장이 있을지를 생각해 보라는 것이다. 이는 무엇이라도 할 수 있는 자유를 위해, 아무것도 하지 않아도 되는 자유를 포기한 것이다. 경제적 자유란 본인이 모아 둔 돈, 또는 임대 수입이나 금융 수입 등 본인이 만들어 놓은 시스템에서 생활비 이상의 수입이 계속 조달되는 구조적 상황을 말한다.

이 책이 처음 나왔던 것은 지금으로부터 14년 전인 2003년이었다. 시중에서 절판된 지 오래되었지만 낡아 너덜거리는 중고서적이 새 책의 두 배 이상 가격으로 거래되고는 했다. 시류에 영합해서 한 해 반짝 뜨다가 사라지는 책이 아니라 오랜 기간 독자가 찾는 책을 만들려는 필자의 생각과 이 책에서 담고 있는 메시지가 딱 맞아떨어지기 때문에 이 책이 부활한 것이다. 그렇다고 단순한 개정판은 아니고, 절반 이상이 새로운 내용으로 채워졌다. 하지만 독자의 경제적 자유를 얻는 방법을 알려 드리고 싶은 핵심 메시지는 변하지 않았다고 자부한다.

14년 후인 2031년에도 이 책을 찾으려는 사람들이 헌책방으로, 도서관으로 찾아다니는 것을 상상하며 이 책을 썼다. 종이는 낡아 가도 독자에게 전하고자 하는 메시지는 14년 전이나, 지금이나, 14년 후에라도 바뀌지 않을 것이다. 이 책을 접한 많은 사람이 경제적 자유를 얻기를 진심으로 바란다.

2017년 5월

(2026년 3월에 최신 자료를 반영하여 본문 내용을 수정 보완함.)

아기곰 a-cute-bear@hanmail.net

블로그 blog.naver.com/a-cute-bear

불안감을 느끼는 2030세대에게

앞서 머리말에서 언급한 대로 이 책의 전신인 'How to Make Big Money'라는 책이 2003년에 나온 이후 14년이 지난 2017년에 전면 개정판 형식으로 이 책을 발간했었다. 그 후 매년 새로운 데이터로 책을 업데이트해 왔다. 최신의 흐름을 책 속에 담고자 한 것이다.

올해에는 단순히 업데이트 차원이 아니라 상당한 분량의 내용이 보강되었다. 웬만한 책 절반 정도의 분량이 추가되거나 대폭 수정되었다고 할 수 있다. 원래는 새 책을 낼 생각도 있었다. 새 책의 형식으로 내야 매출도 더 올라가기 때문에 출판사 측에서도 개정판보다는 새책으로 내는 것을 권하기도 했다.

필자의 입장에서도 여섯 번째 책이 되기 때문에 다작의 작가라는 타이틀이 붙으니, 새 책으로 내는 것이 더 낫기는 하다. 그럼에도 불구하고 개정판 형식으로 책을 낸 이유는 기존의 '재테크 불변의 법칙'이라는 책이 가지고 있는 좋은 내용이 새 책에 의해 잊혀질까 염려되었기 때문이다. "재테크 불변의 법칙은 예전 내용, 신간은 새 내용"이 아니기 때문이다.

얼마 전에 20대 청년이 필자의 사무실에 찾아왔다. 상담이나 다른 목적이 아니라 인생의 가르침을 얻기 위해서이다. 그때 책 내용을 손으로 일일이 적어 낸 필사본을 가져왔다. 조선 시대도 아닌데 필사본을 만든 이유는 책 내용의 한 줄 한 줄, 한 단어 한 단어를 뇌에 새기기 위해서라고 했다.

새로 사회에 첫발을 내딛는 20, 30대에게 도움이 되고자 책을 썼던 필자의 의도가 독자들에게 받아들여지는 것 같아서 뿌듯한 생각이 듦과 동시에 이 책을 통해 젊은이들이 인생의 방향을 바로잡고 살아가는 데 필요한 영감을 지속적으로 주는 것도 필자의 의무라는 생각이 들었다.

이번 개정판에는 20, 30대들에 대한 재테크 지침 외에도 4차 산업혁명이나 AI 혁명 더 나아가 휴머노이드 로봇으로 대표되는 피지컬 AI 혁명이 앞으로 우리에게 끼칠 영향에 대해서도 상당한 분량을 할애했다. 좋든 싫든 간에 이러한 혁명이 우리에게 다가오기 시작하였고, 장기적으로 우리의 삶과 미래의 일자리에 지대한 영향을 끼치기 때문이다. 더 나아가 이를 계기로 주식 시장이나 주택 시장에도 변화가 시작될 것이다. 이러한 변화의 흐름을 먼저 읽고 대처해 나가는 사람과 어제의 생각, 어제의 행동을 그대로 반복하는 사람의 미래는 천지 차이를 보일 것이다.

이 책이 모든 것을 해결해 주지는 않겠지만, 이 책을 읽는 독자들이 본인의 미래에 대해 생각해 보는 계기가 되었으면 한다.

필자가 존경하는 한 분이 있었다. 6.25전쟁 직후 도미하여 가장 성공한 재미 기업인으로 1960년대 조선일보에 크게 기사화되기도 한 분인데, 여러 가지로 본받을 점이 많은 분이다. 이 분이 가지고 있는 능력 중의 한 가지가 외국어이다. 한국말을 포함해서 영어, 중국어, 일본어, 독일어 등 5개 국어에 능통하다. 그냥 그 나라 말을 할 줄 아는 정도의 수준이 아니라 그 나라 말로 비즈니스를 할 정도로 능통한 것이다.

연세가 아주 많아서 일상의 거동을 점점 불편해하시는 그분을 보면서 발칙한 상상을 한 적이 있다. 블루투스 같은 것으로 인간과 인간의 뇌를 연결하여 한 사람이 가진 지식을 다른 사람에게 복사할 수 있다면 얼마나 좋을까 하는 생각이다. 그러면 그분이 가진 능통한 5개 국어 실력을 그대로 얻을 수 있을 것이라는 이기적(?)인 생각을 해 본 적이 있다.

요즘은 그런 고민을 반대로 하고 있다. 미국에서 경제학과를 전공한 필자의 막내아들은 졸업 후 미국 회사에서 일하고 있다. 열심히 저축도 하고 주식 투자도 하는 모습이 필자의 30여 년 전 모습을 보는 것 같기도 하여 대견하기도 하지만, 사회에 첫발을 내딛는 20대가 가지는 고민을 아들의 입을 통해 들으며 자산도 적고 사회적 지위도 안정되지 않아 불안했던 옛 생각이 나기도 한다.

이런 아들을 위해 블루투스로 필자의 머릿속에 있는 지식과 경험을 그대로 전수할 수 있다면 얼마나 좋을까 하는 생각도 든다. 이런 이유로 가능한 한 많은 시간을 아들과 대화하는 데 쓰고자 노력하고 있다.

이번에 보강되는 내용 중 상당 부분이 아들과 대화했던 주제들이다.

아들이 궁금해하는 것, 아들이 느끼는 불안감은 우리나라 20, 30대도 같이 느끼기 때문이다. 돌이켜 보면 필자에게 상담을 하고 내 집 마련을 했던 사람 중에는 막내아들보다 나이가 어린(?) 사람도 있었기 때문에 이들이 궁금해하는 내용들을 포함한 것이다.

아들에게 필자의 노하우를 그대로 전수해 줄 수 있는 두뇌 블루투스 기술은 세상에 존재하지 않지만 그에 상응하는 내용의 책이 될 수 있도록 이 책에 정성을 기울였다. 이 세상의 단 한 사람이라도 이 책으로 인해 행복한 미래를 설계할 수 있는 계기가 되었으면 한다.

2026년 3월
아기곰

차례

chapter 1 재테크 성공을 위한 12가지 법칙

chapter 2 탄탄한 재테크를 위한 상식

chapter 3 부동산 투자를 위한 지침

Chapter 1
재테크 성공을 위한 12가지 법칙

뚜렷하지만 실현 가능한 목표를 세워라

인생을 살면서 삶의 목표를 가지고 일을 추진하는 것과 아무런 목표 없이 일을 하는 것은 결과에서 크나큰 차이를 보인다. 모든 일에서 명확하고 구체적인 목표를 세우는 것이 매우 중요하다.

나폴레옹이 이탈리아를 침공할 때 있었던 일화이다. 알프스 산맥의 극심한 기상 악화로 인한 눈보라 속에서 선발대로 따로 보낸 두 개의 분대가 길을 잃었다고 한다. 두 개 분대 모두 추위와 굶주림으로 인해 분대원들의 사기가 꺾인 채, 갈래 길이 나오자 의견이 갈리게 되었다. 어떤 사람은 오른쪽 길로 가야 한다고 주장하고, 다른 사람은 왼쪽 길로 가자고 주장했다. 또 다른 사람은 차라리 구조대가 올 때까지 기다리자고 했다.

분대장마저 확실한 판단력을 잃은 A 분대원들은 우왕좌왕하다 거의 대부분 죽고, 일부 대원만 탈진된 모습으로 다음 날 발견되었다. 그러나 비슷한 상황에 놓였던 B 분대는 전원이 건강한 모습으로 다음 날 아침 귀대를 했다.

B 분대에서는 어떤 일이 있었던 것일까? B 분대에서는 한 병사가 지도를 가지고 있었던 것이다. 지도를 가진 분대가 무사히 귀환하게 되는 것은 당연한 결론이기 때문에, 여기서 이야기가 끝나면 싱거울 것이다. 하지만 다음 날 본대에서 밝혀진 재미있는 사실은, 그 병사가 가지고 있던 지도는 그 지역의 것이 아니라 엉뚱한 지역의 지도였던 것이다. 정작 제대로 된 지도가 있었더라도 악천후 속의 눈 덮인 산이었기 때문에 지도가 큰 도움이 되지 못했을 것이다. 하지만 이들이 가지고 다닌 것은 지도 그 자체가 아니라 어느 방향으로 가면 된다는 목표 의식과 신념이었던 것이다.

인적이 드문 곳에 비행기가 불시착하게 되는 경우, 실종자의 시신은 대부분 사고기로부터 반경 10km 이내에서 발견된다고 한다. 인가를 찾아 사고기를 떠난 사람들이 확실한 방향을 잡을 수 없어 비행기 근처만 맴도는 경우도 있을 것이고, 방향은 맞게 정했어도 확신이 없어 조금 가다가 방향을 바꾼 경우도 있을 것이다. 그러다 기력이 떨어져서 죽음에 이르게 된 것이다. 이렇듯 인생에서 뚜렷한 방향을 잡느냐 못 잡느냐는 결과에서 큰 차이를 보여 준다.

서울에 사는 사람이 인천으로 갈 일이 있다면, 서쪽 방향으로 가야 한다. 그런데 어떤 사람이 조급한 마음에 지도나 내비게이션도 보지 않은 채 동쪽으로 운전해 간다면 어찌 될까? 이 사람이 열심히 운전하면 할수록 점점 목적지에서 멀어져 갈 뿐이다. 열심히 사는 것도 중요하지만 그보다 더 중요한 것은 확실한 목표를 가지고 사는 것이다.

그러면 과연 어떤 목표를 세우는 것이 좋은가 살펴보기로 하자. 목표 자체는 크게 가지는 것이 좋다. 하지만 처음 시작하는 단계에서 목표를 너무 크게 세우면 문제가 발생할 수도 있다. 자기 능력에 비해 너무 과도한 목표나 오랜 시간을 필요로 하는 목표 달성을 추구하면, 처음에는 의욕에 차서 시작하지만 나중에는 제 풀에 꺾이는 수가 많기 때문이다.

초등학교에 다니는 어린이에게 "노벨 물리학상을 타는 것이 좋으니 내일부터 원서로 공부해야 한다"라며 준비시킬 사람은 아무도 없다. 영어권 아이들의 수준에 맞추고자 처음부터 무리하다 보면 아이가 질리거나 지쳐서 나가떨어질 것이다.

그럼 어떡해야 할까? 건축에서 비슷한 해법이 있다. 계단을 오르다 보면 중간중간 평평한 공간이 나온다. 꺾어진 곳이 없는 일자형 계단에도 이러한 평평한 곳이 나오는데, 이를 계단참이라고 부른다. 이 계단참의 역할은 두 가지이다. 하나는 정말로 힘이 들면 쉬었다 올라가라는 것이고, 다른 하나는 심리적인 것이다. 계단참이 없는 계단은 보기만 해도 아찔하기 때문에 올라갈 엄두가 나지 않는다. 이때 중간중간에 계단참을 두면 심리적으로 그 계단이 오르기 쉽게 보여 계단 오르는 것에 대한 거부감을 줄일 수가 있다.

재테크에서도 마찬가지이다. 달성하기 어려운 목표를 무리하게 세우는 것보다는 우선 내가 할 수 있는 작은 것부터 실천하는 것이 성공의 지름길이다.

예를 들어 누구든 현금 1억 원이 있으면 좋겠다고 생각해 본 적이 있을 것이다. 그러나 1억 원을 단기간에 모으는 것은 결코 쉽지 않은 일이다. 특히 사회 초년생이 처음부터 목표를 1억 원으로 잡는다면 십중팔구 실패하기 쉽다. 실패의 원인에는 지쳐서 포기한다는 이유 이외에도 또 다른 이유가 있다. 100만 원을 모으는 사람에게 1만 원은 1%나 되는 소중한 돈이므로 1만 원의 지출에도 심사숙고를 하게 되지만, 처음부터 1억 원을 목표로 하는 사람에게는 0.01%밖에 되지 않는 적은(?) 돈이니 쉽게 지출하게 되어 목표에서 그만큼 멀어지는 결과가 된다.

"이것 절약해서 몇 푼이 된다고?" 하는 사람들은 너무 목표를 높게 세우는 경향이 있는 사람들이다. 그러므로 우선 1,000만 원을 먼저 모아 보자. 1,000만 원을 모을 수 있는 사람이 1억 원도 모을 수 있고, 1억 원을 모을 수 있는 사람이 10억 원도 모을 수 있는 법이다. 예전에는 '티끌 모아서 태산'이었을지 몰라도, 지금은 '티끌은 모아도 티끌'이라고 하는 사람도 있다. 누가 태산을 모으라고 했나? 조그마한 흙무더기부터 모아 보자. 본인의 힘으로 무언가 해내기 시작하면 그다음은 쉽다. 재테크 잘해서 재벌 되라는 것이 아니다. 보다 나은 미래를 위해 준비하라는 것이다.

그러기 위해 중요한 것은 자신이 확실하게 실천할 수 있는 목표를 세우고 반드시 달성하는 것이다. 작은 목표라도 반드시 달성할 때, 자기 자신에 대한 신뢰, 즉 자신감Self Confidence이 쌓이는 것이다.

목표를 웅대하게 가지라는 것과 실현 가능성 있는 목표를 세우라는 것은 전혀 다른 이야기이다. "사람이 쩨쩨하게" 이런 이야기는 하지 말자. 히말라야의 높은 산을 오를 때 단번에 오르려고 하는 사람들은 모두 실패하고 만다. 그래서 산악 전문가들도 몇 개의 베이스 캠프를 마련하고 차례차례 단계를 거쳐 올라가는 것이다. 하물며 수십 년 이상을 살아가는 인생에 있어서는 더 말할 나위가 없다. 천리 길도 한 걸음부터라는 속담이 있듯이, 작은 한 걸음 한 걸음도 최선을 다하면 어느덧 천리 길에 다다를 수 있는 것이다.

기억하자! 재테크 법칙 1

확실한 목표 설정은 재테크의 첫걸음.
뚜렷하지만 실현 가능한 목표를 세워라. 그리고 반드시 성취하라.

목표 달성의 즐거움을
만끽하라

|

　목표 달성의 즐거움을 맛보는 것은 재테크 성공 전략의 가장 중요한 부분이다. 돈을 모으지 못하는 사람들은 "돈은 있다가도 없는 것이고, 없다가도 있는 것이다"라는 말로 자신을 합리화시키고는 한다. 맞는 말일 수도 있다. 그러나 문제의 핵심은 돈이라는 그 자체에 있는 것이 아니고, 목표를 세우고 그것을 달성했느냐 못 했느냐에 있는 것이다.

　작은 것이라도 자기 여건에 맞는 목표를 세우고, 그것을 달성하기 위해 일정 기간 동안 최선을 다해 보자. 그리고 이것을 달성했을 때의 희열을 느껴 보자. 마치 험한 산행 후에 정상에 오른 기분이 바로 그것일 것이다. 더구나 산은 한번 오르면 내려와야 하지만, 재테크는 달콤한 결과가 남지 않는가? 더구나 늘어나는 통장 잔고나 자산을 볼 때마다 도파민이 펑펑 샘솟을 것이다.

문제는 자신과의 싸움이다. 자기 관리에 익숙하지 않은 처음 단계에서는 타인에 의해 관리되는 형태도 나쁘지 않을 것이다. 대표적인 것이 정기 적금의 예인데, 그런 것을 통해 저축 습관을 기르는 것도 좋은 방법이다. 정기 적금은 일종의 은행과의 약속이기 때문에 이를 지키려고 매달 일정액을 불입하게 되면 어느덧 만기가 되고, 목돈이라는 결과와 목표 달성이라는 좋은 습관을 키울 수 있다.

이때 중요한 것이 '한 달에 얼마 정도의 적금을 부어야 하는가?'이다. 목표가 너무 적으면 결과도 적고 이에 따라 성취감도 반감되게 된다. 반대로 자신의 통상적인 수입에 비해 너무 무리한 목표를 세우면 적금 불입 기간 내내 고생하게 될 수도 있으며, '재테크 = 고통 수반'이라는 잘못된 공식이 뇌리에 각인될 수도 있다.

그러므로 자신의 수입 규모에 맞는 저축을 하는 것이 좋은데, 우리나라 가구의 평균 저축률이 소득의 30% 정도 된다는 것을 감안하면, 이보다는 높은 비율을 목표로 하는 것이 좋다. 특히 결혼하기 전에는 수입의 50% 이상을 저축한다는 자세로 하는 것이 좋다. 결혼을 하고 아이가 크게 되면 본인의 의사와 상관없이 지출이 기하급수적으로 늘어나므로, 이때는 저축률을 높이고 싶어도 불가능하기 때문이다.

젊을 때 저축을 해야 하는 이유 중 하나는 은퇴 후 노후 생활 자금 때문이다. 우리나라 현실에 비추어 볼 때 일할 수 있는 기간은 30년 정도에 불과하다. 하지만 은퇴 후 사망에 이르기까지의 기간도 그 정도이다. 결국 부모로부터 경제적으로 독립하여 사망에 이르기까지 60년 동안 쓸 생활비를 30년 동안 벌어야 한다는 뜻이다. 수학적으로 따져 보면 소득 대비 저축률이 50%는 되어야 한다는 것이다. 하지만 저축률을 50%까지 올리면서까지 생활이 가능한 사람은 그리 많지 않다. 자녀가 없을 때는 가능할 수도 있겠지만, 자녀가 생기면 교육비가 들어가기 때문이다.

물론 국민연금이나 개인연금으로 노후 자금을 어느 정도 지원받을 수는 있다. 하지만 연금을 운용하는 사람들이라고 특별하게 수익을 올릴 수 있는 방법이 있는 것은 아니다. 오히려 '사업비'라는 명목으로 그들이 떼어 가는 비용까지 감안하면 연금에 가입하는 것은 효율적인 재테크 방법이 아니다. 더구나 자신의 미래를 남의 손에 맡긴다는 것이 합리적인 결정으로 보이지는 않는다. 국민연금이나 개인연금도 도움이 되겠지만, 그것만으로 노후준비를 마쳤다고는 할 수 없다는 뜻이다.

결국 노후 대비를 위해서라도 소득이 있을 때 최대로 저축률을 높이는 것이 중요하다. 특히 종잣돈을 모을 때 그러하다. 그러나 처음부터 너무 의욕만 앞서서는 곤란하다. 갑자기 목돈이 필요하게 될 상황이 발생 시 적금을 해약하는 것은 불리하므로 하나의 계좌에 저축액 전부를 넣는 것은 결코 바람직하지 않다. 그러므로 만기를 달리해서 여러 개의 통장에 분산 저축하는 것도 방법이다. 예를 들어 전체 저축액의 50%는 장기 저축, 30% 정도는 중기 저축, 나머지 20% 정도는 단기 저축 등으로 운용하는 것도 바람직하겠다. 정기 적금 자체는 자금 운용적 측면에서 제일 효율성 있는 방법이라고 말할 수는 없지만 초보자에게 좋은 습관을 키워 주는 수단 중의 하나이기 때문에 적극 권장할 만하다.

타율에 의해서라도 자기가 목표한 돈을 모았다면 그 사람은 향후 재테크에 성공할 가능성이 매우 높다. 스스로 본인에게 맞는 목표를 세우고 그것을 달성해 가는 습관을 키움으로써 재테크는 성공할 수 있으며, 이 과정에서 목표 달성이라는 즐거움을 맛보아야 한다. 즐거움을 느끼지 못하는 재테크는 고통 그 자체일 뿐만 아니라 스스로 지쳐 오래가지도 못하게 된다. 세상의 모든 일이 스스로 즐거움을 느껴야 능률이 오르듯이 재테크도 마찬가지다.

기억하자! 재테크 법칙 2

목표 달성의 즐거움을 만끽하라.
성취감에 대한 즐거움과 성취 결과에 의한 뿌듯함을 함께 누려 보라.
재테크는 기쁨을 두 배로 준다.

구체적인 수치와 일정으로
비전을 제시하라

|

비전을 갖는다는 것은 재테크 법칙 1에서 설정한 "단기적 목표를 어떻게 장기적인 목표와 연계시킬 수 있는가"에 대한 답변이 될 수 있고, 재테크 법칙 2에서 얻을 수 있는 "단기적인 성취감을 어떻게 장기적인 추진력으로 연계시킬 수 있는가?"에 대한 좋은 해답이 될 수도 있다.

농부에게 수확의 계절인 가을만이 있다면 얼마나 좋을까? 그러나 여름의 땀방울이 없다면 가을의 수확은 기대할 수 없는 것이 현실이다. 재테크도 마찬가지이다. 대부분의 과정은 지루하고 힘들지만, 우리가 얻게 될 열매를 상상할 때 그 과정도 인내할 수 있게 되는 것이다. 나관중의 『삼국지연의』를 보면 조조가 부하를 이끌고 행군하는 대목이 나온다. 모두가 목이 말라 사기가 떨어지고 불만이 팽배해졌을 때, 조조는 저 산 너머에 새콤한 살구 밭이 있다는 말로 군사들을 다시 걷게 만들었다. 새콤한 살구를 먹는 상상이 갈증에 지친 병사들에게는 바로 비전이었다.

재테크에서도 이러한 비전을 자기 자신이나 가족들에게 구체적으로 제시하는 것이 좋다. 내가 앞으로 이러이러한 것을 하려고 하는데, 그리하면 5년 후에는 어떻게 될 것이고 10년 후에는 어떻게 된다든지 하는 식의 비전 제시는 자기 자신에 대한 다짐일 수도 있고, 주변 사람에 대한 약속이 되므로 목표 달성에도 도움이 된다. 미래의 꿈이 현실의 땀을 식혀 줄 수 있기 때문이다.

비전의 제시는 구체적일수록 좋다. 단순히 "부자가 되자"라는 구호로는 설득력이 떨어진다. 이제 갓 결혼한 신혼의 아내 손을 잡고, 또는 현실이라는 오랜 생활의 고단함에 지친 아내를 이끌고 잘 꾸민 모델하우스를 방문하여 보자. 그리고 아내의 손을 잡고 "내가 아직은 당신과 이런 집에 살 수 있는 여력이 안 되지만, 우리 둘이 노력하면 5년 후에는 반드시 이런 집에서 살 수 있을 거요"라고 하면, 당신은 아내의 반신반의하면서도 기대감에 부푼 눈동자를 볼 수 있을 것이다. 그리고 그 기대감이 실망으로 바뀌지 않도록 다시 한번 노력해야겠다는 생각이 들게 될 것이다. 그리고 그날 저녁 집으로 돌아와서 당신이 가지고 있는 구체적 계획 — 컴퓨터로 만든 자료이든, 깨알 같이 적은 메모이든 — 구체적인 수치를 가지고 부부가 상의해 보라. 비전이 생기는 순간이다. 집주인 아저씨의 전세금 올려 달라는 독촉이나 집을 험하게 사용한다는 잔소리도 미래의 비전 앞에서는 당신을 더 이상 힘들게 하지 않을 것이다.

비전 제시의 예는 각 개인의 가치관에 따라 다를 것이다. 가정적인 사람은 "향후 몇 년 안에 부부 공동 명의의 집을 마련하고, 그 후 몇 년 안에는 몇 평형의 아파트를 마련하여 온 가족이 편안하게 살겠다"라는 형태로 나타날 수 있고, 여행을 즐기는 사람은 "몇 년마다 잉카의 마추픽추나 인도양의 몰디브, 아프리카의 세렝게티로 사랑하는 이와 여행을 가겠다"는 계획의 형태로 나타날 수도 있다. 또 현실의 벽에 막혀 하지 못했던 공부나 연구를 계속하는 것, 사회에 봉사하는 것 등 본인의 가치관에 따라 여러 형태로 나타날 수 있다.

어떤 것이든 좋다. 그러나 어떤 것이든 그냥 "잘살고 싶다"라는 막연한 희망보다는 구체적인 수치와 일정으로 비전을 제시하는 것이 좋다. 꿈이 명확할수록 그 꿈이 실현될 가능성도 크기 때문이다. 갈 곳 Vision이 확실하다면 발걸음Action도 힘찰 것이다.

잊지 말자! 재테크 법칙 3

구체적인 수치와 일정으로 비전을 제시하라.
미래가 당신의 것이다.

종잣돈을 빨리
만들어라

|

$

    수입Income에는 크게 두 종류가 있다. 급여와 같이 노동의 대가로 얻는 수입과 이자 소득, 주식의 시세 차익이나 배당, 부동산의 시세 차익이나 임대 소득 등과 같이 자산에 의해 형성되는 수입이 있다. 자본주의와 공산주의가 다른 점 중의 하나는 자산으로 생기는 수입에 대한 해석이다. 마르크스를 위시한 공산주의자들은 이러한 수입을 일종의 노동자에 대한 '착취'라고 정의하며 죄악시하지만, 자본주의 사회에서는 경제 활동의 하나로 인정을 하고 있다. 대한민국은 당연히 자본주의 국가이기 때문에 '자산에 의한 수입'에 대한 정확한 이해 여부에 따라 당신의 미래가 달라진다.

    반대로 지출에도 두 종류가 있다. 그야말로 생존하는 데 필요한 의식주와 관련된 생활비 등 고정 지출과 부채에 대한 금융 비용이 있을 수 있다.

만약 갑이라는 사람의 연봉이 3,000만 원(세후)이고, 이 사람이 일 년에 2,400만 원을 생활비 등 경비로 사용한다고 가정하자. 이 사람의 손익계산서Income Statement를 작성한다면 상당히 간단하다. 손익계산서는 쉽게 말해 가계부로 보면 된다.

갑의 손익계산서	수입	근로 소득(A)	3,000만 원
	지출	고정 경비(C)	2,400만 원
	손익	(A)-(C)	600만 원 흑자

이번에는 을이라는 사람의 연봉이 3,000만 원(세후)이고, 이 사람이 일 년에 2,400만 원의 생활비 등 경비를 사용하며, 이 사람이 연리 5%로 1,000만 원을 은행에서 대출받아 주식에 투자를 하여 100만 원의 시세 차익을 거두었다고 가정해 보자. 이 사람의 손익계산서는 위의 갑의 예보다는 조금 복잡하다.

을의 손익계산서	수입	근로 소득(A)	3,000만 원
		자산 소득(B)	100만 원
	지출	고정 경비(C)	2,400만 원
		금융 비용(D)	50만 원
	손익	(A)+(B)-(C)-(D)	650만 원 흑자

여기서 연봉 (A)는 자신의 의지로 조절하기가 거의 불가능하다. 생활비 (C)도 앞에서 언급한 대로 쓰임새를 효율적으로 하는 것 이외에는 왕도가 없다. 이러한 (A)나 (C) 부분은 거의 고정적인 수입과 지출이다. 그러나 나머지 (B), (D) 부분에 대해서는 자본 운영에 따라서

그 결과가 많이 다르다. 이 부분을 어떻게 운영하느냐에 따라 전체 손익이 달라진다. 보통 중산층의 경우 20, 30대에서는 (A)와 같은 노동에 의한 수입이 (B)와 같은 자산에 의한 수입보다 많지만, 자본 축적이 된 50~60대, 특히 60대 이후에는 이 비율이 역전하게 된다.

그러나 자산 축적에 실패하면 노년까지 (A)와 같은 노동에 의한 수입에 의존해야 되는데, 이때 실직이나 퇴직 등으로 인해 이 수입이 급속히 줄어들게 되는 경우 문제가 된다. 우리나라는 아직까지 연금제도 등 사회 복지 제도가 미흡하기 때문에, 본인의 노후 대책을 국가에만 의존한다는 것은 매우 위험하다.

부자가 계속 부자가 되는 이유는 (B)와 같은 자산 수입이 언제나 지출을 초과하는 구조를 가졌기 때문이다[(B) > (C) + (D)].

병의 손익계산서	수입	근로 소득(A)	3,000만 원
		자산 소득(B)	3,000만 원
	지출	고정 경비(C)	2,400만 원
		금융 비용(D)	0원
	손익	(A)+(B)-(C)-(D)	3,600만 원 흑자

위의 부자 병의 손익계산서를 갑이나 을의 손익계산서와 비교해 보자. (A)나 (C)는 같다. 차이는 (B)와 (D)에서 나는 것이다. 이런 사람은 자산 소득 (B)가 고정 경비 (C)보다 크기 때문에 실직이나 퇴직을 하여도 삶의 질을 유지하는 데 문제가 없다. 더구나 근로소득이 있는 경우, 잉여금 3,600만 원이 다음 연도의 자산 소득을 늘려 주는 밑천이 되어서 그다음 해에는 평범한 갑이나 을과의 차이가 점점 벌어진다.

가난한 사람 정이 계속 가난한 이유는 전세자금대출이나 카드 빚 등 부채로 인한 이자 비용 (D)가 노동에 의한 수입의 상당 부분을 갉아먹기 때문이다[(A) 〈 (C) + (D)].

정의 손익계산서	수입	근로 소득(A)	3,000만 원
		자산 소득(B)	0원
	지출	고정 경비(C)	2,400만 원
		금융 비용(D)	800만 원
	손익	(A)+(B)-(C)-(D)	200만 원 적자

위의 가난한 사람 정의 손익계산서를 평범한 사람 갑이나 을의 손익계산서나 부자 병의 손익계산서와 비교해 보자. 근로 소득 (A)나 고정 경비 (C)는 같다. 차이는 (B)와 (D)에서 나는 것이다. 중요한 것은 적자액 200만 원이 다음 해의 금융 비용을 더 늘어나게 만들어서 그 다음 해에는 평범한 갑이나 을과의 차이가 점점 나쁜 쪽으로 벌어진다는 것이다. 정말 안타까운 것은 정과 같이 가난한 사람이 카드회사나 은행을 먹여 살리고 있다는 것이다.

위의 부자와 가난한 사람과의 차이는 자산 소득 (B)와 금융 비용 (D)의 차이이다. 자본주의 사회에서는 자본을 누가 얼마나 빨리, 또 많이 형성하느냐에 따라 게임의 승패가 갈린다. 그러므로 급여를 받는 샐러리맨은 자기 자본을 얼마나 빨리 형성하느냐에 따라 결과가 크게 달라질 수밖에 없다. 이 초기 자본금을 종잣돈Seed Money이라 한다.

종잣돈의 위력을 또 다른 예로 들어 보겠다. A라는 친구가 100만 원으로 주식시장에서 50%의 수익률을 거두었다고 하면 이 경우 자산

아기곰의 재테크 불변의 법칙

소득은 50만 원에 불과하다. 그러나 B라는 친구가 1,000만 원을 갖고 40%의 수익률을 거두었다고 할 때 자산 소득은 400만 원에 달한다. 수익률로만 평가한 실력은 A가 좋을지 모르겠다. 그러나 수익률은 A가 높지만 돈은 B가 더 많이 번 것이다. 두 친구의 연봉이 같다고 할 때 연간 수익은 B가 350만 원 더 많다. 문제는 일 년이 아니라 그 다음 해이다. 원금과 투자 수익을 합한 A의 투자 자본은 150만 원이지만 B의 투자 자본은 1,400만 원이 된 것이다. 이런 식으로 10년이 지나가면 A가 비록 B보다 수익률을 계속 10% 높게 거둔다 하더라도 A는 6,000만 원도 되지 않는 자산만을 형성하는 데에 비해 B의 자산은 2억 9,000만 원에 이르게 된다. 주식 운용은 A가 더 나을지 몰라도 초기 자본 900만 원의 차이가 10년 후에는 2억 3,000만 원 차이라는 결과를 가져온 것이다.

결국 이러한 결과의 차이는 초기 자본금, 즉 종잣돈의 많고 적음에 따라 나타난다. 자본주의 사회에서의 머니 게임에서 종잣돈의 중요성은 아무리 강조하여도 지나침이 없다. 부모를 포함한 주변의 도움으로 종잣돈을 준비할 수 있다면 큰 행운이다. 하지만 그렇지 못한 경우가 대부분이기 때문에 종잣돈을 모을 때는 특단의 각오와 노력이 필요하다.

기억하자! 재테크 법칙 4

종잣돈Seed Money의 조기 형성은 성공과 실패의 이정표이다.
종잣돈을 빨리 만들어라. 이에 따라 당신의 미래가 달라진다.

자신과
싸워라

|

$

과거에는 회사를 믿고 열심히 일만 하면 평생직장도 보장되고 적당한 시기에 승진도 하여 생활에 큰 불편함이 없었다. 그러나 1990년대 말 IMF 체제를 지나면서 많은 샐러리맨은 "회사가 더 이상 나의 인생을 책임져 주지 못한다"는 사실을 인식하기 시작했다. 구조조정의 미명하에 돈이 가장 필요할 시기의 세대들이 명예퇴직을 당했으며, 회사의 중심축이 되어야 할 40대는 회사 눈치를 보는 천덕꾸러기가 되어 갔다.

세계의 많은 CEO의 우상이었던 GE의 최연소 회장 잭 웰치는 과감한 구조조정으로 주주 및 채권자의 환영은 받았을지 몰라도 종업원들에게는 공포의 대상이었다. 문제는 잭 웰치류의 이러한 구조조정 형태는 앞으로도 계속될 수 있다는 것이다. 이에 따라 평생직장이라는 환상에서 깨어난 샐러리맨 사이에 재테크나 부동산에 대한 관심이 열병처럼 퍼지게 된 것이다.

아기곰의 재테크 불변의 법칙

더구나 대부분의 회사에서는 그 나이 또래의 평균적인 사람이 생활할 수 있는 생계비와 약간의 여유분만을 더하여 급여를 책정하고 있다. 물론 업종이나 개개인의 능력에 따라 급여가 달리 책정되고 노사 협상을 통하여 단기적으로는 어느 정도 차이가 나기도 한다. 하지만 이것이 일반적인 회사에서 급여 책정을 하는 불문율이기 때문에 장기적으로 볼 때 큰 차이는 없다.

어떤 특정 회사의 노조가 강성이라면 이러한 암묵적 룰에서 벗어난 급여를 수년간 지속적으로 회사 측으로부터 받아 낼 수는 있을 것이다. 그러나 장기적으로 볼 때 그렇지 않은 경쟁사와 비교해서 그 회사의 경쟁력을 급속히 떨어뜨리는 결과가 된다. 물론 모든 노조가 담합하여 고임금 쟁취를 부르짖을 수도 있을 것이다.

하지만 경쟁사라는 것이 국내 기업만 있는 것이 아니고 해외에도 많기 때문에 고임금하에서는 이들과의 경쟁에서 기업이 살아남을 수 없다. 국내의 기업 환경이 나빠질수록 국내 기업들은 우리보다 임금이 훨씬 낮은 중국이나 그보다 더 싼 동남아시아로 공장을 옮기려는 유혹을 받을 것이다. 임금 때문에 노조 활동을 하지 말라는 것이 아니다. 급여는 어차피 생계비 플러스 알파 수준이니까 그것만을 가지고 부유한 삶을 누리고자 하는 것은 착각일 수 있다고 지적하는 것이다.

그렇기 때문에 돈을 모으기 위해서는 어느 정도 독한 마음도 있어야 하며, 주변의 유혹에 대해 'No'라고 말할 수 있는 용기도 있어야 한다. 다른 사람과 똑같이 한다면 잘해 보아야 평균적인 결과만을 가져 올 뿐이다. 우리 주변에는 유명 브랜드 옷만을 입고, 외식도 자주하며, 넓은 집에서 살고, 좋은 승용차를 끌고 다니면서도, "왜 나에게는 돈이 모이지 않는 것이야?"라고 한탄하는 사람들이 의외로 많다.

호의호식을 선호하는 것은 인간의 보편적인 본성이다. 누군들 그걸 원하지 않겠는가? 그러나 미래를 위해 현재의 불편함을 감수하고 이겨 내는 것도 인간만이 할 수 있는 것이다. 자기와의 싸움에서 이길 수 없는 사람이 돈을 모으기란 낙타가 바늘구멍에 들어가는 것과 같다. 특히 이미 설명한 종잣돈을 모으는 과정에서는 특단의 인내와 고통을 극복해 내야 하는 것이다.

하지만 여기서 주의해야 할 것이 있다. 자신을 절제하는 것은 좋으나, 우리는 흔히 돈을 모은다는 이유로 주위에 인심을 잃는 사람들을 종종 보게 된다. 돈 때문에 절연하는 부부夫婦나 부자父子 관계를 매스컴을 통해 자주 접하게 된다. 패륜 범죄의 이면에는 또한 구두쇠 부모와 무능한 자식이 있기도 하다. 이는 앞서 언급한 재테크의 본말이 전도된 까닭이다. 재테크는 수단이지, 그 자체가 목적이 되어서는 아니 된다.

그러면 가족이나 주위 사람이 재테크에 대해 이해를 하지 못하고 비협조적일 때는 어떻게 해야 할까? 이러한 경우 많은 사람들이 현실과 타협하는 자세를 취한다. "내가 이런 상황에서 돈을 모아 무슨 낙을 보려고…" "돈, 돈 하다가 가족이고 친구고 다 잃겠네" 이런저런 이유를 만들어 현실과 타협하게 되는 것이다.

어떤 경우에라도 가족은 가장 중요하다. 그러나 한순간 주위 사람에게 인심을 얻는 것이 장기적으로는 그 사람들에게 이익이 되지 않을 수도 있다는 것을 알아야 한다. 어린 자식이 떡을 먹고 싶다고 해서 보릿고개를 넘기려고 비축해 놓았던 식량으로 모두 떡을 해 먹을 수는 없는 노릇이다. 아무리 어린 자식이 성화를 부린다 하더라도 보릿

아기곰의 재테크 불변의 법칙

고개를 넘기려고 마련해 놓았던 식량으로 떡을 만들어 먹는 것은 자식에 대한 사랑이 아니다. 한겨울에 가족끼리 스키 여행이라도 다녀오는 것은 참 보기 좋다. 그것 자체가 문제 있는 것이 아니라 그 여행을 위해 마이너스 통장에서 대출을 받아 다녀왔다고 하면, 이는 큰 문제가 있는 것이다. 한순간의 즐거움을 위해 그 몇 배의 고통스러운 시간을 감내해야 하기 때문이다.

그렇기 때문에 성공적인 재테크를 하려면 가족을 포함한 주위의 협조를 얻는 것이 중요하다. 본인이 재테크의 목적이나 목표에 대한 확고한 생각을 가지고 있더라도 주변 사람, 특히 가족에게 충분한 이해를 구하지 않고 무리하게 자신의 고집만을 내세운다면, 돈은 얻되 행복은 잃는 결과를 초래하게 될 수도 있다.

주변 사람들의 협조를 구하는 가장 좋은 방법은 끊임없는 대화와 솔선수범이다. 비전과 목표를 함께 점검하고 대화하다 보면 공감대가 형성될 것이다. 그러나 실행 과정에서 자신에게는 관대하고 타인에게는 엄격한 기준을 적용한다면 설득력을 잃게 된다. 예를 들어 자신은 친구들과 몇십만 원짜리 술을 마시고 들어오면서 생활비를 많이 쓴다고 아내에게 잔소리한다면 그건 부부 싸움만을 야기하게 될 뿐이다. 오히려 자신에게는 철저히 엄격하고 타인에게는 비교적 관대하게 대하는 것이 어떤 말보다도 설득력을 갖게 되는 지름길이다.

재테크 사이트나 부동산 사이트에서 이를 악물고 어려운 상황을 극복해 돈을 모은 사람들의 성공담을 가끔 볼 수 있다. 그 스토리는 거의 비슷한데, 흥미로운 것은 그 밑의 댓글들이다. 10개의 댓글이 달리면 7~8개는 "(결과가) 부럽다"거나 또는 격려의 글이다. 반면 2~3개의 댓글은 "그렇게 해서 돈을 모으려고 가족들을 얼마나 힘들게 만들었겠느냐?" "그렇게 사는 것이 사람 사는 거냐?" "주위 사람들한테 좀 베풀고 살아라" 이런 류의 부정적인 내용이 꼭 있게 마련이다. 재테크를 한다는 사람에 대한 후자의 선입견은 '바늘로 찔러도 피 한 방울 나오지 않을 사람'인 것 같다. 그러나 세상에는 상당히 다양한 사람이 살고 있으므로 이분법적 사고로 보는 것은 곤란하다.

세상이 바뀌었다. 불과 몇십 년 전만 하더라도 우리나라는 절대 빈곤에 시달렸다. 그때는 먹고 사는 문제가 가장 시급했었다. 하지만 지금은 풍요의 시대이다. 먹을 것이 없어서 배곯는 사람은 찾아보기 어렵다. 단순히 양의 문제가 아니라 질에서 큰 변화가 있다. 1인당 쌀 소비량이 매년 줄어들고 있다. 먹을 쌀이 없어서가 아니라 다른 먹을거리가 풍부하기 때문이다. 고급 식재료인 랍스터 수입은 역대 최고치를 기록하고 있다.

먹거리만 달라진 것이 아니다. 설날이나 추석에는 해외로 나가는 여행객으로 공항이 몸살을 앓고 있다. 단순 삶의 질만 따져 보면 우리나라 역사상 가장 풍요로운 시대에 살고 있는 것이다. 고려 시대 귀족도 삶의 질 면에서는 현대에 사는 우리보다 못하다. 길어진 평균 수명, 더 커진 체격 등이 영양 상태의 반영이라 하겠다.

그런데 "당신은 과거보다 행복한가"라는 질문에 자신 있게 "예"라고 대답할 수 있을까? 객관적인 삶의 질은 확실히 좋아졌다. 하지만 행복하다는 사람들은 점점 줄어들고 있다. 왜 그럴까? 행복은 절대치가 아니라 상대치이기 때문이다. 풍족하지 못했던 과거에는 본인만 그런 것이 아니기 때문에 그 당시 현실에 만족하면서 살았지만, 지금은 물질적으로는 풍요롭다 하더라도 기대 수준은 그보다 더 올라가 버린 것이다. 꽃게 찜으로 외식하는 사람은 랍스터 요리를 먹는 사람을 부러워하고, 동남아 여행을 다녀온 사람은 유럽 여행을 다녀온 사람을 부러워하는 것이다. 행복지수를 조사하면 방글라데시나 부탄 같은 곳이 상위권을 차지하는 이유는 그 나라들이 잘살아서가 아니라 주변에 비교 대상이 적기 때문이다. 2010년 국가별 행복지수 1위에 올랐던 나라는 히말라야산맥에 위치한 가난한 소국 부탄이었다. 이를 두고 행복은 부와 비례하지 않는다고 주장하는 사람들도 있었다. 그런데 불과 9년 후인 2019년 조사에서는 95위로 떨어졌다. 9년 사이에 무슨 일이 벌어졌을까? 스마트폰의 보급으로 부탄 사람들도 자신들이 다른 나라 사람들보다 물질적으로 열악한 환경에 처해 있다는 사실을 알게 되었다. 결국 남과 비교하면서 불행이 시작된 것이다.

당신이나 당신 가족이 행복해지려면 어떻게 해야 할까? 행복은 물질이 아니라 마음속에서 나오는 것이라는 생각을 끊임없이 자기 자신과 가족들에게 세뇌시키는 방법도 있을 것이다. 행복에 대한 기대 수준을 낮추어서 행복을 느끼게 하는 것이다. 그런데 이 정도 경지에 오르려면 성철 스님처럼 득도하는 수준이라야 가능하다. 하지만 보통 사람의 경우, 동창회 한 번 다녀오면 여지 없이 깨지게 마련이다.

그래서 재테크가 필요한 것이다. 싫든 좋든 인간은 남과 끊임없이 비교를 하는 것이 본성이고, 그것을 통해 행복감을 느낀다. 행복은 상대적인 것이기 때문이다. 남과 비교하면서 불행이 시작된다는 사실을 알면서도 아이러니하게 어느 나라의 행복지수가 몇 등이라고 비교하는 것이 바로 모순덩어리 인간이다. 모든 국민들에게 똑같은 집, 똑같은 음식을 무상 제공한다고 행복해지지는 않는다. 처음에는 만족하지만 시간이 흐르면 그 안에서 다른 기준으로 다른 사람과 비교하며 스스로 불행해지는 것이 사람이다.

그런데 행복해지려면 어떻게 해야 할까? 속물적인 표현이지만 남들보다 더 잘살면 된다. 그러면 남들보다 더 잘살려면 어찌해야 될까? 금수저로 태어나면 될까? 금수저들도 불행하다. 다이아몬드 수저를 부러워하기 때문이다. 우리와 기준이 다를 뿐이지 금수저들이 다이아몬드 수저에게 갖는 열등감은 우리 이상이다. 더구나 다이아몬드 수저이든, 금수저이든 그것은 우리의 의지로 될 수 있는 것이 아니다.

결국 남들보다 더 잘살려면, 남들보다 뛰어난 능력을 가지거나 더 노력하거나 더 절약하는 방법밖에 없다. 남들 하는 것 다 하고 남보다 더 잘살려고 하는 것은 욕심에 불과하다. 사업에 수완을 보이든지, 자기 분야에서 두각을 나타내든지, 투자에 성공하든지, 절약을 통해 종잣돈을 모으든지 어떤 것이든 처음 단계는 고통이 따를 수밖에 없다.

세상은 변했다. 하지만 끊임없이 남과 비교하려는 인간의 본성은 변하지 않았기 때문에, 본인이 행복해지려면 그에 상응하는 노력을 해야 한다. 그 첫걸음이 바로 자신과의 싸움에서 이기는 것이다.

잊지 말자! 재테크 법칙 5

자신과 싸울 마음의 준비를 하라. 그리고 주변 사람의 협조를 구하라.

같은 곳을
바라보라

$

옛날에는 '돈을 모은다' 하면 남편이 갖다 주는 월급을 알뜰한 부인이 콩나물 값 깎아서 은행에 차곡차곡 쌓는 것이 전부였다. 그러니 남편은 돈만 벌면 되고 재산을 불리는 것은 아내 책임이었다. 그게 잘 되지 않으면 아내들은 바가지를 긁고, 남편들은 "그럼 내가 어디 가서 도둑질이라도 해 오리?" 하며 짜증을 내기도 했다. 그것이 산업화 초기 단계에서의 전형적인 모습이었다.

그러나 정보화 시대에는 전혀 맞지 않는 모델이다. 수입 규모에 맞는 지출이나 잉여 자본의 운영 등 부부간의 협조 없이는 아무것도 이룰 수 없다는 면도 있지만, 정보의 홍수 속에서 넘쳐 나는 재테크 정보를 부부 중 어느 한쪽이 혼자 소화해 내기에는 시간과 노력이 너무 부족하기 때문이다. 만약 전업주부라면 좋은 정보를 스크랩해 놓았다가 저녁에 부부 대화 시간에 주제로 삼아도 좋을 것이다. 아니면 남편은 증권, 아내는 부동산에 대한 정보를 분담하여 수집하고 같이 분석하는 것도 좋을 듯하다. 부부가 하나의 주제 또는 관심 사항을 갖고 대화를 지속할 때 부부 사이도 더 두터워질 수 있다. 이런 측면에서도 재테크의 결과는 부부간의 공동 자산일 뿐 아니라 부부 사이를 가늠해 볼 수 있는 좋은 척도이기도 하다.

어느 한 사람만 노력한다고 해서 좋아질 수 없는 것이 부부 관계이듯이, 재테크 또한 마찬가지다. 배우자 중 한쪽은 노력을 하는데, 다른 한쪽은 그렇지 않은 경우가 종종 있다. 아내는 알뜰하게 만 원짜리 하나 사는 데도 고민하며 더 싼 곳이 없나 하고 발품을 팔고 다니는데, 남편은 이러한 아내의 노력을 인정하지 않거나 방관하는 자세를 취하면 아내의 입장에서는 힘이 빠질 수밖에 없다. 이러다 남편이 술집에서 마신 몇십만 원짜리 카드 청구서라도 날라 오면, "내가 뭐하러 이런 고생을 하나?"라는 생각이 들고 다음 날 윈도우 쇼핑으로만 만족해하던 몇십만 원짜리 옷을 덜컥 사게 된다. 당연히 생활비 부족으로 그다음 달의 부부 싸움은 따라오게 되는 것이다.

반대의 경우도 마찬가지다. 동창회만 다녀오면 초라해진 자신의 현실에 화가 나서, 그동안 마음속에 쌓아 두었던 불만을 힘들게 일하고 온 남편에게 퍼붓는 아내가 있다. 이러한 행동들은 가정에 아무런 도움이 되지 않는다. 현실을 무시한 '공주병'의 꿈에서 헤어나지 못한다면 남편을 로또 가게 앞에 줄을 서게 하거나 은행에서 대출을 받아 주식에 승부를 걸게 하는 길로 떠밀 뿐이다.

투자의 세계에서도 마찬가지다. 부부 중 한 사람은 열심히 공부를 해서 투자를 하려고 하는데, 배우자가 발목을 잡는 경우가 흔하다. 배우자의 강력한 반대를 무릅쓰고서 투자하려는 사람은 많지 않기 때문에 그 투자 시도는 좌절되고 만다. 또는 배우자를 설득하는 데 에너지를 너무 쓰다 보니 투자 타이밍을 놓치는 경우도 왕왕 있다. 이때 배우자끼리 같은 생각을 하고 있다면, 서로를 설득하는 데 들어가는 시간이나 노력을 시장의 흐름을 분석하는 데 쓸 수 있다.

강의를 하다 보면 부부가 같이 듣는 경우가 많다. 같은 학기가 아니라면 다음 학기라도 듣는 경우가 많다. 부부가 같은 목표와 공감대를 가지려는 노력으로 볼 수 있다. 물론 수강료를 절약하기 위해서는 부부 중 한 사람만 듣고 전달 교육을 하는 것이 훨씬 효율적이다. 하지만 전달 교육만으로는 느낌이나 감동까지 전달할 수 없기 때문에 부부가 같이 듣는 사람이 늘어나고 있는 것으로 보인다.

어떤 수강생은 배우자를 강좌에 등록시키고, 수업을 들을 때마다 문밖에서 배우자를 기다리고 있다가 데리고 가기도 한다. 그리고 수업 한 번 들을 때마다 용돈을 얼마씩 주기로 했다고 한다. 투자할 때마다 발목 잡히는 것보다 그것이 훨씬 싼 해법이라는 설명에 웃었던 기억이 있다.

투자에서 타이밍이 중요하다는 것은 누구나 안다. 그런데 아주 싸고 좋은 급매물이 시장에 나왔다고 가정하자. 이 정보를 접한 어떤 사람이 투자에 앞서 배우자의 동의를 구하려 할 때, 평소 마음의 준비가 되지 않았던 배우자 입장에서는 일이 잘못될까 봐 그 투자를 반대하는 경우가 많다. 그러면 이것이 얼마나 좋은 투자이고, 이 기회를 놓치면 다음번에는 이처럼 좋은 기회는 없을 것이라고 배우자를 설득해야 한다. 문제는 이 커플이 그렇게 옥신각신하는 동안에 그 매물은 다른 부부의 몫이 되는 것이다. 그때 가서야 그 매물은 우리와 인연이 없었나 보다고 애써 자위하려 들지만, 진실은 그 부부는 아직 부자가 될 마음의 준비가 되지 않았다는 것이다. 부부가 같은 곳을 바라보는 훈련은 평소에 해 놓는 것이 좋다. 적이 쳐들어오는데 그때서야 준비를 시작하는 전쟁은 이길 수 없다.

재테크에서 주부의 역할은 아직도 지대하다. 비록 맞벌이가 아니더라도 전업주부가 가정에서 얼마나 효율적으로 비용을 쓰느냐에 따라 그 가족의 재테크 결과가 달라진다. 맞벌이 부부의 예(돈을 각자 관리하는 경우)를 보면 상식적으로는 수입이 두 배이기 때문에 혼자 버는 가정보다 자산이 두 배여야 하는데, 대부분 그렇지 못하다. 물론 육아비, 의복비, 교통비 등 맞벌이를 하기 위해 부수적인 비용이 추가로 들어가는 이유도 있다. 그러나 비율로 볼 때 혼자서 버는 쪽보다 저축률이 낮은 경우가 많다. 이것은 "내가 번 돈 내가 쓰는데…" "상대방이 모아 두었겠지" "아무래도 남보다 두 배로 버는데…"라는 의식이 둘 다에게 있기 때문이라고 보인다. 그러다가 막상 뚜껑을 열어 보면 아무것도 없고 상대방에 대한 막연한 기대는 배신감으로 바뀌게 되는 것이다. 이러한 경우 맞벌이를 하더라도 어느 한 쪽이 자금을 관리하든가, 아니면 공동 관리를 하는 것이 바람직하다. 물론 철저한 공개주의는 기본이다.

부부가 함께 현재의 자산과 앞으로의 계획, 전략 등을 상의해 나갈 때 공동의 목표 의식도 생기고 부부 관계도 좋아질 것이다.

잊지 말자! 재테크 법칙 6

같은 곳을 바라보라. 같은 곳을 바라볼 때 재테크 결과도 좋다.

지출을
줄여라

|

직장인 중에 연봉이 제법 높은 친구가 카드 빚 때문에 힘들어하는 모습을 보게 된다. 이 카드에서 현금 서비스를 받아 저 카드 메꾸고, 또 다른 카드의 현금 서비스를 받아 이 카드 빚을 메꾸는 곡예와도 같은 생활을 자신의 능력으로 착각하는 사람도 있다.

재테크의 기본은 수입과 지출의 조화, 정확히 표현하면 수입보다 지출이 적은 비용 구조를 가져가는 것이다. 아무리 수입이 많아도 그보다 지출이 많다면 기업이나 개인이나 파산의 길로 들어서게 된다. 우리 속담에 '밑 빠진 독에 물 붓기'란 바로 이 경우를 말하는 것이며, 만고의 진리다. 수입의 많고 적음을 떠나 수입보다 적은 지출을 유지하는 것은 재테크의 기본이다.

이때 수입은 안정적 또는 고정적 수입만으로 고려해야 한다. 즉 주식 투자나 부동산 시세 차익으로 벌게 될 미래의 수입, 사내 소문으로 떠도는 특별 상여금 등을 수입으로 생각하고 지출할 경우 지출이 수입보다 많아지는 현상이 나타나게 된다.

또 하나의 나쁜 습관은 수입이 늘어날 경우 지출이 비례하여 늘어나는 것이다. 지출은 필요에 의해서만 그 규모가 정해져야지 수입이 단기간에 늘어났다고 이에 비례하여 지출이 늘어난다면 수입이 줄어들 경우 대책이 없기 때문이다. 왕왕 주식으로 목돈을 쥐게 된 사람들 사이에서 이러한 행동 양식이 보이는데, 주식 상승기에야 기분 좋겠지만, 주식 하락기에 남는 것은 카드 영수증뿐이라는 것을 잊어서는 안 된다. 주식이 상한가를 친 기념으로 친구들에게 술을 멋지게 산 것까지는 좋았으나, 다음 날 하한가 쳤다고 그 친구들에게 마신 술값을 되돌려 달라 하기는 어렵기 때문이다. 잘못된 지출 습관을 키울 수도 있다는 것을 주식 투자의 첫 번째 해악으로 꼽는 사람들도 있다. 직설적으로 표현하면 "돈 알기를 우습게 알게 된다"는 것이다.

지출을 효율적으로 관리하는 방법 중 제일 좋은 것은 예산 제도 Budget System이다. 회사에서 하는 것과 마찬가지로 계정 과목별로 예산을 할당하고 이에 맞추는 습관을 들이도록 하자. 물론 처음 단계에서는 예산과 결과가 100% 맞는 경우는 드물 것이다. 결과가 예산보다 초과되었다면 그 원인을 분석해 보자. 잘못된 습관으로 인한 지출을 하고 있지는 않은가를 생각할 기회가 될 것이다. 만약 예산 계획 자체가 현실과 동떨어지게 수립되었다면 다음 예산 책정할 때 점차 현실화하면 된다. 이런 과정을 통하여 보다 정교한 나만의 예산 시스템을 만들 수 있는 것이다. 가장 중요한 것은 올바른 습관을 키우는 것이다.

여행 전문가들은 배낭을 쌀 때 이것이 여행지에서 과연 필요한가를 몇 번이고 생각한 후 최소의 최소를 추려 짐을 꾸린다고 한다. 우리도 어떤 물건을 사려고 할 때 이것이 지금 나에게 꼭 필요한가와 한 달 후 또는 일 년 후에도 같은 생각으로 이 물건을 살 것인가를 생각해 볼 필요가 있다. 특히 30대 이전의 젊은 층이라면 효율적인 지출에 대해 생각해야 할 것이 있다.

지출의 측면에서 우리의 지갑을 쉽게 열게 하는 두 가지가 있는데, 하나는 자동차이고 다른 하나는 높은 주거비이다. 두 가지 아이템의 특징을 살펴보면 일단 멋있어 보이고, 한번 빠지게 되면 더 크고 더 좋은 것을 추구하게 된다는 점과 생활하는 데 꼭 필요한 것이기 때문에 절약할 여지가 없다고 대부분의 사람들이 오해한다는 점이다. 하지만 이것들이 재산 형성에 최대 걸림돌이라는 점 또한 빼놓을 수 없는 특징이라 하겠다.

먼저 자동차. 친구·동료들이 멋진 차를 몰고 다니는 것을 보면 부러움이 앞선다. 면허를 따면 눈에 들어오는 것은 자동차뿐이다. 그러나 자가용은 한마디로 돈 먹는 기계다. 구입할 때부터 아무리 소형차라도 이것저것 옵션을 선택하게 되면 2,000만 원이 훨씬 넘게 된다. 그것이 외제차라면 아무리 소형이라도 수천 만 원은 훌쩍 넘는다. 유지비 면에서도 거리나 차종에 따라 다르겠지만 연료비만 월 몇십만 원은 기본이다. 여기에 보험료, 각종 세금을 포함하면 유지비는 기하급수적으로 늘어나게 되며, 만약 사고라도 나게 되면 그 정신적·물질적 손해는 이루 말할 수 없다. 자가용을 몰고 다닌다는 이야기는 감가상각을 포함할 때 한 달에 최소 100만 원 이상의 비용을 지불한다는 이야기이다.

그러나 이 비용도 자동차에 직접적으로 들어가는 것만 계산했을 경우이다. 자동차를 가지면 그에 걸맞은 생활을 추구하게 된다. 교외에 나가 멋진 곳에서 식사도 하고 싶고, 짜장면을 먹더라도 주차 시설이 있는 곳을 찾게 된다. 이는 그 중국음식점의 주차장 유지 비용까지 본인의 주머니에서 나간다는 것을 의미한다. 경제적인 측면에서만 보면, 위험한 소형차를 운전하느니 차라리 평소에는 전문 기사가 운전하는 대형차(전철, 버스)를 타고 다니다가 꼭 필요할 경우에는 택시를 타는 것이 훨씬 저렴한 방법이다.

주거비도 마찬가지이다. 실제로 우리에게 필요한 집은 전용면적 기준으로 1인당 20m²씩이면 충분하다. 그러나 우리는 언제나 더 넓은 집을 갈망한다. 맞벌이 부부의 경우 집에 같이 있는 시간도 적고 이에 따라 활용도 적지만 보다 큰 평수를 원하는 커플이 많다. 하지만 가족 수에 비해 너무 넓은 집에 사는 것도 과소비이다. 새 아파트도 마찬가지이다. 누구든 낡은 아파트에서 신혼을 시작하고 싶은 부부는 없을 것이다. 그러나 새 아파트는 수요가 많기 때문에 임대료 또한 높다.

월세의 경우, 임대료와 임대 보증금의 이자가 주거비라고 할 수 있다. 전세의 경우는 임대 보증금의 이자인 금융 비용이나, 임대 보증금으로 다른 곳에 투자했을 경우 얻을 수 있는 이익, 즉 기회 비용이 주거비라고 할 수 있다. 자기 집을 사서 입주하는 경우는 주거비가 없을까? 아니다. 이 경우도 그 집을 전세 주었다고 가정해 보자. 자가라도 전세 시세가 높은 집에 거주한다는 의미는 그만큼 돈을 깔고 앉아 있다는 뜻이 된다.

이것이 무슨 의미일까? 2026년 3월 기준으로 강남구 대치동의 전용면적 84m²의 전세가를 비교해 보자. 2015년에 입주한 새 아파트의 경우는 전세가가 19억~20억 원 정도이고, 1979년에 입주한 낡은 아파트는 전세가가 8억~9억 원 정도이다. 화장실도 두 개이고 전용면적도 같지만 연식에 따라 전세가가 11억 원이나 차이가 난다. 어떤 사람이 새 아파트에 전세로 들어가기 위해 전세 대출을 받았다고 하면, 전세자금대출 금리가 연 4%일 때 이자를 1년에 4,400만 원이나 더 물어야 한다. 금리가 올라 6%가 된다고 하면 그 차이는 6,600만 원으로 더 벌어진다. 누구나 새 아파트에 사는 것을 선호한다. 하지만 이를 위해 매년 4,400만 원에서 6,600만 원 정도의 이자를 더 물어야 한다는 것을 안다면, 생각이 달라질 것이다. 전세금은 나중에 돌려받을 수 있기에 손해가 아니라고 생각하기 쉽다. 하지만 그 차액에 대한 금융 비용만큼 더 지출하고 있는 것이다. 같은 입지인데도, 새 아파트냐 낡은 아파트냐에 따라 이렇게 주거비가 차이 나는 것이다.

앞의 사례는 입지가 좋은 지역의 예이다. 소위 금수저를 물고 태어난 사람이 아니라면 신혼 부부가 이런 곳에서 전세를 얻는 것은 불가능하다. 신혼의 경우는 아직 자녀가 없거나 좋은 학군의 혜택이 필요한 나이가 안 된 경우이다. 그러므로 대치동 같은 곳에서 전세로 산다는 것 자체가 과소비일 수 있다.

투자는 입지가 좋은 곳에 해 놓아도 좋다. 하지만 아직은 걸어 다니기에 괜찮은 나이라면 굳이 도심이 아니라 외곽 지역의 적당한 평수에서 몇 년간 살아 보는 것도 젊었을 때의 좋은 경험이다. 굳이 아파트가 아니더라도 다세대 주택도 깨끗하고 편리한 곳이 많다. 이런 곳에 거주하면 주거비가 획기적으로 절감되는 것이다.

자동차와 주거비 — 이 두 가지에 대해서만 현명한 선택을 한다면 적게는 월 몇십만 원에서 많게는 월 몇백만 원의 비용을 아낄 수 있는 것이다. 자동차도 없이 낡고 좁은 집에서 사는 게, 도대체가 사람 사는 거냐고 반문할 수 있다. 그러면 어디서 절약할까? 옛날처럼 수돗물 조금 아낀다고 부자가 될 것 같은가? 콩나물 사는 돈 줄인다고 큰돈이 될 것 같은가? 어느 직장이건 펑펑 쓸 만큼 월급을 주지는 않는다. 앞서 이야기한 대로 종잣돈을 만들기까지는 특단의 절약을 해야 하는데, 가장 효과가 큰 것이 자동차 관련 비용과 주거비를 줄이는 것이라는 말이다. 편하고 멋있는 것은 누구나 바라는 것이다. 하지만 폼 내는 것은 한순간이지만 후유증은 생각보다 길게 나머지 삶에 영향을 미친다.

인생의 시기에 따라서 지출에 대한 생각이 달라져야 한다. 20대와 30대 초반까지는 어떻게 하면 지출을 줄일 수 있는가를 고민해야 하고, 30대 중반부터 40대까지는 어떻게 하면 지출을 효율적으로 할 수 있는가를 고민해야 하고, 50대 이후부터는 어떻게 하면 지출을 보람되게 할 수 있는가를 고민해야 할 시기라 할 수 있다.

기억하자! 재테크 법칙 7

지출을 줄여라. 수입보다 지출을 줄이는 것이 재테크의 기본이다.

재테크는 시간과
함께한다

$

"노세 노세 젊어서 놀아, 늙어지면은 못 노나니~"

옛날 할아버지들이 즐겨 부르시던 노래이다. 그러나 이제는 이를 개사하는 것이 맞는 것 같다. "모으세 모으세 싱글로 있을 때 모으세, 애 낳으면 쓸 돈 많으니 모을 수 있을 때 왕창 모으세~"

돈을 모으는 데는 때가 있다.

많은 잘못된 고정 관념 중 하나가 결혼 후에는 하고 싶은 것을 하지 못하니까 처녀 총각 때 원 없이 돈 한번 써 보자는 것이다. 그러나 과연 그럴까? 미혼일 때는 수입이 상대적으로 적으니 소원 성취하기는 어려울 것이다. 더구나 이러한 과소비의 후유증은 두 가지 면에서 결혼 후까지 계속된다. 하나는 종잣돈 형성이 되지 않았으니 자산 소득이 없고, 이에 따라 근로 수입에만 의존하게 된다는 점이다. 수입이 상대적으로 적으니까 버는 대로 쓰게 되는 악순환이 된다. 다른 하나는 결혼 전에는 비교적 자유롭게 지출하였던 습관이 결혼 후 그렇게 하지 못하는 자신에게 스트레스로 작용하며, 종국에는 배우자에 대한 원망으로 발전한다는 점이다.

물론 미혼일 때는 수입이 상대적으로 적기 때문에 절대 저축액이 많지는 않을 것이다. 그러나 저축률은 그 어느 때보다 높아야 할 가장 중요한 시기이다. '종잣돈 형성과 좋은 습관 들이기'라는 두 마리 토끼를 이때 잡아야 한다. 이때가 향후 재테크 방향을 크게 좌우하게 된다.

두 번째 중요한 시기가 결혼해서 아기를 갖기 전까지의 시기이다. 신혼의 달콤함 속에 여행도 다니고 싶고, 맛있는 외식도 매일 하고 싶겠지만 이 시기 동안 어느 정도의 틀을 닦아 놓지 않으면 나머지 인생이 힘들어진다. 옛 어른 말씀에 "밥상에 수저가 세 개 놓이면 돈 모으기 힘들다"라는 말씀이 있는데, 요즘에 더욱 맞는 말이다. 그야말로 열심히 벌기는 하는데 아이들 사교육비, 주변의 경조사비, 그리고 카드 값 메꾸는 데 허우적거리다 보면, 어느덧 머리에 흰머리가 비치면서 인생 자체가 허무해지기 시작한다. 이렇게 되면 돈 좀 모았다는 사람들을 부정을 저질렀거나 금수저 물고 태어난 사람으로 치부하게 되며, 더 나아가 집 산 사람은 모두 투기꾼으로 보거나 부자를 삐딱하게 보는 사시증까지 걸리게 된다.

미혼 때와 신혼의 시기를 놓치게 되면 마지막 기회가 남아 있다. 아이 출산 후, 아이가 초등학교 저학년 때까지의 기간이다. 식구가 늘면 예전보다는 생활비가 더 들어가기는 하지만, 아이가 아직 어리다면 사교육비가 많이 들어가지는 않는다. 더구나 큰 집이나 학군이 좋은 집이 필요하지 않기 때문에 주거비도 아직까지는 많이 들지 않는다. 이때는 저축도 늘리고, 호재가 있는 지역으로 옮겨가면서 자산을 늘리는 데 노력해야 하는 기간이다. 결혼부터 자녀가 초등학교 저학년이 될 때까지의 10년 정도 기간이 바로 재테크의 골든 타임이다.

우리나라 사람들의 평균 기대 수명이 점점 길어진다고 한다. 그런데 실질적인 은퇴 연령은 점점 짧아지고 있다. 명예 퇴직의 영향도 있고, 비정규직이 늘어난 영향도 있을 것이다. 이런 이유로 현실적으로 돈을 벌 수 있는 시기는 사회생활을 시작한 후 30년도 안 되는 경우가 많다. 그런데 은퇴 후에도 30년 정도를 더 살아야 한다. 결국 경제 활동을 하는 30년 동안 60년간 살아야 할 생활비를 벌어 놓아야 한다는 뜻이 된다.

공적 연금인 국민연금이나 개인연금으로 노후 준비를 다 했다고 생각하는 사람이 많다. 그런데 연금이라는 제도는 개인이 낸 돈을 전문가(?)가 잘 운용해서 수익을 내거나 나중에 가입하는 사람의 돈으로 먼저 가입한 사람에게 주는 구조이다. 과거와 같은 고도 성장기나 인구가 계속 많이 늘어나는 구조라면 연금이 가장 안전한 노후 대책이 될 수 있다. 하지만 우리나라는 경제 규모가 선진국 수준으로 커짐에 따라 선진국과 같이 저성장 국면에 들어섰다. 경제 규모 자체가 커졌기 때문에 성장률이 낮아진 것이다. 더구나 우리나라 인구는 2019년 11월을 정점으로 계속 줄어들고 있다.

이런 상황하에서 연금을 운용하는 기관이라고 특출나게 수익을 내기는 어렵다. 게다가 그 기관 직원의 급여를 포함한 운영비까지 공제하는 구조이기 때문에 연금만으로 미래를 준비했다고 생각하는 것은 큰 오산이다. 연금 자체를 믿지 말라는 것이 아니라, 연금만 믿고 나머지 돈을 모두 소비하면 문제가 생긴다는 의미이다.

그러므로 한 살이라도 젊었을 때 최대한 돈을 모아야 맘 편히 노후를 맞을 수 있는 것이다. "젊을 때의 고생은 사서라도 한다"는 속담이 있듯이 젊은 날에 조금 부족하게 사는 것은 전혀 흉이 아니다. 젊었을 때는 진수성찬이 아니라 미래에 대한 꿈을 먹고 사는 것만으로도 충분하지 않을까? 한 살이라도 더 젊었을 때 종잣돈을 만들어야 한다. 젊었을 때의 부족함은 열심히 살게 하는 자극이 되지만 나이가 들었을 때의 부족함은 서러움만을 남긴다.

겨울이 끝나고 찾아온 봄밭의 풍경은 어디나 같다. 하지만 그 봄에 씨를 뿌리고 가꾼 밭과 씨도 뿌리지 않은 채 방치한 밭의 가을 모습은 다를 수밖에 없다. 가을에 풍성한 남의 밭을 보고 나서야 '아차' 하고 씨를 뿌려 보았자 때는 이미 늦은 것이다.

기억하자! 재테크 법칙 8

재테크는 시간과 함께한다.
재테크에서의 골든 타임이 나머지 미래의 삶을 지배한다.
지금이 아니면 미래는 더욱 힘들다.

돈은 준비된 자의
친구다

흔히 남자에게는 일생에 세 번의 기회가 찾아온다고 한다. 옛날에는 남자들이 주로 경제 활동을 했기 때문에 이런 말이 있는데, 요즘 말로 바꾸면 "사람에게는 일생에 세 번의 기회가 찾아온다"가 될 것이다. 재미난 것은 경제가 발달한 요즘에는 세 번이 아니라 수많은 기회가 찾아온다.

그런데 그 기회라는 것은 본인도 모르는 사이에 자기 앞으로 다가와서 휙 스쳐 지나간다. 준비된 사람만이 그것을 잡을 수 있다. 테니스나 탁구를 할 때 준비하지 않고 있다가 공이 날아온 것을 보고서야 치려고 하면 이미 때는 늦다. 공이 상대의 손에서 떠나는 순간 방향을 판단해서 미리 준비해야만 상대의 공을 잘 받아칠 수가 있는 것이다.

한국에서 회사 다닐 때의 일이다. 어느 날 입사 동기가 부탁을 하나 했다.

입사 동기: 이번에 미국 지사에 주재원을 한 명 보낼 계획이 있다며?

기획실장: 응. 한 명 보내려고. 그런데 왜?

입사 동기: 이번에 사장님에게 나 좀 추천해 주면 안 되겠나?

기획실장: 자네를? 자네는 원래 그쪽 업무가 아니잖아?

입사 동기: 그렇지만 나 대학 때 전공이 그쪽이거든.

기획실장: 그러나 자네는 영어가 좀 부족한 것으로 알고 있는데?

입사 동기: 그것은 가서 공부하면 되지.

기획실장: 주재원 파견 기준이 어학 실력과 업무 실력을 동시에 갖춰야 하는 것은 알지?

　그 친구가 주재원으로 파견되었는지는 여러분의 상상에 맡기겠다. 만약에 그 친구가 해외 근무를 간절히 원했다면 먼저 철저한 준비를 했어야 했다. 그 나라의 언어에 대해 객관적인 평가 점수(예: 토익 점수)를 받아 오는 등 나름대로의 준비를 했다면 기회가 주어졌을 것이다. 그러나 좋은 기회일수록 그것을 노리는 사람도 많고 기회는 준비된 사람에게만 돌아간다. 그리고 그 준비된 사람에게 주어진 기회가 그 사람을 더욱 성장하게 만들어서 더 좋은 기회를 가져다주는 것이다. 준비된 자와 준비되지 못한 자의 차이는 처음엔 거의 느끼지 못해도 나중에는 엄청나게 커진다.

　물건을 사는 것도 마찬가지이다. 가구가 하나 필요하면 그 생각이 떠오름과 동시에 백화점으로 달려가서 호기 있게 카드로 계산하는 사람이 있다. 그러나 인터넷 쇼핑몰에 좋은 것이 있나 알아보고, 가구 단지를 찾아다니며 시장조사를 하거나, 먼저 구입한 사람들에게 조언을 구하면 의외로 저렴한 가격에 더 좋은 물건을 살 수가 있다. 부지런한 사람에게는 언제나 좋은 기회가 많이 다가오는 법이다.

재테크에서도 승리는 언제나 준비된 사람의 몫이다. 아무런 준비 없이 있다가 공이 튀는 대로 이리저리 쫓아다니면 언제나 상투만 잡게 된다. 주식 시장이 저평가되어 좋은 주식이 헐값이어도 사지 않다가 주식 시장에 불이 붙어 너도나도 달려들 때는 정작 사지 못해 안달인 사람이 많다. 물론 선취매가 무조건 좋다는 이야기가 아니다. 가장 수익률이 좋은 사람은 계속 시장을 주목하고 있다가 오를 조짐이 보이면 그 직전에 사는 사람일 것이다.

부동산 시장도 마찬가지다. 부동산이 저평가되었을 때는 눈길 한번 주지 않다가 언론에서 기사화될 때 관심을 가지기 시작한다. 그러나 그때는 이미 가격이 많이 오른 후이다. 다만 주식이나 부동산이나 문제는 그 상승 시점을 정확히 모른다는 데에 있다(영화 〈백 투 더 퓨처〉에 나오는 것과 같이 미래에 발행된 시세표를 가지고 있다면 좋겠지만 그건 영화일 뿐이다).

정확히 그 시점을 맞출 수 있는 사람은 거의 없다. 시세라는 것이 전혀 오르지 않다가 어떤 특정 시점이 지나면 확 오르는 것이 아니다. 정확하게 이야기하자면 이차 방정식의 포물선처럼 처음에는 눈에 띄지 않을 정도로 오르다가 점점 상승폭을 키워 가는 것이 대부분 투자 상품의 시세 상승 그래프이다. 이런 경우 어떤 특정 시점을 변곡점이라고 하기가 아주 애매하기 때문에 시세 상승의 정확한 시점이라는 것이 존재하지 않는 경우가 많다. 하지만 평소에 관심을 가지고 정보를 모으고 분석을 하다 보면 의외로 좋은 기회가 찾아올 수 있다. 그렇기 때문에 정확한 시점을 맞추는 데 너무 강박 관념을 가질 필요는 없고 상위 10% 안에만 든다고 하더라도 돈을 벌 기회는 많다. 주식이건 부동산이건 한번 타지 못한 흐름은 쫓아가려고 애쓰지 마라. 더 좋은 기회는 많이 찾아온다. 다만 그 기회는 준비된 사람만이 잡을 수 있는 것이다.

기억하자! 재테크 법칙 9

돈은 준비된 자의 친구이다.
준비되지 않은 자는 돈만 쫓아다니다 제풀에 지치고 만다.

세상에
마술은 없다

어렸을 때 마술을 보면서 엉뚱한 생각을 했던 것이 기억난다. 마술사가 모자에서 토끼, 비둘기 등을 마구 꺼내는 것을 보고, "저 마술사는 아주 부자겠구나"라고 생각을 했었다. "원하는 모든 것을 마음대로 모자에서 꺼낼 수 있고, 그것이 여의치 않으면 최소한 토끼라도 계속 꺼내 그것을 팔 수 있지 않을까?"라는 생각을 한 것이다. 그러나 마술사가 결코 부자가 아니라는 것을 알게 된 순간, "세상에 마술은 없다"라는 것도 알게 되었다. 세상 일이 어느 일순간에 "짜잔" 하고 끝낼 수 있는 것은 거의 없듯이 재테크도 이와 같다.

주변에 보면 재테크에 성공했다고 평가받는 두 가지 부류가 있다. 첫째 부류는 상당히 공격적인 투자를 하는 부류이다. 어느 날 갑자기 주식으로, 때로는 부동산으로 자신 연봉의 몇 배나 되는 거금을 쉽게 벌었다는 신화 같은 이야기들이 있다. 이런 사람들은 실력도 있지만 운도 따라 주는 몇 % 안에 드는 사람들이다. 그러나 소수의 사람이 단기간에 그렇게 벌 수는 있어도 장기적으로 계속 그런 수익률을 내기는 쉽지 않다. 이런 사람들이 계속 그런 수익률을 낸다면 하늘이 낸 재테크의 귀재라 할 수 있다. 그러나 이런 사람들은 전체의 1%도 되지 않는다. 우리가 주변에서 보는 대부분의 신화는 어떤 때는 수익률이 좋다가 그다음에는 손실을 보는 경우가 많다. 주로 성장주를 대상으로 공격적인 투자를 하여 A 주식으로는 큰돈을 벌었지만 B 주식으로는 손실을 본 경우가 대부분이다. 하지만 사람들에게는 A 주식 수익률만 이야기하기 때문에 투자의 귀재처럼 보이는 것이다.

두 번째 부류는 소리 소문 없이 돈을 버는 사람들이다. 이 사람들은 본인들이 재테크를 하고 있다는 것조차도 잘 노출하지 않으며, 매월 또는 매년 일정 비율만큼 자산을 늘려간다. 이 사람들이 추구하는 것은 2등 전략이기 때문에 첫 번째 부류보다는 화려하지 않다. 그러나 일정 기간이 지나서 보면 누적 이익률에서 첫 번째 그룹을 압도한다.

많은 사람들이 재테크를 한다면 첫 번째 그룹을 꿈꾼다. 가령 A와 B 두 친구가 있다고 하자. 한 달은 50%의 이익을 내고 그다음 달에는 -10%의 손실을 낸 A라는 친구와, 꾸준히 20%의 이익을 낸 B라는 친구가 있다면 전체 누적 수익률은 같을지라도 사람들에게 알려지는 것은 A이다. 그러나 우리가 모델로 삼아야 할 그룹은 두 번째 그룹이다.

아주 오래전 한국에서 회사 다닐 때의 일이다.

직장 동료: 자네 주식 좀 한다며? 어떻게 하면 돈을 벌 수 있나?

아기곰: 요사이 공모주 청약이 좋아. 상장하면 프리미엄이 붙고, 만에 하나 시

장이 폭락하더라도 주간 증권사에서 시장 조성을 하니까 안전하지.

직장 동료: 그거 하면 얼마나 버는데?

아기곰: 글쎄. 경쟁률에 따라 다르지만 한 돈 10만 원 정도는 남지 않을까?

직장 동료: 주당 10만 원? @.@

아기곰: 아니 전체 이익이 10만 원.

직장 동료: 얘걔… 그거 해서 언제 돈 벌어?

아기곰: 자네 와이프도 있잖아. 두 계좌 만들어서 한 달에 10만 원씩 두 계좌에서 일 년이면 240만 원 아니야?

직장 동료: 에이, 귀찮게 언제 증권회사 쫓아다니고 그러나? 그러지 말고 원금 500만 원으로 일 년에 딱 500만 원만 벌 수 있는 종목 좀 알려 줘. 나 욕심 안 부려. 딱 500만 원만 벌면 되거든.

아기곰: 원금 축낼 위험 없으면서 그런 수익률을 얻을 수 있는 상품이 있다면 자네가 나한테 가르쳐 주게.

부동산 투자도 마찬가지다. 특정 단지를 찍어 주는 강연에는 사람들이 양떼처럼 몰려든다. 그리고 다른 사람들이 좋다는 단지에 가서 그 이유도 모르고 묻지 마 투자를 하고는 한다. 실제로 상승기에는 이런 단지가 오를 수도 있다. 하지만 실수요자들의 수요가 늘지 않는 이런 단지는 침체기에 들어서면 거래가 끊기면서 하락의 길로 들어서는 것이다. 어디가 좋다는 말에 검증도 하지 않고, 묻지 마 투자를 한 사람들은 예전에 이미 그 지역에 투자를 해 놓은 사람들의 수익률만 올려 주고 본인들은 정작 상투를 잡은 것이다.

우리는 지난 몇십 년간 고도 성장기를 거치면서 성격이 상당히 급해졌다. 남들이 몇십 년에 걸쳐 이루어 놓은 것을 몇 년 안에 이루어야 하니 무엇이든 빨리빨리 처리하는 것에 익숙해졌다. 그러나 빨리 해서 좋은 것과 천천히 해도 제대로 해야 좋은 것은 분명히 따로 있다.

재테크는 생활 습관이며 마라톤과 같은 것이다. 매일 놀다가 어느 한순간에 마술을 부려 멋진 집을 얻을 수는 없다. 세상에 마술은 없다. 마술로 지은 집은 마술이 풀린 후에는 늙은 호박으로 돌아가기 때문이다.

기억하자! 재테크 법칙 10

세상에 마술은 없다.
세상에 공짜는 없으며, 평범한 길 속에 진리가 있다.

세상은 변한다, 고로
방법론도 변한다

사람에게 주어진 시간은 하루 24시간으로 누구나 똑같다. 그리고 대부분의 직장인은 소득 수준이 비슷하다. 이 일정한 자원을 어떻게 효율적으로 운영하는가가 승부를 가르는 것이다.

그럼 재테크의 방법론에 있어서 왕도란 무엇인가?

과거에는 무조건 돈을 모으는 데만 초점을 맞추고는 했다. 어떤 사람은 500원짜리 동전만 생기면 (꺼낼 수 없도록) 장롱의 바닥에다 집어넣는다고 한다. 그래서 이사 갈 때 장롱을 치우면 이사 비용에 해당하는 정도의 돈이 모아져 있다고 한다. 생각하지 않았던 공돈이 생긴 기분일 것이다.

그러나 자금 운영의 효율성 문제를 보면 전혀 추천할 만하지 않다. 동전은 10년이 지나도 그 가치가 오르지 않기 때문이다. 인플레이션을 고려할 때 앉아서 일 년에 몇 %씩 손해를 감수하는 것이며, 국가적으로도 동전 발행 비용을 증가시키는 비애국적(?) 발상이기도 하다. 또한 요즈음은 동전을 모아서 은행에 가더라도 천덕꾸러기 취급을 받곤 한다.

그럼 은행에 넣어 두면 어떨까? 좋은 방법이다. 안정성 면에서 비교적 유리하고 이자까지도 주니까. 장롱 밑에 넣는 것보다는 훨씬 좋은 방법이다. 하지만 IMF 외환위기 이후의 저금리 시대에는 별 이익이 없다(Low Risk, Low Return).

목돈을 만들기 전까지는 은행 저축을 이용하는 것이 가장 안전하고 확실한 방법이다. 하지만 일단 어느 정도 자산이 형성되면 은행 저축만으로 그 자산을 운용하는 것은 매우 비효율적인 결정이다. 은행에 돈을 맡기면 왜 이자를 줄까? "남의 돈을 맡아 놓았다면 당연히 이자를 쥐야 되는 거잖아"라는 말은 정답이 아니다. 은행 시스템이 본격적으로 시작되기 아주 오래전에는 돈을 맡기면 이자를 주는 것이 아니라 수수료를 뗐다. 선진국의 몇몇 은행은 지금도 소액 예금에 대해 이자 대신 수수료를 떼고 있다. 그러므로 은행에서 이자를 준다는 것이 '당연한' 일은 아니다. 그러면 은행에서는 왜 이자를 줄까? 그리고 그 이자 수준은 어떻게 결정될까?

은행에 돈을 맡기면 은행에서는 그 돈을 다른 사람에게 빌려주고 대출 이자를 받는다. 그 대출 이자에서 은행원 급여나 은행 유지비 등 은행 운영에 들어가는 비용을 제하고 나머지를 돈을 맡긴 사람에게 돌려주는 것이 예금 이자이다. 그러므로 예금 이자는 언제나 대출 이자보다 낮다. 그러면 높은 대출 이자를 내면서까지 돈을 빌려가는 것은 왜일까? 그 돈으로 사업을 하든지 투자를 해서 대출 이자 이상의 수익을 내기 때문이다. 예를 들어 저금리 상황하에서는 은행에서 대출을 받아 집을 사고, 그 집의 월세로 대출 이자를 갚아도 남는 경우가 많다.

결국 본인이 목돈을 은행에 예치해 놓는다는 의미는 남의 투자 자금을 다 대 주고, 게다가 은행 운영 경비까지 대신 다 내주고 남는 돈을 받는다는 의미밖에 되지 않는다.

그럼 주식을 사 놓으면 어떨까? 그것도 좋은 방법이다. 종목만 잘 선택하면 몇 배까지 원금을 뻥튀기할 수도 있다. 그러나 그 이야기는 반대로 원금까지 한순간에 다 날릴 수도 있다는 이야기와 같다(High Risk, High Return).

그럼 채권은? 부동산은? 금이나 달러와 같은 외화는?

결국 영원불멸한 왕도는 없는 것이다. 쉽게 돈을 벌려고 하는 사람에게는 별 뾰족한 방법이 없다는 것이 오히려 정확한 표현이다. 세상이 계속 변하기 때문에 시대에 따라 방법론을 바꾸어야 하는 것이다.

아주 재수 좋은 사람의 예를 들어 보겠다.

대기업에 다니던 K 씨는 나름대로 성실히 일을 해 강남에 30평형대 아파트를 마련하는 등 소위 잘나가고 있었다. 그런데 이 K 씨에게 시련이 닥친 건 1997년 IMF가 본격적으로 시작되기 전이었다. 경기가 하향 곡선을 그리고 K 씨가 다니던 회사는 구조조정을 단행하게 되었다. 이때 K 씨도 소위 명예퇴직이라는 것을 하게 되며, 그동안 충성한 회사에 대한 배신감과 자신에 대한 자괴감을 이기지 못하고 이민을 결심하였다.

이민에 필요한 비자 신청 등을 진행하면서, 환율이 불안하게 움직이는 것 같아서 아파트 매각대금 2억 5,000만 원과 퇴직금 5,000만 원 모두를 환율 900원대에 달러로 환전했다. 그런데 IMF 사태가 터지자 환율이 1,800원대까지 치솟게 되었다. 이민 계획이 여러 가지 이유로 연기되자, 이를 다시 전부 한화로 바꾸니 3억의 재산이 몇 달 사이에 6억으로 불어났다고 한다. 이 돈으로 주식을 살까 고민했지만 겁도 나고 해서 1998년 초 비교적 안정적인 채권에 투자를 했다. 일 년이 지나니 6억의 재산은 25%가 늘어 7억 5,000만 원이 되어 있었다. 물론 그동안의 생활비 등을 고려하면 7억 2,000만 원 정도가 남아 있었다. 그래서 아주 한국에 눌러앉기로 결심을 하고 전에 팔았던 집의 시세를 알아보니 놀랍게도 1억 5,000만 원으로 떨어져 있었다.

K 씨는 그 후 자신이 살던 집 근처의 아파트에 살고 있다 한다. 그리고 차액 5억 7,000만 원은 어떻게 되었을까? 7,000만 원은 은행에 넣어 두고, 5억 원은 친구들과 공동 출자해서 벤처 기업을 하나 만들었는데, 이게 1년 만에 상장이 되었다나 어쨌다나… 그리고 그 친구는 그 주식을 모두 팔았고, 그 돈으로 강남의 아파트를 몇 채 사두었는데 재건축 이야기가 나오면서 자산이 또 한 번 뻥튀기 되었다는 전설이 있다.

물론 이 이야기 속의 K 씨는 가상의 인물이다. 그러나 부분적으로 실제 있을 법한 여러 사람의 사례를 짜깁기한 것이다. 이 이야기를 보면 시기에 따라 그때 가장 적합한 재테크 방법론이 다르다는 것을 알 수 있다. 물론 위의 K 씨와 반대 방향으로 자금을 운용하여 빈털터리가 된 사람도 있을 수 있다.

그러면 이런 것을 재수에만 의존할 것인가? 옛 어른들 말씀에 "큰 부자는 하늘이 만들고 작은 부자는 사람이 만든다"고 했다. 누구나 작은 부자는 될 수가 있다. 위의 K 씨와 같이 완벽할 수는 없어도 한두 번의 물결은 탈 수 있다. 끊임없이 변하는 세상을 쫓아가기 위해서 끊임없이 공부해야 하는 것이다.

그러나 학교에서 배우거나 몇몇 책을 읽는다고 공부가 끝이 나는 것은 아니다. 인쇄된 것은 이미 고정된 지식이므로 이보다는 경제 신문을 읽는 것을 권하고 싶다. 요즘은 일간 신문도 경제면의 내용이 알차므로 매일 꼭 보기 바란다. 몇 번만 본다고 거기서 모든 것이 나오는 것이 아니고, 2년 3년 계속 보다 보면 세상을 보는 눈이 열리고, 10년을 보게 되면 돈이 날아다니는 것이 보이게 된다. 그러나 아무런 목적 없이 경제 신문을 읽는 것은 재미도 없을뿐더러 큰 도움이 되지 않는다. 이때 자신이 경제연구소의 자료실에 근무한다고 생각하거나 대학원 논문을 쓴다고 생각해 보라. 몇 가지 분류표를 만들어 보고, 특정 주제에 맞는 기사가 나오면 스크랩을 하고, 그 기사에 대해 자신의 생각들을 메모해 보는 것도 좋은 방법이다. 기사를 읽을 때, 거기에 담겨 있는 정보가 "어떻게 나에게 경제적으로 도움이 될 수 있는지"를 생각하면서 읽는 것도 큰 도움이 된다.

10년이란 세월은 결코 짧은 세월이 아니다. 그러나 반대로 쉽게 지나가 버리는 것이 10년이다. 물론 10년째 되는 날 갑자기 재테크의 도사가 된다는 의미는 아니다. 사람에 따라서는 몇 달 만에 세상 돈의 흐름을 읽는 사람도 있고, 어떤 할아버지는 평생을 증권사 객장에 앉아 있었어도 점심 끼니 걱정을 하곤 한다. 당신에게 맞는 가장 좋은 방법을 선택해 내공을 쌓도록 하라. 내공을 쌓기도 전에 세상과 승부를 겨루는 것처럼 무모한 것도 없다. 세상에는 당신의 쌈짓돈을 노리는 사람이나 조직이 많다. 그들에게 당신의 돈은 얼마 되지 않는 사냥감이지만 당신에게는 가족의 미래를 위해 투자해야 될 소중한 종잣돈인 것이다.

잊지 말자! 재테크 법칙 11

세상은 변한다. 고로 방법론도 변한다.
그러므로 공부하자, 꾸준하게~
지식이 있어야 돈도 벌 수 있다.

최선의 재테크는
자신에 대한 투자이다

|

앞에서 재테크의 중요성에 대해 설명하다 보니 하나의 걱정이 생긴다.

"그래. 좋은 이야기야. 돈을 벌어야 해" 하고 모두들 증권사 단말기 앞으로 몰려가는 것은 아닌지, 주말이면 땅을 사러 저 푸른 초원(?) 위를 누비고 다니는 것은 아닌지 우려가 된다. 그런데 실제로 이런 사람이 있다면 이 글들을 오해하고 읽은 것이다.

황금알보다는 황금알을 낳는 거위가 중요하다는 것은 모두가 알고 있다. 스스로를 황금알을 낳는 거위로 만드는 것이 중요하지, 나오지 않는 알을 억지로 짜내려 하는 것은 스스로를 자해하는 것과 같은 어리석은 짓이다.

주식 시장이 활황을 보일 때는 직장을 그만두고 오피스텔을 얻어서 하루 종일 주식 시세를 보면서 단타를 전문으로 하는 데이 트레이

아기곰의 재테크 불변의 법칙

더Day Trader가 꽤 늘어난다고 한다. 주가가 상승기에 있을 때는 돈을 짭짤하게 벌어 마치 자신이 주식의 도사인 양 자처했을 것 같다. 그러나 이들 모두가 과연 도사일까? 미안하게도 그런 시기에는 굳이 데이 트레이더가 아니더라도 누구나 사 놓으면 오르게 된다. 그것을 착각하고 생업을 버리면서까지 주식 투자에 자신의 인생을 맡기는 것은 매우 위험한 일이다. 미국의 통계에 의하면 데이 트레이더의 75%가 2년 안에 깡통을 차게 된다는 이야기도 있다. 파도의 잔물결과 조류의 흐름을 착각하지 말고, 나뭇잎의 흔들거림과 태풍을 혼동하지 말아야 한다. 단번에 인생을 역전시킬 재테크는 없다.

부동산도 마찬가지다. 부동산 시세가 급등하여 수익이 많이 난 다음 해에는 소위 전업 투자자들이 늘어난다. 회사에서 몇 푼 되지 않는 월급에 자기 인생을 거느니, 그 시간에 시장 분석도 하고 임장도 다니는 것이 더 효율적으로 자기 시간을 쓰는 것이라고 생각하는 것이다. 하지만 이런 방법은 상당히 위험하다. 투자라는 것이 오르는 날만 있는 것이 아니다. 상승기가 있다는 것은, 하락기도 있고 침체기도 있다는 의미다. 시세가 떨어지는 하락기나 거래 자체가 줄어드는 침체기에는 수익을 내기가 어렵기 때문에 생활비 자체가 나오지 않을 수도 있다.

더 나아가 손실이 커지는 시기가 있다. 있는 돈마저 까먹는 시기라는 뜻이다. 이럴 경우 월급과 같은 일정 수입이 없다면 버티기가 어렵다. 이는 단순히 생활비 조달만을 의미하지 않는다. 수익이 없으면 그다음부터는 투자에 무리하게 된다. 단기 수익을 쫓는 투자를 위주로 하기 때문이다.

투자는 보너스 개념으로 접근하는 것이 좋다. 생활비는 매월 월급이 나오는 직장 생활로 해결하고, 여유 시간을 이용해서 투자를 하는 것이 좋다는 의미이다. 그러면 투자 수익이 좋지 않더라도 생활비 걱정까지는 할 필요가 없고, 투자 수익이 늘어나면 자산을 늘리게 되니 무리가 따르지 않는다.

물론 투자를 하다 보면, 투자 수익에 비해 월급이 작아 보일 수 있다. 어떤 선배가 해 준 자조적인 이야기가 있다. 지방에 있던 초등학교에서 수재 소리 들어 가면서 공부하다 서울로 유학(?) 가서 일류 대학 나오고 대기업에 취직해서 열심히 일한 덕에 승진도 하여 자신은 출세했다는 기분으로 중형 승용차를 타고 고향을 찾았더니, 고향에 남아 있던 친구들은 땅값이 많이 올라서 모두 대형차를 끌고 있더라는 것이다. 자신도 대학 등록금으로 땅을 사 놓았다면 오히려 지금보다는 자산이 더 많았을 것이라고 이야기한 적이 있다.

이러한 이야기는 결과론적인 이야기이다. 지방의 한 도시에서 로또 당첨자가 나왔다고 해서 그 지역의 로또를 모두 산다거나, 라스베이거스에서 누가 잭팟을 터트려 부자가 되었다고 해서 모두 비행기 타고 라스베이거스로 가지는 않는다. 앞서 말한 선배도 자식들을 대학에 보내지 않는 대신 땅을 사 놓지는 않을 것이다.

매달 500만 원씩 월급이 나오는 직장과 평균 두 달에 한번씩 1,000만 원씩 수익을 내는 전업 투자, 둘 중 어느 것이 더 속이 편할까? 수입 총액만 보면 연간 6,000만 원으로 같다. 하지만 투자라는 것은 이번 달에 수익이 날 수도 있지만 손실이 날 수도 있다. 안정적인 수입이 나오는 직장이 훨씬 속 편한 것이다.

이러한 측면에서 오히려 자신에 대한 투자가 가장 큰 재테크라 할 수 있다. 자신에 대한 투자라고 하니까, 스스로에게 상을 준다고 명품 가방을 산다든지, 해외여행을 다닌다든지, 맛집을 찾아다니며 몸보신하라는 것이 아니다. 그것은 소비에 대한 자기 합리화에 불과하다.

자신에 대한 투자라는 것은 자신의 가치를 높이는 것이다. 직장을 다니는 사람이라면 직장에서 인정받는 사람이 되도록 노력하는 것이 자신에 대한 투자가 될 것이다. 직장을 단순히 월급 받기 위해 가는 곳이라고 생각하면 본인의 일이 고되고 지루하게 여겨질 것이다.

회사 일이 재미가 없다고 불평하는 사람들이 있다. 맞다. 원래 회사라는 곳은 재미가 없는 곳이다. 그런데 회사가 놀이동산처럼 재미난 곳이라면 입장료를 받지, 월급을 왜 주겠는가?

하지만 회사 일을 단순히 "월급을 받기 위해 할 수 없이 하는 노동"이라고 정의하지 말고, "나의 능력을 펼쳐 보일 수 있는 기회"라고 생각해 보라.

컴퓨터 게임을 한다고 상상해 보라. 누구나 할 수 있는 레벨의 게임은 금방 싫증 나고 말 것이다. 남들이 도전해 보지도 못하는 레벨의 게임을 정복했을 때의 희열을 기억할 것이다. 그런데 프로게이머가 아닌 이상 어려운 컴퓨터 게임을 정복했다고 누가 돈을 주지는 않는다. 하지만 회사에서는 남들이 못하는 어려운 프로젝트를 성공시키면, 그에 상응하는 보상이 따른다. 그것이 당장의 금전적 보상이 아니더라도 더 어려운 프로젝트에 참여시키는 등 더 많은 기회가 주어진다. 이렇게 되면 회사에게 인정받는 사람 수준이 아니라 그 사람이 경쟁사로 이직하면 회사가 타격을 받을 정도의 중요한 위상을 차지하는 것이다. 갑과 을이 바뀌는 것이다.

사업을 하는 사람이라면 다른 경쟁자를 이길 아이디어를 찾아내고 끊임없이 도전하는 것이 자신에 대한 투자일 것이다. 결국 스스로를 가치를 창조하는 사람으로 만드는 것이 자신에 대한 최선의 투자이다.

그렇게 해서 만들어진 가치를 보다 더 낮게, 더 효율적으로 만드는 것이 재테크이다. 재테크 때문에 자신의 가치를 쌓는 데 등한시하지 말라는 뜻이다. 연봉 5,000만 원을 받는 사람이 자신의 몸값을 1억 원으로 올릴 수 있다면 웬만한 재테크보다 낫다. 한 해만 일하고 말 것이 아니기 때문이다.

자기 자신에 대한 가치를 높이는 것은 결국 소득의 증가로 이어진다. 이렇게 늘어난 소득이 쌓이면 자산이 되는 것이다. 자산이라는 것은 커다란 항아리와 같다. 이 항아리에 물을 가득 채우려면 남보다 물을 많이 가져다 부어야 한다. 이것이 자신의 가치를 올리는 활동, 다시 말해 소득을 높이는 활동인 것이다. 그런데 항아리가 깨져서 물이 줄줄 샌다면 아무리 물을 부어도 항아리는 채워지지 않는다. 자신의 항아리가 깨져 있지는 않은지 살펴보고, 물을 채워 넣어도 수압에 의해 깨지지는 않는지를 따져 보고, 더 나아가 효율적으로 물을 채워 넣는 방법을 찾는 것이 재테크이다. 이 책에서는 후자에 대해 집중적으로 다루고 있다. 하지만 소득을 높이는 활동, 다시 말해 자신의 가치를 끌어올리는 활동도 꾸준히 병행되어야 한다. 부어지는 물이 적다면 항아리에 물이 채워지는 속도가 너무 늦기 때문이다.

이 두 활동은 수레의 양쪽 바퀴와 같다. 소득은 높은데 재테크를 등한시하는 것은, 왼쪽 바퀴는 큰데 오른쪽 바퀴는 작은 것과 같다. 반대로 재테크에 빠져 생업을 등한시하는 것은, 오른쪽 바퀴는 큰데 왼쪽 바퀴는 작은 것과 같다. 두 수레 모두 앞으로 똑바로 가기는 어렵다.

인생은 생각보다 길다. 단기간의 결과를 얻는 데 연연하지 말고 길게 보며, 그것이 학업이든 직장이든 본업에 충실하면서 기본기를 닦고 있으면 준비한 사람에게는 기회가 꽤 여러 번 오게 되어 있다. 결코 단기간의 과실에 욕심내지 말고, 장기간에 걸쳐서 꾸준히 하나하나 이루어 가다 보면 언젠가는 자신이 꿈꾸던 목표를 이룰 수 있을 것이다.

좌우 바퀴 모두 균형이 맞는 튼튼한 수레를 타고 인생의 먼 길을 달리게 될 당신을 돕는 것이 이 책의 목적이다.

잊지 말자! 재테크 법칙 12

현업에 충실하라.
최선의 재테크는 자신에 대한 투자이다.

4차 산업 혁명의 영향

18세기 말 영국에서 증기기관이 발명되자 세상이 개벽을 하였다. 예전에는 사람이나 가축의 힘을 이용해서 생산에 의존했던 것이 증기기관이라는 엄청난 괴력을 자랑하는 기계에 의한 생산 체제로 바뀌었던 것이다. 이에 따라 이전에는 상상도 하지 못했던 대량 생산의 시대로 넘어가게 되었고 과거 찬란한 문명의 꽃을 피웠던 동양이 서양보다 뒤처지기 시작하는 계기가 되었다. 이를 1차 산업 혁명이라고 한다.

그런데 증기기관은 치명적인 한계가 있다. 증기라는 에너지원을 동력으로 쓰다 보니 (증기가 흘러가는) 파이프가 길어지고, 긴 파이프를 통해 열이 식다 보니 대규모 생산 라인을 만드는 데는 비효율적이었다.

그러다 19세기 말에 전기가 상용화되기 시작했다. 전기는 자연에 존재했던 것이고, 고대에도 원시적인 밧데리가 쓰였다고 하니 전기를 누가 언제 발명했다고 정의하기에는 어려움이 많다. 하지만 토머스 에디슨이 전구를 발명하고 니콜라 테슬라가 교류를 발명한 이후 전기가 산업 현장에서 쓰이기 시작했다. 이는 또 다른 혁명을 일으키기 시작했다. 증기기관의 경우, 생산 현장에서 동력을 발생시켜야 했지만 전기는 생산 현장과 멀리 떨어진 발전소에서 전기를 생산하여 상대적으로 가는 전기선을 이용하여 전국 곳곳에 동력을 공급할 수 있게 하였다. 이를 계기로 생산성이 대폭 높아지게 되었으며 이를 2차 산업 혁명이라고 한다. 석유를 원료로 하는 내연기관의 등장도 2차 산업 혁명을 앞당기는 계기가 되었다.

이에 비해 3차 산업 혁명은 자동화라고 정의된다. 20세기 말에 컴퓨터가 일반화되면서 생산 현장에도 자동화 붐이 불어닥쳤다. 예전에는 단순 반복하던 작업들이 자동화된 기계들에 의해 대체되었다. 3차 산업 혁명이라는 단어가 나온 것도 불과 10년이 안 되었으니 우리는 3차 산업 혁명 시대에 살고 있다고 하겠다.

1차 산업 혁명의 키워드는 '증기', 2차 산업 혁명의 키워드는 '전기', 3차 산업 혁명의 키워드는 '자동화'라 할 수 있다. 그런데 이들 산업 혁명의 공통점은 생산성의 극적인 증가인데, 이를 반대로 말하자면 인간의 일자리가 그만큼 없어진다는 것을 의미한다. 내연기관 자동차가 출범하자 마차를 몰았던 마부들이 일자리를 잃었고, 전기의 사용이 일반화되자 손으로 가스 가로등에 점화를 하던 사람들이 대거 일자리를 잃었다. 지금도 생산 현장에서 로봇이 인간을 대체하고 있고, 매장의 키오스크는 주문을 받는 직원의 일자리를 빼앗고 있다. 기술이 혁명적으로 발전하면서 인간의 일자리가 위협받고 있는 것이다.

문제는 앞으로 다가올 4차 산업 혁명이다. 기존의 산업 혁명은 블루컬러나 단순 노동직의 일자리를 대체했다면 4차 산업 혁명은 화이트컬러를 포함한 전 산업에 영향을 끼칠 것이다. 완전 자율주행 자동차의 등장은 택시 운전사라는 직업군을 없앨 가능성이 있고, 3D 프린팅의 발달은 대량 생산 체계를 붕괴시킬 것이다. AI의 등장은 마케팅이나 기술 개발직 등 산업 전 분야의 지형을 매우 심각하게 바꾸어 놓을 것이다. 몇 년 전까지 각광을 받았던 코딩도 AI 컴퓨터가 담당하는 세상이 되었다. 전체 프로그램을 설계하는 시니어 프로그래머 몇 명만 있으면 나머지는 AI가 코딩하는 세상이 된 것이다. 예전에 주니어 프로그래머들이 밤새워서 했던 일을 AI가 야간 수당 없이 더 빠르고 정확하게 업무를 수행하고 있다. 이처럼 직업군 자체가 없어지는 현상이 전 산업에 걸쳐서 벌어지는 것이다.

이런 세상이 오면 사회는 어떻게 변할까? SF 영화를 보면 먼 미래에 지구는 평등한 사회로 그려지기보다 선택받은 소수의 지배 계급과 짐승처럼 열악한 환경에 놓인 피지배 계급으로 그려진다. 고소득 직업을 가진 소수와 직업 없이 배급이나 기본 소득만으로 생활을 하게 되는 대중이 존재하는 양극화 세상이 되는 것이다.

"우리는 평등한 세상을 원하기 때문에 기술 혁명을 반대한다"고 외면해 보아도, 19세기의 쇄국주의 조선의 운명을 면하지 못한다. 4차 산업 혁명을 먼저 받아들인 다른 나라에게 경제적으로 복속하는 결과가 되기 때문이다. AI 컴퓨팅 기술이 많은 지식 노동자의 일자리를 대신하고, 산업용 휴머노이드 로봇이 많은 생산직 노동자의 일자리를 뺏게 될 것이다.

물론 이런 세상이 당장 내일 벌어지는 것은 아니다. 그러나 밀물이 밀려오듯 서서히 그리고 집요하게 세상을 바꿔 나가는 것이다. 당신이 어느 쪽에 서게 될지는 아무도 모른다. 하지만 작년에 살던 방식으로, 지난 달 살던 방식으로, 어제 살던 그 방식대로 편하게 내일을 맞는다면 당신은 첫 번째 희생자가 될 가능성이 높다. 바닷가에 물이 차오르면 더 높은 곳으로 자리를 옮겨야 하는 것처럼, 세상이 바뀌는 것에 대해 꾸준한 관심을 가지고 본인의 실력을 쌓아 가야 미래가 보장되는 것이다.

Chapter 2
탄탄한 재테크를
위한 상식

부자가 되려면
부자를 닮아라

경제적 환경이 비슷한 두 사람이 비슷한 시기에 직업을 가지고 경제 활동을 시작했는데도 불구하고, 상당한 시간이 흐른 후에 보면, 한 사람은 경제적 자유를 얻은 반면 다른 한 명은 아직도 경제적으로 어려운 상황에 처하게 된 경우를 우리는 가끔 보게 된다. 왜 이러한 차이가 나는 것일까?

그것은 두 사람이 여러 면에서 다른 행동 양식을 나타내기 때문이며, 이것이 긴 세월 동안 누적되면서 결과의 차이로 나타나는 것이다. 어느 순간만 잘라 놓고 보면 그 차이는 크게 느껴지지 않을 수 있다. 하지만 인생이라는 긴 시간을 놓고 보면 상당한 차이가 생기는 것이다.

이러한 행동 양식의 차이가 결과로 극명하게 나타나는 것이 주식 시장이고, 그다음이 부동산 시장이다. 주식 또는 부동산 시장에서 수익을 내는 사람들, 소위 '고수'라고 불리는 사람들의 행동 양식을 살펴보면 크게 다음 3가지 면에서 보통 사람들과 다른 면모를 보여 준다.

1. 시장을 보는 눈(정보 해석 능력)
2. 이를 실현할 수 있는 밑천(기초 자본)
3. 행동할 수 있는 용기 또는 자기 확신Self Confidence

금광에 비유를 한다면 1번은 금광을 알아보는 눈, 2번은 금을 캐낼 수 있는 장비, 3번은 의지 또는 결심이라 하겠다. 금도 없는 곳을 하루 16시간 이상 1년 내내 파 보았자 고생만 할 것이다. 또한 채광 장비가 있어야지 맨손으로 팔 수는 없는 것이며, 모든 조건이 갖추어져 있더라도 정작 본인이 실행을 하지 않는다면 그만인 것이다. 이 세 가지 조건이 모두 갖추어져야 한다. 앞서 말한 고수는 이 세 박자를 고루 갖춘 사람을 말한다. 만약 이중 하나의 능력이 결여된다면 어떻게 될까? 세 가지의 경우로 살펴보기로 하자.

첫 번째 경우, 1, 2번만 있고 3번이 없는 경우. 즉 시장을 보는 눈이나 어느 정도의 자본은 있으나 정작 실행을 못하는 사람들이다. 많은 사람들이 속으로 뜨끔할 것이다. 집값이 오를 것 같아서 돈까지 준비해 놓았다가 확신이 없어서 포기를 했더니 집값이 성큼성큼 올라 배우자에게 원망의 노래를 듣고 사는 사람. 반대로 팔긴 팔아야 하는데 집값이 더 오를 것 같아서 미적거리다가 매도 타이밍을 놓친 사람. 어찌 보면 우리 대부분이 여기에 속한다고 봐야 한다.

사람이 신중한 것과 우유부단한 것은 전혀 다른 이야기이다. 성급하게 빨리 결정해 놓고서는 그다음 날부터 걱정과 후회에 휩싸이거나 권유자를 원망까지 하는 사람이 있다. 그런가 하면 검토 과정에서는 이것저것 캐묻고 따지다가도 일단 결정한 후에는 뒤도 돌아보지 않는 사람이 있다. 본인이 어느 쪽에 가까운지는 스스로 판단해 보길 바란다.

투자자: 이번에 XX 지구에 청약하려고 하는데 어떻게 생각하세요?

고수: 왜 거기에 청약하려 하시는데요?

투자자: 이렇고 저렇고…….

고수: 그럼 하나만 물어볼게요. 그곳이 많이 오르리라고 생각하십니까?

투자자: 그럼요. 어쩌고저쩌고…….

고수: 그럼 청약하세요.

투자자: 그런데 값이 떨어지면 어쩌죠?

고수: 허걱 @.@

왜 이런 현상이 벌어질까? 그것은 본인이 결정한 사항에 대해 확신이 서지 않는 자기 확신 결여 때문이다. 자기 확신Self Confidence은 인생을 살아가는 데 귀한 동반자이다. 그러나 이러한 자기 확신은 책 몇 권을 읽는다고 저절로 생기는 것이 결코 아니다. 스스로 작은 결정이라도 해 보고, 그 결정에 대해서는 자신이 100% 책임지려는 자세와 훈련이 필요하다.

많이 안다는 것과 결정을 잘한다는 것은 전혀 다른 이야기이다. 주위에 한두 명쯤 주식 또는 부동산 도사들이 있을 것이다. 책에서나 나올 법한 복잡한 이론으로 무장한 이들은 거의 완벽한 해설가로 보인다. 그러나 만약 이 해설가들에게 조언을 구하고자 한다면 그 사람들이 투자로 얼마나 많은 수익을 냈는지 알아보는 것이 좋다. 이 해설가들은 서로 다른 시기에 지나가는 소리로 한 다섯 개쯤 추천 종목을 권해 주고 난 후, 나중에 그중에서 하나라도 오른다면 그야말로 의기양양해서 당신에게 이렇게 말할 것이다.

이 부장: 거봐, 김 대리. 내가 뭐라고 그랬어? 삼화전자 주식 사 놓는 건 무조건 돈 복사라고 그랬지? 오늘도 주당 천 원이나 올랐어.

김 대리: 역시, 부장님은 탁월하십니다. (언제 그랬더라? 아! 술 먹으면서 잠깐 이야기한 거?)

이 부장: 그래서 자네는 돈을 못 버는 거야. 원래 고수라는 것은 이 안목, 응…이 안목이 탁월해야 하는 거거든…….

김 대리: (어휴 인사고과 철만 아니었으면… T.T) 그래서 부장님은 이번에 많이 버셨습니까?

이 부장: (찔끔) 아니 김 대리, 자네가 내 사정을 몰라서 묻나? 내가 돈이 어디 있다고… 어휴~ 돈만 있었어도 연봉 정도는 쉽게 벌 텐데…….

김 대리: (정말 못 봐 주겠네…) 저번에 퇴직금 중간 정산하셨잖아요?

이 부장: 아, 그거는 우리 딸내미 대학 등록금…….

김 대리: 에이 부장님도… 대학 등록금이 몇 푼 한다고.

이 부장: 사실은 우리 집사람이 주식을 못하게 해서… 어휴, 이놈의 여편네는 사나이 가는 길을 막아요, 막아. 에잇.

김 대리: ……. (바보 아냐?)

행동하지 않는 지식은 살아 있는 것이 아니다. 자신은 행동하지 않으면서 한 걸음 떨어져 해설만 하는 사람들은 오히려 당신을 피곤하게 만든다. 이런 사람들은 가까이할 필요가 없다.

두 번째 경우, 1, 3번은 있다고 생각되는데 2번이 부족한 경우. 즉 시장을 보는 눈이나 용기도 충분한데 자금력이 부족한 사람들. 신혼부부 등 대부분의 젊은 계층이 여기에 속한다고 볼 수 있다. "충분한 지식과 정보도 있고 용기도 있지만 뭐가 있어야지 사고라도 치죠?"라고 하는 사람들이다. 이런 사람들을 위해서 「재테크 성공을 위한 12가지 법칙」을 쓴 것이다. 이 경우에 속하는 사람들은 종잣돈을 하루 빨리 만들어야 한다. 젊었을 때 가난하여 고생하는 것은 충분히 감내할 수 있다. 현재를 부끄러워할 것이 아니라 미래를 준비하는 자신을 자랑스럽게 생각해야 할 것이다.

몇 년 전 필자에게 상담을 신청한 사람이 있었다. 그동안 상담을 거쳐 간 수천 명의 사람 중에서 이 사람이 특별히 기억이 나는 것은 재테크에 대한 태도, 더 나아가 삶에 대한 간절함에 감동받았기 때문이다. 상담받을 당시만 하더라도 외벌이지만 우리나라 평균 가구 소득 이상을 벌고 있는 사람이었다. 그런데 독특한 것은 이 사람이 주말마다 주유소 아르바이트를 한다는 것이다. 매주 토요일과 일요일, 한 달 동안 일을 하게 되면 50만 원 정도의 수입을 거둘 수 있으니 1년이면 600만 원의 추가 수입을 거두는 것이다.

주말마다 빠짐없이 주유 알바를 하여 1년에 600만 원을 번다고 하면, 어떤 사람은 '애개~'라고 할 수도 있을 것이다. "주식 한 종목 잘 고르면 한 방에 그보다 훨씬 고수익을 거둘 수 있는데, 시간이나 노력의 낭비 아냐?"라고 생각하는 사람도 있을 것이다. 하지만 필자가 그 사람을 높게 평가하는 것은 '그 사람의 삶에 대한 태도' 때문이다. 1년 내내 주말 동안 고생해서 600만 원 버는 사람이 다른 일에 돈을 낭비할 수 있을까? 600만 원을 벌고자 하는 노력 자체는 빙산의 보이는 부분일 따름이고, 물 밑에 있는 커다란 부분까지 필자의 눈에는 보였던 것이다. 이메일로 상담해도 되지만, 새벽부터 지방에서 첫차를 타고 올라와서 상담을 받는 그 사람의 간절함을 느꼈기에 필자도 최선을 다해 상담에 임했던 기억이 난다. 상담료의 절반도 돌려주었던 것은 덤이었다.

다행히 투자 결과도 좋아서 자랑(?) 섞인 감사의 편지를 얼마 전에 받았다. 현재를 부끄러워하지 않고 최선의 노력을 한 사람에게 미래는 밝아질 수밖에 없는 것이다. 개인마다 주어진 환경에 따라 정도의 차이는 있지만 사회생활을 시작하여 약 5~10년 정도까지는 미래를 준비하는 기간으로 보면 된다. 이 기간 동안 얼마나 인내의 시간을 보내느냐에 따라 미래가 달라진다. 물론 은행 대출 등 다른 사람의 돈을 이용하여(지렛대 효과) 시작할 수도 있으나 충분한 경험이 쌓이지 않았기 때문에 위험이 크다. 이 방법은 결코 권하고 싶지 않다.

세 번째 경우, 2, 3번만 있고 1번이 없는 경우. 즉 돈도 있고 용기도 있으나 시장을 보는 눈이 없는 경우. 이 경우가 가장 위험하다. 심하게 말하면 "무식이 용기" 또는 "사고 친다"라는 표현이 맞는 경우이다. 꼭 시장과 반대로 움직이는 사람들이 있다. 주식이 내릴 때는 몇 달이고 보유하고 있다가 올라가기 직전에 파는 사람, 꼭 상투에서만 사는 사람. 이렇게 시장을 읽는 능력이 떨어지는 사람들에게 부족한 것은 무엇일까? 소위 말하는 고급 정보일까? 아니면 운일까? 몇 가지 중요한 요인이 있겠지만 무엇보다 정보를 해석하는 능력이라고 본다.

인터넷에는 정보의 홍수라고 할 만큼 많은 정보가 있다. 물론 그중에는 고급 정보도 있지만 허접한 정보들도 많다. 그러나 어떤 정보이든 그것이 '자료Data'가 아닌 '정보Information'로서 가치를 발휘하려면 나름대로의 해석이 필요하다. 자기 것으로 만들지 않는 한 아무리 좋은 '내용Content'이라도 정보라고 부를 수는 없다. 아무리 좋은 재료라도 요리하는 사람의 실력이 떨어진다면 허접한 요리가 될 수밖에 없다.

많은 자료가 있음에도 불구하고 오류에서 벗어나지 못하는 것은 정확한 해석 및 분석 없이 정보를 그대로 수용하는 데에 있다. 다음 가상의 두 기사를 비교해 보자.

기사 A

서울 집값 폭락 조짐 — 상승률 반토막

최근 부동산 전문 사이트 닥터 아파트의 조사에 따르면 6월 서울의 아파트 값은 1.0% 상승에 그쳐 안정세를 이어 나갔다. 이는 지난 5월 집값 상승률이 2.0%에 달했던 것에 비추어 상승률이 반토막 난 것이다. 한편 거래량도 6,200건으로 전달 대비 30%가 줄어든 것으로 조사되었다. 고조선 대학 조경래 교수에 따르면, 거래량이 줄어들면서 집값 상승률이 꺾인 것은 불황 초기 단계에 나타나는 전형적인 현상으로 향후 집값의 하향 안정화가 예상된다고 한다.

_ 미트로일보 하락장 기자 harakjang@mitro.com

기사 B

서울 집값 폭등 조짐 — 상승률 두 배 증가

최근 부동산 전문 사이트 닥터 아파트의 조사에 따르면 6월 서울의 아파트 값은 1.0% 상승을 보여 재상승의 조짐을 보이고 있다. 이는 작년 6월 집값 상승률이 0.5%에 달했던 것에 비추어 상승률이 두 배나 증가한 것이다. 한편 거래량도 6,200건으로 전년 동기 대비 20%가 늘어난 것으로 조사되었다. 건설산업 연구원 김연화 박사에 따르면, 전통적인 이사철이 아닌 6월에 집값 상승률과 거래량이 늘어나는 것은 매우 이례적인 현상으로 향후 집값의 한 단계 상승이 예상된다고 한다.

_ 주택상승신문 마골라 기자 magola@housepriceup.com

어떤 것이 맞는 기사일까? 위 가상의 두 기사 모두 같은 조사 내용을 근거로 작성한 기사이다. 6월의 아파트 값 상승률 1.0%와 거래량 6,200건이라는 것은 두 기사 모두 같다. 여기까지는 사실Fact이다. 하지만 A 기사는 전월과 비교한 것이고, B 기사는 전년 동기와 비교한 것이다. 똑같은 내용을 가지고 기사를 작성하더라도, 사실을 어떻게 해석하느냐에 따라, 또 어떤 의도로 기사를 작성했느냐에 따라 전혀 다른 기사가 된다는 전형적인 예이다.

쇼킹한 것이 상품가치가 있기 때문에 허용하는 범위 내에서 최대의 과장을 동원하는 것이 언론의 속성이다. 그러므로 기사의 행간에 숨어 있는 정보를 읽어 내지 못하면 그러한 기사의 의도대로 원격 조종되는 꼭두각시가 될 수도 있다.

흥미로운 사실은, 돈 잃는 사람은 정보를 해석할 때 어느 정도 감정에 치우치거나 상당한 선입관을 가지고 해석을 한다는 특징을 보인다는 점이다. 주식을 오래 한 사람들은 어느 정도 공감을 하겠지만 '이상하게도' 특정 주식을 사고 싶을 때는 그 주식에 대해 유리한 기사만 눈에 들어오고, 막상 사고 나서는 그 주식에 대해 불리한 기사만 눈에 들어와 불안했던 기억이 있을 것이다. 인터넷 부동산 사이트를 보게 되면 어떤 사람은 집값이 폭락할 것이라는 기사만 퍼다 올리고, 어떤 사람은 반대로 오를 것이라는 기사만 퍼다 올린다. 또 자기가 선호하는 기사만 골라서 보는 사람도 있다. 이러다 보면 스스로 자기 최면에 걸려 자기가 바라는 방향으로 세상이 흘러가는 듯한 착각에 빠지기 쉽다.

정보의 올바른 해석, 기사의 의도대로 휘둘리지 않고 행간의 의미를 읽어 내는 능력, 감정이나 선입관에 치우치지 않고 객관성을 갖추는 것이 돈을 버는 사람의 특징이라 하겠다. 결국 종잣돈을 마련하면서 시장을 읽는 안목을 키우다 보면, 자기 자신에 대한 신뢰가 쌓이면서 결정적인 순간에 정확한 의사 결정을 내릴 수 있는 경지에 오를 수 있다.

이처럼 돈 버는 사람과 돈 잃는 사람은 여러 면에서 다른 행동 양식을 나타낸다. 커다란 나무이든 길가에 핀 이름 모를 풀이든 처음에는 그 씨의 크기가 크게 차이가 나지 않는다. 그러나 오랜 세월 후 하나는 아름드리나무로 성장하고, 하나는 한낱 잡초가 되어 있는 것이다. 현재의 행동 양식의 차이가 미래를 좌우한다.

정보 해석 능력을 키우는 방법

혼란스러운 변혁기에는 거짓 선지자가 나오는 법이다. 이들은 선지자들 틈에 섞여서 여러 가지 정보를 토해 낸다. 이러한 정보는 소비자들에게 혼란만 가중시킬 뿐이기에 이러한 정보의 홍수 속에서 참 정보만 골라내는 것도 큰 능력이다.

이러한 능력을 키우기 위해서 권할 수 있는 방법은 '두 가지 일기'를 쓰라는 것이다.

첫 번째는 남의 일기를 쓰는 것이다. A라는 사람 또는 B 연구소에서 무엇을 발표하면 날짜와 발표 요지를 메모하고 기사를 스크랩해 두는 것도 좋은 방법이다. '그 내용이 맞는지 맞지 않는지'는 시간이 말해 준다. 특히 주식을 처음 하는 사람들에게는 꼭 이 방법을 권하고 싶다.

각 증권회사나 애널리스트들이 추천하는 종목을 (실제로는 사지 말고) 몇 달간 종이 위에서 샀다 팔았다 하며, 누구 말이 가장 정확한지를 조사해 보라. 몇 달 주식 거래하지 않았다고 손해 보는 건 하나도 없다. 누가 진짜 실력자인지, 무늬만 전문가인지 알 수 있다.

주식은 단기간에 승부가 나는 것이므로 이런 방법이 통하지만 부동산은 장기 투자이므로 맞지 않는다고 생각할 수도 있다. 인터넷을 검색하면 잡지나 신문 등에 이 사람들이 과거에 기고하거나 인터뷰한 글들이 있을 것이다. 나중에 이 사람들의 주장대로 시장이 흘러갔는지를 비교해 보면 된다. 실력 없는 사람을 골라내는 가장 좋은 방법이다. 이것저것 다 오른다는 사람도 문제이다.

두 번째는 자신의 일기를 쓰는 것이다. 모든 재테크는 변곡점을 잘 파악해야 한다. 어떤 중요한 변화나 정부 발표가 있을 때 그것에 대한 자신의 의견을 꼭 일기장에 메모해 두도록 하자. 그리고 몇 개월 정도 지난 후 그 일기장을 들추어 보자. 그때쯤이면 결과를 보고 원인을 이야기하는 해설자가 많이 나올 것인데, 여기서 우린 정답을 찾을 수 있을 것이다. 자신이 몇 개월 전

작성한 답안지와 지금 해설자들이 말하는 내용을 비교하면 내가 어떻게 잘 못 생각했고, 어떤 면을 빠뜨렸는지 발견할 수 있을 것이다. 이렇게 꾸준히 훈련하다 보면 점차 선지자로 변하는 자신을 발견할 것이다. 결과로부터 그 원인을 찾아내는 해설자는 많다. 그러나 그러한 원인과 결과의 분석을 바탕으로 미래까지 예측하는 선지자는 그 수가 아주 적다. 그래서 거짓 선지자가 나오게 되는 것이다. 중요한 것은 그들은 당신의 투자 결과에 책임을 지지 않는다는 것이다. 본인의 소중한 돈으로 투자를 하는 만큼 본인이 내공을 쌓는 수밖에 없다.

가계부는
휴지통에 버려라

한 회사의 재무 상태를 나타내 주는 표를 재무제표Financial Statements라고 하는데, 그중 가장 중요한 두 가지가 손익계산서 Income Statement와 대차대조표Balance Sheet이다. 이 두 가지 표를 정확히 분석하면 그 회사의 재무 상태를 명확히 알 수 있다.

주식 거래를 하는 사람 중 상당수는 본인이 투자하는 회사의 재무 제표를 분석했을 것이다. 이러한 분석 없이 투자한다는 것은 등기부 등본을 떼 보지도 않고 부동산을 계약하는 것과 마찬가지로 위험한 일이다. 그렇기 때문에 주식을 하고자 하면 어느 정도 재무제표를 읽는 방법에 능통해야 한다. 실제로 많은 사람들이 이에 익숙할 것으로 생각한다. 하지만 재미있는 것은, 남의 재무제표는 줄줄 꿰차고 있는 사람들 중 대부분이 정작 자신의 재무제표는 작성을 하지 않고 있다는 사실이다. 이 글에서 기업의 재무제표를 분석하는 방법을 설명하고자 함은 아니다. 타인의 재무제표가 아니라 나만의 재무제표를 만드는 것에 대해 설명하고자 한다.

손익계산서라고 하는 것은 어떤 일정 기간 동안의 수입Income과 지출Expense을 기록해 놓은 표이다. 즉 한 달이면 한 달 동안에 얼마를 벌었고 얼마를 소비했는지를 기록한 것이다. 이렇게 설명하면 많은 사람들은 그것이 무엇인지 바로 알아차릴 것이다. "아! 그거. 가계부하고 비슷한 거?" 그렇다. 우리가 통상 가계부라고 부르는 것이 손익계산서이다. 모든 재테크의 기본은 이 가계부라고 부르는 손익계산서의 숫자를 흑자 재정으로 만드는 것이다. 손익계산서가 적자로 나오는 것은 밑 빠진 독에 물 붓기라 할 수 있다. 이 손익계산서는 많은 사람들이 작성해 본 적이 있을 것이며, 스마트 폰 앱으로 많이 나오기도 하니 작성하는 방법은 다 알고 있을 것이다.

그러나 재테크에 있어서 더 중요한 의미를 갖는 것은 대차대조표이다. 대차대조표라고 하는 것은 일정 시점에서 바라본 재산 상태라 할 수 있다. 손익계산서는 기간의 개념인데 반해 대차대조표는 시점의 개념이다. 즉 12월 손익계산서라고 하면 "12월 1일부터 31일까지 얼마를 벌고(수입) 얼마를 써서(지출) 얼마가 남았다(잔고)"를 나타내는 표이고, 12월 대차대조표라 함은 "12월 31일 현재, 총자산은 얼마이고 부채는 얼마여서 순자산이 얼마가 있다"를 나타내는 표이다. 다시 말해 대차대조표는 '재테크의 성적표'라고 할 수도 있다.

새로 살림을 시작하면 꽤 많은 주부들이 가계부를 쓰기 시작한다. 그래서 '알뜰 주부 = 가계부'라는 등식이 많은 사람들 뇌리에 있는 듯하다. 그러나 몇 달 지나면 가계부를 쓰는 것이 슬슬 지겨워지면서 나중에는 가계부에 먼지만 쌓이게 된다. 대부분의 주부가 겪는 이야기이다. 이것은 가계부를 쓰는 사람이 게을러서가 결코 아니라 방법의 문제 때문이다. 쉽게 지치는 이유는 작은 숫자에 너무 집착하기 때문이다. 시장에서 콩나물을 2,000원어치 샀는지 2,500원어치 샀는지도 가물가물하고, 슈퍼마켓에서 받은 영수증은 주머니에 분명히 넣었는데 집에 와서 찾아보면 없고, 계산은 언제나 맞지 않아서 "내가 무얼 샀나?" 하고 냉장고를 다시 한번 열어 보다 보면 어느새 짜증이 나기 시작한다. "대학 때는 퀸카로 통하던 내가 이렇게 구질구질하게 살아야 하는가?" 하는 생각도 들고 무능(?)한 남편에 대해 슬그머니 화가 나기도 한다. 일반적인 우리들의 이야기이다.

가계부를 쓸 때는 과감하게 쓰자 '콩나물 2,000원, 미나리 3,000원, 쑥갓 800원' 이렇게 구체적으로 작성하지 않아도 된다. 그냥 '먹을거리 5,800원' 하면 된다. 그래도 나중에 숫자가 맞지 않으면 '생각 안 남 2,000원' 이렇게 써도 된다. 물론 회사에서는 이런 식으로 경리장부를 정리하면 큰 문제가 발생한다. 하지만 한 가정의 가계부 정리를 잘해서 회계사에게 감사받을 일도 없고, 코스닥에 상장할 것도 아닐 테니 가계부 쓰는 데 너무 시간을 소비할 필요는 없다.

시간도 중요한 자산이다. 가계부 작성의 필요성은 소비 지출의 규모가 어느 정도인지를 알고자 함이다. 가계부 자체, 콩나물 몇 백 원어치를 누락시키는 것이 문제가 아니라 우리 집의 생활비 수준이 얼마인가를 아는 것이 목적이다. 그렇기 때문에 너무 완벽하게 쓰려다 제풀에 지쳐 넘어지는 것보다는 대충 쓰더라도 지속적으로 쓰는 것이 중요하다.

그러나 이것마저도 시간 낭비라고 생각하는 사람들을 위해 대차대조표 작성을 강력히 권하고 싶다. 대차대조표는 보통 한 달에 한 번이나 분기에 한 번 정도만 작성하면 된다. 처음 작성할 때는 한 달에 한 번, 나중에 익숙해지면 분기에 한 번 작성하는 것을 권한다. 매월 말일날 10분 정도만 투자하면 대차대조표를 만들 수 있다.

가계부를 작성하는 사람이 열 사람이라면 대차대조표를 작성하는 사람은 한 사람도 채 되지 않는 것 같다. 그러나 효율성의 측면에서 볼 때 가계부 작성에 들어가는 시간이나 노력의 100분의 1만 투자하면 훌륭한 대차대조표를 만들 수 있다. 더구나 재테크 측면에서 볼 때 대차대조표는 현재 자신의 위상을 알 수 있는 좌표이기 때문에 그 중요도가 가계부보다 더 높다.

그럼 대차대조표를 작성해 보자.

첫째, 총자산. 총자산에는 부동산(아파트, 토지 등)과 동산(은행 예금, 적금, 주식, 채권 등)이 있다. 대차대조표를 작성하기 위해서는 자산 평가를 해야 한다. 즉 내가 가지고 있는 자산이 얼마인지를 알아야 한다. 보통 아파트 등 부동산은 1년에 한 번 정도 평가를 하는 것이 좋다. 너무 자주하게 되면 동산 평가액의 변화보다 부동산 평가액의 변화 폭이 클 때가 많기 때문에 저축으로 모은 돈보다 부동산이 올라서 늘어난 자산이 더 커 보인다. 반대로 부동산 하락기에는 저축으로 모은 돈보다 부동산 시세가 더 내려서 자산이 줄어 보인다. 이렇게 되면 저축보다는 부동산 시세에 신경이 쓰일 수밖에 없다. 부동산 시세에 신경을 쓰는 것 자체가 나쁜 것이 아니라, 저축 자체를 우습게 생각할 수 있기 때문이다(어떤 투자라도 그 시작은 저축으로 만들어진 종잣돈이라는 것을 명심하자).

시세는 부동산 사이트를 참조하면 되고, 본인 아파트의 동 위치, 방향, 층 등을 고려하여 시세의 상한가, 하한가 또는 평균가를 일관되게 적용하면 된다. 이번에는 하한가, 다음에는 상한가를 적용하면 대차대조표가 왜곡되기 쉽다. 일관된 기준으로 평가하는 것이 좋다.

동산에 대한 평가는 상당히 쉽다. 주식의 경우 말일의 종가로 평가하면 된다. 정기예금이나 정기 저축의 경우 그때까지의 이자를 정확히 모른다면 원금만으로 평가하면 된다. 자기 집이 없고 세를 산다면 전세금이나 월세 보증금도 자산 항목에 넣어야 한다.

둘째, 부채. 부채에는 은행에서 빌린 대출금(마이너스 통장 포함), 다음 달에 결제할 카드 금액, 집을 전세 주었을 때 전세금 등이 포함된다.

셋째, 총자산에서 부채를 빼면 순자산이 된다.

이렇게 계산하면 특정 시점에서 자신이 가진 자산을 정확히 알 수 있는 것이다. 이것을 몇 년 계속 작성하면 자산이 늘고 있는지, 늘었다면 얼마나 늘고 있는지가 한눈에 들어오게 된다.

다음의 작성 예를 살펴보자.

〈표 1〉 대차대조표

	구분	종류	이름	만기일	금액	비고
총자산	저축	주택 청약예금	이몽룡		4,000,000	(A)
		A 저축은행 정기예금	이몽룡	2026년 9월 10일	20,000,000	(B)
		B 저축은행 정기예금	이몽룡	2026년 10월 15일	40,000,000	(C)
		C 은행 정기 적금	성춘향	2027년 4월 15일	18,000,000	(D)
		빌려준 돈	장모님	2026년 12월 31일	20,000,000	(E)
		일반 저축	성춘향		1,500,000	(F)
		저축 소계			103,500,000	(G)

총자산	구분	종류	주식 수	단가	금액	비고
	주식	삼화전자	450	80,000	36,000,000	(H)
		예탁금			9,000,000	(I)
		주식 소계			45,000,000	(J)
	구분	종류	이름	평가일	평가액	비고
	부동산	죽전 아파트 전세금	성춘향	2026년 3월 31일	300,000,000	(K)
		흑석동 아파트	이몽룡	2026년 3월 31일	570,000,000	(L)
		부동산 소계			870,000,000	(M)
		자산 총계			1,018,500,000	(N)

부채	구분	종류	이름	만기일	금액	비고
	카드	국민 카드	이몽룡	2026년 4월 27일	500,000	(O)
	회사	무이자 대출	이몽룡	2027년 9월 15일	20,000,000	(P)
	전세금	흑석동 전세 보증금	이몽룡	2026년 8월 25일	400,000,000	(Q)
		부채 총계			420,500,000	(R)

순자산액	598,000,000	(S)

〈표 1〉은 하나의 대차대조표 샘플이다. 원래 회계 용어인 차변이 어쩌고, 대변이 저쩌고 하는 복잡한 이야기는 하지 않겠다. 누구나 쉽게 작성할 수 있는 간단한 표 하나로도 목적은 충분히 달성할 수 있기 때문이다.

(A)부터 (D)까지는 이몽룡/성춘향 부부가 가지고 있는 저축 통장에서 쉽게 알 수 있다.

(E)에는 개인간의 거래도 기입한다.

(F)는 생활비를 넣어 두는 통장이다. ATM에서 언제든지 인출할 수 있는 금액을 말한다.

(G)는 (A)부터 (F)까지의 합계이다.

(H)는 소유 주식, (I)는 증권사 계좌에 있는 예탁금이다.

(J)는 주식 관련된 동산의 계(J = H + I)

(K)와 (L)은 소유 부동산. 1년에 한 번 정도 재평가하는 것이 적당하다.

(M)은 부동산 평가액의 합(M = K + L)이다.

(N)은 저축, 주식과 부동산의 계(N = G + J + M)이다

(O)는 카드 사용액, (P)는 회사에서 대출한 금액이다.

(Q)는 본인 소유의 주택을 다른 사람에게 전세를 준 것으로, 언젠가는 갚아야 하기 때문에 이것도 당연히 부채이다.

(R)은 부채의 합계(R = O + P + Q)이다.

(S)는 순자산으로 총자산 (N)에서 부채 (R)를 뺀 것이다(S = N - R).

〈표 2〉 기간별 대차대조표

(단위: 천 원)

기간	저축	주식	부동산	총자산	부채	순자산	증감	비고
2024 Q1	19,000	45,000	770,000	834,000	371,000	463,000		
2024 Q2	20,000	45,000	770,000	835,000	370,800	464,200	1,200	
2024 Q3	75,000	45,000	770,000	890,000	420,500	469,500	5,300	전세금 인상
2024 Q4	80,000	45,000	820,000	945,000	420,700	524,300	54,800	부동산 재평가
2025 Q1	85,000	45,000	820,000	950,000	420,900	529,100	4,800	
2025 Q2	90,000	45,000	820,000	955,000	420,700	534,300	5,200	
2025 Q3	95,000	40,000	820,000	955,000	421,000	534,000	-300	주식 손실
2025 Q4	99,000	40,000	870,000	1,009,000	420,900	588,100	54,100	부동산 재평가
2026 Q1	103,500	45,000	870,000	1,018,500	420,500	598,000	9,900	주식 이익
2026 Q2								
2026 Q3								
2026 Q4								

아기곰의 재테크 불변의 법칙

〈표 1〉에서 구한 대차대조표를 기간별로 정리해 놓은 표이다. 기간은 월별로 해도 좋고, 분기별로 해도 좋다. 이 표를 통하여 현재의 자산 상태뿐만 아니라 지난 월, 분기 또는 지난 한 해에 자산이 얼마나 늘었는지를 알 수가 있다.

이상으로 대차대조표 작성법에 대해 알아보았다.

한 달에 한 번 또는 분기에 한 번 10분만 투자를 하면 자신의 재테크 성적을 알 수 있을 것이다. 이를 통하여 지난 기간을 반성하고 앞으로의 목표를 재점검하는 좋은 계기를 만들 수 있을 것이다.

자산이 계획만큼 늘어나지 않고 있다면 생활 전반을 다시 점검해 보아야 한다. 여기저기로 보이지 않게 새는 비용은 없는지, 수입 규모에 비해 지출이 과다하지는 않은지. 이런 목적을 위해서라면 가계부를 잘 활용해야 한다. 그리고 우리 어머니들이 하셨던 것처럼 꼼꼼하게 매일 가계부를 적어 나가야 한다.

그러나 만약 자산이 계속 불어나고 있다면 그리고 생활비가 거의 고정적이라면 이번에는 웃으면서 가계부를 던져 버리자. 그리고 남는 시간에 미래에 대한 전략을 재점검하라. 이런 것이 당신의 삶을 보다 윤택하게 만드는 지름길인 것이다. 한 단계 업그레이드된 재테크를 원한다면 오늘부터 대차대조표와 친구가 되도록 하라.

부자 지수, 자산 지수로
스스로를 평가해 보라

|

　얼마만큼 재산이 있어야 부자라 할 수 있을까? 예를 들어 10억 원 이상의 자산을 가지면 부자라고 하기에는 부족함이 있지만 부자로서의 첫걸음을 뗀 것이라고 생각해 보자. 국가데이터처(구 통계청)에 따르면 2025년 기준으로 우리나라 가구 중에서 상위 10%에 해당하는 가구의 평균 순자산은 21억 7,122만 원이라고 한다. 이런 측면에서 보면 은퇴를 앞둔 사람에게 10억 원의 순자산은 부자라고 하기에는 현실적으로 부족하지만 사회생활을 처음 시작하는 사람에게는 10억 원이라는 것이 언젠가는 이룰 수 있는 도전 가능한 목표가 될 것이다.

　그런데 이렇게 따지는 것은 뭔가 좀 문제가 있어 보인다. 수십 년간 부를 축적해 온 50, 60대의 사람과 이제 갓 30대에 재테크를 시작한 젊은(?) 사람을 동일한 잣대에 놓고 평가한다는 것은 불공평해 보인다. 이러한 무분별한 '결과의 평등 의식'이 부동산 폭등 사태를 보는 젊은이들에게 일종의 좌절감을 키워 왔다고 본다. 즉 "지금 내 월급은 얼마인데, 이 돈 가지고 언제 강남에 진입할 수 있나?"

50, 60대에 10억 원의 순자산을 가진 사람은 흔하지만, 30대 초반에 10억 원의 순자산을 가진 사람은 흔하지 않다. 또한 소득에 따라 자산 수준이 달라지는 것이 일반적이다. 억대 연봉을 받는 사람이 연 3,000만 원 버는 사람보다 자산 10억 원 고지를 달성하는 데 유리한 것은 사실이다. 그러므로 연령층과 그 사람 소득에 따라 평가 방법이 달라져야 한다.

그래서 소개하려는 것이 '부자 지수'라는 개념이다. 미국 조지아 주립대 토머스 스탠리Thomas J. Stanley 박사가 고안한 방법이다. 이 지수를 이용하면 같은 또래 사람들과 비교해서 자신의 현재 재테크 위치를 알 수 있으며, 투자와 소비 습관은 올바른지, 더 나아가 미래에 과연 부자가 될 수 있는지를 알 수 있을 것이다. 공식은 그다지 복잡하지 않지만, 이를 구하려면 우선 자신의 자산 상태를 확실히 파악해야 한다. 이전 글에서 소개한 대차대조표를 작성했다면 자산 상태를 쉽게 알 수 있다.

자산에는 부동산, 현금 예금, 주식, 채권 등이 포함될 수 있다. 그러나 불확실한 미래의 자산은 포함해서는 안 된다. 예를 들어 미래에 부모님한테 상속받을 것으로 예상되는 재산이나 (미래의 주식 가치를 현 시점에서는 알 수 없으므로) 스톡 옵션이 실현되었을 때의 예상 이익 등은 포함시키지 않는 것이 좋다. 부동산 값은 부동산 시세표를 보고 스스로 평가를 하면 된다(누구에게 보여 주기 위한 목적은 아니다). 차제에 개인 대차대조표를 작성해 보는 것도 좋을 듯하다. 이렇게 계산된 총

자산에서 갚아야 할 돈, 즉 부채를 빼면 순자산이 된다. 여기까지가 첫 번째 과정이다. 부모에게 물려받은 자산도 포함해서는 안 된다. 이 지수는 본인의 소득이 얼마나 빠르게 자산으로 축적되는지를 알아보는 지수이기 때문에 순수하게 본인의 노력으로 형성된 자산만을 포함해야 한다.

두 번째는 자신의 연간 수입을 알아야 한다. 의외로 직장인들은 계산하기가 쉽다. 연말정산서에 인쇄된 자신의 연봉이 자신의 수입이다. 여기에는 월급, 보너스, 휴가비, 연월차 수당이 모두 포함되어서 나온다. 별도의 부업이 있다면 연봉에 그것을 더하라. 그리고 부부가 맞벌이를 하고 자산이 부부 공동의 것이라면 부부의 소득을 더하면 된다. 여기까지가 두 번째 과정이다.

세 번째는 나이. 자신의 만 나이로 계산하면 되는데, 맞벌이 부부의 경우 평균 나이로 하면 된다. 즉 남편이 만 36세, 아내가 만 34세이면 평균 나이는 35세가 된다.

네 번째는 본격적인 계산. 두 번째에서 구한 연간 수입에다 나이를 곱하여 나온 숫자로 위의 첫 번째에서 나온 순자산 곱하기 10을 해서 나온 수치를 나눈다. 그러면 퍼센트(%)로 표시된 부자 지수를 얻을 수 있다.

이를 공식으로 표시하면 부자 지수 = 순자산액 × 10 / (나이 × 연간 수입)이다.

예를 들어 보자. A라는 사람의 나이가 40세이고 순자산액이 3억 원에다 연간 수입이 6,000만 원이라고 하고, B라는 사람의 나이가 35세이고 순자산액이 2억 원에다 연간 수입이 3,000만 원이라고 하면 두 사람 중 어느 사람이 부자가 될 가능성이 더 높을까? 쉽게 생각해 보면 A라는 사람이 자산도 많고 수입도 많으니 부자가 될 것 같으나, B라는 사람이 가능성이 더 높다. 위의 공식대로 계산하면 A는 125% [= 3억 원 × 10 / (6,000만 원 × 40세)], B는 190%[= 2억 원 × 10 / (3,000만 원 × 35세)] 정도로서 표준인 100%보다는 둘 다 높지만 B의 부자 지수가 월등하다. 즉 B가 좋은 습관을 가지고 있기 때문에 나이를 감안하면 부자가 될 가능성이 더 높다는 것을 의미한다.

부자 지수 100%를 기준으로 했을 때 이보다 높으면 재테크를 잘하고 있다는 의미이고, 이 기준보다 낮으면 보다 노력을 해야 한다는 의미이다. 만약 당신의 부자 지수가 200%가 넘는다면 당신은 상당히 좋은 투자 및 소비 습관을 지니고 있는 것이고 미래에 부자가 될 가능성이 높다. 만약 당신의 부자 지수가 50% 이하라면 자신의 경제생활 습관을 되돌아보아야 한다. 소득에 비해 지출이 많지 않은가? 잘못된 투자를 하고 있지는 않은가? 그러나 당신이 30대 초반 이전이라면 너무 낙담하지 않아도 된다. 대한민국 남자는 군대를 가야 하므로 대학 졸업 후 경제 활동을 시작하는 때가 20대 후반이다. 그러니 부의 축적이 상대적으로 적은 것은 당연한 것이다. 경험적으로 볼 때 이 부자 지수는 30대 중반부터 정확하다고 볼 수 있다. 대부분의 사람들은 50~200% 범주 내에 들고 있다.

실제로 예전에 아기곰 동호회원 중 1,099명을 대상으로 조사한 결과 부자 지수가 100 미만인 사람이 43%, 100 이상인 사람이 57%로 조사되었다. 그런데 연령대별로 나누어 보면 흥미로운 결과를 발견할 수 있다. 같은 표본집단을 만 34세 이하와 만 35세 이상으로 나누어서 조사를 했다. 재테크에 있어서 35세라는 나이는 중요한 의미를 지닌다. 결혼 후 어느 정도 재산이 형성되는 시기이며, 대부분 내 집 마련을 하는 시기가 이때이기 때문이다. 34세 이하 집단에서는 부자 지수가 100 미만인 사람이 47%, 부자 지수가 100 이상인 사람이 53%로 조사되었다. 35세 이상인 집단에서는 부자 지수가 100 미만인 사람이 39%, 부자 지수가 100 이상인 사람이 61%로 조사되었다. 이것은 한국적 상황에서는 젊었을 때 부자 지수가 낮게 나온다는 것을 의미한다.

	부자 지수(%)	응답자 수	구성 비율	
만 34세 이하 그룹	50 미만	119	22.3%	47.3%
	50 이상 100 미만	133	25.0%	
	100 이상 150 미만	123	23.1%	52.7%
	150 이상 200 미만	87	16.3%	
	200 이상	71	13.3%	
	소 계	533	100%	

	부자 지수(%)	응답자 수	구성 비율	
만 35세 이상 그룹	50 미만	107	18.9%	39.4%
	50 이상 100 미만	116	20.5%	
	100 이상 150 미만	135	23.8%	60.6%
	150 이상 200 미만	95	16.8%	
	200 이상	113	20.0%	
	소 계	566	100%	

	부자 지수(%)	응답자 수	구성 비율	
전체	50 미만	226	20.6%	43.2%
	50 이상 100 미만	249	22.6%	
	100 이상 150 미만	258	23.5%	56.8%
	150 이상 200 미만	182	16.6%	
	200 이상	184	16.7%	
	총 계	1,099	100%	

아기곰의 재테크 불변의 법칙

부동산 전문 사이트를 방문하는 사람들은 재테크에 관심이 높은 계층이므로 아무래도 부자 지수가 평균치보다는 높은 경향이 있다. 일반인을 대상으로 조사했을 때는 부자 지수가 100 미만인 사람과 부자 지수가 100 이상인 사람의 비율이 전체는 50% : 50%, 34세 이하 집단에서는 55% : 45%, 35세 이상의 집단에서는 45% : 55% 정도의 결과가 나오지 않을까 추정해 볼 수 있다.

그런데 부자 지수는 치명적인 문제점이 있다. 미국과 같이 안정된 사회에서는 소득이나 자산의 변화가 그리 크지 않기 때문에 이 지수가 어느 정도 일관성을 갖지만, 정부 정책이나 경기에 따라 자산의 변동 폭이 심한 우리나라의 경우는 부자 지수가 해마다 큰 폭으로 달라진다. 특히 자영업자와 같이 경기에 따라 소득이 들쑥날쑥할 경우에는 더 그렇다.

이를 보완하기 위해서 필자가 만든 방법이 있다. 현재의 순자산을 평생 벌어온 수입 총액으로 나눈 것이다. 이를 '자산 지수'라고 이름 지었다. 식으로 나타내면 '자산 지수 = 순자산 / 평생 수입 총액'이다.

순자산은 총자산에서 부채를 뺀 것이고, 평생 수입 총액은 근로 소득 등 노동으로 벌어들인 수입을 말한다. 이자 소득이나 부동산 시세 차익 등 재테크나 투자를 통해 벌어들인 수입은 제외해야 한다.

부자 지수의 경우는 당해 연도의 수입만 알면 계산이 되는데 비해, 자산 지수는 그동안 벌어 온 누적 수입을 알아야 하기 때문에 더 번잡할 수 있다. 하지만 수입의 변동성에 덜 민감하므로 일관성 있는 지표로서 손색이 없다.

필자의 경우를 예로 들어 보자. 1996년부터 2025년까지 지난 30년간 평균 부자 지수는 407%이다. 그런데 해마다 편차가 크다. 가장 낮을 때는 143%까지 떨어진 때도 있고, 가장 높을 때는 1,000%도 넘는다. 낮을 때는 자산이 줄어든 경우도 있지만, 소득이 높아진 경우도 있다. 반대로 부자 지수가 높아졌을 때는 자산이 많아진 경우도 있지만, 소득이 줄어든 탓도 있다. 매년 필자의 재테크에 대한 태도가 급변한 것은 절대 아니다. 그럼에도 불구하고 지수가 이처럼 널뛰기를 하는 것은 부자 지수의 안정성이 그만큼 떨어진다는 것을 의미한다. 30년간 평균 이격도가 199%이다. 해마다 들쑥날쑥하다는 의미다.

이에 비해 자산 지수는 비교적 안정적인 수치로 나타난다. 지난 30년간 평균 자산 지수는 169%이다. 가장 낮은 해가 IMF가 한창이던 1998년의 127%이고, 가장 높은 해는 208%이다. 30년간 평균 이격도가 18%에 불과하다. 부자 지수에 비해 자산 지수가 열 배나 안정적인 지수라는 것을 의미한다. 부자 지수는 소득의 증감에 영향을 더 받지만, 자산 지수는 소득의 편차보다는 자산의 증감에 영향을 더 받기 때문에 재테크 성적표로서 좋은 역할을 한다.

자산 지수의 의미를 구체적으로 살펴보자. 예를 들어 A라는 사람의 평생 수입 총액이 10억 원이고, 그 사람의 순자산이 5억 원이라고 하자. 그러면 이것은 무슨 뜻일까? 단순히 10억 원을 벌어서 평생 5억 원을 생활비로 쓰고, 5억 원 남았다는 뜻이 아니다. 수입은 10억 원이 맞지만, 그동안 쓴 생활비는 7억 원일 수 있다. 그러면 10억 원에서 생활비 7억 원을 빼면 순자산이 3억 원일텐데, 5억 원이면 계산이 틀리지 않나 하고 생각할 수 있다. 아니다. 그동안 재테크로 2억 원을 불린 것이다. "나는 재테크를 한 적이 없는데?"라고 반문할 수 있다.

본인이 재테크를 적극적으로 하지 않아도 시간이 흐름에 따라 집값이 저절로 상승해서 자산이 커진 것일 수도 있다.

현재 순자산 5억 원 = 평생 수입 10억 원 - 그동안 생활비 7억 원
+ 재테크 소득 2억 원

그런데 B라는 사람은 평생 수입 총액이 10억 원이고, 순자산이 12억 원이라고 하자. 이것은 무슨 뜻일까? 재테크로 벌어 들인 자산이 평생 쓴 생활비보다 크다는 의미이다.

현재 순자산 12억 원 = 평생 수입 10억 원 - 그동안 생활비 7억 원
+ 재테크 소득 9억 원

대부분 사람의 자산 지수는 0~100% 사이에 위치한다. 자산 지수가 마이너스라는 의미는 평생 수입보다 평생 지출이 더 많아서 빚이 많다는 의미이다. 자산 지수가 100%보다 크다는 의미는 재테크 실력이 뛰어나거나, 소득에 비해 소비를 적게 하는 검소한 생활을 지속해 왔다는 것을 의미한다. 어떤 경우라도 부자가 될 자질이 뛰어나다는 것을 의미한다.

스탠리 박사가 만든 부자 지수이든 아기곰이 만든 자산 지수이든 본인에게 맞는 방법을 선택해도 되고, 두 가지 방법으로 모두 분석해도 좋다. 중요한 것은 본인이 지금 어느 정도에 와 있는가를 깨닫고 분발하는 것이다.

당신이 20대 후반이라면 지금이 재테크를 시작할 완벽한 시기이다. 올바른 재테크 및 소비 습관을 키울 수 있는 시기이다. 유명 브랜드의 옷을 입거나 명품 가방을 들고 다닌다고 해서 당신 인생에 도움이 되는 것은 별로 없다. 스스로를 명품으로 만들자. 당신이 30대 초반이라면 재테크에 신경 쓸 시기이다. 미래가 좌우될 중요한 시기라 하겠다. 당신이 30대 후반이라도 늦었다는 생각은 말라. 시작이 반이다. 하루쯤은 시간을 내서 부자 지수와 자산 지수를 계산해 보고 자신의 현재 투자와 소비 습관에 대해 성찰해 보기 바란다.

부자 지수의 Q&A

Q. 부자 지수가 높으면 부자인가?

A. 부자 지수가 높다고 현재에 부자라는 의미는 아니다. 부자 지수가 높다는 것은 투자 습관이나 소비 습관이 좋기 때문에 지속적으로 수입이 늘 경우 부자가 될 가능성이 높다는 것을 의미한다. 조사에 따르면 미국의 경우 로또 복권의 당첨자 중 대부분이 몇 년 후에는 빈털터리가 되었다고 한다. 이는 급격히 늘어난 자산에 걸맞게 돈 관리할 수 있는 능력을 갖추지 않았기 때문이다. 부자 지수가 높은 사람이라면 빈털터리가 되지는 않았을 것이다.

Q. 연봉이 전년도보다 늘어났음에도 불구하고 부자 지수가 줄어든 것은 왜 인가?

A. 부자 지수의 기본 개념은 "같은 수입을 가지고 얼마나 많은 자산을 모을 수 있는 능력을 가지고 있나?"이다. 그러므로 이를 바꾸어 말하면 같은 자산을 가진 사람 중 수입이 적은 사람이 부자 지수가 높은 것이다. 한

해의 수치가 중요한 것이 아니라 몇 해에 걸쳐서 계산된 수치의 추이가 중요한 의미를 갖는다.

Q. 자영업자의 경우, 경기에 따라 매년 수입이 큰 차이를 보이는데 어떤 기준으로 해야 하나?

A. 자산이 일정하더라도 수입이 크게 늘어나면 부자 지수는 오히려 떨어지는 것처럼 보인다. 그러므로 자영업자의 경우는 몇 년치 평균 수입으로 하는 것이 더 정확하다. 업종 특성에 따라 다르지만 최근 3~5년 평균 수입을 기준으로 부자 지수를 산정하는 것이 좋다.

Q. 부모님께 물려받은 자산도 넣어야 하나?

A. 부자 지수는 자신을 관리하는 지수이다. 원래 자신의 능력만을 측정하기 위해서는 이 부분을 빼야 한다. 하지만 그 영역이 불분명할 때는 넣는 것도 무방하다. 하지만 미래에 받을 것을 예상해서 넣는 것은 의미가 없다. 이 지수를 측정하는 것은 남에게 보여 주려는 것이 아니고, 본인의 소비 습관이나 재테크 성적을 정확하게 측정하기 위함이다. 그러므로 본인의 노력으로 이룬 자산 기준만으로 해야 정확하다.

Q. 집값은 어떤 시세를 반영하나?

A. 이것 또한 자신이 관리하는 것이니, 시세표의 상한가를 기준으로 삼든지 하한가를 기준으로 하든지 자신의 선택에 달려 있다. 하지만 기준을 계속 바꾸면 정보의 왜곡 현상이 발생하므로 하나의 기준으로 계속 관리해 나가야 한다.

Q. 아직도 계산식이 이해가 가지 않는다.

A. 수치는 딱 3개만 필요하다.

첫째 순자산 (A), 이것은 예금, 주택 등 총 자산에서 대출금 등 빚을 빼면 계산된다.

둘째 총수입 (B), 이것은 연간 수입을 의미한다.

셋째 나이 (C), 자신의 만 나이(= 당해 연도 − 태어난 해)이다.

부자 지수 = A × 10 / (B × C)

즉 자산이 많아질수록 부자 지수는 높게 나오고, 같은 자산이라면 총수입이나 나이가 많을수록 부자 지수는 낮게 나온다.

고스톱 잘 치는 사람이
재테크도 잘한다

앞 글들을 통해 독자에게 너무 재테크에 대해 최선을 다해야 한다는 강박 관념을 강조한 것 같아 쉬어 가는 장을 만들었다(제목만 보고 "고스톱으로 돈을 따서 재테크하라는 건가?" 할지도 모르겠다).

앞의 글들을 보면서 필자에 대해 어느 정도 궁금한 부분이 있을 것이고, 독자에 따라서는 어느 정도 선입관이 형성되었을 수도 있다. "글을 쓰는 것으로 보아 상당히 꼼꼼하고 철저한 성격일 것 같은데" "바른 생활 어린이 아냐?" "인생을 너무 무미건조하게 사는 사람은 아닐까?" 등등.

필자를 조금 아는 사람들에게도 비슷한 평가를 받은 적이 있었다. 그러나 그 사람들은 필자가 고스톱을 잘 친다는 것을 알게 되면 약간 의외라는 반응을 보이고는 한다. 아마 고스톱이 갖는 무작위성 Random이나 도박성과 철저히 계획하는 삶을 지향하는 필자의 평소

모습이 어울리지 않는다고 생각하는 것 같다.

　그러나 필자는 의외로 고스톱을 잘한다(자주 친다는 의미는 물론 아니다). 어떤 사람은 "고스톱은 운칠기삼이라서 패가 잘 들면 이기는 것이고 패가 나쁘게 들어오면 지는 거야"라고 한다. 그 말도 전혀 틀린 말은 아니다. 하지만 이런 사람들도 필자가 치는 모습을 어깨너머로 본 후에는 그 생각을 바꾸고는 한다. 실제로 고스톱은 세 명이 하는 게임이니만큼 평균 승률은 33.3% 정도 되면 정상이다. 필자의 경우는 35% 정도 된다. 다시 말해 평균치에서 겨우 1.7% 정도 넘는 승률이다. 필자보다 승률이 높은 사람들도 꽤 많다. 하지만 점수를 보면 상당히 차이가 많이 난다. 이기는 판 수로 보면 큰 차이는 없지만, 난 점수로 보면 상당한 차이가 난다는 것이다. 그 비결을 알아보자.

　어떤 게임이든 그 게임에서 승리를 하기 위해서는, 더 나아가 그 게임을 즐기는 여유를 갖고자 하면 우선 게임의 룰을 철저히 파악해야 한다. 많은 사람들은 고스톱의 '게임의 룰'은 이기는 데 있다고 생각하는 것 같다. 그리하여 너무 이기는 것에만 집착하여 3점만 얻는 것으로 만족하고는 한다. 그러나 고스톱의 룰은 점수가 많이 나는 것에 있다. 즉 점수(돈)를 많이 얻는 사람이 웃으며 일어나는 것이다. 3점짜리 두 판을 이기는 것보다, 7점짜리 한 판을 이기는 것이 더 낫다는 의미다. 이 차이만 알아도 급수로 따지면 몇 급을 훌쩍 뛰어넘는 것이다. 점수를 많이 얻으려면 어떻게 해야 할까? 운이라는 것은 확률이다. 두세 판 칠 때는 운(들어오는 패)에 의해 많이 좌우되지만 몇 시간을 치게 되면 확률은 비슷하게 된다. 좋게 들어올 때도 있고 나쁘게 들어올 때도 있다.

우선 일곱 장의 패를 받으면 그 판을 이길 것인가, 아니면 적게 잃을 것인가를 먼저 정하는 것이 좋다. 재테크로 말하면 마스터플랜Master Plan을 짜는 것이다. 재테크(특히 주식)를 시작할 때 아무런 목표 없이 하는 것보다는 목표 수익률을 정해 놓고 하는 것이 좋은 것과 같다.

만약에 잃을 것으로 판단을 했다면 상대가 3~4점에서 스톱을 할 수밖에 없도록 하는 것이 중요하다. 자신이 점수가 나기보다는 '상대가 나지 못하게 하는 전략(톡톡 끊는다고 함)'을 쓰든가 아니면 또 다른 플레이어를 밀어주어서 견제를 시키는 방법이 있다. 재테크로 말하면 손절매 전략이다.

누구나 재테크를 할 때는 돈을 벌고자 한다. 그러나 주식과 같이 고위험 고수익High Risk, High Return의 성격을 띠는 재테크에서는 손절매도 중요한 전략 중 하나이다. 1년이면 1년 정해진 기간 안에 일정 수익률만 거두면 되지, 오르지도 않을 주식에 일부종사할 필요는 없는 것이다. 승률 100%는 있을 수 없다.

만약 패가 잘 들어와서 이겨야겠다고 결심을 했다면 그에 맞는 전략을 세워야 한다(청단으로 점수를 날 것인지, 피에 집중해서 피로 날 것인지, 아니면 광으로 날 것인지 등). 고스톱에서 제일 못 치는 사람은 누구일까? 그 판에서 몇 장 먹지 못한 사람이 아니다. 고스톱에서 가장 못 친 사람은 이것저것 많이는 먹었는데 실속이 없는 사람이다. 소위 사사구통이라고 하는 것이 그것이다. 광 두 개, 열짜리 4개, 띠 4개, 피 9개. 먹은 것은 많아 보여도 1점도 나지 못한 상태이다. 이렇게 이것저것 먹는 것은 전략이 없기 때문이다. 이것을 해도 좋을 것 같고 저것을 해도 좋을 것 같고, 남의 말을 들으면 이것도 겁나고 저것도 겁나고… 그리하여 보이는 대로 무조건 열심히 먹지만 승리자는 절대 되지 못한다.

재테크에서도 마찬가지이다. 아무런 전략이나 목표 없이 우왕좌왕 분위기에만 휩쓸리면 상투를 잡거나 막차를 타게 마련이다. 이런 사람들은 꼭 이렇게 말을 한다. "이놈의 세상이 잘못되어서 열심히 사는 사람만 힘들다"고. 열심히 사는 것도 목표와 전략이 분명해야 한다. 금맥을 캐는 사람과 그저 맨땅을 파는 사람의 노동량은 같다. 하지만 결과는 천지 차이다. 자기가 파고 있는 곳이 금광인지 맨땅인지를 먼저 파악하고(목표 설정), 혼자 몰래 파서 적게 수익을 낼 것인지 아니면 투자자를 모집하고 채굴 기계를 사서 본격적으로 채광을 할 것인지(전략) 등을 결정해야 한다.

점수가 일단 3점 이상 났을 때가 중요하다. 여기서 스톱Stop할 건지 아니면 고Go를 해서 더 점수를 얻는 것을 시도할 것인지를 정해야 한다. 내가 고를 할 경우 상대가 점수 날 수 있는 확률을 당연히 고려해야 한다(정보 분석 능력). 많은 사람들이 이때 고 바가지를 두려워해서 스톱을 하고 만다. "고 하다가 고 바가지 쓰면 어떡해"(실패에 대한 공포)와 "다음에 더 나면 되지 뭐"(미래에 대한 막연한 낙관)라는 말들이 이 사람들의 변명이다. 확률이 아주 낮은 실패의 가능성에 대해서도 염려하는 사람들은 고스톱뿐만 아니라 재테크에서도 높은 수익률을 올리지 못한다. 언제나 상상 속에서만 재벌이 되고는 한다. "아, 그때 삼성전자 주식을 5,000만 원어치만 샀다가 작년에 팔아서 재건축 아파트에 투자하고, 그것을 지난봄에 팔아서 이 주식을 그때 샀더라면 10억 원은 되었을 텐데, 참 아깝네… 쩝" 상상 속의 건물을 지었다가 부수었다가 한다.

이런 사람들과 정반대 사람도 있다. 확률이 아주 적은데도 불구하고 무조건 고를 한다. "에이, 어차피 고스톱은 도박인데, 쩨쩨하게 몇 점 먹느니 크게 한번 노려 보자." 이런 사람들은 재테크에서도 묻지 마 투자를 하곤 한다. 사람들과 고스톱을 한번 같이 쳐 보면 그 사람이 어떤 성격을 지녔는지, 전략적 사고를 하는지 눈앞의 이익만을 좇는지, 너무 소심한지 또는 너무 무모한지를 파악할 수 있다.

고스톱에서 가장 중요한 것은 고를 할 것인가 스톱을 할 것인가를 정하는 '의사 결정'이다. 그래서 이 게임의 이름도 '일월신광日月新光'이나 '오동난무梧桐亂舞'와 같이 그럴듯한 이름이 아니라 그냥 'Go, Stop?'이다. 고와 스톱만 제대로 가려서 하는 능력, 즉 의사 결정만 제대로 해도 높은 점수를 얻을 수 있는 게임이 바로 이 게임이다.

고스톱의 요체가 의사 결정 과정이라고 한다면, 경영도 마찬가지다. 경영의 정의 중 하나가 '한정된 자원Resource을 투여하는 우선순위를 정하는 것'이다. 기업이든 자영업이든 당신이 최종 의사 결정을 하는 경영자라면 혹시 사사구통은 하지 않고 있는지를 살펴보라. 경쟁사가 A 분야에 투자를 한다니까 그것도 신경 쓰이고, 다른 회사는 B라는 곳에 투자를 한다니까 거기도 투자하지 않으면 뒤떨어질 것 같고, 회사가 어느 정도 규모가 커졌으니 ERP 시스템도 갖추어야겠고, 신인사 시스템도 해야겠고, 능률협회 강의를 들으니 6시그마 운동도 반드시 해야 되겠고 등등… 남들이 하는 것을 여과 없이 다 따라 하는 것, 이것이 대표적 사사구통이다. 상대가 점수가 나지 않을 정도만 견제를 하고 자신이 이길 수 있는 분야에 투자를 하는 것이 경영이다.

작게는 우리 가계도 마찬가지이다. 남들 차 산다고 차 사고, 외식한다고 외식하고, 스키 타러 간다고 따라가고, 해외 여행 간다고 나도 가고, 이러다 보면 어느덧 세월이 가고, 같이 인생을 신나게 즐겼던 친구들은 배반(?)을 하고 집을 장만하는데, 전세금 올려 주기에 헉헉대는 자신의 모습을 발견하고는 자기 자신에 대한 원망과 세상에 대한 원망을 하게 된다. 인생은 생각보다 너무나 길고, 반대로 정말 빠르게 지나간다. 고스톱에서뿐만 아니라 우리 생활에서도 사사구통에는 절대 빠지지 말자. 선택과 집중이 필요하다는 뜻이다.

고스톱 게임에서 이기려면 냉철한 상황 판단과 의사 결정을 하고, 전략의 선택과 집중을 통해 상대를 몰아붙여야 한다. 크게는 회사의 경영이나 작게는 개인의 재테크 전략도 이와 다르지 않다.

아기곰의 재테크 불변의 법칙

말 한마디로
돈도 벌 수 있다

인생을 살다 보면 이익과 이익이 맞부딪히는 순간, 협상이 필요할 때가 상당히 있다. 그러나 양보가 미덕이라고 배운 우리는 이럴 때 자기 목소리 내는 것을 두려워하거나 어찌할 바를 몰라서 일방적으로 몰리는 경우가 많다. 사람에 따라서는 콩나물 값 등은 잘 깎으면서 정작 부동산 등 큰 거래에서는 깎지 못하는 사람들도 있다. 콩나물 값을 몇십 년 동안 깎아 보았자 한 번의 부동산 거래에서 협상을 잘해서 얻는 이익보다 훨씬 작다. 그러면 협상을 어떻게 이끌어 가야 이익이 되는가에 대해 살펴보도록 하자.

협상 전 준비를 많이 하라

협상 전에 얼마나 준비를 많이 하느냐에 따라 결과가 달라진다. 자기 논리는 무엇이며, 상대의 논리는 무엇인지를 먼저 생각해야 한다.

협상은 서로 우기는 것이 아니라 논리의 싸움이다. 상대 논리의 장단점을 비교하고 그것을 제압할 수 있는 논리를 준비해야 한다. 상대가 어떤 카드를 내놓을지를 미리 생각해 보고 그에 대비해 준비를 한 것과 협상장에서 순간적으로 맞대응하는 것과는 차이가 많다. "지피지기면 백전백승"이라는 이야기는 손자병법에만 있는 이야기가 아니다.

양보를 위한 카드를 만들어라

협상은 싸움이 아니다. 일종의 외교이다. 그러므로 협상에서 일방적 승리라는 것은 있을 수 없고, A라는 것을 얻기 위해서는 B를 양보해야 한다. 그렇다고 원래 목적했던 것에서 무조건 일정 부분을 양보해야 한다는 의미는 아니다. 내가 어떤 물건을 100만 원에 사고 싶다면 협상가를 80만 원 정도부터 시작하는 것도 좋은 방법이다. 파는 사람도 마찬가지이다. 120만 원부터 시작해야 한다. 중간값인 100만 원에서 마무리된다면 둘 다 만족할 수 있다. 그러나 대부분의 결과는 절반 가격이 아니라 80만 원에서 120만 원 사이 그 어디에도 걸쳐질 수 있다. 그 물건의 시장이 판매자가 주도권을 가지고 있는 시장Seller's Market이냐 구매자가 주도권을 가지고 있는 시장Buyer's Market이냐에 따라 다르며, 당사자의 협상 기술에 따라서도 다르다.

물러설 수 있는 여지가 있어야 협상이 매끄럽다. 내가 받으려고 하는 값을 처음부터 제시하고 그 값을 고집하는 것보다는 깎아 줄 만큼을 예상하여 제시해 보고 후에 깎아 주는 것이 상대에게도 '깎은 즐거움', 즉 일종의 성취감을 안겨 준다. 특히 협상 대상자 뒤에 그 사람의 상사나 배우자 등 제3자가 있다면 우리가 원하는 것을 양보할 수 있도록 협상 대상자의 명분과 체면을 세워 주는 것도 협상의 가장 큰 전략이다.

Win-Win 전략을 추구하라

협상에서 모두가 만족하는 결과를 이끌어 내기는 힘들다. 그러나 양측이 원하는 것이 똑같지는 않기 때문에 서로 좋은 방향으로 이끌어 나갈 수 있는 가능성이 많다. Win-Win 전략은 '내가 얻은 만큼이 상대의 손실'이라는 제로섬Zero Sum 게임이 아니라 '나도 이익이 되고 상대도 이익이 되는' 플러스 섬Plus Sum 게임이 된다.

한 예를 보자. 자동차를 만드는 A란 회사가 B라는 업체로부터 타이어를 단가 2만 원씩에 구매해 왔었는데, A 회사는 원가 절감의 일환으로 타이어 가격 1,000원을 인하해 달라고 B 업체에 요청했다. 그러나 A의 요청을 모두 수용하면 B는 심각한 손실을 입어야 하고, 요청을 거절하면 계약이 끊어질 위기에 있다. 이때 B 회사는 제3의 방법을 찾아야만 했다. 그동안 B는 C라는 운송회사에게 단가 1,000원씩의 운송비를 지불하면서 2만 원에 타이어를 납품해 왔었다. 즉 실질 판매가는 1만 9,000원이었다. 그런데 자동차 회사 A는 운송 전문 자회사를 가지고 있었으므로 운송을 A라는 회사가 맡는다는 조건으로 1만 8,700원에 계약을 했다. A 사 구매부장은 제시가 1만 9,000원보다 300원이나 낮은 가격에 계약을 해서 만족하였다. 자회사로 있는 운송회사에는 운송비를 개당 600원만 지불해도 되기 때문이다. 한편 B 사 사장은 1,000원의 납품가 인하 압력을 300원으로 막아서 만족했다. 그러면 누가 협상에서 손해를 입은 것인가? 손해를 입은 측은 협상 당사자가 아니라 그동안 B의 운송을 맡아 왔던 C인 것이다.

또 하나의 예로 IMF 때 강남에 아파트를 마련한 K 씨의 경우를 보자.

K 씨: 사장님, 정말 이 가격 이하로는 안 되겠습니까?

집주인 P 씨: 저도 이 가격에 내놓았을 때는 손해를 볼 만큼 본 상태예요. 작년
　　　　　　초만 하더라도 이 가격에 샀다고 하면 횡재했다고 했을 겁니다.

K 씨: 그건 작년 이야기고요. 점점 경제가 어려워진다는데… 더 가지고 있어 보
　　　았자 손해일 텐데요?

집주인 P 씨: 그래서 서둘러 팔려고 내놓은 것 아닙니까? 한 달에 이자만 80만
　　　　　　원씩 나가니 원…….

K 씨: (옳지!!! ^^) 그러면 이렇게 하시죠. 제가 한 달 후에 치를 잔금을 1주일
　　　안에 모두 드리겠습니다. 그러면 불필요한 이자를 안 내셔도 되니, 제게
　　　100만 원만 깎아 주시죠.

집주인 P 씨: 글쎄요. 이거 어떻게 해야 하나…….

K 씨: 그렇게 하시죠. 오늘 계약 안 하고 다음 달 가서 집값 더 떨어지면 맘고생
　　　더 하실 텐데, 그깟 20만 원에 위험을 안을 필요가 없으시죠.

집주인 P 씨: 그럽시다.

이 협상에서 K 씨가 얻은 이익은 얼마일까? 참고로 K 씨는 그 당
시 집을 사려고 단기 MMF에 잔금을 넣어 둔 상태였다. 한 달간 예금
이자를 40만 원이라 해도 K 씨가 얻은 이익은 60만 원(= 100만 원 -
40만 원)이다. 그리고 집주인 P 씨가 양보한 금액은 20만 원(= 100만
원 - 80만 원)이므로, K 씨와 집주인 모두를 생각해 보았을 때 이 거래
에서 40만 원의 이익이 발생한 것이다. 그럼 누가 40만 원을 손해 본

것일까? 그것은 두 거래 당사자가 아니라 집주인 P 씨에게 돈을 빌려준 금융회사의 기회 손실이다.

자기의 무기를 최대한 활용하라

협상은 최대한 정중하게 하는 것이 좋다. 그렇다고 필요 이상으로 굽히고 들어갈 필요도 없다. 상대방이 나에게 원하는 무언가가 있는 이상 그것이 나의 무기고 그것을 최대한 활용해야 한다.

미국에서 있었던 실제 예를 들어 보겠다. 미국에서는 집을 살 때나 임차할 때 부동산 수수료를 내지 않는다. 부동산 중개 수수료는 매도인 또는 임대인, 즉 집주인이 내게 되어 있다. 보통 거래가의 6%를 매도인이 중개 수수료로 내고 있다. 우리나라의 공인중개사들이 안다면 부러워하겠지만, 사실 부러울 것도 없는 것이 일 년에 거래 건수가 그리 많지 않다. 한 달에 한 건 정도 거래하면 좋은 실적이다. 이렇기 때문에 리얼터(중개사)들이 거래를 성사시키기 위해 쏟는 정성이란 아주 대단하다.

미국에서 사무실을 얻을 때의 이야기이다. 처음에는 거래를 성사시키기 위해 성의 있게 중재를 하던 리얼터가 점점 건물주 쪽으로 기우는 것을 느꼈다. 우리가 내건 조건은 이런 이유 저런 이유로 계속 거절되고, 리얼터도 중간에서 건물주를 거드는 것이 역력하게 보이기 시작했다. 동등한 조건에서 협상하는 것이 아니라 1:2의 협상이 되어가고 있는 느낌이었다. 물론 리얼터의 입장에서는 몇천만 원에 해당하는 중개 수수료를 주는 사람은 건물주Landlord이기 때문에 그쪽 편을 드는 것도 있을 것이고, 빨리 거래를 성사시키기 위해 협상에 유리하다고 보이는 쪽을 미는 것도 있었을 것이다. 그리고 아주 사소한 이유겠지만 아무래도 동양인보다는 같은 백인에게 심정적 동조를 보내는 것이 있었을 것이다. 아무튼 그 단계에서는 국면을 바꿀 필요가 있었다. 하루는 협상 회의를 마치고 리얼터를 따로 불렀다.

아기곰: 협상이 이렇게 진도가 나가지 않는 이유가 무엇인 것 같습니까?

리얼터: 그거야, 당신 측에서 여러 가지 조건을 달면서 협상을 진행시키지 않기 때문이지요.

아기곰: 나는 그렇게 생각하지 않습니다. 당신의 협상 중재 노력이 부족하다고 생각하는데요.

리얼터: (얼굴이 붉으락푸르락해지며) 나는 최선을 다하고 있습니다. 당신 측이 미국에서의 상관행에 익숙지 않아서 그런 것도 있어요.

아기곰: 자, 제가 하나 물어보겠습니다. 누가 당신에게 수수료를 주나요?

리얼터: 그것은 계약서에 나와 있는 대로 건물주가 주지요.

아기곰: 노우, 그럼 다시 물어보겠습니다. 건물주는 무엇을 가지고 있지요?

리얼터: (허허 웃으며) 당연히 사무실이지요.

아기곰: 그러면 돈은 누가 가지고 있지요?

리얼터: (얼굴이 조금 굳으며) 그야, 당신이지요.

아기곰: 내가 이 계약에 사인하지 않는다면 당신은 얼마를 벌지요?

리얼터: (의자를 당겨 앉으며, 심각한 표정으로) Nothing… Sir.

갑자기 아저씨가 선생님으로 격상되는 순간이다. 일단 국면을 전환시켜 놓고 본론에 들어간다.

아기곰: 저 좀 도와주셔야겠습니다.

리얼터: 물론이죠. 제 의무인걸요.

아기곰: (진작 그렇게 나오지.) 내가 내세운 조건은 이것들인 것을 알고 있죠? 그중에서도 1번, 3번, 4번은 반드시 관철시켜야 합니다. 2번과 5번은 내가 본사와 협의하여 좋은 방향을 찾아보겠습니다.

리얼터: 네, 알겠습니다. 최선을 다하겠습니다.

리얼터가 건물주에게 가서 "그 터프한 한국인들이 계약을 하지 않겠다"는 것을 자기가 잘 달래서 합의를 이끌어 냈다고 했는지, "절대 하나도 양보를 하지 않겠다"는 것을 자기가 잘 구슬려 일부 양보를 받아 내었다고 설득하였는지 그 여부는 잘 모르겠다. 하지만 중요한 것은 몇 주간 지루하게 끌던 협상이 며칠 후 우리가 내세운 조건을 수용하는 선에서 마무리 짓게 되었다는 것이다. 사실 이 협상에서 우리가 가진 무기는 '계약을 하지 않을 수도 있다는 것' 하나밖에 없었다. 그러나 리얼터에게는 그것이 가장 중요한 요소였기 때문에 그의 협조를 끌어내게 된 것으로 보인다.

최종 결정권자는 숨어 있어라

회사 간의 협상에 있어서도 최종 결정권자는 협상 테이블에 나타나지 않는 것이 좋다. 상대의 입장에서는 언제나 최종 결정권자와 협상하려 할 것이다. 상대편 입장에서는 여러 사람 설득하는 것보다 한 사람을 설득하는 것이 편하기 때문이다. 그러나 최종 결정권자는 모든 실무적인 사항을 알 수가 없기 때문에 치밀하게 준비해 온 상대에게

당할 수가 있다. 더구나 본인이 최종 결정권자이고, 일단 뱉은 말은 주워 담기 어렵기 때문에 물러날 여지가 없는 것이다.

개인 간의 거래도 마찬가지이다. 협상을 하다가 시간이 필요한 경우 또는 국면을 바꿔 볼 필요가 있는 경우 최종 결정권자를 활용하는 것이 좋다. 마치 최종 결정권자와 상의해야 하는 것처럼 시간을 끌어 보는 전략이다. 실제로 본인이 최종 결정권자라 할지라도 우리는 협상을 위해 최종 결정권자를 주변에서 많이 찾거나 만들 수 있다. 성격이 괴팍한 장모나 시어머니 등 가상의 의사 결정권자를 만들 수도 있는 것이다.

중재자를 내 편으로 만들어라

팽팽한 협상 테이블에서 힘의 균형을 깨는 것은 제3자의 입김이다. 특히 부동산 거래의 경우, 보통 매도인은 그 동네에서 오래 살았던 사람이거나 그 중개소와 거래를 하였던 사람이기 때문에 부동산 중개업자 입장에서는 처음 찾아간 매수인보다는 매도인이 심정적으로 가깝게 느껴지는 것이 당연하다.

이런 심리적 상태가 협상에서도 그대로 나타나는 수가 있다. 즉 중개인이 매도자의 편을 드는 듯한 입장을 취할 수 있다. 매수인의 입장에서는 불리한 상황이다. 이러한 상황을 피하기 위해서는 중개인을 내 편으로 만들어야 한다. "내세운 조건을 맞추어 준다면 복비 얼마를 더 주겠다"고 하든지, "이 계약이 성사되면 고객을 한 명 더 소개시켜 주겠다"고 하든지, 아니면 "앞으로 같은 동네에 살 것이니까 잘 봐 달라"고 인간적으로 호소하든지 간에 중개인을 내 편으로 만들어야 협상에서 유리한 고지를 점할 수 있다. 중개인의 능력에 따라 다르겠지만, 중개인의 말 한마디에 수백만 원이 왔다 갔다 하는 것은 비일비재하다.

　단 한 번 협상에서의 성공으로 몇 달치 생활비보다 더 많은 돈을 절약할 수 있는 예는 많다. 부지런히 모으는 것도 중요하다. 그러나 그것을 키우고 지키는 일도 중요한 것이다. 협상 기술은 당신의 돈을 지켜줄 것이다.

원가 구조를 알아야
당당하게 깎을 수 있다

'원가'라고 하면 복잡한 회계 이론이 나올 것 같아 겁부터 먹는 사람이 있을 것이다. 그럴 필요 없다. 대부분의 학문에서도 8:2 법칙이 적용된다. 학교에서 배운 지식의 20%만이 실생활에 적용되고, 80%는 일생을 살아가면서 한 번 나올까 말까 하는 것들이다. 경제 이론도 너무 복잡한 이론은 실생활에서 별로 사용되지 않으므로 그것은 경제학자들의 몫으로 돌리기로 하자. 우리는 20%만 알더라도 훌륭한 부자 아빠, 부자 엄마가 될 수 있는 것이다.

이 글에서는 원가 시스템에 대한 이해와 실생활에서의 적용 방법에 대해 고찰해 보겠다. 쉽게 말해 물건 값 깎는 법에 대해서 알아보자는 말이다.

장사꾼이 "밑지고 판다"는 말은 노인분들이 "그만 살고 싶다"는 말과 함께 오래된 3대 거짓말 중 하나로 알려져 왔다. 그러나 우리 주변에 보면 정말로 장사하는 사람 중에 "밑지고 팔았다"고 하는 사람들이 있다. 그 말의 진실 여부를 따지기 전에, "밑지고 팔았다"는 말의 정의를 먼저 알아볼 필요가 있다.

"밑지고 팔았다"는 말의 기준이 되는 본전, 즉 원가에는 두 가지 개념이 있다. 우리 주변에 흔히 있는 전자 대리점의 예를 들어 보자. 일반인들은 냉장고를 본사에서 사 오는 가격을 원가로 생각하고 있다. 그러나 대리점주들은 대리점을 유지하는 데 필요한 비용까지도 원가, 즉 총원가에 포함하고 있다. 회계에서 통칭하는 원가는 당연히 총원가이다. 이렇게 두 가지 원가 개념이 혼재되어 있기 때문에 사는 사람과 파는 사람은 '밑졌다" "밑지지 않았다"는 서로 다른 생각을 가지게 되는 것이다. 적을 알아야 이길 수 있듯이 원가 시스템을 이해해야 물건 가격을 깎을 수 있다.

그러면 총원가란 무엇일까? 제품의 제조에서부터 제품의 판매 단계에 도달할 때까지 소비된 일체의 원가 요소를 합하여 총원가라 한다. 원가의 분류 방법에 따라서 총원가를 변동 원가와 고정 원가의 합으로 보기도 하는데, 일반적으로 제품의 판매 가격에서 이익을 차감한 금액을 총원가로 보고 있다. 그러나 "총원가는 판매가에서 이익을 뺀 것을 말하고, 이익은 판매가에서 총원가를 뺀 것을 말한다"라고 설명하면 수학적 개념이 있는 사람은 고개를 갸웃거릴 것이다. '총원가 = 판매가 – 이익'이라는 방정식은 하나인데, 변수가 두 개이므로 이 방정식은 풀 수가 없다. 그러므로 우리는 또 하나의 방정식이 필요하다. 그것이 '총원가 = 변동 원가 + 고정 원가'라는 방정식이다.

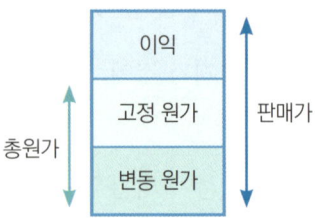

아주 간단하게 말하면 변동 원가Variable Cost라는 것은 우리의 상식 속에 있는 원가이다. 즉 냉장고 한 대 팔 때 들어가는 직접 비용이라고도 할 수 있다. 본사로부터 사 온 냉장고의 구입가와 이를 운반하는 운송비 등이 포함된다. 판매 대수에 비례해서 같이 증가하는 비용을 변동 원가라고 한다. 장사하는 사람이 이 변동 원가 밑으로 물건을 파는 경우는 거의 없다. 만일 그 이하로 판다면 팔면 팔수록 손해가 나는 것이다. 이것은 덤핑 행위라고 해서 경쟁업소뿐만 아니라 자신도 망치는 행위이기 때문에 물건을 공급하는 본사에서는 적극적으로 이를 방지하려는 여러 활동을 하고 있다.

이에 비해 고정 원가Fixed Cost는 이 대리점을 유지하기 위해 들어간 고정적인 비용을 판매 대수로 나눈 것이다. 즉 사장 월급, 경리 사원 월급, 매장 임대료 등 굵직한 비용부터 시작해서 매장의 셔터 내리고 올리는 전기료까지 모두 포함하는 것이다. 쉽게 정의를 하자면 냉장고를 몇 대 파는 것과 관계 없이 고정적으로 들어가는 비용이다. 이 고정 비용을 잘 관리하는 것이 사업 성패의 분수령이다. 대부분의 회사는 덤핑을 방지하기 위해서 본사 차원에서는 제품 공급가에 큰 차이를 두지는 않는다.

그러면 전자 대리점에서 파는 냉장고를 기준으로 원가를 계산해보자. A라는 대리점은 본사로부터 냉장고를 80만 원에 공급을 받는다. 이 대리점의 한 달 유지비는 1,000만 원이 들고 한 달에 냉장고를 100대 판다고 가정하자. 이 A 대리점의 손익 계산서는 아래와 같다.

A 대리점		대당	전체
매출액(A)	수량 100대	100만 원	1억 원
변동비(B)	냉장고 입고가	80만 원	8,000만 원
고정비(C)	대리점 유지비	10만 원	1,000만 원
이익	= A − B − C	10만 원	1,000만 원

매출액은 1대에 100만 원씩 100대를 팔면 1억 원이고, 변동 원가는 80만 원 곱하기 100대면 8,000만 원이다. 한 달에 1,000만 원의 고정 경비를 사용하지만, 이 고정비를 판매 대수 100대로 나누면 대당 10만 원이 된다. 결국 한 대 팔 때마다 10만 원씩 남으며 한 달에 1,000만 원이 남는 장사가 된다.

그런데 한 정류장 떨어져 있는 B 대리점에서는 월 50대밖에 팔지 못한다고 하자. 이럴 경우 B 대리점의 손익계산서는 아래와 같다.

B 대리점		대당	전체
매출액(A)	수량 50대	100만 원	5,000만 원
변동비(B)	냉장고 입고가	80만 원	4,000만 원
고정비(C)	대리점 유지비	20만 원	1,000만 원
이익	= A − B − C	0 원	0 원

매출액은 1대에 100만 원씩 50대를 팔면 5,000만 원이고, 변동 원가는 80만 원 곱하기 50대면 4,000만 원이다. 한 달에 1,000만 원의 고정 경비를 사용하지만 이 고정비를 판매 대수 50대로 나누면 대당 20만 원이 된다. 결국 B 대리점은 이익이 한 푼도 남지 않은 구조가 된다.

문제는 이때 만약 A 대리점에서 냉장고를 고객들에게 1만 원씩 할인하여 99만 원에 판매할 경우이다. 이때 B 대리점이 A 대리점과 가격을 맞추어 1만 원씩 할인하여 팔 경우 그 할인 폭만큼 그대로 적자가 된다. 이럴 경우 B 대리점에서는 밑지고 팔았다는 이야기가 나오게 되는 것이다.

　A 대리점과 B 대리점의 차이는 판매 대수에 있다. B 대리점이 A 대리점보다 적게 팔기 때문에 가격 경쟁력 자체가 없어진 것이다. 반대로 A 대리점의 경우 보다 공격적인 영업 활동을 할 수 있다. 아파트 부녀회 등 공동 구매를 추진하는 단체 구매자가 100대를 구입한다고 가정하면 이들에게 100만 원이 아니라 90만 원씩만 받고 팔더라도 대당 10만 원씩 1,000만 원의 추가 수익이 발생하는 것이다. 즉 고정 경비 정도는 이미 벌어 놓았기 때문에 추가 판매분에 대해서는 변동 원가 이상으로 판매한다면 그만큼 남는 것이다.

　이러한 원가 구조를 이해하고 반대로 생각하면 소비자 입장에서는 가격을 당당하게 깎을 수 있다. 판매하는 사람 입장에서는 높은 가격을 받을수록 이익이겠지만 소비자 입장에서는 대리점 진열대에 들어가는 전기료까지 모두 본인이 부담하고 거기에 대리점 측에 일정 이익까지 더해 준다는 사실을 알게 되면 대리점에서 제시하는 금액대로 모두 지불하지는 않을 것이다.

　A 대리점이 부녀회에 10만 원씩 할인해서 판매하더라도 이익이 남았던 것을 생각해 보자. 소비자가 물건을 구입한다는 의미는 대리점 유지에 필요한 고정 비용을 일정 부분 분담한다는 뜻도 된다. 이 말을 반대로 해석하면 당신이 어떤 대리점에서 냉장고를 구입하기 위해 협

상을 하다가 가격이 맞지 않아서 구입하지 않는다 하더라도 타격을 입는 사람은 당신이 아니라 대리점이라는 사실이다. 칼자루를 누가 쥐고 있는가가 명확해진다.

효율적인 구매를 위해서는 몇 가지 보조 수단이 있으면 더 좋을 것이다.

첫째는 할인을 해 줄 여력이 있는 대리점인지 아닌지를 알아야 한다. 이를 위해 가능한 한 발품을 많이 파는 것이 유리하다. 주위에 먼저 구매한 사람이 있다면 가격 정보를 얻을 수 있으니 금상첨화이다.

둘째, 가격 협상에서 우위를 점할 수 있도록 비장의 무기(?)를 준비하자. 그 무기는 단 두 사람이라도 친지 또는 이웃과의 공동 구매도 될 수 있고, 약 3%에 달하는 대리점의 카드 수수료라도 절약하기 위해서 현금으로 지불한다는 것이 될 수도 있다.

가격 깎는 것을 부끄러워하거나 두려워하지 말라. 아무리 깎아도 변동 원가 이하로 할인해 주는 대리점은 없으니 대리점 망할까 봐 걱정하지 않아도 된다. 당신이 아무리 깎아서 구입하여 대리점의 이익이 줄어들더라도 당신은 최소한 그 대리점의 고정 경비 중 일부는 분담하는 것이므로 당당하게 깎아 보자. 더 중요한 것은 대리점 사장은 (그 대리점이 망할까 봐 걱정되어서 가격을 깎지 못하는) 당신보다 더 부자일 가능성이 높다는 것이다.

믿는 것이
힘이다

'아는 것이 힘이다'라는 격언이 있다. 요즘 표현으로 하면 '아는 것이 돈이다'라고 할 수 있겠다. 그런데 여기서 '안다는 것'은 무엇을 말하는 것일까? 우리는 흔히 안다는 것을 이해한다는 것과 동일시한다. 어떤 글을 읽고 그 글을 이해하면, 특히 그 내용을 전에 접해 본 적이 있으면 '그 내용을 안다'라고 표현을 한다.

극장이나 레스토랑에 가서 화장실을 갈 일이 있다고 가정해 보자. 종업원의 설명을 듣지 않고도 예전의 기억에 따라 화장실을 찾아간 사람은 화장실의 위치를 정확히 아는 사람이다. 화장실이 오른쪽에 있다는 것을 알면서 왼쪽으로 가서 화장실을 찾는 사람은 없을 것이다. 그런데 이렇게 세상일이 단순하다면 좋겠지만, 현실의 세계는 그렇지가 않다.

치열하게 공방을 하고 있는 종합주가지수가 오를까, 내릴까? 금리가 다음 달에 오를까, 내릴까? 오르면 언제 얼마나 오를까? 내린다면 언제 얼마나 내릴까? 환율은 앞으로 어떻게 될까? 그리고 부동산 시세는 앞으로 어떻게 될까? 이 질문들에 정확히 대답을 할 수 있는 사람은 상당한 부를 거머쥘 수 있을 것이다.

어느 질문 하나 만만한 것이 없다. 그럼에도 불구하고 요즘의 우리나라를 보면 전 국민이 모두 경제 전문가가 된 것 같다. 인터넷에 떠도는 글들을 보면 '아는 게 병이다' 싶을 정도로 많은 이야기들이 난무한다. 개념이나 정확히 알까 싶은 어려운 경제 용어를 마구 섞어 쓰기도 한다. 경제에 대해 관심을 가지고 나름대로 의견을 피력하는 것은 개인을 위해서도 아주 바람직한 일이다. 그런데 문제는 본인들이 정작 그 내용들을 잘 안다고 착각하는 데 있다.

그러므로 여기서 '아는 것'은 '이해하는 것'에 그쳐서는 안 되고 '믿는 것'이 되어야 한다.

나이아가라 폭포에서 있었던 일이라고 한다. 어떤 곡예사가 폭포의 양쪽 끝에 외줄을 매어 놓고 그 위를 외발 자전거를 타고 건너는 묘기를 했다. 사람들이 조마조마하면서 보고 있는 사이 무사히 폭포를 건넜던 곡예사는 이번에는 자신의 아들을 등에 업고 폭포 위를 건넜다. 사람들의 탄성을 뒤로한 채 이번에는 아내와 아들을 동시에 무등을 태워서 건너는 묘기를 보였다. 묘기가 끝나자 곡예사는 자신을 유심히 살피고 있던 관중 한 명에게 다가가 물었다.

"이번엔 한 사람만 목말을 태우고 폭포를 한 번 더 건너려는데, 성공할 것 같습니까?"

"당연히 성공하겠지요."

"정말 그렇게 생각하세요?"

"그럼요. 당신은 이미 당신의 아내와 아들을 태우고 무사히 건넜잖아요?"

"그렇게 생각해 주시니 감사합니다. 그러면 제 등에 타시죠!"

"헉, 그건 다른 이야기인데요???"

곡예사가 무사히 폭포 위를 건너는 것은 자신도 아는 사실이다. 하지만 본인이 그 곡예사를 믿고 그 등 위에 올라타는 것은 또 다른 일인 것이다. 일상생활에서는 이해하는 것과 믿는 것의 차이를 구별하기가 쉽지 않지만, 투자의 세계에서 그 두 의미는 완전히 다르다. 곡예사가 나이아가라 폭포를 건너는 것을 보는 것과 본인이 직접 그 등에 업혀서 폭포를 건너는 것의 차이라 할 수 있겠다.

투자의 세계에서도 이런 일들은 흔히 볼 수 있다. 이론은 많이 아는 것 같은데, 실적은 별로인 사람들이 많다. 이런 사람들을 만나면 주식이나 부동산이 오르고 내리는 원리를 한눈에 꿰뚫는 것처럼 말을 한다. 주위 사람의 투자에 대해서도 온갖 참견을 다하지만 정작 본인은 투자에 나서지 않는다. 물론 이런 사람 중에는 투자에 필요한 종잣돈이 부족하여 투자에 나서고 싶어도 할 수 없는 경우도 있다. 그러나 대부분의 사람은 본인이 아는 것에 대한 확신이 없기 때문이다. 본인이 확신이 있다면 대출 등을 통하여 종잣돈을 마련할 수 있는 방법은 많다.

이렇게 쉽게(?) 돈을 벌 수 있음에도 불구하고 우리 주변에서 주식이나 외환 투자로 큰돈을 벌었다는 사람을 쉽게 찾아보기 어려운 것은 무슨 이유일까? 시장의 불확실성을 이유로 투자에 나서지 못하기 때문이다. 물론 투자에 나선다고 모두 돈을 벌 수 있는 것은 아니다. 일부 해외 펀드 투자의 예를 보면 알 수 있듯이, 반 토막이 나서 원금도 보전하지 못하는 경우가 있는 것이 투자의 세계이다.

이런 시장의 불확실성 때문에 말로는 모든 것을 다 아는 것처럼 이야기를 해도 정작 투자에는 나서지 못하는 것이다. 안다고 하는 것의 수준이 '믿음의 경지'까지 간 것이 아니라 '이해의 수준'에 머문 것이기 때문이다. 역설적으로 말해 어떤 사람의 투자 실적이 그리 신통치 않다면, 그 사람이 안다는 것의 수준을 의심해 볼 필요가 있다.

결과를 보고 자신의 이야기를 짜 맞춘 것인지, 아니면 서로 다른 방향의 이야기를 열 개쯤 말해 놓은 뒤 나중에 결과를 보고 자신이 말한 것 중 유리한 부분만 부각하고 불리한 부분은 잊어버리는 것은 아닌지를 살펴볼 필요가 있는 것이다. 이런 이유로 진짜 고수를 식별하는 방법에는 (부모에게서 재산을 물려받았거나 다른 수입에 의해 부자가 된 경우를 제외하고) 투자를 통해 그 사람이 얼마나 부를 모았는가를 보는 것도 하나의 잣대가 될 수 있다.

그러면 본인이 안다는 것을 '믿음의 경지'에까지 끌어올리려면 어떻게 해야 할까? 무턱대고 믿기만 한다는 것은 훈련이 안 된 사람이 나이아가라 폭포를 건너 보겠다는 것과 다를 바 없다. 그러므로 '이해의 수준'을 '믿음의 경지'로 바꾸는 훈련을 스스로 해야 한다.

그 첫 번째 과정은 기존에 상식이라고 믿었던 것을 모두 부인하고 백지 상태에서 다시 점검해 보는 것이다. 수학 문제를 풀 때, 앞에서부터 해법이 꼬이면 뒤로 갈수록 정답이 나올 확률이 떨어진다. 그러므로 문제가 안 풀리면 처음부터 다시 점검하는 것이 순서일 것이다. 이는 누구나 아는 이야기이다. 그런데 남이 풀다가 만 문제를 풀면서 남이 풀어 놓은 앞부분이 틀렸을 것이라고 의심하지 않는 것이 문제라는 이야기이다.

본인이 상식이라고 생각하는 부분도 다시 한번 점검을 해 보라. 그동안 여러 사람이 말해 와서 당연히 그럴 것이라고 생각했던 것에서 치명적인 문제점이 발견되는 경우가 있을 것이다. 지금은 지구가 태양 둘레를 돌고 있다는 말을 의심하는 사람은 없다. 하지만 불과 수백 년 전만 하더라도 그런 주장을 하면 정신병자 취급을 당했다. 태양이 지구를 돌고 있는 것은 눈으로 보이는 상식이었기 때문이다. 결국 눈으로 보이는 것이 모두 사실은 아닐 수도 있다는 것에서 출발을 해야 진실에 한 발자국 가까이 갈 수 있는 것이다.

두 번째 과정은 전체 그림을 파악해 보려고 노력하는 것이다. 코만 자세히 그린다고 인물화가 되지는 않는다. 코는 얼굴을 구성하는 일부분일 뿐 코에만 집착을 하면 오히려 얼굴 전체의 균형이 맞지 않을 수도 있다. 경제 현상도 인물화와 비슷하다. 하나하나의 현상이 별개가 아니라 서로 연동되어 있으며, 서로에게 영향을 끼치면서 일종의 조화를 이루는 것이다.

그중에서 한두 개만을 떼어 내어 비판의 목소리를 높여 보았자, 지식이 낮은 사람들 사이에서는 고수나 전문가 행세를 할 수 있을지언정, 실제 시장에서 통용될 수 없기에 신뢰를 얻을 수 없다.

그러므로 각론을 주장할 때, 총론과의 연관성을 염두에 두는 습관을 갖는 것이 중요하다. 예로 요즘 논란이 되고 있는 부동산 보유세에 대해서도 마찬가지이다. 더 올려야 한다거나 더 내려야 한다는 각론보다도, 보유세가 오르면 부동산 시장과 그것을 둘러싸고 있는 경제 전체에 어떤 영향이 있을 것이고 보유세가 내리면 어떤 영향이 있을 것인지 생각해 본다면 전체의 그림이 그려질 것이다.

물론 훈련이 되지 않은 초기에는 전체적인 밑그림을 그려 보는 것이 쉽지는 않다. 그러나 노력하는 자세가 중요하며, 반복적으로 연습을 하다 보면 언젠가는 시장의 흐름을 정확하게 볼 수 있는 안목을 갖출 수 있게 되는 것이다.

세 번째 과정은 남의 시각으로 자신을 바라보는 것이다. 경제 현상에 대해 일방적인 주장을 하는 사람들에게 그들 주장의 모순점을 지적하면, "그런 것은 정부가 할 일이지"라든지 "그런 것은 투기꾼 때문에 벌어지는 것이지"라면서 남의 탓으로 돌리고는 한다.

시장에서는 다양한 이해 관계자가 각자 자신의 이익을 위해 최선을 다한다. 그러므로 어떤 경제 현상이 벌어졌을 때, 자신의 이해득실에 따라 다양한 반응을 보일 수밖에 없다. 그러므로 자신의 시각에서만 시장을 본다는 것은 장님 코끼리 만지기에 불과하며, 시장을 이해하려면 여러 시장 참여자의 입장에서 어떻게 반응할까를 생각해 보는 것이 큰 도움이 된다.

네 번째 과정은 스스로의 생각을 정리해 보는 것이다. 생각을 정리하는 데 가장 좋은 것은 글로 써 놓고 여러 번 읽는 것이다. 하루에 여러 번 읽는 것보다는 며칠이나 몇 주의 시간을 두고 읽는 편이 더 낫다. 그렇게 자신이 정리한 글을 읽다 보면 허점도 많이 보이고, 어느

부분은 너무 자세히 다룬 데 비하여 다른 부분은 너무 소홀히 다루는 둥 불균형을 발견할 수 있을 것이다. 그 글을 인터넷이나 다른 매체를 통해 여러 사람이 볼 수 있게 하여 다른 사람의 지적을 받아 보는 것도 완성도를 높이는 데 도움이 될 수 있다.

"인구가 줄어드니 집값이 떨어질 것이다" "가계 부채가 너무 많아 우리 경제가 무너질 것이다" 등의 이야기들이 마치 상식인 양 일반인들의 입에서 떠돌아다닌다. 투자의 세계에서는 남의 지식을 자신의 지식이라고 착각하고 투자를 할 때, 사고 치는 것이다. 투자의 세계에서는 단순히 '아는 것'만으로는 부족하다. '믿는 것이 힘'인 것이다. 이를 위해서는 기존 이론에 대한 철저한 검증과 자신만의 이론 정립이 필요하다. 아는 것을 믿는 것으로 바꾸기 위해서이다. 다른 분야에서도 잘못된 방향으로 가는 것은 피해야 하겠지만, 특히 투자의 세계에서는 방향 자체가 틀리는 것은 손실을 의미하기 때문이다. 당신의 돈은 누구도 대신 지켜 주지 않는다.

불확실성이
투자의 매력이다

|

어린 시절 '소풍' 하면 무엇이 생각날까? 어머니께서 정성스레 싸 주신 김밥을 먹었던 것이 가장 많이 생각나겠지만, 잊을 수 없는 추억 중의 하나는 보물찾기가 아니었나 싶다. 아이들이 수건돌리기와 장기 자랑에 열중하고 있을 때, 선생님은 숲속 주변의 돌무더기 밑이나 나무 틈새 등에 쪽지를 숨겨 놓고는 했을 것이다. "보물찾기 시간이다" 라는 선생님의 말씀이 떨어지자마자 숲속으로 달려가서 이곳저곳을 찾아다니는 재미가 소풍에서의 백미가 아니었나 싶다. 보물이라고 해 보았자 공책 몇 권과 연필 몇 자루가 전부였지만, 아이들에게는 세상 의 어떤 보물을 찾는 것보다도 즐거움을 주는 시간이었을 것이다.

그런데 어떤 선생님이 "귀찮은데 뭐 숨기고 찾고 그래. 어차피 나누 어 줄 선물인데" 하고는 쪽지를 허공에 뿌리고 빨리 줍는 아이들에게 선물을 나누어 준다고 생각해 보자. 쪽지를 먼저 잡으려는 아이들끼리 밀고 당기는 바람에 다치는 아이가 하나둘 꼭 나왔을 것이다.

이를 보고 다른 선생님은 아이들로부터 멀찌감치 떨어진 곳에 선물을 놓아두고 먼저 온 아이에게 주겠다고 했다. 어떤 일이 벌어졌을까? 그 반에서 달리기를 제일 잘하는 한두 애가 그 선물들을 독차지했을 것이다.

이번에는 또 다른 선생님이 '이럴 바에는 차라리 선물을 골고루 나누어 주자'라고 생각했다. 어떤 아이들은 보물을 찾아 신이 나고 어떤 아이들은 보물을 못 찾아 시무룩한 것보다는 각자에게 돌아가는 선물의 양은 적지만 골고루 나누어 주는 것이 좋겠다고 생각한 것이다. 그러나 연필 한두 개씩을 받아 돌아가는 아이들의 표정은 그리 신나지는 않았을 것이다. 그 선생님은 아이들에게 연필을 나누어 주는 대신에 보물찾기의 즐거움을 빼앗아 간 것이기 때문이다.

투자의 세계도 똑같다. 투자의 속성인 불확실성이 없다고 생각하면 시장은 부자들의 머니 게임으로 변질되었을 것이다. 시장이 돈 있는 사람들에게만 휘둘리지 않는 것은 바로 불확실성 때문이다. 어떤 주식이 한 달 안에 두 배로 오를 것이 확실하다면(예를 들어 두 배가 오르지 않을 경우 차액을 정부에서 보전해 준다면) 어느 누가 그 주식을 사려 하지 않을까? 선착순으로 매매한다고 한다면 며칠 전부터 돗자리를 깔고 노숙하는 사람이 등장하고 자리다툼으로 싸움이 속출할 것이다.

또한 청약 대금 순으로 비례해서 주식을 판매한다면 사채를 써서라도 청약을 많이 하려는 사람들이 속출할 것이다. 그래서 결국 달리기 잘하는 아이들이 선물을 차지하는 것처럼 돈 많은 사람들이 그 주식을 차지하게 될 것이다.

마지막으로 국민들에게 골고루 나누어 주겠다고 하면 어떻게 될까? 예전에 실제로 그런 적이 있었다. 노태우 대통령 시절에 '국민주'라고 해서 그것을 받으면 부자가 되는지 알고 모두 신청했더니 돌아오는 주식은 서너 주밖에 안 되어서, 신청하는 데 들어간 시간과 차비를 빼고 나면 손에 남는 것이 없었다는 코미디 같은 일이 있었다.

투자의 본질은 불확실성에 있다. 소풍의 보물찾기와 다를 것이 하나도 없다. 돈 많은 사람들이 투자 수익을 독차지하지 못하는 것은 시장의 불확실성 때문이다. 주식이든 부동산이든 샀을 때 이익을 볼 수도 있지만 손해를 볼 수도 있기에 시장이 형성되는 것이지, 이런 불확실성이 없어지면 시장은 돈 놓고 돈 먹는 아수라장으로 변해 있었을 것이다. 그러므로 진정한 투자자라면 시장의 불확실성을 인정해야 하며, 더 나아가 불확실성을 즐기는 사람이 프로라고 할 수 있다.

그러나 투자의 속성이 불확실성이라고 해도 아무 숫자나 골라서 맞으면 돈을 따고 틀리면 돈을 잃는 도박과 같은 것은 아니다.

동전 던지기 게임에서 연속으로 다섯 번 앞면이 나왔다고 가정해 보자. 그다음에는 어떤 면이 나올까? '과거에 계속 앞면이 나왔으므로 이번에도 앞면이 나올 거야'라고 생각하고 앞면을 선택한 사람도 있고, '어차피 동전 던지기 게임은 확률 게임이니까 이번에는 뒷면이 나올 거야'라고 생각하고 다른 면을 선택한 사람도 있을 것이다. 어떤 사람이 동전 던지기 게임에서 승리를 할까? 정답은 '둘 중의 한 명이 게임에서 이긴다'이다. 과거 경험에 가중치를 더 두는 사람은 앞면을 선택했을 것이고, 확률적 이론을 더 믿는 사람은 뒷면을 선택했을 것이다. 둘 중에서 누가 이겼는가는 중요하지 않다.

그러면 제대로 된 투자자라면 어느 쪽에 돈을 걸었을까? 우선 앞면이 연속으로 다섯 번이나 나온 이유부터 조사를 했을 것이다. 혹시 동전이 앞면만 양쪽에 있는 불량품은 아닌지, 한쪽이 무거워서 공중에서 회전하다 보면 가벼운 면이 위로 향하고 떨어지는 것은 아닌지를 알아볼 것이다. 그러나 그런 이유 없이 순전히 우연으로 동전의 앞면이 다섯 번이나 나왔다면, 제대로 된 투자자는 돈을 걸지 않을 것이다. 투자는 도박이 아니기 때문이다.

필자가 앞서 "투자의 본질은 불확실성에 있다"고 하고, 이번에는 "투자는 도박이 아니다"라고 하면 혼란스러워 하실 분도 있을 것이다. 확률의 문제이다. 확률이 50 : 50이라면 도박에 가까운 것이고, 확률이 100%라면 그것은 이미 투자의 범위에서 벗어난 머니 게임이 된 것이다.

이것이 투자의 속성이다. 50%의 확률에서 투자를 하는 것은 도박에 가깝다. 그렇다고 100% 확률이 될 때까지 기다린다면 이때는 이미 늦다. 다른 사람이 이미 선점을 하기 때문이다. 그러므로 확률이 50%에서 시작하여 불확실성이 하나둘씩 제거되고 100%에 가까워질수록 안전한 투자는 될지언정 투자 수익률은 떨어지게 된다. 그러므로 어느 시기에 투자해야 하는가 하는 '타이밍'이 투자의 핵심이라고 할 수 있다.

그런데 상담을 하다 보면 사람마다 성향이 다르다는 것을 많이 느낀다. 여러 조건이 모두 본인에게 유리하게 맞아떨어져야만 수익이 날 수 있는, 확률이 상대적으로 낮은 투자(60%)에 대해서 고집하는 사람이 있는가 하면, 최악의 경우만 아니면 수익이 날 수 있는 상황

(90%)에서도 투자를 꺼리는 사람이 있다. 그렇게 차이가 나는 이유가 무엇일까?

그것은 단순히 공격적이냐 보수적이냐의 성향 차이만은 아니다. 상황 인식이 사람마다 모두 다르기 때문이다. 어떤 사안에 대하여 한 사람은 60%의 확률로 보는가 하면, 다른 사람은 90%의 확률로 평가하는 경우가 비일비재하다. 한마디로 상황 인식에 대한 '안목의 차이'라고 할 수 있다. 실패 가능성만 크게 보면 적기에 투자에 들어가기 어렵다. 반대로 성공할 요소만 크게 보면 '묻지 마 투자자'가 될 가능성이 있다. 예전에 해외 펀드에 가입한 사람들은 상당한 아픔을 겪었을 것이다. 그때 가입을 권했던 은행 직원 탓만 할 것이 아니라 과거에 대단한 실적을 보였던 펀드의 수익률만을 쫓아서 가입했던 것은 아닌지 스스로 질문을 던져 볼 필요가 있다. 예전에 수익률이 높았을 때는 그만한 이유가 있었지만, 그런 상황이 바뀐 것을 모르고 투자했을 수도 있다. 부동산도 마찬가지이다. 미국 서브프라임 사태의 발생 원인 중 하나가 남들이 부동산으로 돈을 버는 것을 보고 뒤늦게 무리하게 대출을 받아 투자한 사람들이 늘었기 때문이다.

이렇듯 상황 인식에 대한 오판은 금전적 손실로 직결될 수밖에 없다. 그러므로 투자 타이밍만큼이나 중요한 것이 '투자에 대한 안목'이다. 다른 사람은 지금이 투자 적기라 해서 투자에 들어가는데 본인은 아직 멀었다고 판단을 해서 투자를 미룬다면 수익을 올릴 수 있는 기회조차 주어지지 않을 것이고, 반대로 남들은 손을 뺄 시기라 판단하여 투자를 주저하는데 혼자 투자에 들어간다면 손실로 이어질 수 있기 때문이다.

투자에 대한 안목이 중요하다고 하는데, 이러한 안목은 어떻게 만들어지는 것일까? 실전 경험을 통하여 거의 동물적인 감각으로 뛰어난 안목을 지닌 고수들도 많다. 그러나 초보자가 이들 흉내를 내는 경우 오히려 더 문제가 될 수 있다. 대세 상승기에는 아무것이나 사 놓아도 모두 오르는데, 마치 자신이 뛰어난 안목을 가져서 수익이 난 것처럼 착각하는 경우가 왕왕 있다. 그러므로 일반인은 보다 분석적인 방법으로 시장에 접근해야 한다. 시장에 영향을 주는 요소들을 나열해 보고 거기에 가중치를 두어 평가해 보는 습관을 기르는 것이 중요하다. 이러다 보면 본인이 크게 보았던 요소들이 실제로 시장에서는 거의 무시해도 좋을 만큼의 영향력밖에 끼치지 않거나, 반대로 본인이 작게 보았던 요소들이 시장에서 위력을 발휘하는 경우를 발견할 수 있을 것이다. 부동산 투자는 매달 하는 것은 아니다. 그러나 평소에 이런 습관을 들여놓은 사람과 그렇지 않은 사람의 투자 수익률은 하늘과 땅 차이이다.

투자의 속성은 불확실성이라고 했다. 이것이 투자의 매력이기도 하다. 이 때문에 투자의 세계에서는 돈이 많은 사람이 승리를 하는 것이 아니라 실력이 있는 사람이 승리를 하는 것이다. 그래도 주변에서 보면 돈이 많은 사람이 투자에 성공하는 것을 많이 보았을 것이다. 그것은 돈이 많아서 성공한 것이 아니라, 그 사람이 실력이 있어서 돈이 많게 된 것이다. 원인과 결과를 바꾸어 생각하지 말아야 한다.

달걀을 한 바구니에 담지 마라

어느 마을에 아들 둘을 둔 할머니 한 분이 살고 있었다. 큰아들은 우산 장수였고, 작은아들은 짚신 장수였다. 할머니는 두 아들의 장사 때문에 매일매일을 근심과 걱정으로 살아가고 있었다. 비가 오면 짚신 장수를 하는 아들 때문에 걱정이 태산이었고, 날이 개면 우산 장수를 하는 아들이 장사가 되지 않을까 하는 염려 때문에 얼굴이 울상이었다. 그러니 해가 떠도 걱정, 비가 와도 근심만 쌓여 갔다. 그러던 어느 날 이것을 지켜보던 한 사람이 할머니에게 근심과 걱정에서 벗어날 방법을 가르쳐 주었다.

"할머니, 비가 오면 우산을 파는 큰아들이 큰돈을 벌게 되니까 좋지요? 그리고 날이 개면 이번에는 짚신을 파는 작은아들이 큰돈을 벌게 될 테니 이 또한 좋은 일이잖아요?"

그 말을 들은 할머니는 그 이후부터는 비가 오나 해가 뜨나 싱글벙

글 웃고 다녔다고 한다.

부정적인 시각으로 세상을 보면 온통 암울하게 보이지만 긍정적인 시각으로 세상을 보면 전혀 다르게 보일 수 있다는 전형적인 이야기 한 토막이다. 그런데 이 이야기를 듣고 고개를 끄덕이는 사람도 막상 자신의 일에서는 위의 할머니와 같은 부정적인 사고에 빠지는 경우가 상당히 많다. 생각만 바꾸면 되는 쉬운 일을 자신의 경우에는 지키지 못하는 것이다.

그러면 왜 이런 일이 발생할까? 그것은 한마디로 욕심이라고도 할 수 있는 과도한 기대치 때문이다. 우산 장수를 하는 큰아들과 짚신 장수를 하는 작은아들 모두 동시에 큰돈을 벌어야 한다는 기대치에 현실이 못 따라 주니까 언제나 걱정이 많은 것이다.

그런데 이 할머니의 이야기를 투자의 관점에서 살펴보면, 분산 투자의 장점과 단점을 그대로 보여 주고 있음을 알 수 있다. '달걀을 한 바구니에 담지 마라'라는 투자 격언이 있듯이 분산 투자의 장점은 투자 위험의 분산에 있지만, 단점은 수익률을 극대화하기에는 무리라는 점이다.

연간 누적 수익률이 30%인 A라는 투자처와 -10%인 B라는 투자처에 고르게 분산 투자를 한 사람이 있다고 하자. 이 투자자의 평균 수익률은 10%에 이르기 때문에 나쁜 편이 아니다. 그러나 이런 상황에 처한다면 대부분의 사람은 B에 투자했던 자금을 A에 투자했더라면 투자 수익률을 10%가 아니라 30%로 올릴 수 있었을 것이라고 안타까워한다. 더 나아가 B에 투자할 것을 조언했거나 말리지 않았던 주변 사람 탓을 하는 이까지 있다. 우산 장수와 짚신 장수 아들을 둔 할머니의 모습인 것이다.

그러면 A와 B에 고르게 투자하는 분산 투자와 두 개의 투자처 중 한곳에만 투자하는 집중 투자 중 어느 것이 더 수익률이 높을까? 앞의 예에서 2억이라는 투자금을 A와 B에 고르게 투자했다면 2,000만 원의 수익을 거둔 반면, A라는 투자처에 집중 투자를 했다면 6,000만 원의 투자 수익을 얻을 수 있었을 것이다. 여기까지만 보면 집중 투자가 분산 투자보다 수익률이 높아 보인다. 그러면 분산 투자가 어리석은 일일까? 그렇지는 않다. 6,000만 원의 수익은 A라는 투자처에 집중 투자를 했을 때를 가정으로 한 것이다. 다시 말해 현재의 결과를 보고 과거의 행동을 결정지었다는 모순이 생기는 것이다. 이와 같은 논리라면 로또에 투자하는 것이 가장 높은 수익률을 거두는 투자 행위라 보일 수 있을 것이다. 그러나 로또에 당첨된 사람의 입장에서는 최고의 수익률을 거두었다고 할 수 있지만, 당첨되지 않은 대다수 사람의 입장까지 고려하면 기대 수익률은 그다지 높지 않다.

투자를 결정해야 했을 당시에는 A가 투자 수익이 좋을지 B가 투자 수익이 좋을지는 알 수 없는 상태이다. 만약 A가 아니라 B라는 투자처에 2억 원을 투자했다면 이익은커녕 2,000만 원의 투자 손실만 보았을 것이다. 그러므로 집중 투자의 기대 수익률은 평균 2,000만 원(A 투자 시 6,000만 원, B 투자 시 마이너스 2,000만 원)으로 분산 투자의 기대 수익률과 정확히 같다고 할 수 있다.

그럼에도 불구하고 우리나라 투자자의 경우 분산 투자보다는 집중 투자를 선호하는 경향이 높다. 야구 경기에서도 한 개 한 개 안타를 쳐서 점수를 내는 것보다는 홈런 한 방으로 일거에 역전시키는 경기에 더 많은 환호를 보내는 것과 같다. 이는 짧은 시간 내에 극적인 효과를 노리는 국민성과도 연관이 있어 보인다. 투자의 세계에서도 이러한 성향이 나타나고는 한다.

투자 자금을 한곳에 몰아서 투자하는 것으로도 모자라서 대출을 받아 투자를 하기도 한다. 소위 지렛대 효과Leverage Effect라 부르는 것이 바로 그것이다. 앞에서 들었던 예에서 A와 B에 고르게 투자한 사람은 2,000만 원의 투자 수익을 거둔 반면, A에만 집중 투자를 한 사람은 6,000만 원의 투자 수익을 거둘 수 있었다. 이때 연리 4%로 2억 원의 대출을 받아서 그것마저 A라는 곳에 투자를 했다면 금융 비용 800만 원을 제외한 투자 수익은 5,200만 원으로서 총 투자 수익금은 1억 1,200만 원에 이른다(= 자기 자본 투자분 6,000만 원 + 대출 투자분 5,200만 원). 분산 투자를 했을 때 얻을 수 있는 수익 2,000만 원이나 자기 자본만을 A 투자처에 투자했을 때 얻을 수 있는 이익 6,000만 원을 크게 뛰어넘는 실적이라 하겠다. 이를 지렛대 효과라고 한다.

주식이나 부동산이나 상승기에는 적은 돈을 투자하여 큰돈을 벌었다고 하는 사람들이 나오게 마련이다. 서점에 가면 이런 류의 재테크 서적이 인기 있는 것도 사실이다. 이들이 주로 선호하는 기법이 바로 지렛대 효과이다. 그러나 대세 상승기에는 어떤 주식이나 부동산을 사 두어도 오르기만 하니까 지렛대 효과를 톡톡히 볼 수 있으나, 침체기에는 독이 될 수 있는 것 또한 지렛대 효과이다. 앞의 예에서 A라는 종목에 투자하지 않고 하락을 한 B 종목에 투자를 했다고 가정해 보자. 자기 돈 2억 원의 투자 손실은 2,000만 원이고, 추가로 대출을 받아 투자한 2억 원에 대한 손실 2,000만 원과 금융 비용 800만 원을 합하면 손실액은 4,800만 원으로 늘어난다. 결국 분산 투자이건, 집중 투자이건, 지렛대 효과를 극대화한 투자이건 기대 수익률은 모두 같다는 결론이 나오는 것이다.

다만 대세 상승기에는 수익이 날 확률이 높으므로 집중 투자, 그중에서도 지렛대 효과를 노리는 집중 투자가 더 수익률이 높은 것이고, 침체기나 대세 하락기에는 분산 투자가 그나마 손실을 줄이는 투자 방법이 되는 것이다.

그런데 기회비용 측면만 보면 분산 투자나 집중 투자나 비슷하지만, 부동산 시장은 약간 다르다. 투자의 본질로 보면, 평균 50점이 된다는 의미는 100점이 되거나 0점이 된다고 해도 기회비용 측면에서는 같은 것, 즉 공격적 투자냐 안정적 투자냐의 선택의 문제로 보일 수 있다.

주식 시장에서는 이것이 같지만, 부동산의 경우는 그렇지 않다. 세제가 다르기 때문이다. 주식 거래세는 0.3%로 단일 세제를 채택하고 있다. 즉 1억 원어치를 팔면 30만 원의 세금을 내고, 2억 원어치를 팔면 그 두 배인 60만 원을 세금으로 내게 된다. 그러나 부동산은 다르다.

양도차익을 각각 1억 원을 거둔 A라는 주택과 B라는 주택이 있다고 가정해 보자. 어떤 해에 A라는 주택을 팔고, 그다음 해에 B라는 주택을 팔 경우 양도소득세는 각각 1,956만 원 정도 나오게 되어 세금의 합은 3,912만 원이다. 하지만 A와 B 주택을 같은 해에 팔게 되면 세금은 5,606만 원 정도로 1,694만 원 정도가 더 나오게 된다. 양도소득세는 한 해에 벌어들인 소득에 대해 누진과세를 하기 때문에 발생하는 현상이다. 결국 세금 문제로 인해 팔고 싶을 때 팔 수 없다는 것이다. 다시 말해 주식은 망하면 0, 흥하면 100이지만 부동산은 망하면 0, 흥해도 세금 때문에 100이 안 된다는 의미이다. 결국 분산 투자를 하는 것이 더 유리하다는 결론이다.

그러면 분산 투자는 어떻게 하여야 하는가? 중국 펀드에 몰려 있는 돈을 일부 꺼내 브릭스 펀드에 투자하는 것을 분산 투자라 할 수 있을까? 또는 같은 단지의 대형 아파트를 팔아서 그 단지의 소형 아파트 여러 채를 사는 것이 분산 투자일까?

분산 투자의 기본은 위험을 분산하는 데 있다. 한 종목에 투자하는 것보다는 비슷한 종목이라도 분산해서 투자하는 것이 조금이라도 나을 수는 있지만, 종목이 비슷할 때는 같은 위험에 노출될 가능성이 높으므로 이를 진정한 의미의 분산 투자라고 할 수 없다.

부동산 시장에서는 여러 지역에 분산하여 투자를 하게 되면 자신이 투자한 지역을 객관적으로 보는 눈이 생기게 된다. 부동산이든 주식이든 피해야 할 것이 특정 종목에 너무 심취하는 것이다. 오죽하면 주식 투자 격언에 '종목과 결혼하지 마라'라는 것이 있을까. 한곳에만 소위 '몰빵'을 하는 경우에는 작은 호재도 크게 보이게 된다. 그런데 여러 지역에 투자를 하다 보면 자신이 좋게 보았던 호재가 다른 곳에서도 쉽게 찾아볼 수 있는 것이라는 사실을 발견할 수 있다. 한마디로 투자 경험이 쌓이면 호재라도 그 레벨을 가늠할 수 있는 능력이 생긴다는 의미이다.

진정한 분산 투자라면, 금리가 오르든 내리든 환율이 오르든 내리든 크게 영향을 받지 않는 투자 포트폴리오를 짜는 것이다. 이런 측면

아기곰의 재테크 불변의 법칙

에서 보면 대출을 끼고 주식이나 부동산에 집중 투자를 하는 것은 바람직한 일이 아닌 것으로 보인다. 하지만 반대로, 있는 자산을 다 현금화하여 금융기관에 예치해 놓는 것도 현명한 일은 아닌 것이다. 금리 인하나 유동성 증가에 의한 돈 가치 하락의 피해를 고스란히 받을 수밖에 없기 때문이다. 실제로 명목금리에서 물가상승률을 뺀 실질금리가 마이너스를 향해 달려가고 있는 것이 현실이다.

분산 투자는 화끈한 한 방을 바라는 사람에겐 매력적인 투자 방법론이 아닐 수도 있다. 그러나 자산을 지키고 기회가 왔을 때 집중적으로 투자할 여력을 지킨다는 측면에서 반드시 고려해야 할 투자 전략인 것이다.

비가 오면 짚신 장수 아들 걱정에, 날이 맑으면 우산 장수 아들 걱정에 시름을 더했던 할머니가 생각을 바꾸면서 행복한 날을 살게 된 것을 잊지 말자. 살다 보면 비가 오는 날도 있고, 맑은 날도 있다. 비가 오는 날에는 우산을 팔고, 맑게 갠 날에는 짚신을 파는 지혜가 필요한 것이다.

투자 타이밍만 잘 살려도
중간은 간다

주식이든 부동산이든 투자 수익률을 높이기 위하여 가장 중요한 것을 꼽으라고 하면 누구나 종목 선택을 들고는 한다. 확실한 수익을 올려 줄 수 있는 종목을 발굴해 내는 것은 모든 투자자들의 로망이라 아니할 수 없다.

주식 시장의 예를 들어 보자. 종합주가지수가 2000에서 3000으로 간다고 하면 주가가 평균적으로 50% 오른 셈이다. 이때 종합주가지수가 50% 올랐다고 해서 모든 종목이 50%씩 오르는 것은 아니다. 100% 오르는 종목 A도 있고, 70% 오르는 종목 B도 있고, 40% 오르는 종목 C도 있고 심지어는 10% 내리는 종목 D도 있을 것이다. 종목에 따라 수익률이 달라지지만, 이들 종목들의 평균 상승률이 종합 지수로 나타나는 것이다. 이때 같은 상승장이라도 A 종목을 고른 사람과 D 종목에 투자한 사람의 성적표는 천지 차이인 것이다.

이번에는 종합 지수가 반대로 2000에서 1600으로 곤두박질칠 때를 생각해 보자. 평균적으로 주가는 20%가 빠질 것이다. 그러나 이때도 모든 종목이 같은 비율로 빠지는 것이 아니라 50% 내리는 종목 D도 있고, 30% 내리는 종목 C도 있고, 10% 내리는 종목 B도 있지만 반대로 10% 오르는 종목 A도 있을 수 있다. 이때도 종목의 선정이 중요하다. 하락장에서도 수익을 올릴 수 있는 종목이 있기 때문이다.

수익률을 극대화하려면 당연히 A 종목을 골라야 하며, 이런 이유 때문에 재테크 공부도 하고, 상담도 받고 하는 것이다. 그런데 시각을 조금 바꾸어 보자. 아무리 종목을 잘 골라서 A 종목을 선택하였다 하여도 하락장에서는 10% 상승에 불과하다. 상승장에서는 평균 이하의 성적을 보인 C 종목만 골라도 40%의 수익률을 거둔 것에 비하면 좋은 성적은 아니다. 수익률의 측면에서 보면 종목 선정도 중요하지만 결국은 타이밍이 중요하다는 것을 알 수 있다.

종목 선정이 상대적인 수익률 싸움이라고 한다면 타이밍 선정은 절대적 수익률 경쟁이라고 할 수 있다. 다시 말해 하락장이나 비수기에는 '어디'에다 또는 '무엇'에다 투자를 했느냐가 중요하지만, 상승기나 성수기에는 투자 자체를 했느냐 안 했느냐가 수익률 제고에 중요한 잣대가 된다.

부동산 시장도 마찬가지이다. 투자자라면 누구나 수익률이 가장 높은 곳에 투자를 하고 싶어 한다. 부동산 거래 한 방으로 인생 역전을 꿈꾸는 사람부터 자신의 실력이나 명성에 맞는 수익률을 올려 주는 곳만 투자를 한다는 사람까지 그 이유도 다양하다. 하지만 최고의 수익률을 노리는 사람들에게는 치명적인 약점이 있다. 바로 지나치게 신중하다는 것이다. 부동산의 경우 투자금의 규모가 크고, 일단 투자를 하면 세금 문제 때문에 빨라야 2~3년 후에나 수익을 올릴 수가 있으며, 환금성이 뒤떨어진다는 점 때문에 쉽게 투자를 결정할 수 있는 것은 아니다.

그렇다 보니 투자를 결심하기까지 시간도 많이 걸리고, 막상 투자를 하기로 결심했다고 해도 제일 수익률이 높을 투자처를 찾기 위해 시간도 많이 소모한다. 이를 위해 아는 인맥을 모두 동원해서 최고의 투자처를 물색하고는 한다. A라는 사람에게 추천받은 지역을 B라는 사람에게 가서 물어보고, B라는 사람에게 얻은 정보를 C라는 사람에게 확인해 보고, 이런 식이다.

그런데 문제는 A라는 사람, B라는 사람, C라는 사람 모두 선호 지역도 다르고, 시각의 차이도 있을 수밖에 없다. 어떤 사람은 단기적 이익에 중점을 두는가 하면, 다른 사람은 단기 이익보다는 꾸준히 올라주는 지역을 선호하기도 한다. 실력의 차이도 천차만별이다. 당장의 언론 보도만 보고 시류에 편승하려는 사람도 있고, 비교적 먼 훗날까지 내다보고 조언을 해 주는 사람도 있을 것이다. 이렇다 보니 의견이 통일될 수가 없을 것이다.

그런데 조언해 주는 사람마다 의견이 다르다 보니, 정작 결정을 해야 할 본인은 투자에 대한 확신을 할 수가 없고, 더 알아보자고 주춤대는 사이에 시장은 저만치 달아나는 경우가 많다. 부동산 시장은 혼자만 참여하는 곳이 아니기 때문이다. 가장 좋은 투자처를 찾는다고 시간을 보내는 동안, 본인보다 먼저 의사 결정을 한 다른 투자자에게 그 투자처를 빼앗기고 마는 것이다.

더욱이 요즘과 같이 경제 환경이 급변하는 때는 시세가 어제 다르고 오늘 다른 경우가 비일비재하다. 요즘의 한 달은 과거의 일 년이고, 요즘의 일 년은 과거의 십 년에 해당하는 격이다. 휴대폰이나 컴퓨터 같이 기술 발전이 빠른 제품의 경우, 가장 좋은 제품을 사려면 가장 나중에 사야 할 것이다. 그러나 세상에서 가장 좋은 제품을 사려고 하다가는 영원히 휴대폰이나 컴퓨터를 사지 못하는 것이다. 자기가 사고 나면 다음 달에 더 좋은 제품이 나올까 봐 두렵기 때문이다. 투자의 세계도 마찬가지이다. 세상에서 가장 좋은 물건을 사려고 하면 살 만한 물건이 없다. 그러나 약간만 욕심을 접으면 좋은 물건이 눈에 보이게 된다.

그렇다고 아무것이나 잡아야 한다는 것은 더더욱 아니다. 경기가 어려울수록 옥석의 차이가 더 벌어지기 때문에 선택에 신중을 기해야 한다. 하지만 신중하다는 것과 결정을 못하고 우유부단하다는 것은 아주 다른 개념이다. 생각할 시간이 필요하다면 하룻밤을 꼬박 새워서 고민을 하는 것도 필요하다. 하루면 충분하다. 시간이 흐른다고 누가 대신 결정해 주거나 문제를 해결해 주지는 않는다.

적절한 투자 타이밍과 수익성 있는 투자처의 발굴은 어느 것 하나 포기할 수 없는 성공 투자를 이끌어 내는 양대 요건이라 할 수 있다. 다만 상승기나 성수기에는 투자 타이밍에 보다 비중을 두고, 하락기나 비수기에는 종목 선정에 비중을 두는 투자가 유리하다고 할 수 있다.

그러면 언제가 투자의 적기일까? 당연히 비쌀 때 사는 것보다 쌀 때 사는 것이 수익률 면에서는 유리할 것이다. 하지만 대부분의 사람들이 투자에서 수익률을 많이 내지 못하는 이유는 아이러니하게도 쌀 때는 투자를 외면하고 시장이 반등을 해서 가격이 많이 오르면 그때서야 투자를 고려하기 때문이다.

쌀 때 사서 비쌀 때 파는 것이 투자의 요체라는 것을 누구나 알면서도 이것을 실천하지 못하는 이유는 무엇일까? 자기가 매수를 한 후 가격이 더 내려갈 것을 두려워하는 심리(공포)와 지금보다 더 싸게 산다면 수익률이 더 높아지지 않을까 하는 심리(탐욕)가 어우러지면서 타이밍을 놓치게 되는 것이다.

누구도 바닥이 왔다고 가르쳐 주지는 않는다. 가르쳐 주는 사람이 있더라도 본인의 귀에는 그 당시에는 들어오지 않는다. 바닥은 지나봐야 알 수 있기 때문이다. 주식 시장이든 부동산 시장이든 바닥을 통과하는 시점의 시장에서는 비관론만이 언론의 타이틀을 장식한다. 바닥을 찍고 상승기의 초입에 들어섰다 하더라도 언론 보도는 후하지 않다. 그동안의 하락에 따른 기술적 반등이라느니, 일부 지역과 일부 종목에만 해당하는 제한적 상승이라느니 하는 논조가 주류를 이룰 것이다. 이것은 후행성, 대중성을 지향하는 언론의 특성에서 기인한다.

언론은 사실을 바탕으로 보도를 하기 때문에 이미 확정된 사실들 위주로 보도를 할 수밖에 없고, 이 때문에 후행성을 띠게 되는 것이다. 또한 일부 계층만을 대상으로 하는 투자 정보지가 아니기 때문에 대중성을 표방하게 되는 것이다. 그런데 이 두 가지 요소는 투자의 속성과는 상극이라 할 수 있다. 성공 투자의 요체는 '남보다 먼저 투자 가치 있는 투자처를 선점하는 것'이다. 남들도 다 아는 정보(대중성)를, 그것도 나중(후행성)에 알고 나서 투자하면서, 그 투자에서 남보다 높은 수익률을 거두고 싶어하는 것은 지나친 욕심이 아닐까?

99%의 대중이 아니라 1%의 앞서 나가는 사람들은 어떻게 판단하고 행동할까를 생각해 본다면, 현재의 시장 상황을 객관적으로 볼 수 있을 것이다. 원래 비관론이 가장 득세할 때가 바닥인 경우가 많다. 2012~2013년 비관론이 극도로 나라를 휩쓸던 때, 급매로 나온 강남권의 재건축 아파트를 잡은 사람들은 불과 3~4년 만에 몇 억 원이 넘는 시세 차익을 남길 수 있었다. 아이러니하게도 이런 사례는 시차를 두고 되풀이되고 있다. 문재인 정부가 출범한 2017년에도 정부의 굳은 의지 때문에 집값이 하락할 것이라고 믿고 집을 파는 사람이 많았다. 하지만 9년이 지난 현시점에서 보면 집값 상승률이 100%가 넘는 지역도 나오고, 투자금 대비 수익률이 500%가 넘는 지역도 나오고 있다.

2022~2023년에도 미국의 금리 인상을 과도하게 해석한 비관론이 판치면서 집값이 하락했다. 이때 급매를 잡은 사람들은 불과 3~4년이 지난 지금 수억 원에 달하는 시세 차익을 거둘 수 있었다. 투자 타이밍만 잘 잡아도 투자 수익률을 높게 올릴 수 있는 것이다.

황소와 곰에게
휘둘리지 말아라

    뉴욕 월 스트리트에 가면 유명한 황소와 곰의 동상이 있다. 주식 시장에서 황소Bull는 주가를 떠받치는 힘 또는 '사자' 세력을 상징하고, 곰Bear은 주가를 떨어뜨리는 힘 또는 '팔자' 세력을 상징한다. 황소가 뿔로 떠받는 것과 곰이 앞발로 내려치는 모습에서 유래했다 한다. 두 마리의 동물은 힘이 막상막하여서 황소가 이기기도 하고 어떤 때는 곰이 이기기도 한다.

    그런데 이 숙명적인 라이벌은 원수일 것 같지만 사실은 절친한 친구이다. 둘이 싸우는 것처럼 보여도 사실은 공놀이를 하고 있는 것이다. 공이 너무 낮게 있으면 황소가 치받고 너무 높게 있으면 곰이 쳐내린다. 그들이 재미있게 가지고 놀고 있는 공은 과연 무엇일까? 다름 아닌 개미 군단이라고 불리는 바로 우리들이다.

    만약 주가가 오르지도 않고 내리지도 않는다면 어떻게 될지를 상상해 보자. 미래의 차익을 노리고 주식을 사는 사람도 없을 것이고, 폭락의 공포감을 이기지 못하고 주식을 내다 파는 사람도 없을 것이기 때문에 거래량은 급격히 줄어들 것이고, 주식에 대한 관심도 줄어들 것이다.

이렇게 되면 누가 손해를 볼까? 개미들은 손해날 것이 별로 없다. 기회 비용 정도만 손해를 본다. 그러나 기관 투자자, 증권업 종사자, 애널리스트 등 증권 전문가들은 준 실업 상태에 빠질 것이다. 이 말은 바꾸어 말하면 주가의 오르내림 폭이 커야 이들이 주식 시장에서 이익을 얻을 수 있다는 것이다. 그러므로 주식 시장이라는 연극에서는 언제나 황소와 곰이 등장하는 것이며, 교묘히 그 때를 달리하여 나타난다.

황소가 나타나서 온 장을 휘젓고 다니면서 주가 상승을 노래하기 시작하면 충성스러운 개미들이 여름내 모았던 알곡들을 들고 장으로 나타난다. 모두가 흥겨워 노래하고 춤추는 데 정신이 팔려 황소가 무대 밖으로 사라진 것을 알아차리지 못한 사이 어느새 슬그머니 곰이 등장한다. 곰의 포효와 함께 파티는 끝나고 공포의 시간 속에 개미들은 다시는 이곳에 나타나지 않겠다고 다짐하며 자신의 알곡을 던져 버린 채 도망쳐 버린다. 배를 채운 곰이 무대 뒤로 사라지면 언제 그랬냐는 듯이 황소가 다시 나타나 새로운 무대를 준비한다. 어떤 때는 곰이 무대 위에 오래 있기도 하고 어떤 때는 황소가 오래 머무르면서 한 편의 멋진 연극을 만들고 있는 것이다.

주식 시장뿐만 아니라 부동산 시장에도 이러한 황소와 곰이 있다. 그러나 주식 시장에 출연하는 황소와 곰의 콤비보다는 호흡이 잘 맞지는 않아서 같은 무대에서 가끔 지루한 힘겨루기를 하고는 한다. 주식 시장보다 보는 재미가 덜하기 때문인지 부동산 시장에는 언론이나 전문가라는 변사가 자주 등장한다. 그리고 일반인들로서 느낄 수 없는 미세한 힘 차이도 마치 대세가 기운 양 마구 떠들어 댄다. 어떤 때는 황소 편을, 다른 때는 곰 손을 들어 줄 때마다 개미들은 알곡을 들고 이리 쏠리고 저리 쏠리고는 한다.

주식 시장에서 황소와 곰은 자주 개미와 다른 행동을 취한다. 하락장에도 꾸준히 주식을 매집하고, 상승장에도 꾸준히 주식을 매도한다. 거래는 언제나 사는 사람과 파는 사람이 있어야 이루어지며, 개미의 반대편에 황소나 곰이 있다. 부동산 시장에서도 마찬가지다. 상승기에 부동산을 판 곰들은 무주택자를 가장하여 주택 폭락을 주장할 수도 있다. 반대로 하락기에 부동산을 매집한 황소들은 부동산 폭등을 주장할 수도 있다.

주식 시장이나 부동산 시장의 머니 게임Money Game에서 황소나 곰은 거의 대부분 돈을 딴다. 사후에 언제나 조연으로 등장하는 개미들이 그 돈을 잃는 것이다. 그러면 개미들이 여름내 일하여 소중히 모은 알곡을 잃지 않으려면 어떻게 해야 할까? 선택할 수 있는 길은 두 가지이다. 하나는 황소나 곰이 좋아하는 일을 하지 않는 것이다. 즉 주식이나 부동산을 자주 사거나 팔지 않고 중심을 잡고 있으면 알곡을 잃을 일은 별로 없을 것이다. 개미의 특성은 자신의 판단이 아닌 시장 분위기에 따라서 나중에 허겁지겁 쫓아가는 경향을 띠는 데 있다. 만약에 시장에 들어가는 기회를 잃었다면 자신의 판단이 설 때까지 한 템포 쉬는 것도 투자이다.

두 번째는 확실하게 황소나 곰의 편이 되어서 그들보다 느리지 않게 빨리 움직이는 방법이 있다. 그러나 우리가 여기서 빠져서는 안 될 오해가 있다. 혹자는 "내 절친한 친구가 증권사에 다니니까…" 또는 "우리 친척이 부동산 중개소 사무실을 하니까 좋은 정보를 얻을 수 있다"라고 생각하는 듯하다. 문제는 그 믿을 만한 친구나 친척도 부자가 아니라는 데에 있다.

정보라는 것의 특성은 그들에게 노출되었을 때는 이미 그 가치가 많이 희석되어 있는 상태이다. 정보로서의 가치는 몇 사람만이 알고 있을 때 그 희소성 때문에 인정받는 것이다. 이 경우도 그 정보를 직접적으로 접하는 사람들에게만 해당하며, 이 사람들이 시장에 참여한다면 내부자 거래라고 하여서 법의 제재를 받는다. 우리가 정보라고 믿는 많은 것들이 사실은 작전 세력이 퍼뜨리는 홍보물일 수가 있다.

그러므로 정보 그 자체에 대한 환상은 버리자. 껍질도 벗기지 않고 입속에 쏙 넣을 수 있는 맛있는 음식은 별로 없다. 밤도 그렇고 꽃게도 그렇고 힘들게 손질을 해야 부드러운 속살의 맛을 즐길 수 있는 것이다. 정보 자체보다는 그 정보를 해석할 수 있는 능력을 키우자. 다만 처음 단계부터 이 능력이 키워지는 것은 아니니까 2장 「부자가 되려면 부자를 닮아라」라는 글에서 '정보 해석 능력을 키우는 방법'에 대해서 설명한 바와 같이 누가 진짜 좋은 정보의 제공자인지를 꼼꼼히 따져 보자.

오늘도 황소와 곰은 무대 뒤에서 만나 그들만의 파티를 즐길 것이다. 개미가 소중히 피땀을 흘려 모은 알곡으로 빚은 술을 마시며 개미들을 비웃을 것이다. 개미의 잘못은 알곡을 조금 더 늘려 보겠다는 소박한 욕심을 가진 것밖에 없다. 그러나 정보 해석 능력이 따라 주지 않는 그 욕심이 황소와 곰을 살찌우는 것이다. 황소와 곰은 개미의 친구가 아니다. 머니 게임이라는 연극에서 개미가 알곡을 잃지 않으려면 객석에만 앉아서 그 연극을 보든가 아니면 황소나 곰보다 더 빠르고 강해지는 수밖에 없다.

사고의 울타리를
벗어나라

옛날 제정 러시아 때 일이다. 한 초급 장교가 시베리아의 한 초원에 있는 부대로 발령을 받았다고 한다. 부대에 배치된 다음 날, 중대장이 그에게 내린 명령은 언덕에 있는 울타리를 지키라는 것이었다. 중대장이 지키라고 명한 언덕에 이르니 높이 3m 정도의 낡은 벽돌로 만든 울타리 주변에서 병사들이 보초를 서고 있었고, 정면에 철문이 하나 있었다. 그는 그곳을 담당하는 하사관에게 물었다.

장교: 귀관은 무엇을 지키고 있는가?

하사: 네. 울타리를 지키고 있습니다.

장교: 아니, 장난하나? 울타리 안에 있는 무엇을 지키는가를 묻는 것이다.

하사: 넵, 모르겠습니다.

장교: 모른다? 자네는 여기서 몇 년 근무했나?

하사: 삼 년 되었습니다.

장교: 저 철문의 열쇠는 누가 가지고 있나?

하사: 제가 보관하고 있습니다.

장교: 그럼, 자네는 지난 삼 년간 저 문을 한 번도 열어 보지 않았나?

하사: 아닙니다. 몇 번 열어 보았습니다.

장교: 아니? 자네 바보 아닌가? 열어 보았다면 그 속에 무엇이 들어 있는지 모
　　　르나?

하사: 아무것도 없었습니다.

장교: 아무것도 없어? 비밀 병기나 정치범이나 이런 것 없어? 나는 자네 상관이야.

하사: 정말 아무것도 없습니다.

장교: 자네 정말 안 되겠네. 열쇠 줘 봐.

　자물쇠를 열고 들어간 울타리 안은 하사관의 말대로 아무것도 없고 듬성듬성 잡초만이 있는 황량한 뜰이었다. 볼 것이라고는 사방을 둘러싼 벽이 전부였다. 자기에게 부여된 명령이 너무 가치 없는 것이라 생각한 그는 중대장에게 가서 그 이유를 물어보았다. 그러나 더욱 놀란 것은 중대장도 그곳을 왜 지켜야 하는지도 모르고 전임 중대장에게 인수받은 그대로 지켜 왔다는 것이었다. 단순한 호기심에서 시작한 일은 ‘그 이유를 꼭 밝혀야겠다’는 사명감으로 바뀌어 중대장의 허락을 받아 조사에 착수했다. 전임 중대장이나 상급 부대를 찾아가 보았으나 헛걸음만 하던 그는 어느 날 문서 보관소 서류 더미에서 그 울타리의 비밀을 찾아내었다.

　100여 년 전, 러시아 황후가 시베리아의 한 도시를 방문했다가 돌아

가는 길에 언덕에 핀 예쁜 야생 장미를 발견했다고 한다. 너무 아름답게 핀 장미에 마음을 빼앗긴 황후는 엉뚱한 명령을 내렸다고 한다.

"평민들과 내가 같은 즐거움을 누릴 수는 없지. 여봐라, 여기에 울타리를 쌓고 아무도 안을 볼 수 없도록 지키도록 하여라."

그 후로 명령을 받은 군인들은 울타리를 만들고 그곳을 지키기 시작했다고 한다. 그러나 황후는 그 이후 시베리아를 다시는 방문하지 않았고, 자기가 내린 명령조차 까맣게 잊어버렸다. 장미도 시들어 죽었고, 그 명령을 내린 황후조차 죽은 지 백 년이 지났지만 비가 오나 눈이 오나 군인들은 그곳을 지키고 있었던 것이다.

어리석은 사람들이라고 비웃을 일만은 아니다. 우리 자신도 마음속에 스스로 '울타리를 만들어 놓고 있지 않은지, 그 울타리 속에 우리의 사고를 가두어 놓고 있지는 않은지?' 스스로를 돌아볼 필요가 있다.

가끔 필자에게 어느 지역 무슨 아파트를 사려고 하는데 어떻겠느냐고 물어 오는 사람들이 있다. 그럴 때마다 필자가 "집이 혹시 어느 쪽 아니시냐?"고 반문하면 대부분 "어떻게 아느냐?"고 깜짝 놀라고는 한다. 우리들은 잠재의식 속에서라도 일정한 패턴 안에서 움직이는 행동을 보여 주고는 한다. 이것이 수억 원짜리 아파트를 고를 때도 그대로 나타나기도 한다.

인천에 사는 사람은 인천이나 부천이 제일 살기 좋은 동네인 줄 알고 있다. 그리고 그 안에서만 아파트를 고르는 경향이 있다. 일산에 사는 사람은 은평 뉴타운이 제일 좋은 곳으로, 의정부에 사는 사람은 노원이 제일 좋은 곳으로 알고 있다. 시흥 쪽에 사는 사람들은 광명이 발전한다고 입에 침이 마르지 않는다. 물론 본인들이 살던 곳이 편하고 친지들도 가까이 있고 해서 그럴 것이다. 그러나 대부분은 생각의 울타리를 벗어나지 못해 그런 경향이 많다.

하지만 부동산 거래라는 것은 한두 푼이 걸린 문제도 아니고, 거래 비용도 만만치 않기 때문에 몇 년에 한 번 있을까 말까 하는 중요한 결정이다. 만약에 기존에 살던 곳이 여러 가지 이유로 편하다고 느끼면 당분간 그곳에서는 전세로 살고, 대신 투자 가치가 있는 곳에 집을 사 놓으면 되는 것이다.

지도를 펼쳐 놓고 몇 개의 후보지를 골라 보라. 내가 살던 곳은 잊어버리도록 하자. 철저하게 제3자의 눈으로 직장과의 접근성이나 교통, 교육, 편의 시설과 같은 주거 환경 등을 고려해서 몇 개의 후보지를 골라 보자. 그다음 인터넷 시세 사이트에 들어가서 시세 등을 고려하여 자신에게 맞는 후보 단지를 몇 개 고르고, 그다음은 발품을 파는 것이다. 그 동네를 직접 방문해서 분위기가 본인이 생각한 것과 같은지, 인터넷 시세가 현실적인지, 매력적인 급매물이 있는지 등을 알아보기 바란다. 동향을 파악하러 갔다가 덜컥 계약까지 하지는 않는 것이 좋다. 하나뿐인 급매물이라는 말을 100% 믿을 필요까지는 없다. 더 좋은 급매물이 있을 수도 있다. 하지만 진짜 좋은 물건이 나왔을 때 살 것이라는 믿음을 중개업자에게 심어 주는 것은 좋다. 이렇게 몇 군데 돌아다니면 후보지는 두세 군데로 좁혀지게 되고, 그다음부터는 시세를 관찰하면서 구입 시기를 결정하면 되는 것이다.

중요한 것은 사고의 울타리를 벗어나는 데에 있다. 꼭 서울에 살아야만 하고, 30평형대의 아파트에 살아야 할 필요는 없다. 신도시나 위성도시 중에서도 환경 등을 고려할 때 서울보다 살기 좋은 곳이 많다.

아기곰의 재테크 불변의 법칙

사고의 울타리를 벗어나면 선택의 폭이 넓어진다. 언제나 "왜 그러는데Why?"와 "왜 안 되는데Why not?"를 생각하자. 생각이 유연해지면 그만큼 그동안 보이지 않았던 기회가 눈에 들어 오게 된다. 이에 따라 재테크에서 성공할 확률도 높아지는 것이다.

"이건 이래서 안 되고, 저건 저래서 안 되고" 하면서 개인적인 이유로 선택지를 줄여 간다면 투자 가치 있는 좋은 매물을 스스로 걷어차게 되는 셈이다.

변화의 흐름을
잘 파악하라

우리가 패러다임 시프트Paradigm Shift를 설명할 때 인용하는 전형적인 예가 개구리 이야기이다. 개구리를 뜨거운 물이 있는 냄비 속에 넣으면 그 개구리는 바로 튀어나오지만, 차가운 물이 담겨 있는 냄비 속에 개구리를 넣고 약한 불로 서서히 냄비를 가열하면 개구리는 죽을 때까지 냄비 밖으로 나오지 않는다는 이야기이다.

패러다임Paradigm이라는 것은 사전적 의미로서는 '어느 시대나 분야에 특징적인 과학적 인식 방법의 체계System'이며, 시프트Shift는 '위치가 바뀌다. 변경되다'의 의미이다. 그렇기 때문에 패러다임 시프트라고 하면 '어느 시대나 분야에 특징적인 과학적 인식 방법의 체계가 바뀌는 것'을 말한다. 하지만 이렇게 풀어 놓으면 더 복잡해지니까, 그냥 패러다임 시프트라는 것은 '세상이 바뀐다'라는 뜻으로 이해하면 편하겠다.

세상은 그야말로 빠르게 변하고 있다. "세상이 변하건 말건 나하고는 아무런 상관없어"라고 하기에는 개인에게 미치는 영향들이 너무 크다. 불과 30년 전만 하더라도 휴대폰을 사용하는 사람은 거의 없었다. 아령보다도 더 큰 카폰이라는 것이 있었다. 그러나 30년도 되지 않는 세월 동안 세상은 너무 변했다. 어른은 물론 어린 학생들까지도 휴대폰을 가지고 다니는 것은 물론 휴대폰의 기능도 너무 다양해졌다. 이러한 급격한 휴대폰의 보급이 세상을 바꾸고 있다.

동아리 모임이 있다고 가정해 보자. 과거에는 긴급 모임을 한 번 가지려면 동아리 멤버들 간에 서로 집으로 전화를 했을 것이다. 그러나 회원 모두 집에만 있을 수 없기 때문에 연락이 쉽게 될 수 없었을 것이고, 며칠간의 시도 끝에야 모두에게 연락이 가능했을 것이다. 이러한 상황하에서는 일주일에 한 번 정도 모이는 것이 적당했을 것이다. 그러나 지금은 모두가 휴대폰이 있다는 전제하에 약속이 이루어진다. 번개 모임을 갖고자 하면 당일에 약속을 잡아서 그날 만날 수도 있는 것이다. 휴대폰의 보급이 시간의 개념을 바꾸고 있는 것이다.

또한 과거에는 정보를 수집하려면 그 현장까지 직접 가야 했다. 해외 전시회에나 가야지 신기술이나 신제품에 대한 정보를 수집할 수 있었다. 그러나 인터넷의 발달로 해외 전시회에서나 얻을 수 있던 대부분의 정보를 인터넷으로 얻을 수가 있다. 인터넷의 보급이 공간의 개념을 바꾸고 있는 것이다.

냄비 속의 찬물이 뜨거운 물로 바뀌는 것을 감지하지 못한 개구리는 죽는 것과 같이 세상의 급격한 변화에 적절하게 적응해야 하는 것은 현대인의 숙명일지도 모른다.

그러면 모든 변화에 민감하게 반응하는 것이 잘하는 것일까? 바다에 나가 보면 바람에 따라 파도가 이리저리 친다. 하지만 이 파도대로 움직이다 보면 배는 나아가지 않고 그 자리에서 뱅뱅 맴돌기만 할 것이다. 바다에는 조류가 있다. 바람의 방향에 따라 이리저리 변하는 파도와는 달리 조류는 하나의 커다란 흐름이다. 우리는 조류의 흐름을 읽어야만 한다. 표면에 나타나는 파도만 읽는 것은 별로 도움이 되지 않는다. 세상의 모든 일에 하나하나 너무 민감하게 반응하다 보면 스스로 원칙을 잊을 때가 많다. 이 말을 들으면 이 말이 옳은 것 같이 들리고, 저 말을 들으면 그때는 그대로 하지 않으면 큰일 날 것 같고……

여기까지 읽었을 때 의문을 느낄 수 있을 것이다. 어떠한 변화를 읽었을 때 그것에 먼저 올라타야 하는 것인지 아니면 기다려야 하는 것인지, 또 그것이 패러다임 시프트라 불리는 조류인지 아니면 단순한 파도인지를 어떻게 알 수가 있을까? 이것은 역사성, 상대성 그리고 보편성 이 세 가지 기준에 의해 살펴보면 알 수가 있다.

첫째, 역사성. 어떠한 현상을 파악할 때 과거와 현재의 연속성하에서 미래를 파악할 수 있다. A라는 학생이 3월 말 고사에서 80점을 받았고, 4월 말 고사에서는 82점, 5월 말 고사에서 84점을 받았다고 가정할 때, 6월 말 고사에서 이 A 학생은 몇 점을 얻을까? 물론 시험의 난이도와 시험날의 컨디션이 어떻게 될지는 아무도 모른다. 그러나 과거부터 꾸준하게 조금씩 점수가 오르고 있으므로 6월 말 고사에서도 조금 더 오른 86점 정도를 맞을 것이라고 예상할 수 있다. 이것이 역사성이다. 각 시험 때마다 난이도도 다르고 여러 변수에 대한 조건도 다를 것이다. 그러나 유리한 조건과 불리한 조건이 상쇄된다고 가정할 수 있기 때문에 우리는 어렵지 않게 이 학생의 6월 말 점수를 예상할 수 있다.

둘째, 상대성. A 학생과 이웃에 사는 친구들 B, C, D가 같은 학교 옆 반인데, 공교롭게도 그동안 성적이 모두 비슷했었다. 그런데 나중에 시험을 치고 나서 옆 반은 성적을 먼저 공개했다고 하는데 친구 B, C, D는 예상 점수보다 10점 정도 떨어져서 70점대를 맞았다고 한다. 이 정보를 근거로 우리는 A 학생의 예상 점수를 추정해 볼 수 있다. 시험의 난이도가 어려웠으니 다른 학생들이 10점 정도 점수가 떨어졌을 것이고, 이에 따라 A 학생의 점수도 원래 예상 점수 86점에서 10점 정도 떨어진 76점 정도로 예상할 수 있다.

셋째, 보편성. 이들 학생 네 명이 모여서 주사위 놀이를 하였다. A 학생이 주사위를 던지자 1이 나왔다. B 학생이 주사위를 던지자 2가 나왔다. C 학생이 주사위를 던지자 이번에는 3이 나왔다. 이번에는 D 학생 차례. 과연 몇이 나올까? 앞에서 던진 학생들이 차례로 1, 2, 3이 나왔으니 '역사성'을 비추어 볼 때 4라고 할 독자가 있을 수 있다. 그러나 이 경우는 1에서 6까지 확률적으로 어떤 수도 나올 수 있다. 첫 번째 소개한 역사성에서는 학생 실력의 향상이라는 하나의 흐름이 전제된 것이다. 그러나 주사위 게임에서 학생들이 던져서 나온 결과 사이에는 아무런 인과 관계가 없다. 두 개 이상의 현상 간에 인과 관계가 있는가를 알아내는 것이 '보편성'의 중요한 요소이다.

부동산 투자를 하는 사람들에게 많이 듣는 질문 중 하나가 우리나라 주거지의 발전 방향이 외곽으로 나갈 것인지, 아니면 도심으로 회귀할 것인지에 대한 것이다. 미국의 경우는 외곽에 계속 신도시를 지어 나가면서 기존의 구도심은 점점 슬럼화되는 경향이 있다. 반대로 일본의 경우, 과거에는 미국처럼 신도시 위주의 건설을 했지만 인구가 줄어들면서 다마 신도시 같은 곳은 점점 비어 가고 사람들은 도쿄로 회귀하고 있다. 미국과 일본이 정반대 방향으로 가고 있는 것이다. 그러면 우리나라는 어떤 모습이 될까?

단순히 "미국식 모델이 될 것이다" 또는 "일본식 모델이 될 것이다"라고 하는 것은 무의미하다. 여기서 '보편성'이 중요하다. 인과관계를 알아내야 한다는 것이다. 미국이 도심 개발을 포기하고 외곽으로 계속 뻗어 나가는 이유는 도심재생 사업에 드는 비용보다 외곽을 개발하는 것이 돈이 적게 들어 더 효율적이기 때문이다. 한마디로 집을 지을 땅이 흔하기 때문이다. 반대로 일본이 도심으로 회귀하는 이유는 미국보다는 나라가 작아서 집을 지을 땅이 흔치 않기 때문이다. 다시 말해 땅값이 비싸기 때문에 기존에 있는 땅의 효용가치를 높이는 방향으로 개발이 진행되는 것이다.

그러면 우리나라는 어떨까? 우리나라는 일본보다도 땅이 작은 나라이다. 우리나라 국토의 면적은 일본의 1/4에 불과하다. 인구밀도도 일본에 비해 높다. 결국 보편성이라는 시각으로 보았을 때 우리나라도 장기적으로 도심 회귀의 가능성이 높다고 할 수 있다.

세상은 변화를 요구한다. 그러나 그 물결의 흔들림이 파도인지 조류인지, 나뭇가지를 흔드는 바람이 그저 단순한 산들 바람인지 태풍의 전조인지를 빨리 정확하게 읽어 내야 한다. 한순간 스쳐 가는 유행을 시대의 변화로 착각하는 것도 손실을 키우는 것이기 때문이다. 이러한 패러다임 시프트라는 추세를 빨리 읽어 내는 사람에게 새로운 기회가 기다리는 것이다.

아기곰의 재테크 불변의 법칙

생각의 차이가 미래를 좌우한다
(feat. 주린이를 위한 조언)

앞의 "변화의 흐름을 잘 파악하라"라는 글에서 변화, 특히 대변혁을 의미하는 패러다임 시프트의 중요성에 대해 살펴보았고, 그 한 예로 휴대폰의 등장 자체가 우리 삶의 변화에 어떤 영향을 주었는지도 알아보았다. 그러면 이러한 패러다임 시프트가 시장 경제에 어떻게 작동하는지 실제 사례로 살펴보자.

휴대폰의 등장은 우리 삶의 방식에 많은 변화를 일으켰다. 그런데 당시 첨단 분야라고 생각했던 휴대폰 시장에서도 2007~2008년에 들어와서 더 획기적인 변화가 일어났다. 세계적인 IT회사 애플이 아이폰iPhone을 출시하면서 휴대폰 시장에 뛰어든 것이다. 애플이 휴대폰 시장에 진출한 것은 단순히 거대 IT기업이 사업 다각화의 일환으로 기존 휴대폰 시장에 숟가락 하나를 더 얹어 놓은 것이라는 의미가 아니다. 아이폰 이전의 휴대폰이 어디든 들고 다닐 수 있는 '전화기'였다면, 애플은 '스마트폰'이라는 새로운 개념을 들고 나왔던 것이다. 이동 중 통화가 가능한 단순한 피처폰을 넘어 인터넷 검색이 가능한 컴퓨터, 음악 감상이 가능한 MP3, 카메라, GPS 등의 기능을 작은 기기에 집적시킨 스마트폰을 세상에 소개한 것이다.

그 이후에 휴대폰 업계는 어떻게 변했을까?

세계 휴대폰 시장 점유율

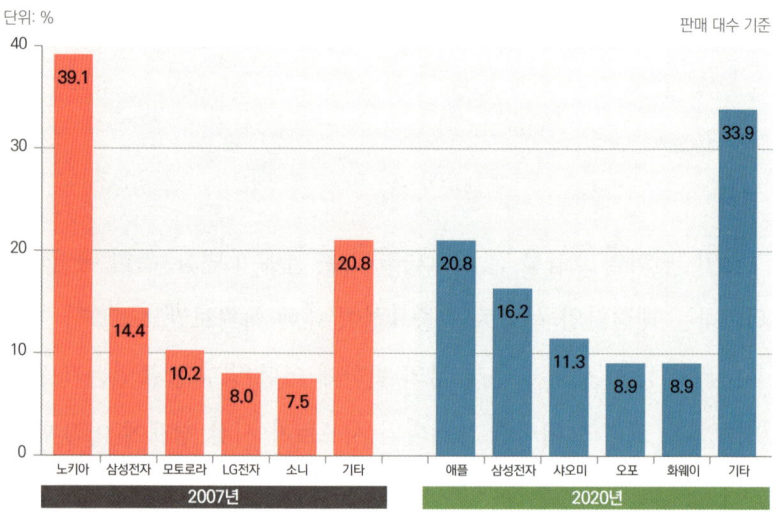

2007년 이전에 압도적인 시장점유율 1위를 기록하고 있던 핀란드 회사 노키아는 해마다 시장점유율이 떨어지더니, 2014년에는 휴대폰 사업부문을 마이크로소프트사에 매각하고 휴대폰 시장에서 철수하였다. 마이크로소프트사로 매각된 모바일 사업부도 해피엔딩은 아니었다. 노키아 모바일 사업부에서 마이크로소프트사로 고용 승계된 2만 6,000명은 꾸준히 감원되어 200명만 남게 되었기 때문이다. 스마트폰이 시장에 나오기 전 피처폰으로 압도적인 시장점유율을 자랑하던 회사가 7년 만에 역사의 저편으로 사라진 것이다.

2007년 세계 시장점유율 3위를 기록하였던 모토로라도 비슷한 길을 걸었다. 면도칼처럼 얇은 휴대폰이라는 뜻에서 '레이저Razor'라는 브랜드로 유명했던 피처폰을 만들었던 회사였지만 스마트폰 흐름에 올라타지 못하고 뒤처지기 시작하다가 2014년에 중국계 IT회사인 레노버로 사업부문 전체가 팔려 나가는 수모를 겪었다. 과거 벽돌처럼 투박한 휴대폰 시장에서 독특한 디자인으로 인기를 끌던 회사였지만 세상이 바뀌는 패러다임 시프트에 적응하지 못하고 중소 휴대폰 메이커로 전락한 것이다.

2007년 세계 4위의 시장점유율을 자랑하던 LG전자도 2021년 휴대폰 분야의 지속되는 적자를 이기지 못하고 사업을 접었다. 이리하여 2007년에 세계 휴대폰 시장의 시장점유율 1위였던 노키아(핀란드), 3위 모토로라(미국), 4위 LG전자(한국), 5위 소니(일본)는 휴대폰 사업을 접거나 대폭 축소하게 되면서, 2020년에는 그 자리를 애플(1위)과 중국 회사(3~5위)에게 내주게 된다. 우리나라의 입장에서는 다행스럽게도 삼성전자가 2위 자리를 굳건히 지키고 있으며, 시장점유율도 2007년에 비해 확대되었다.

그러면 10여 년의 짧은(?) 기간 동안 왜 이런 대단한 지각 변동이 생겨났을까? 구체적으로 살펴보면 회사마다 사정은 모두 다르다. 노키아의 경우 반反애플 진영의 대표주자인 구글의 안드로이드 OS를 선택하기보다는 마이크로소프트의 윈도우폰을 OS로 채택하는 실수를 저질렀다. 피처폰 시장의 압도적인 시장점유율 1위 업체의 위상을 인정하지 않는 구글보다는 마이크로소프트를 선택하면서 애플, 노키아-MS 연합군 그리고 안드로이드 OS를 채택한 기타 휴대폰 회사들로 휴대폰 시장을 삼분하는 그림을 그렸을 것이다. 자신들의 시장 지배력을 과대평가한 것이다. 그러나 그들이 강세였던 분야는 피처폰이었고, 피처폰과 스마트폰은 전혀 다른 상품이라는 것을 인지하지 못했던 것이다.

LG전자의 경우, 스마트폰은 일시적인 유행에 불과할 것이라는 의견을 세계적인 컨설팅 업체에서 받은 후에 스마트폰 사업에 전력을 기울이지 않았다는 소문이 있다. 한마디로 스마트폰 선풍을 세상이 바뀌는 패러다임 시프트가 아니라, 한때 유행하고 말 '찻잔 속의 태풍'으로 봤던 것이다. 모토로라도 비슷한 오판을 한 경우로 볼 수 있다. 이러니 세상을 바꿀 신제품을 만드는 것이 아니라 기존 제품을 좀 더 예쁘게 만드는 데만 회사의 역량을 집중했던 것이다.

문제는 이러한 순간의 선택, 즉 전략적 실수가 기업에는 치명적인 결과를 가져왔다는 것이다. 그런데 이에 대해 필자는 다른 측면에서 해석을 한다. 그것은 100% 경영진의 잘못이다. 다시 말해 경영의 총책임을 맡고 있는 CEO나 기술적인 면에서 책임을 지고 있는 CTO의 책임이라는 것이다. 회사의 최종 책임은 대표이사에게 있다는 선언적인 의미가 아니라, 선장이 배를 어디로 몰고 가느냐와 같은 방향성의 문제를 말하는 것이다.

스마트폰 분야에서 위상이 점점 위축되는 회사의 공통점은 스마트폰을 휴대폰, 즉 들고 다니는 전화기로 인식했다는 것이다. 스마트폰은 전화기가 아니다. 들고 다니는 컴퓨터이다. 물론 실무자 입장에서는 스마트폰은 휴대폰이 맞다. 하지만 CEO나 CTO가 스마트폰을 단순히 휴대폰의 연장이라고 보는 순간 그 회사의 미래는 암울한 것이다. 적어도 CEO나 CTO는 스마트폰을 '전화기처럼 생긴 컴퓨터'로 인식했어야 한다.

이것이 무슨 차이일까? 애플이 처음 아이폰을 개발할 때, 노키아나 모토로라 직원을 스카우트해서 "우리도 휴대폰 사업이라는 것을 해 보고 싶으니까, 너네가 알아서 잘 개발해 봐" 이랬을까? 아니다. 애플 자사의 컴퓨터 엔지니어들을 불러다가, 컴퓨터를 한 대 놓고 "이것을 어떻게 하면 주머니 속에 들어갈 만큼 작게 만들고 충전 없이도 하루 이상 쓸 수 있게 저전력으로 만들 수 있는지 아이디어 내 봐" 이랬을 것이다. 스마트폰을 단순히 전화기로 인식한 회사는 기존에 있는 기능만 더 잘 만들면 된다는 고정관념에 빠진 엔지니어들을 중심으로 개발을 했을 것이고, 스마트폰을 전화기처럼 생긴 컴퓨터로 인식한 회사는 세상에 없는 전혀 다른 새로운 제품을 발명해 낸 것이다.

피처폰을 잘 만들던 엔지니어들은 말한다. "(피처폰에 비해) 스마트폰 그거는 가지고 다니기에 너무 크고, 전기도 너무 많이 잡아먹는데, 비싸기는 왜 이렇게 비싸? 이건 그냥 돈 있는 젊은 애들의 장난감에 불과하다고. 그냥 닌텐도 같은 거라니까." 문제는 그 회사 CEO도 맞장구를 쳤다는 것이다. "그렇지? 나도 그리 생각해. 하지만 구색 상품으로 하나는 있어야 하니까 우리도 만들 수 있다는 것은 보여 주자. 우리도 스마트폰쯤은 쉽게 만들 수 있지만 사용자들에게는 피처폰이 더 나은 선택이라는 것을 보여 주자고."

스마트폰이 세상을 바꿀 것이라는 신념을 가지고 전쟁에 임하는 회사와 자신들의 주력 상품이 아니니 구색상품으로 생각하며 전쟁에 임하는 회사 중에 누가 살아남았을지는 불을 보듯 뻔하다. 한마디로 CEO의 '생각의 차이'가 회사의 미래를 좌우했던 것이다.

이런 생각의 차이가 기업의 미래를 좌우한 사례는 차고도 넘친다. 지금도 대우전자를 기억하는 사람이 많을 것이다. 1990년대에 삼성전자, LG전자(구 금성사)와 더불어 가전 시장을 삼분했던 회사이다. 1990년대만 하더라도 대우전자는 소위 '잘나가는 회사' 중 하나였다. 하지만 1999년 IMF 외환위기로 촉발된 고금리 위기를 넘기지 못하고 대우그룹이 해체되면서 성장 동력을 잃고 2002년 4월 13일 주식 시장에서도 상장 폐지되고 말았다. IMF 외환위기라는 경영 환경의 파고를 이기지 못하고 그룹이라는 배가 산산조각 나고 말았던 것이다. 그 원인으로는 여러 가지를 들 수 있겠지만, 차입 경영을 통해 기업의 규모를 키우던 전략이 더 이상 먹히지 않았던 것이 컸다. 폭풍우가 몰려오는데, (과거와 같은 경영 방식대로) 돛을 오히려 크게 펼친 것이 좌초의 원인이 되었던 것이다.

이러한 기업의 몰락은 그 기업에서 근무하는 종업원들에게 삶의 터전이 없어졌다는 가슴 아픈 측면이 있지만, 이 회사의 미래를 보고 투자한 주주들에게도 상당한 손실을 안겨 주었다.

다음 페이지의 도표는 IMF 외환위기 직전이던 1997년 1월 1일부터 대우전자가 상장 폐지되었던 2002년 4월 12일까지 5년 4개월간 대우전자와 삼성전자의 주가 흐름을 보여 준다(두 회사의 주가 차이가 많이 나기 때문에 한눈에 비교하기 쉽게 하기 위해서 삼성전자의 주가를 10분의 1로 줄여서 나타냈다).

대우전자 vs. 삼성전자

삼성전자 주가를 10분의 1로 축소한 값

대우전자 주가

45,000
40,000
35,000
30,000
25,000
20,000
15,000
10,000
5,000
0

1997년 1998년 1999년 2000년 2001년 2002

1997년 1월 4일 종가 기준으로 대우전자의 주가는 5,800원이었고, 삼성전자는 4만 500원이었다. 즉 삼성전자 1주를 팔면 대우전자 7주 정도 살 수 있었던 것이다. 그런데 대우전자의 상장 폐지 직전이었던 2002년 4월 3일에는 삼성전자 1주를 팔면 대우전자 1,224주를 사고도 남는 수준으로 가격 차이가 벌어졌다. 대우전자는 상장 폐지를 앞두고 주가가 폭락한 반면 삼성전자 주가는 하늘을 날았기 때문이다.

만약 어떤 사람이 1997년 1월 4일에 1,000만 원을 대우전자 주식에 투자했다면 5년 3개월이 지난 2002년 4월 3일에는 투자금이 57만 원 이하로 줄어들었을 것이다. 하지만 이 사람이 같은 기간 동안 삼성전자에 투자했다면 배당금을 제외하고도 투자금이 9,940만 원 이상으로 불어났을 것이다. 어떤 선택을 했느냐에 따라 5년 3개월 뒤에 자산 차이가 174배 이상 벌어진 것이다. 1997년만 하더라도 대우전자와 삼성전자의 주가 흐름은 비슷했다. 하지만 (같은 가전 3사이지만 주가 수준이 삼성전자의 10분의 1 정도에 불과했기 때문에) 대우전자 주식이 싸 보인다는 이유 하나로 투자했던 사람에게는 혹독한 시련의 시간이 기다리고 있었던 것이다.

물론 상장 폐지한 회사와 비교하는 것은 문제가 있다고 생각하는 사람도 있을 것이다. 상장 폐지가 흔한 일은 아니기 때문이다. 그렇다면 이번에는 가전 3사 중의 나머지 한 회사인 LG전자와 삼성전자의 주가 흐름을 살펴보자.

아래 도표는 우리나라 대표 가전사인 LG전자와 삼성전자의 주가 흐름을 LG전자의 상장일인 2002년 4월 22일부터 10년의 기간 동안 비교해 본 것이다.

LG전자 vs. 삼성전자

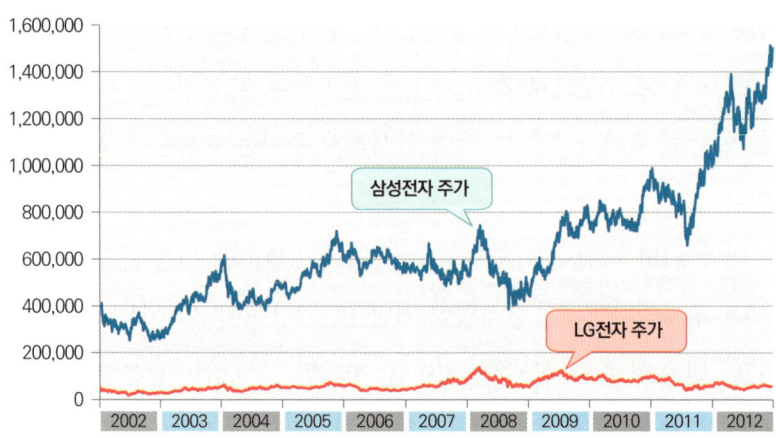

아기곰의 재테크 불변의 법칙

2002년 4월 22일 종가 기준으로 LG전자의 주가는 6만 4,400원이었고, 삼성전자는 41만 원이었다. 즉 삼성전자 1주를 팔면 LG전자를 7주 정도 살 수 있었다. 그런데 10년의 세월이 흐른 2012년 12월 말에는 삼성전자 1주를 팔면 LG전자 20주를 사고도 남는 수준으로 가격 차이가 벌어졌다. 같은 기간 동안 LG전자 주가가 14% 상승에 그친 반면 삼성전자 주가는 무려 271%나 올랐기 때문이다. 투자자 입장에서는 순간의 선택이 10년을 좌우했던 것이다.

대우전자는 방만한 차입 경영 탓에 회사가 상장 폐지되어 그렇다 쳐도 '가전은 LG'라는 LG전자와 '가전 후발 주자' 삼성전자의 주가가 왜 이리 차이가 난 것일까?

LG전자의 부진도 있었지만 삼성전자의 약진이 더 큰 원인이라 하겠다. 같은 기간 동안 종합주가지수KOSPI 상승률이 117%였던 것을 감안하면 삼성전자의 주가 상승이 도드라져 보인다. 그러면 같은 가전 3사이지만 왜 이리 주가가 다른 길을 걸은 것일까?

1970년대만 하더라도 우리나라 가전 시장은 금성사(현 LG전자)와 대한전선(대우그룹에 인수)이 이끌었고, 삼성전자는 후발 주자였다. 하지만 1980년대 들어오면서 삼성전자는 더 이상 가전회사가 아니었다. 반도체 사업에 대거 투자를 하면서 가전업체에서 세계적인 IT 기업으로 성장하는 발판을 마련한 것이었다. 남이 이미 잘하고 있는 분야에서 승부를 걸기보다 남이 하지 않는 분야로 눈을 돌린 것이다.

집안 어른 중에 1970년대에 동네에서 전파상을 하시던 분이 있었다. 지금은 '전파상'이라는 용어가 생소한 사람이 많겠지만 그 당시에는 동네마다 흔히 있던, 가전제품이나 전기제품을 수리하거나 (새 제품은 물론 수리한 중고 제품 등을) 판매하던 작은 가게를 말한다. 지금은 낡은 가전제품을 수리해서 쓰느니 새 가전제품을 사는 것이 대세이기 때문에 전파상이 없어졌지만, 국민소득이 낮았던 당시에는 수리해서 쓸 수 있는 중고품을 버리고 새 가전제품을 산다고 하면 집안 말아먹을 사람 취급 당하던 시절이었다. 그때도 미국 사람들은 제품이 고장나면 수리를 해서 쓰지 않고 버리고 새 가전제품을 사곤 했는데, 우리나라 사람들은 이것을 신기해하고, 심지어는 미국 사람들을 수리 능력이 없는 바보 취급하기도 했다.

그런데 이런 전파상에도 변화의 물결이 흘러 들어왔다. 옛날에는 라디오든 TV든 (엄지손가락보다 큰) 진공관이라는 부품을 쓰고 있었는데, 점차 (새끼손가락의 손톱 끝보다 작은) 반도체로 대체되었던 것이다. 그런데 반도체는 진공관과 달리 수리나 교체가 어려웠다. 그러다 보니 동네 전파상에서는 예전과 같이 다른 제품에서 쓰던 부품을 떼다가 수리할 수 있는 차원을 넘어서게 되었다. 가전제품에 반도체가 많이 쓰일수록 전파상을 하시던 분의 불평도 늘어만 갔다. 심지어는 집적회로IC를 많이 쓴 제품을 보면 "부품을 몇 개 쓰지도 않은 싸구려 물건"이라고 폄하하기도 했다.

아기곰의 재테크 불변의 법칙

그러나 이러한 변화의 물결을 '위기'가 아니라 '기회'로 본 사람이 있었다. 바로 삼성의 창업주인 이병철 회장이었다.

가전제품의 부품이 빠르게 반도체로 바뀌는 것을 목도한 이 회장은 반도체가 미래의 먹거리임을 본능적으로 느끼고 노망이 났다는 비아냥을 뒤로 하고 그룹의 사활을 반도체 개발에 쏟아부었다. 그 결과, 삼성전자는 이코노라는 브라운관 TV나 만들던 후발 가전회사에서 세계적인 IT기업으로 도약할 수 있었다. 여러 전자 제품에서 부품이 반도체로 빠르게 바뀌어 가는 현상을 전파상의 기술자나 삼성전자의 이병철 회장이나 똑같이 알았지만, 이 회장은 그것을 위기가 아닌 새로운 기회로 삼았던 것이다. 생각의 차이가 미래를 바꾼 것이다.

더불어 삼성전자의 사업 방향을 믿고 투자한 주식 투자자의 수익률도 대우전자나 LG전자에 투자했던 투자자에 비해 수익률이 압도적으로 높았던 것이다.

4차 산업 혁명이
세상을 어떻게 바꿀까?

　앞 챕터에서 생각의 차이가 기업의 미래를 바꾼 사례를 해외와 국내에 걸쳐 살펴보았다. 그러면 이것이 우리와 무슨 상관관계가 있을까? 주식 투자에 있어서 투자 종목을 고르는 것은 비즈니스 파트너를 고르는 것과 같다. 부실한 동업자가 나에게 수익을 안겨 줄 가능성은 희박하다. 결국 우리가 투자한 회사의 운명에 따라 우리의 투자 수익률도 직접적으로 영향을 받을 수밖에 없다.

　지나간 과거를 보고 해설을 하는 것은 누구나 할 수 있다. 문제는 다가올 미래이다. 어떤 기업이든 또는 그 기업이 속한 업종이든 그 미래를 내다보는 것이 쉬운 일은 아니다. 그런데 기업의 운명이 바뀔 수 있는 변화가 지금도 여러 분야에서 진행되고 있다.

　예를 들면 전기 자동차 분야이다. 자동차 생산 회사 중에서도 전기 자동차를 보는 두 부류의 시선이 있다. 전기 자동차를 '전기로 가는 자동차'로 인식하는 부류와 '바퀴 달린 컴퓨터' 또는 '자동차처럼 생긴 컴퓨터'로 인식하는 부류가 있다. 후자의 대표적인 회사가 바로 테슬라이다. 일론 머스크는 전기 자동차를 개발할 때 "우리 회사는 자동차 엔지니어가 필요 없다"고 선언하였다. 물론 생산을 하기 위해서는 생산 경험이 있는 엔지니어들이 필요했지만, 상징적이나마 그런 선언을 한 것은 한마디로 기존의 자동차를 만드는 방식으로 전기 자동차를 개발하려고 하는 것은 거부한다는 뜻이다.

어떤 자동차 엔지니어가 일론 머스크에게 가서 "자동차에 대해서 잘 모르셔서 그러신가 본데, 원래 자동차는 이렇게 만드는 거예요"라고 했다가는 그 자리에서 바로 해고되었을 것이다. '원래'라는 것은 원래 없다. 지난 100여 년 동안 자동차 업계에서 관행처럼 해 오던 것이 굳어진 것인데, 그 관행은 내연기관 자동차에 해당하는 것이지, 새로운 카테고리인 전기 자동차에는 맞지 않을 수 있는 것이다.

테슬라를 처음 타면 황당한 것이 시동 버튼 자체가 없다는 것이다. 어떻게 시동을 걸어야 할지 한참 찾아야 한다. 하지만 시동은 필요 없다. 주행 모드로 놓고 그냥 가면 된다. 운행을 마치고 나서도 시동을 끌 수 없다. 시동 버튼 자체가 없기 때문이다. 그냥 주차 모드로 놓고 내리면 끝이다. 차에는 시동 버튼이 있어야 한다는 것은 내연기관의 관점이다. 전기 자동차는 공회전이라는 것이 없기 때문에 시동 버튼 자체가 필요 없다. 엑셀 페달을 밟으면 모터가 돌아가고, 발을 떼면 모터가 꺼지는 것이다. 기존 내연기관 자동차와 작동 원리가 전혀 다르기 때문에, 기존의 자동차보다 더 좋은 자동차를 만드는 것이 아니라 이 세상에 없던 자동차를 만들려는 일론 머스크 입장에서는 기존 자동차 엔지니어들이 오히려 자신의 발목을 잡는 훼방꾼으로 보였을 것이다.

세상의 평가가 극단적으로 갈리는 일론 머스크는 차치하더라도 테슬라가 자동차 업계에 끼친 공헌은 대단하다. 테슬라라는 회사가 등장하지 않았다면, 그리하여 기존 자동차 회사를 자극하지 않았다면, 아직까지도 전기 자동차는 먼 미래에나 가능할 상상 속의 자동차였을 것이다. 하지만 상상하였던 것이 하나씩 현실화되면서 기존 자동차 업계에서도 대변혁이 일어나고 있다. 대량 생산으로 내연기관 자동차 시대를 열었던 미국의 포드 자동차 회사나 GM, 독일의 폭스바겐, 스웨덴의 볼보 같은 전통적인 자동차 회사들도 더 이상 내연기관 자동차를 생산하지 않고 전기 자동차만 생산하는 회사로 바꾸겠다고 선언한 것이다. 내연기관 자동차 산업이 점점 사양산업화되고 있다는 위기감이 그들을 탈바꿈하게 만드는 것이다.

그러면 왜 갑자기 이렇듯 전기 자동차 시장으로의 전환이 시작되었을까? 첫 번째 원인은 환경에 대한 규제 강화이다. 지구온난화 현상으로 이상 기후가 속출하자 유럽을 중심으로 각국 정부는 이산화탄소 배출량에 대한 제재를 강화하고 있다. 이를 위해 네덜란드나 노르웨이 같은 나라는 2025년부터 휘발유나 경유를 사용하는 내연기관 자동차의 판매를 금지하기로 했다. 영국과 독일도 2030년부터 내연기관 자동차의 판매가 금지되며, 이웃나라 중국도 2035년부터 내연기관 자동차의 판매 금지를 공식화했다. 환경 문제에 소극적인 미국에서도 가장 많은 인구와 부를 자랑하는 캘리포니아가 2035년부터 내연기관 자동차의 판매를 금지시켰다. 미국에서 가장 큰 자동차 시장에서 내연기관 자동차가 퇴출되는 것이다. 우리나라도 2035년 서울을 시작으로 내연기관 자동차의 판매 및 등록을 금지시킬 예정이라고 한다.

어떤 사람들은 연료를 차에서 태우나 화력 발전소에서 (전기를 얻기 위해) 태우나 마찬가지라고 주장하지만 과학적 지식이 없어서 하는 소리이다. 전기를 얻기 위해서는 화력 발전소에서 석유나 석탄을 태우는 경우도 있지만, 수력 발전소나 (바람을 이용하여 전기를 생산하는) 풍력 발전소, (조수간만의 차를 이용하여 전기를 생산하는) 조력 발전소, (태양열을 이용하여 전기를 생산하는) 태양광 발전소 등 친환경 발전 시설이나 기존의 원자력 발전소를 활용할 수 있다.

전기 발전 문제를 떠나서도 내연기관 자동차는 에너지 효율이 상당히 낮다. 내연기관 자동차가 어떻게 작동되는지 살펴보자. 자동차 엔진에 있는 실린더 속에 분사된 휘발유와 공기가 흡입되면, 흡기밸브와 배기밸브를 닫은 후 스파크가 방전된다. 그러면 휘발유가 연소되면서 부피가 폭발적으로 늘어나게 된다. 이런 힘으로 피스톤을 밀어내는 것이다. 문제는 이때 밀어내는 힘만 필요한 것이지, 거기서 나오는 열은 필요가 없다. 오히려 엔진의 효율을 떨어트리기 때문에 이를 식히기 위해서 냉각수를 라지에타로 보내 엔진을 식히게 된다.

이것을 우리가 사는 집에 비유하자면 집이 춥다고 보일러를 펑펑 틀어 놓다가 얼마 후에 집이 더운 것 같으니 이번에는 에어컨을 최대로 틀어 놓는 것과 같다. 보일러를 끄고 에어컨을 트는 것이 맞는 방법이지만, 보일러를 최대로 틀어 놓은 상태에서 에어컨을 동시에 최대로 틀어 놓는 것이 바로 내연기관의 방식이라 하겠다. 집이 더울 땐 보일러를 끄면 되지만 자동차에서는 엔진을 끄면 자동차가 작동되지 않기 때문에 엔진을 계속 돌릴 수밖에 없는 것이다.

화학에너지에서 운동에너지로 변동된 이후에도 에너지 효율이 낮다. 실린더에서 연료가 폭발하면서 얻어진 운동에너지는 피스톤을 밀어내는데, 이때 직선으로 밀어내게 된다. 이 직선 운동 즉, 왕복 운동이 크랭크 축이라는 곳에서 회전 운동으로 전환되는데, 이때도 에너지 손실이 일어난다. 이 회전 운동을 차축을 통해 자동차 바퀴로 전달해야 하는데, 여기서 또 에너지 손실이 일어난다. 이런 이유로 엔진에 가까운 앞바퀴로 에너지를 전달하는 전륜구동 자동차가 엔진에서 먼 뒷바퀴로 에너지를 전달하는 후륜구동 자동차보다 연비가 좋게 나오는 것이다. 결국 내연기관 자동차는 휘발유나 디젤이라는 화학에너지가 바퀴를 돌리는 운동에너지로 전환하는 과정에서 많은 에너지 손실을 가져오는 비효율적인 시스템이다.

이에 비해 전기 자동차의 경우는 에너지 효율이 상당히 높다. 바퀴와 가까이 있는 전기 모터에 전기를 공급하면 모터가 작동되면서 차가 움직이게 된다. 테슬라와 같은 전기 자동차의 경우는 앞바퀴 쪽과 뒷바퀴 쪽에 모터가 두 개가 있기에 차축이 필요 없어 에너지 효율도 높다. 전기 자동차의 경우, 신호를 대기할 때는 별도의 공회전이 필요 없으니 에너지의 낭비가 없다. 내연기관 자동차와의 차이는 자동차를 제동할 때도 나타난다. 내연기관 자동차의 경우, 브레이크를 밟으면 그만큼 운동 에너지 손실이 일어난다. 이런 이유로 브레이크와 엑셀 페달을 반복해서 밟는 운전 습관은 연비를 나쁘게 만든다. 하지만 전기 자동차의 경우, 브레이크를 밟게 되면 속도가 줄게 되지만 이때 회생제동Regenerative Break 시스템이 작동되면서 운동 에너지의 일부가 전기 에너지로 바뀌어 밧데리에 충전된다. 전기가 모터를 돌리는 것과 반대로 굴러가고 있는 자동차의 관성이 전기 에너지로 바뀌는 것이다.

이런 에너지의 절약은 환경 보호에 절대적으로 도움이 될 뿐 아니라, 경제적으로도 이익이 된다. 나라마다 요금이나 세금 체계가 달라서 직접적인 비교가 되지 않지만, 미국의 경우 휘발유로 운행하는 내연기관 자동차의 연료비에 비해 전기 자동차에 들어가는 전기료는 8분의 1에 불과하다. 한 달에 200달러의 휘발유값을 내던 사람은 25달러의 전기료만 내면 된다는 뜻이다(가정용 심야 전기 사용 기준). 수력 발전이건 풍력 발전이건 24시간 전기를 생산할 수 있지만, 전기 소비는 주로 사람들의 활동이 많은 낮 시간과 저녁 시간에 집중되므로 심야 시간에는 전기가 남아돌게 된다. 전기 특히 교류AC로는 저장이 되지 않기 때문에 남는 전기는 그냥 버리게 된다. 그래서 이렇게 남아도는 전기를 전기차 충전에 쓰도록 심야 요금 체계를 싸게 만든 것이다. 국가 전체로 보면 에너지의 효율적 배분이라 하겠다.

이런 이유로 선진국을 중심으로 여러 나라에서는 내연 자동차 퇴출과 전기 자동차 도입을 서두르고 장려하고 있는 것이다.

전기 자동차 시장으로의 전환이 빨라진 두 번째 원인은 테슬라의 성공이다. 전기 자동차라는 대안이 없었다면 내연기관 자동차의 퇴출은 현실적으로 어렵다. 아무리 환경 보호가 중요하다고 하여도 마차 시대로 돌아갈 수는 없기 때문이다. 하지만 테슬라라는 걸출한 회사가 등장하면서 전기 자동차 대중화에 성공했기 때문에 각국 정부에서는 내연기관 자동차의 퇴출에 명분이 생긴 것이다. 기존 내연기관 자동차의 퇴출이 기존 자동차 회사들의 몰락을 의미하는 것이 아니라는 명분이 생겼다는 의미이다.

　전기 자동차 시장으로의 전환이 더 빨라진 세 번째 원인은 자율주행 자동차의 등장 때문이다. 이 글을 쓰는 2026년 현재 우리나라에서는 완전한 자율주행 자동차 도입이 되지 않고 있으나 미국의 경우는 상당한 진전을 보이고 있다. 미국의 몇몇 대도시에는 운전자가 없는 완전 자율주행 택시가 영업을 하고 있다. 테슬라의 FSDFull Self Driving 서비스의 경우도 완전에 가까운 수준의 자율주행을 보여 주고 있다. 아직 100%라고 보기에는 약간의 부족함이 있지만 전반적인 운전 실력은 인간 운전자보다 뛰어나다. "2026년이나 되었는데도 인간이 직접 운전하고 다녀?"라는 농담이 있을 정도로 미국 테슬라 운전자 사이에는 자율주행이 일반적이다. 완전 자율주행 자동차라는 것은 운전자의 개입 없이 자동차가 100% 자율적으로 운행하는 수준을 말한다. 언젠가 100% 완전 자율주행 자동차가 일반화된다면 세상은 획기적으로 달라질 것이다. 세상이 바뀌는 모습에 대해 몇 가지 예를 들어 보자.

　첫째, 교통사고가 상당히 줄어들 것이다. 졸음 운전이나 운전 미숙으로 인한 사고라는 것 자체가 없어지기 때문이다. 자동차 사고의 95% 정도가 인간의 실수나 착각에 의한 것이라고 한다. 사고의 5% 정도만 자동차 결함이나 도로 사정 등의 문제로 야기된 것이라고 하니, 자동차 운전에 인간의 개입이 적을수록 사고율이 떨어지게 된다. 실제로 미국 도로교통안전국과 테슬라의 통계를 비교해 보아도 알 수 있다. 2025년 2사분기 기준으로 미국에서 운행되는 자동차는

70만 마일당 한 번씩 사고를 경험했다고 한다. 그런데 FSD 기능을 사용한 테슬라 전기 자동차의 경우는 700만 마일당 한 번으로 주기가 훨씬 늘어났다. 인간이 운전하는 것보다 사고 빈도가 10분 1로 줄어든 것이다. 더 놀라운 것은 자율주행의 진화라 할 수 있다. 테슬라의 경우 사고가 나면 사고에 대한 자세한 기록이 자동으로 테슬라 서버로 전송되며, 이를 근거로 자율주행 기능을 수정하여 기존 사용자들에게 무상 배포한다. 자율주행 기능의 발전이 교통사고를 줄이는 데 상당한 기여를 할 것임에는 의심할 필요가 없다.

둘째, 장애 등으로 운전면허가 없거나 나이가 들어서 운전하기 불편한 사람도 문제가 없다. 차를 타고 "아들 집 가자"라고만 말하면 미리 등록된 주소로 자동차가 저절로 데려다 주기 때문이다(물론 이런 세상이 오더라도 며느리에게는 미리 간다고 연락을 하고 가자). 고령자의 경우, 지난 달이나 어제까지도 본인이 직접 운전을 했으므로, 오늘도 본인이 운전을 할 수 있다고 생각하는 경향이 있다. 하지만 고령자는 해마다 운동신경이 떨어지므로 나이가 들수록 사고의 위험성이 점점 커진다. 더구나 우리나라를 포함한 대부분의 선진국이 고령 사회로 진입하였고, 이는 세계적인 추세이기 때문에 고령자에 의한 교통사고 증가 추세를 막기 위해서라도 자율주행 자동차의 개발 보급은 시급하다고 하겠다.

셋째, 세상의 모든 차가 자율주행 자동차로 바뀐다면 도로 확장 등 인프라 구축에 들어가는 사회 비용을 줄일 수 있다. 고속도로를 포함한 자동차 전용도로의 경우, 이론적으로 편도 2차선이면 충분하기 때문이다. 도로의 1차선은 고속 레인으로 평균 시속 150km로 운영되며, 2차선은 목적지에 가까이 왔을 때의 저속 주행을 위해 사용되는 도로라 하겠다.

"현재 그보다 훨씬 차선이 많은 고속도로도 막히는데 2차선이라니 말도 안 돼"라고 생각하겠지만, 지금 차가 막히는 이유를 생각해 보라. 차가 너무 천천히 가고 있기 때문이다. 차가 막히니까 천천히 간다고 생각하기 쉬운데, 도로 전체의 시각에서 보면 그 반대이다. 천천히 가기 때문에 차가 막히는 것이다. 상상해 보라. 모든 차가 앞차와의 간격을 10cm만 유지한 채, 150km의 속도로 달린다면 막힐 이유가 없다(100m나 10m의 오타가 아니라 진짜 10cm의 차간 거리를 말한다).

그러나 현실의 세계에서는 150km의 속도로 달리는 도로에서는 차간 거리를 150m는 두어야 한다. 하지만 100% 자율주행이 실현되면 차체의 길이를 5m, 정확히 말해 4m 90cm라고 하면 150m의 도로 위에는 30대의 차를 넣을 수 있다. 다시 말해 모든 차가 앞차와의 간격을 10cm만 유지한 채 150km의 속도로 달릴 수 있다면, 이는 30개 차선을 증설하는 것과 비슷한 효과를 내는 것이다. 우리나라 대부분의 간선도로가 GTX 라인보다 빠른 교통수단으로 바뀌는 것이다.

그런데 지금은 왜 앞차와의 간격을 10cm만 유지한 채, 150km의 속도로 달리지 않을까? 앞차를 믿지 못하기 때문이다. 만약 앞차에서 급하게 브레이크를 밟으면 따라오는 차들은 미처 브레이크를 밟을 시간적 여유가 없기 때문에 큰 사고로 이어진다. 하지만 생각을 바꾸어 보자. 캠핑용 트레일러를 SUV에 매달고 100km의 속도로 가는 차는 트레일러와 SUV의 거리를 100m나 두고 갈까? 아니다. 그냥 차 뒤에 붙이고 간다. 300km의 속도로 달리는 KTX는 첫 번째 객차와 두 번째 객차의 간격이 300m일까? 아니다. 바짝 붙어 있다. 캠핑용 트레일러든 KTX든 왜 차간 거리를 지키지 않을까? 그럴 필요가 없기 때문이다. SUV와 트레일러, 기관차와 객차가 전기적 신호로 연결되어 운전자가 브레이크를 밟으면 동시에 제동되기 때문이다.

자율주행 자동차도 마찬가지이다. (지금은 운전 능력이나 몸의 상태 그리고 생각이 각각 다른 운전자가 자신의 차를 제각각의 운전 습관으로 몰고 다니지만) 자율주행 자동차는 전후 좌우에 있는 다른 자율주행 자동차와 (도로의 상황이나 브레이크 마모 상태 등 자동차 정보를) 신호로 주고 받으며, 10cm 정도의 적정한 차간 거리를 유지한 채 150km로 달릴 수 있는 것이다. 그러다 돌발 상황이 발생하거나 신호에 걸리거나 하면 모든 차가 동시에 정지를 하는 것이다.

운전자가 앞차의 변동 상황을 시각적으로 인지하고 뇌에서 판단하고 몸에서 반응하고, 그 반응을 받아 자동차가 작동하는 시간을 생략할 수 있다는 뜻이다. 신호가 바뀌는 것을 인지하는 것도 인간은 눈으로 확인하고 반응을 하지만, 자율주행 자동차는 신호등에서 예비 신호부터 전기적 신호로 미리 받기 때문에 모든 차가 동시에 서거나 동시에 출발하는 것이 가능하다. 아직은 소설 같은 이야기지만, 기술의 진보 속도를 감안하면 이 책을 읽는 당신이 살아 있는 동안에 그런 세상을 볼 수 있을 것으로 기대한다. 더 나아가 인간이 직접 자동차를 운전하는 것이 불법이 되는 시대를 맞을 수 있을 것이다.

물론 '전기 자동차 = 자율주행 자동차'라는 등식이 반드시 성립하는 것은 아니다. 자율주행 기능이 없거나 앞으로도 채택할 계획 없이 그냥 전기로 가는 차로서 전기 자동차를 만드는 회사도 있고, 반대로 내연기관 자동차로도 자율주행 자동차를 만들 수 없는 것은 아니기 때문이다. 하지만 두 가지 측면에서 자율주행 자동차와 가장 궁합이 맞는 자동차가 바로 전기 자동차이다. 첫째는 주변 상황 변화에 즉각적으로 반응할 수 있는 능력, 즉 즉응성이 전기 자동차의 장점이다. 자율주행이 되려면 전후 좌우에 있는 자동차와 공조를 하면서 도로를 운행해야 하는데, 기존 내연기관 자동차의 경우 출발 신호를 보내면 엔진이 구동을 하고 운동 에너지로 바꾸고 그것이 바퀴에 전달되기까지 시차가 발생한다. 하지만 전기 자동차의 경우에는 전기 신호로 작동되기 때문에 속도를 높여 출발하고 싶으면 그냥 가면 된다. 정지 상태에 있는 자동차가 시속 100km의 속도에 다다를 때까지의 시간을 '제로백'이라고 하는데, 테슬라의 경우 스포츠카 수준이다. 신호 대기에 걸려 있다가도 바로 속도를 내서 법정 최고 속도로 튀어 나갈 수 있는 것이 전기 자동차의 특성이다. 다시 말해 전기 신호에 의해 모든 차가 동시에 정지하고 동시에 출발하려면, 기계식보다는 전기식이 유리하다는 뜻이다.

자율주행에 전기 자동차가 적합한 둘째 이유는 전기/전자적 기능이다. 자율주행 자동차의 경우, 컴퓨터에서 끊임없이 연산을 하면서 달려야 한다. 또한 주변 차들과 5G 이상의 속도로 신호를 주고 받으며, 의사 결정을 해 나가야 한다. 예를 들어 끼어들기를 한다고 하면, 10cm의 차간 거리를 유지하고 달리던 옆의 차들이 차간 거리를 순간적으로 5m로 벌려 주게 되며, 그 사이를 미끄러지듯이 들어가게 된다. 그러려면 주변 차들과 끊임 없이 통신을 주고받아야 하는 것이다. 통신에 문제가 있어서 안전에 위협이 될 것 같은 상황이 오더라도 자동적으로 차간 거리가 멀어지게 만들면 되는 것이다.

자동차는 생명과 직결되는 도구이기 때문에 각종 법규 등에 민감하다. 만약 어떤 법규가 바뀌거나 어떤 길의 제한 속도가 150km에서 100km로 한시적으로 낮추는 것으로 바뀌었다면 어떻게 모든 차에게 알릴 수 있을까? 기존 내연기관 자동차라면 서비스 센터 등에서 누군가 수동으로 업데이트해야 한다. 만약 귀찮아서 수동으로 조정하지 않은 차가 있다면 그 차로 인해 사고가 유발되거나 도로가 정체될 수 있다. 그런데 전기 자동차는 그럴 염려가 없다. OTA 기능이 있기 때문이다. OTAOn The Air 기능이란 우리가 잠자고 있는 동안 스마트폰이 저절로 업데이트되는 것처럼, 자기 집이나 회사 주차장에 주차해 놓은 상태에서 차량의 소프트웨어를 와이파이나 LTE를 통해 자동차 회사에서 자동으로 업그레이드하는 기능이다.

이렇듯 계속 깨어 있어야 하는 자동차는 전기 사용량이 늘어날 수밖에 없다. 그런데 헤드램프나 실내등을 밤사이 켜 놓으면 밧데리가 모두 방전되는 내연기관 자동차의 수준으로는 전기 수요를 충족할 수 없다. 이런 이유로 자율주행 자동차가 반드시 전기 자동차일 필요는 없지만 전기 자동차로 구현하는 것이 가장 쉽고 경제성이 있기 때문에, 자율주행 기술의 발달은 내연기관 자동차의 퇴출을 앞당기게 되는 것이다.

이상으로 살펴본 바와 같이 전기 자동차는 단순히 전기로 가는 자동차가 아니라 달리는 컴퓨터라는 것을 알 수 있다. 자동차의 바퀴 한 짝도 만들어 보지 못한 샤오미와 같은 스마트폰 제조사들이 전기 자동차 시장에 진출하고 있는 이유는 전기 자동차를 자동차가 아니라 '컴퓨터로 작동되는 로봇'으로 인식하기 때문이다.

기존 내연기관 자동차 회사들과의 전기 자동차에 대한 시각차를 엿볼 수 있는 대목이다. 휴대폰 시장이 피처폰에서 스마트폰으로 개편되었듯이 자동차 시장도 내연기관 자동차에서 전기 자동차 시장으로 개편되는 것은 시간 문제이고, 휴대폰 시장에서 그러했듯이 몇몇 회사는 그 과정에서 조용히 역사의 뒷장으로 사라질 것이다. 전기 자동차를 단순히 전기로 가는 자동차, 유럽의 까다로운 탄소배출 규정을 피해 가는 수단으로만 인식하는 회사는 퇴출될 것이고, 전기 자동차를 세상을 바꿀 수 있는 '컴퓨터로 움직이는 로봇'으로 인식하는 회사는 살아남을 것이다.

새로운 기술이 등장하면 기존의 시각에서 폄하하는 사람들이 있다. 스마트폰이 처음 나왔을 때, "너무 부피가 커서 휴대에 불편하다" "전력 소모가 너무 많아서 실용적이지 못하다" "일반인에게 보급되기에는 가격이 너무 비싸다"라는 비판이나 새로운 기술에 대한 폄하가 난무했다. 하지만 10여 년이 흐른 지금 이런 이유로 스마트폰을 쓰지 않는 사람을 찾아보기 어렵다. 그런 불편함이나 한계보다도 스마트폰을 사용했을 때 얻는 편리함이 훨씬 크기 때문이다. 국제전화를 걸지 않아도 무료로 화상통화를 할 수 있는 세상, 미국에서 벌어지는 일을 한국에서 등산 가서도 실시간으로 확인할 수 있는 세상이 온 것이다. 스마트폰의 보급 이후 아프리카의 문맹률이 낮아졌다는 리포트도 나왔다. 초원에서 양이나 염소를 키우던 목동들은 굳이 글을 알아야 할 필요가 없었지만, 스마트폰 보급 이후로 스마트폰을 통해 쏟아져 나오는 수많은 재미난 콘텐츠를 읽기 위해 글을 배우기 시작했기 때문이다. 기술이 세상을 바꾼 것이다.

테슬라를 포함한 전기 자동차에 대한 폄하도 존재한다. 조립상의 하자를 뜻하는 '단차'가 너무 심하다든지 의자의 쿠션이 너무 딱딱하다든지 하는 폄하이다. 그런데 만약 기존 자동차 회사의 CEO가 이런 이유로 테슬라보다 자사의 차가 경쟁력이 있다고 생각하면 문제가 있다. 품질 관리 팀장 정도의 하급 간부라면 자사 차의 품질을 지속적으로 올리고 그것이 경쟁력이라고 생각하는 것이 당연하다. 하지만 기업의 미래를 이끌어 가야 하는 CEO나 CTO의 상상력이나 창의력이 그 정도 수준에 갇혀 있다면, 그런 회사에게 세상을 바꿀 만한 제품을 기대하기는 어렵다.

기업에 대한 평가는 종업원이 아니라 그 기업의 물건을 사고 있고 앞으로도 사 줄 고객이 내리는 것이다. 조립 품질에 대한 논란이 끊이지 않는 테슬라가 전통적인 자동차 회사들을 제치고 압도적으로 고객만족도 1위를 유지하고 있는 것에는 그만한 이유가 있다. 조립상의 문제나 A/S 문제 등이 꾸준히 이슈화되고 있지만 '그럼에도 불구하고' 고객들은 테슬라에 열광하고 있는 것이다. 다만 이것은 테슬라만의 경쟁력이라기보다는 전기 자동차라는 카테고리의 경쟁력이 더 큰 작용을 한 것으로 보인다. 그럼에도 불구하고 현재 시장에서 전기 자동차의 장점과 나아갈 길을 가장 잘 이해하는 기업이 테슬라라는 점은 부인하기 어렵다.

기업 운영에서 한 걸음 떨어져 있는 개인의 입장에서는 스마트폰 전쟁에서 기존 피처폰 강자들이 도태되었던 것이나 전기 자동차 전쟁에서 기존 내연기관 자동차들이 도태 가능성이 있는 것이 강 건너 불구경쯤 되어 보일 수 있다. 혹자는 이렇게 복잡한 기술적인 이야기나 경제 이야기를 왜 읽어야 하는지 짜증이 나기도 할 것이다.

그런데 그것이 아니다. 개인의 삶도 한 치의 오차도 없이 이런 원리에서 벗어나지 않기 때문이다. 작년에 한 일을 올해도 똑같이 하고, 내년에도 똑같이 하고자 한다면 그 사람은 이미 도태되기 시작한 것이다. 남들은 러닝머신 위에서 열심히 뛰고 있는데, 본인은 러닝머신 위에서 가만히 서 있거나 슬슬 걸어가고 있는 것이기 때문이다. 이런 사람은 얼마 후에 바닥에 나자빠진 본인의 모습을 보게 될 수도 있다.

피처폰을 만들던 회사도 작년에 그랬던 것처럼, 지난 달에 그랬던 것처럼 같은 방식으로 열심히 일했다. 다만 본인들이 가장 잘한다는 방식으로만 그야말로 '열심히'만 일한 것이다. 그런 사이에 세상은 변한 것이고, 변한 세상의 룰에 재빠르게 적응한 사람들에게 밀려난 것이다.

매일 매일이 어렵다면, 일주일에 한 번만이라도 본인을 돌아보는 시간을 가져 봐라. 내가 하는 일이 맞는 방향인지, 내가 가는 길이 미래를 보장해 주는 길인지, 변화를 두려워해서 현실의 커튼 뒤로 숨고 있는 것은 아닌지, 이미 익숙한 쉬운 방법이 아닌 더 어렵더라도 더욱 나은 방법은 없는지 끊임없이 의심하고 스스로에게 질문을 던져 봐라. 휴대폰 시장에서 살아남은 회사와 도태된 회사의 차이처럼 생각의 차이가 본인의 미래를 좌우하기 때문이다.

젊은 사람들이 나이 든 사람을 비하할 때 쓰는 용어로 '꼰대'라는 것이 있다. 일본어로 '선생'이라는 원뜻과는 다르게 '생각이 꽉 막히고 자기 주장만 하는 사람'이라는 부정적인 의미로 쓰이고 있다. 그런데 나이 든 사람을 '꼰대' 취급하던 사람도 자신보다 한 살이라도 젊은 사람에게는 꼰대로 취급받을 수 있다는 것은 아이러니이다. 본인이 진짜 꼰대가 되지 않으려면, 변화하는 세상에 대한 사고의 유연성과 변화에 대한 두려움을 떨쳐 내야 한다. 사회 생활이든 투자의 세계이든 끊임없이 공부하고 진화하지 못하면 도태되는 세상에 살고 있기 때문이다.

주식 투자 초보인 '주린이'들을 위해서 재테크의 이야기로 돌아가보자.

앞서 전기 자동차의 미래에 대한 이야기를 들으면 테슬라라는 회사가 얼마나 대단한 회사인지 알 수 있을 것이다. 자동차 시장 전체를 보아도 앞으로 10여 년 후까지 살아남아 시장을 주도할 회사를 다섯 개만 꼽는다면, 그중에 확실히 들어갈 만한 회사는 테슬라라고 할 수 있다. 이런 측면에서 테슬라 자동차를 타고 있거나 테슬라 주식을 가지고 있는 사람은 자신의 선택에 대해 뿌듯함마저 느낄 것이다.

그럼 지금이라도 테슬라 주식을 사야 할까? 그것은 전혀 다른 이야기이다. 어떤 투자 상품이든 쌀 때 사서 비쌀 때 팔면 이익이 생긴다는 것은 누구나 안다. 하지만 변동성이 심한 주식 시장의 경우 그 타이밍을 잡기가 어렵다. 더구나 지금 주가 수준이 싼 것인지 비싼 것인지 그마저도 개인 투자자는 가늠조차 힘들다. 그러므로 개인 투자가들이 선택할 수 있는 방법은 자금 여력이 될 때, 주식을 사서 그 주식이 오를 때까지 장기 보유하는 방법밖에 없다. 통계적으로도 장기 보유가 단기 보유에 비해 손실을 볼 가능성이 적다고 알려져 왔다.

문제는 투자자가 장기 보유의 원칙을 잘 지킨다고 하더라도 피처폰 회사의 몰락과 같이 업종 자체가 사양산업이 된다든지, 기업 내부의 문제 때문에 10년 후에 그 회사의 주가가 곤두박질치는 수도 있다. 그러므로 단순히 어떤 종목의 주식을 오래 가지고 있다기보다는 10년 후에도 망하지 않을 주식에 투자하는 것이 장기 보유의 진정한 의미라 하겠다. 이런 측면에서 보면 테슬라는 매력적인 투자처인 것임에는 틀림이 없다. 떠오르는 업종의 가장 앞서가는 회사이기 때문이다.

하지만 투자는 그리 간단한 것이 아니다. 주식 투자의 본질을 살펴보자. 투자자 입장에서 보면, 기업을 운영할 시간도 없고 경영 능력도 없지만 투자금을 가지고 있는 투자자가 기업 지분의 일부만 인수하는 것이 주식 투자라 할 수 있다. 어떤 회사의 지분을 인수한다는 것은 그 회사에서 벌어들일 수익을 지분만큼 분배 받거나 그 회사의 자산에 대한 권리를 일부 보유한다는 의미이다.

반대로 회사의 입장에서 보면 기업을 운영할 자금이 필요한데, 금융 기관에서 대출을 받으면 이자가 발생하고 상환 압박이 들어올 수 있으므로, 동업자를 찾고 싶어 한다. 자신의 사업이 잘 되면 이익의 일부만 나누어 주면 되고, 망하더라도 투자금에 대한 상환 의무가 없기 때문이다.

이렇듯 양 당사자의 이해관계가 맞아 떨어지면서 주식의 발행과 거래가 생기게 된 것인데, 이 안에서 이익의 충돌이 일어난다. 투자자의 입장에서는 적은 투자금만 내고 많은 지분을 확보하고 싶어하지만, 회사의 입장에서는 적은 지분만 내주고 많은 투자금을 유치하고 싶어하기 때문이다. 이래서 공평한 거래를 위해 어떤 기준이 필요했는데, 이것이 PERPrice Earnings Ratio(주가수익비율)과 PBRPrice Book-value Ratio(주가순자산비율)이다.

예를 들어서 PER이 10인 주식이 있다면 그 회사의 주가가 주당순이익의 10배 정도 수준이라는 뜻이다. 반대로 표현하면 어떤 회사의 주당순이익이 주가의 10%에 해당한다는 것이다. 만약에 회사 운영에 재투자하거나 유보금으로 남겨 놓지 않고, 100% 주주에게 현금 배당을 한다면 주주의 입장에서는 투자금 대비 10%의 수익이 나는 것이니 은행 금리에 비해서 상당히 높은 수익을 거두는 것이 된다. 이런 이유로 PER이 낮은 것은 저PER주라고 해서 상대적으로 저평가된 주식이라고 할 수 있다. 반대로 PER이 100인 주식이 있다고 하자. 이런 주식은 사내 유보금을 남겨 놓지 않고 수익금 모두를 현금 배당한다고 하더라도 투자금의 1%밖에 안 된다. 주가 상승이 없다면 은행에 정기 예금에 맡겨 놓은 것만 못하다는 뜻이다.

PBR도 비슷한 개념이다. PER이 주당 순이익을 기준으로 비교하는 지수라면 PBR은 주당 순자산을 기준으로 저평가 여부를 평가하는 기준이다. 쉽게 말해서 회사가 청산된다면 내 몫은 얼마나 되는지를 알 수 있는 지표가 PBR이다. 결국 PER이나 PBR은 그 주식의 본질 가치 대비하여 현재의 주가 수준이 저평가되어 있는지 고평가되어 있는지를 가늠할 수 있는 좋은 지표이다.

하지만 저PER주는 좋은 주식, 고PER주는 나쁜 주식이라고 칼로 무를 자르듯이 판단할 수 없다. 어떤 회사의 매출이나 영업 이익이 몇 년간 비슷한 수준에 머물고 있다면 PER로 평가하는 것이 맞겠지만, 매년 매출과 영업 이익이 급격히 늘어나는 성장주에 동일한 잣대를 들이대는 것은 무리가 있다. 예를 들어 어떤 주식의 PER이 올해는 100이라고 하더라도 다음 해에는 매출이나 영업 이익이 극적으로 늘어나서 주당순이익이 10배로 늘어난다면 PER은 10으로 떨어지게 된다. 올해는 고PER주가 내년에는 저PER주가 되는 것이다.

이런 이유로 성장주에 대해 평가할 때는 현재의 PER이나 PBR보다는 미래의 PER이나 PBR이 얼마나 될 것인가도 생각해 봐야 한다. 그럼에도 불구하고 테슬라의 문제는 2026년 3월 기준으로 PER이 250을 넘나든다는 것이다. 아무리 테슬라의 미래 가치가 좋다고 하더라도 PER이 250을 넘는다면, PER이 30~35 정도에 불과한 애플에 비해서도 부담스러운 수준이다. 테슬라가 혁신적이고 성장성이 좋은 회사라고 하여도 미래의 기대치라고 할 수 있는 주가 수준이 너무 높다는 것이다. 오죽하면 그 회사 대표인 일론 머스크조차도 테슬라 주가가 너무 높다고 했을까?

물론 PER이나 PBR만으로 성장주의 가치를 평가하는 것은 아주 위험하다. 하지만 반대로 업종이나 기업이 성장할 것이라는 이유 하나만으로 투자 가치가 보장되는 것은 아니다.

이를 부동산 시장에 비유해 보겠다. 최근 경기도 집값 상승을 이끌고 있는 호재는 GTX이다. 그런데 어떤 단지 바로 앞에 10년 후에 GTX 역이 생긴다고 발표가 났다고 가정하자. 호재 발표 전 이 아파트의 가격이 10억 원이었다고 하면, 발표 직후에는 시세가 얼마까지 올라야 정상일까? 어떤 사람이 타임머신을 타고 10년 후인 미래에 가보니 GTX 개통 후 이 아파트는 20억 원까지 시세가 상승했다는 것을 알았다면 GTX 역 위치가 발표된 직후 이 단지의 시세는 어느 정도 수준에서 형성되어야 하나? 상식적으로는 10억 원에서 20억 원 사이에 시세가 형성될 것이다. 그런데 어떤 사람이 20억 원에 매물로 내놓았다고 가정하자. 이 사람은 타임머신을 타고 미래를 다녀왔기 때문에 GTX 개통 후 20억 원까지는 오를 것을 알기 때문이다. 이것이 적정한 가격인가?

현재가 아닌 미래에 실현될 호재로 인해 얻어질 이익에 대해 현 소유주가 그 이익의 전부를 취하는 것이 과연 공평한 것인지는 사람에 따라 생각이 다르다. 어떤 사람은 미래에 얻어지는 수익은 미래에 그 아파트를 소유한 사람의 몫이라는 사람도 있고, 미리 그 호재를 인식하고 과거에 투자한 사람의 몫이라고 생각하는 사람도 있다. 하지만 중요한 것은 사는 사람의 입장에서 생각해 보면, 이 아파트를 20억 원에 사게 되면 앞으로는 한 푼도 오르지 않는다는 것을 의미한다. 이런 이유로 아무리 GTX가 집 앞에 개통된다고 하더라도 매수자가 20억 원에 그 아파트를 사는 것은 어리석은 짓이다.

주식 투자도 같은 이치이다. 미래에 발생할 수익에 대한 기대치가 현 주가에 모두 반영되는 것이 과연 공평한 것인가? 이 문제에 대해서는 사람마다 판단 기준이 다를 수 있으니 본인 판단에 맡기겠다. 하지만 아파트이든 주식이든 현 소유주 입장에서는 미래의 가치마저 본인이 독식하기를 원하겠지만, 확실한 것은 매수자 입장에서는 그런 아파트나 주식을 사 줄 의미가 없는 것이다.

현재의 성장주 중의 일부는 언젠가는 미래의 가치주가 되는 것이다. 반대로 현재의 가치주도 과거 어느 시점에서는 성장주였을 것이다. 이런 측면에서 보면 아무리 성장주라고 하여도, 미래에 얻어질 수익에 따라 주가가 수렴한다는 점을 감안해서 투자해야 한다. 이 세상에서 가장 맛있는 빵이라고 해도, 그것이 한 조각에 100만 원,

1,000만 원씩 한다면 그것을 사 먹는 사람이 과연 얼마나 될지 생각해 봐야 한다는 뜻이다.

그러면 테슬라 말고 그에 버금가는 새로운 종목을 발굴해서 투자하면 어떨까? 이 방법도 좋은 방법이지만, 말처럼 쉽지가 않다. 테슬라도 예전에는 주가가 낮았던 시절이 있었다. 하지만 그때만 해도 시장에서는 테슬라의 성공 가능성보다는 실패 가능성을 점치는 사람이 많았고, 실제로 부도 위기를 넘긴 적도 있었다. 이러니 그 당시에는 테슬라의 주가가 쌌었던 것이다.

그러면 테슬라 주식 투자는 이미 늦었으니 '니콜라'라도 살까? 니콜라 테슬라는 에디슨의 라이벌이었던 사람의 실명이다. 우리가 일반적으로 쓰는 전기 방식에 대해 에디슨은 직류DC를 주장했고, 니콜라 테슬라는 교류AC의 적용을 주장하였는데, 결론은 아는 바와 같이 교류AC로 정해졌다. 이 니콜라 테슬라의 이름에서 성Last Name을 딴 회사가 테슬라고, 이름First Name을 딴 회사가 수소전기차를 만드는 니콜라다. 하지만 회사 이름에 유사성이 있다고 그 회사의 미래가 테슬라처럼 된다는 보장은 없다. 그러면 테슬라보다 고성능 전기차를 지향하는 루시드에 투자할까? 해 봐라. 다만 행운을 빌 따름이다.

이 글의 목적은 어떤 특정 주식에 투자하거나 특정 주식의 투자를 피하라는 것이 아니다. 투자할 종목과 업종에 대해 꾸준히 공부하지 않으면 수익은커녕 오히려 손실이 날 수 있다는 것을 경계함이다. 그렇다고 너무 실망할 필요는 없다. 세상은 넓고 투자처는 많기 때문이다. 전기 자동차 주식 투자에 대해 하나 힌트를 준다면, 시장을 너무 좁게만 보지 말라는 것이다. 전기 자동차가 전 산업에 끼칠 영향이 크

아기곰의 재테크 불변의 법칙

기 때문에 전기 자동차 시장이 커질수록 시장이 따라 커지는 분야가 있기 때문이다. 전기 자동차에서만 쓰이는 부품, 예를 들면 2차 전지나 그 소재 분야, 특히 미래의 밧데리라 불리는 전해질 밧데리 분야도 눈여겨볼 분야이다. 충전 설비나 충전 시스템도 전기 자동차 분야와 운명을 같이할 사업 분야라 하겠다. 1800년대 중반 캘리포니아에서 골드러시Gold Rush가 일어났을 때, 부자가 된 사람은 금을 캐는 광부들이 아니라 그 광부들에게 청바지나 삽을 파는 사람이었다는 것을 명심할 필요가 있다.

어느 분야이든 중요한 것은 본인이 타려는 배가 타이타닉호인지 아니면 절대 침몰하지 않을 배인지를 정확하게 판단하는 것이다. 투자의 세계에서도 그 판단이 정확하고 빠를수록 수익이 커지는 것이고, 그 판단이 틀리거나 느릴수록 수익은커녕 손실만이 기다리고 있는 것이다. 이래서 생각의 차이가 미래를 좌우하게 되는 법이다.

세상을 바꾸는
피지컬 AI

현시대를 정의하자면 'AI 시대의 서막'이라고 할 수 있다. AI라고 하면 먼 미래의 일이거나, SF 영화에서나 나올 법한 소재였다. 실제로 2001년에 개봉되었던 스티븐 스필버그 감독의 〈에이 아이A.I. Artificial Intelligence〉라는 제목의 영화도 있었다.

예전부터 AI 기술은 서서히 우리 생활에 깊숙이 들어와 있었다. 유튜브에서 어떤 분야의 콘텐츠를 보게 되면 그와 유사한 콘텐츠를 계속 추천하는 것을 느낄 수 있었을 것이다. 또 쿠팡 같은 데서 어떤 물건을 구매하게 되면, 그 물건의 사용 시기가 끝날 즈음에 비슷한 물건을 추천받은 경험이 있을 것이다. 어떤 직원이 친절하게 안내해 준 것이 아니라 바로 AI가 자체의 알고리즘에 따라 이런 일들을 해 왔다. 이때만 해도 AI 기술은 큰 회사에서나 쓰는 자동화 기술 정도로 여겨졌을 것이다.

그동안 우리 생활에 조금씩 쓰여 왔던 AI 기술이 우리에게 성큼 다가왔던 것은 2012년 오픈AIOpenAI에서 생성형 AI인 챗GPT ChatGPT를 공개하고 나서부터라 하겠다.

학교에 다닐 때, 도서관에서 전공 서적 여러 권을 읽고 긴 시간이 걸려 과제를 완성했던 기억들이 있을 것이다. 그런데 지금은 몇 개의 질문만 던지면 AI가 인간보다 훨씬 빠르게 핵심 사항을 추려 준다.

과제를 너무 쉽게 하는 것이 아니냐는 우려도 있지만, 단순 계산을 전자계산기가 대체하듯 누구나 할 수 있는 일은 AI에게 맡기고 인간은 더 창조적이고 높은 사고 수준이 필요한 일에 집중할 수 있는 세상이 된 것이다.

이런 AI가 현 산업 구조를 바꾸고 있다. 몇 년 전만 하더라도 코딩을 할 수 있는 사람은 귀한 대접을 받았다. 하지만 코딩이라는 것 자체가 인간이 사용하는 언어와 논리를 컴퓨터가 알아들을 수 있는 언어와 논리로 바꿔 주는 작업이기 때문에 어느 정도 수준에 오른 사람의 입장에서는 단순 노무 작업에 불과하다.

하지만 코딩은 반드시 필요한 기술이고, 코딩 기술을 가진 사람이 수요에 비해 귀했기 때문에 그동안 우대받았던 것이다. 그런데 지금은 이런 코딩마저도 AI가 해 주고 있다.

이 때문에 과거에는 프로그램 전체를 기획하고 조율하는 시니어 엔지니어 한 명과 그 밑에서 수많은 모듈을 코딩했던 주니어(초급) 엔지니어 몇 명이 협업을 했다면, 지금은 시니어 엔지니어 한 명과 주니어 엔지니어 한 명 정도면 AI의 힘을 빌려서 과거에 했던 일을 대체할 수 있는 것이다.

이는 수많은 주니어 엔지니어의 일자리를 뺏는 결과가 되었다. 주니어 엔지니어가 시니어 엔지니어로 성장하기 위한 기회마저 박탈당한 것이다. 이 때문에 몇 년 전만 하더라도 각광받았던 컴퓨터 공학 전공자들이 취업의 기회조차 얻지 못하게 될는지 걱정하는 지경에 이르렀다.

법조계조차도 AI 혁명의 물결을 피해 갈 수 없었다. 과거에는 시니어 변호사가 소송 전략을 진두지휘하고, 그 밑에서 여러 명의 주니어 변호사들이 유사한 판례를 찾아서 소송 전략을 완성해 나갔다. 그러나 현재는 판례 검색뿐 아니라 소송 전략까지 AI가 대신하는 세상이 되었다. 시니어 변호사는 AI가 제안한 전략이 타당한지 의사 결정만 하면 된다. 과거에는 여러 명의 주니어 변호사들이 했던 판례 검색도 지금은 AI로 대체 가능하고, 이를 검증할 한두 명의 주니어 변호사만 있으면 끝나는 것이다.

얼마 전에는 할리우드의 어떤 영화감독이 AI 기술을 이용하여 15초짜리 짧은 영상을 만들었다. 톰 크루즈와 브래드 피트가 폐건물 옥상에서 싸우는 장면을 영화 예고편처럼 만든 것이다. 그런데 놀라운 점은 이 영상을 단 두 줄의 명령어를 가지고 AI의 힘을 빌려서 만들었다는 것이다. 영화를 만드는 데 수많은 스태프를 동원할 필요 없고, 심지어 출연 배우조차도 필요 없다.

물론 현실의 세계에서는 배우 초상권 등의 문제로 이런 영화를 상영할 수는 없다. 하지만 AI가 향후 영화 제작의 세계를 어떻게 바꿔 놓을지에 대한 화두를 던져 놓았다.

많은 분야에서 사람이 하던 일을 AI가 대체할 수 있는 세상이 된 것이다. 이렇게 되니 과거에 상대적으로 노동 강도가 약했던 사무직은 몰락하고 대신 생산직이나 노무직이 오히려 각광을 받는 것이 아닌가 하는 의견도 대두되고 있다.

미래에 각광받을 직업에 배관공plumber을 추천하는 사람도 있다. 누군가 농담이나 극단적인 예로 말한 것이겠지만 사람들은 이를 진지하게 받아들이는 것 같다. 그런데 이를 액면 그대로 받아들여서 자녀들에게 배관 수리를 가르치려 든다면 문제가 될 것이다.

AI가 챗GPT처럼 단순한 생성형 AI에 그친다면 지식보다 육체를 많이 쓰는 직업이 유리할 것이다. 하지만 미래에는 AI와 휴머노이드 로봇이 결합한 피지컬 AI가 일반화되면서 이들 직업군도 안전한 선택이 되지 않는다.

과거에도 로봇은 생산 시설에 광범위하게 쓰였고, 현재도 광범위하게 쓰이고 있다. 생산 현장에서 로봇이 쓰이는 비율, 다시 말해 밀도는 우리나라가 가장 높다고 한다. 예를 들어 무거운 철판을 유압 장치로 작동하는 로봇 팔로 들어서 압착기press 형틀에 올려놓고, 근처에 사람이나 이물질이 없는 것을 센서로 확인하고 압착기를 눌러서 자동차 새시를 만들 수 있다. 이 과정에서 쓰인 로봇 팔은 인간처럼 생기지는 않아도 일종의 로봇이라고 할 수 있다.

하지만 과거나 현재 쓰이고 있는 이런 생산 로봇을 피지컬 AI라고 하지는 않는다. 현재의 로봇은 인간을 닮지도 않고 인간의 기능 일부만 모방한 것이기 때문에 휴머노이드 로봇이라고 하지도 않고 피지컬 AI라고 하지도 않는다. 기존 로봇과 휴머노이드 로봇이 다른 점은 단순히 (사람을 닮았는가와 같은) 외형적 차이가 아니다. 기존 로봇은 미리 프로그래밍된 일련의 작업만을 수행할 뿐이라면, 휴머노이드 로봇은 로봇 자체가 학습하고 스스로 판단하여 일을 처리하는 것이다.

다시 말해 미래에 나올 피지컬 AI는 AI 기술과 로봇 기술이 결합된 것이다. 쉽게 이야기해서 기존의 로봇이 인간이 미리 명령한 일부 기능만을 잘 수행하는 장치에 불과하다면, 휴머노이드 로봇은 여러 가지 예외적인 상황도 인간의 개입 없이 능동적으로 대처 가능한 능력을 갖추고 있다고 할 수 있다. '인식-이해-행동'의 순환 구조이다. 센서로 주변 환경을 파악하고 AI가 상황을 분석한 뒤, 로봇이 팔·다리 등을 통해 직접 움직인다.

과거에는 단순 명령 수행 수준이었다면 지금은 예기치 못한 상황에서도 스스로 판단하고 대응하는 수준이 된 것이다. 어떤 일이 발생할지 사람이 미리 예견하고 이를 프로그래밍된 순서로 처리하는 것은 과거 기술로도 충분하다. 예를 들어 로봇들이 단체로 군무를 추는 것은 과거 기술로도 가능하다. 하지만 로봇과 인간이 권투를 하는 것은 또 다른 기술이 필요하다. 상대의 공격을 어떻게 방어하고, 더 나아가 반격할 것인지에 대한 판단은 AI 기술 없이는 불가능하기 때문이다.

과거의 로봇 기술(육체)에 스스로 판단할 수 있는 능력(AI)을 결합한 것이 바로 피지컬 AI이다. 피지컬 AI 기술이 일반화되면 세상이 많이 변할 것이다. 그동안 안전이나 물리적 한계로 인해 인간이 하기 어려운 일을 피지컬 AI로 대체할 수 있기 때문이다.

예를 들어 위험한 화재 현장에서 소방관을 대신하여 인명을 구조하거나 발화점 가까이 접근하여 진화를 주도할 수 있다. 사람은 유독가스에 취약하지만 피지컬 AI는 전혀 그렇지 않다. 사람은 불에 대한 공포심이 있지만 피지컬 AI는 전혀 공포심을 느끼지 않는다.

대테러 현장에서도 유용하다. 부상이나 죽음에 대한 공포가 피지컬 AI는 없기 때문이다. 완파되기 전까지 목적을 달성하려 할 것이기 때문에 상대가 느끼는 공포는 배가된다. 아무리 테러범이라 하더라도 기계인 피지컬 AI가 인간을 살해하는 것이 타당한가와 같은 논쟁은 불필요하다. 고무탄과 같은 것을 사용하여 상대를 기절시키면 된다. 그러면 대테러 진압 과정에서 실수로 인질이 사망하는 사태도 방지된다.

광산업에서도 획기적으로 수익성이 높아진다. 금광을 예로 들어 보자. 어떤 금광이 발견되었다고 하면 금이 표층에 분포되어 있는 것이 아니다. 그렇다면 예전에 발견되어 이미 모두 채굴되었을 것이다. 지금 발견되는 금광은 대부분 땅속 깊숙이 있다.

이를 채굴하려면 광부를 투입해야 하는데 지상에서 일하는 것과 달리 갱도 붕괴, 매몰 등 재해의 문제가 있다. 이에 따라 갱도가 붕괴되지 않도록, 또 금을 캐내어 빈 공간이 된 부분이 무너지지 않도록 버팀목 등 많은 안전장치를 설치해야 한다.

이런 안전장치를 설치하는 데 비용이 많이 드는 것이다. 예를 들어 붕괴 확률 1%의 안전장치를 1억 원 정도의 저렴한 비용으로 설치할 수 있다고 가정해 보자. 이런 곳에 인간 광부를 투입할 수는 없다. 100명당 1명이 사망할 수 있고, 인간의 생명은 돈으로 환산할 수 없기 때문이다.

그런데 붕괴 확률이 0.01%, 즉 1만 번에 한 번 이하로 발생하도록 안전장치를 설치한다면 비용은 100배가 증가한다. 그러니까 100억 원 정도의 비용을 안전장치 설치에 투입해야 한다는 뜻이다. 그 금광에서 벌어들일 수익이 90억 원 정도라면 적자 광산이 된다. 이런 이유로 분명히 금이 있는 것을 알지만 사업성 문제로 개발되지 않거나 폐광이 된 곳이 많은 것이다.

이런 광산에 피지컬 AI를 투입하면 어떨까? 안전장치 설치에 100억 원을 쓰지 않고, 1억 원만 쓰더라도 충분하다. 그 광산의 붕괴 확률이 당연히 높아지더라도 광산업자 입장에서는 사람이 다치는 것이 아니라 그냥 생산 설비가 망가지는 것뿐이기 때문이다. 피지컬 AI의 운용 비용이 10억 원이라고 하면 광산이 붕괴되지 않을 시 79억 원(= 수입 90억 원 - 피지컬 AI 임대 및 보험 비용 10억 원 - 안전장치 설치 비용 1억 원)의 수익을 거둘 수 있지만, 인간을 투입한다면 20억 원(= 수입 90억 원 - 인건비 10억 원 - 안전장치 설치 비용 100억 원)의 손실을 보게 된다.

이처럼 경제적인 이유로 과거에 광부가 했던 일을 피지컬 AI가 대신할 수 있는 것이다. 그런데 이를 이분법으로 해석하여 광부의 일을 피지컬 AI가 가로챘다고 할 수 있을까? 그건 아니다. 피지컬 AI를 투입하지 않았더라도 사업성이 낮기 때문에 인간 광부에게는 그 일이 돌아갈 가능성이 희박하다. 적자를 감수하고 광산업을 하려는 사업자는 없기 때문이다.

논리적으로 따지면 피지컬 AI가 새로운 일자리를 창출한 것이고, 새로운 수익 사업을 창출한 것이다. 이처럼 광산업뿐만 아니라 생산 현장이나 건설 현장에서 인간이 하기 어려운 위험한 일 위주로 피지컬 AI를 투입할 수 있다.

물론 먼 미래에는 생산 현장의 대부분의 일이 피지컬 AI로 대체될 수 있다. 라스베이거스에서 열렸던 2026 CESConsumer Electronics

Show(국제가전박람회)에서 현대자동차그룹이 투자한 보스턴다이나믹스가 아틀라스Atlas라는 피지컬 AI를 선보였다. 피지컬 AI 시대가 성큼 다가온 것을 보여 준 전시회였던 것이다.

현대자동차그룹에서는 빠르면 2028년부터 현장에 투입할 목표를 가지고 있다고 한다. 문제는 현대자동차그룹 노조의 반응이다. 노사 합의 없이는 한 대의 아틀라스도 생산 현장에 투입하게 두지 않겠다고 공언하고 있다.

처음에는 힘들고 어려운 작업만 피지컬 AI가 담당하겠지만 언젠가는 생산 현장의 상당 부분이 피지컬 AI로 대체될 것이기 때문이다. 인간의 일자리가 피지컬 AI로 대거 대체되는 것이 몇 년밖에 남지 않았다는 것이다.

일자리를 잃는 것을 방지하기 위해 현대차 노조에서 정부와 정치권에 압력을 행사하여 피지컬 AI의 도입을 제한하면 어떻게 될까? 예를 들어 생산 공정의 10~20% 정도만 피지컬 AI를 도입할 수 있다는 법안을 만든다면 어찌 될까? 정치권이나 노조에서는 인간과 피지컬 AI 간에 상생의 기틀을 마련한 대단한 일이라고 생색을 내겠지만, 결국에는 한국 제조업의 몰락을 가져올 계기가 될 것이다. 세상에 자동차 회사가 현대자동차만 있는 것이 아니기 때문이다.

피지컬 AI의 등장은 우리나라 제조업의 큰 위기이다. 노조만의 위기가 아니라 기업 자체로서도 위기라는 뜻이다. 장기적으로 한국 제조업의 붕괴로까지 이어질 수 있는 대변화라는 것이다.

세계에서 가장 큰 자동차 수출 시장은 어디일까? 당연히 미국이다. 미국은 세계에서 세 번째로 인구가 많은 나라이다. 땅이 넓어서 자동차가 없이는 이동할 수 없는 나라이기도 하다. 우리나라에 비해 인구도 많지만, 땅이 더 넓어서 인구 밀도가 우리나라의 15분의 1밖에 되지 않는다. 버스나 지하철 승객이 우리나라의 15분의 1도 되지 않는다는 뜻과 같다. 우리나라와 같이 대중교통이 발달하지 않은 이유는 땅이 너무 넓어서 우리나라처럼 촘촘한 대중교통망을 구성하는 것보다 자동차를 많이 공급하는 것이 더 싸기 때문이다. 그래서 자동차가 많이 팔려 나가는 것이다.

미국에서 판매되는 자동차의 절반 이상이 한국이나 일본, 유럽, 멕시코 등 해외에서 생산된 것이다. 그러면 미국에서 만들면 될 터인데 미국은 왜 자동차를 수입할까? 차종에 따라 운송비를 감안하더라도 미국에서 생산하는 것보다 해외에서 생산하는 것이 더 싸기 때문이다.

필자가 은퇴하기 전에 했던 일은 부동산 관련 일이 아니다. IT 기업의 북미 지역 생산 및 판매 법인의 총괄 대표로, 종업원 800명 회사의 월급쟁이 사장이었다. 필자의 본사는 한국에도 공장이 있었지만 중국과 유럽, 멕시코에도 있었다. 이 중 멕시코의 국경 지대에서 생산을 해서 미국으로 전량 수출하고, 미국에서 이를 고객사에 납품하는 것이 필자가 운영한 생산 법인의 역할이었다.

그런데 생산 시설이 부족했다면 한국에서 공장을 증설하면 되었을 터인데 이 회사는 왜 한국, 중국, 유럽, 멕시코에 각각 공장을 만들었을까? 각각의 특징이 다르기 때문이다.

가장 생산 비용이 비싼 곳은 유럽 공장이다. 유럽인의 인건비가 비싸기 때문이다. 그렇다고 우리나라 생산직 사람들을 유럽 공장에 데려다 일을 시킬 수는 없다. 비자 문제도 있겠지만 그 지역에서 생활하려면 그에 상응하는 임금을 주어야 하기 때문이다. 그럼에도 불구하고 한국이나 중국 공장에서 만들어서 비행기로 운송하는 비용보다는 유럽에서 현지인을 고용하여 생산하는 것이 싸기 때문에 유럽 현지에서 생산한 것이다.

멕시코 공장도 마찬가지다. 미국에 물건을 팔지만 미국에 공장을 만들지 않은 이유는 인건비가 상당히 비싸기 때문이다. 멕시코는 미국은 물론 한국보다도 인건비가 낮은 수준이다. 미국과 붙어 있어 운송 비용도 적게 들어간다. 한국이나 중국과는 달리 비행기나 배로 운송한 후 컨테이너 트레일러로 옮겨 싣는 과정을 거치지 않아도 되기 때문이다. 그냥 공장에서 컨테이너에 실어서 육로로 운송하면 된다.

문제는 생산성이다. 한국이나 중국에서 생산하는 것보다 불량률이 높다. 자동화 설비로 생산하는 부문이야 그 차이가 별로 없지만 인간의 손에 의존하는 부분에서는 큰 차이가 있다. 잦은 이직에 따른 숙련도의 차이도 있지만 교육 수준도 영향을 끼친다. 한국은 생산직이라도 고등학교 졸업자가 대부분이다. 12년간의 교육을 받은 사람을 생산직으로 쓰는 몇몇 되지 않는 나라 중 하나이다. 이에 비해 멕시코 생산직의 평균 교육 기간은 7년에 불과하다. 우리나라로 치면 중학교 1학년까지만 정규 교육을 받은 사람이 대부분이라는 것이다.

이런저런 이유로 한국이나 중국의 생산성은 높은 편이다. 낮은 불량률 등 품질에서는 한국이 더 낫기는 하지만 중국의 인건비가 워낙 낮기 때문에 가성비로 따지면 중국이 갑이라 하겠다. 이런 이유로 운송 시간이 오래 걸리는 것을 감안하더라도 싸게 대량으로 생산해야 하는 품목은 한국이나 중국 공장에서 생산하고, 급하게 납품해야 하는 품목은 시장이 가까운 유럽이나 멕시코 공장에서 생산하게 되었다.

다시 말해 멕시코 공장의 약점은 저품질, 낮은 생산성이지만 세계 최대 소비 시장인 미국과 인접해 있다는 장점 때문에 한국이나 중국 공장에 비해 경쟁력을 가졌다. 반대로 말하자면 한국이나 중국 공장은 생산 공장에서 판매처까지 운송하는 데 드는 높은 물류비용이나 운송 시간이라는 큰 약점이 있음에도 높은 품질로 그 약점을 덮을 수 있었다.

그런데 이는 인간이 생산했을 때의 이야기이다. 잘 훈련된 피지컬 AI의 경우, 세계 어느 공장에 배치하더라도 동일한 품질을 유지할 수 있을뿐더러 비용도 비슷하다. 같은 모델의 피지컬 AI인데 미국에 가져다 놓으면 비싸고, 중국에 가져다 놓으면 싼 것이 아니다. 물론 전기료 등 유지비는 나라에 따라 다소 차이가 있을 수 있지만, 그 나라의 인건비만큼 차이 나는 것은 아니다.

이 말은 피지컬 AI가 일반화되면 지리적으로 소비 시장에 가까운 공장이 훨씬 더 경쟁력을 갖춘다는 의미가 된다. 더 나아가 멕시코 공장도 필요 없이 미국 판매처 근처에 공장을 운영하더라도 생산 단가에 큰 차이가 나지 않는다. 미국 현지 생산의 가장 큰 걸림돌이었던 인건비 문제가 해결되기 때문이다.

생산 현장에서 피지컬 AI가 보급되기 시작하면 생산 방식에서도 큰 변화가 생길 것이다. 공장이라고 하면 긴 컨베이어 벨트에 작업자가 달라붙어서 본인에게 할당된 일만 열심히 하는 장면을 상상할 것이다. 바퀴만 다는 사람이 따로 있고, 나사만 죄는 사람도 따로 있고, 페인트칠하는 사람도 따로 있는 식이다.

아기곰의 재테크 불변의 법칙

1913년 미국 포드 자동차에서 처음 도입한 방식인데, 그 이전에는 자동차 한 대를 조립할 때 12시간 이상 걸리던 것이 컨베이어 시스템 도입 이후에는 한 대당 평균 1시간 30분 정도가 걸렸다고 한다. 생산성이 8배나 증가한 것이다. 물론 한 대만 조립한다고 하면 어떤 방식으로 하든 조립 시간이 비슷하게 걸리지만, 여러 대를 생산하게 되면 컨베이어 시스템은 본인에게 익숙한 작업만 하기 때문에 생산성이 급증하는 것이다.

　그런데 이러한 컨베이어 시스템의 문제는 소품종 대량 생산에는 맞지만 다품종 소량 생산에는 맞지 않는 방식이라 하겠다. 다시 말해 소비자의 다양한 니즈를 반영하지 못한다는 치명적인 단점이 있다. 이 때문에 세계적인 브랜드의 명품 가방은 한 명의 장인이 전 공정을 혼자 작업하는 것이다.

　이런 다품종 소량 생산에 적합한 전통적 장인 방식은 낮은 생산성이라는 치명적 단점이 있다. 인간의 경우 익숙하지 않은 일을 하게 되면 아무래도 생산성이 떨어지기 때문에, 수많은 과정을 거치는 일에는 당연히 생산성이 떨어지게 된다. 그럼에도 불구하고 상품의 다양성을 추구하는 전략을 추구한다면 과거의 전통적 장인 방식을 현대적으로 발전시킨 셀 방식cell type 생산 시스템이 맞다고 하겠다. 미국의 컴팩이라는 컴퓨터 회사에서 이 방식을 채용하여 각광을 받았다. 몇몇 생산직 담당자가 컴퓨터를 처음부터 끝까지 조립하는 방식이다. 마치 주방에서 여러 명의 셰프가 각각의 레시피를 가지고 각자가 맡은 요리를 완성하는 방식이라 하겠다.

　이렇듯 생산성만을 생각하면 포드 자동차의 컨베이어 생산 시스템이 유리하고, 상품의 다양성이나 유연성을 생각하면 컴팩 컴퓨터의 셀 방식 생산 시스템이 유리한 것이다.

그런데 피지컬 AI가 생산 현장에 보급되기 시작하면 셀 방식 생산 시스템이라도 생산성이 떨어질 이유가 없다. 인간은 어떤 작업을 하다가 다른 작업을 수행하게 되면 적응 시간이 필요하지만, 피지컬 AI는 이런 시간이 전혀 필요하지 않다. 몇 년 전에 해 보았던 일이라도 정확하게 기억해 내서 똑같이 재현할 수 있기 때문이다. 한마디로 컨베이어 생산 시스템의 생산성과 셀 방식 생산 시스템의 다양성이라는 두 마리 토끼를 피지컬 AI로 한꺼번에 잡을 수 있는 것이다.

더구나 피지컬 AI가 생산 현장에 본격적으로 보급되기 시작하면, 소비 시장이 가까운 지역에서 소비자의 다양한 니즈가 반영된 상품을 생산성 저하 없이 빠르게 생산해서 신속하게 전달하는 시스템을 갖출 수 있다는 장점도 있다.

우리나라나 중국에서 아무리 생산성 향상을 하더라도 소비 시장에서 멀기 때문에 물류비용이나 운송 시간을 줄일 방법은 없다. 이 때문에 피지컬 AI로 생산 원가를 절감할 수 있는 미국이나 유럽의 현지 생산과의 경쟁에서 밀려나게 된다. 과거처럼 싼 인건비를 무기로 한 제조업은 더 이상 버틸 수 없는 세상이 된다는 의미이다. 당연히 이런 기업에서 일하는 사람의 일자리도 없어지는 것이다.

우리나라 노조에서 아무리 피지컬 AI의 도입을 막아도 소용이 없다. 한국에서 생산할 기회조차 얻지 못할 가능성이 높기 때문이다.

그러면 제조업을 기반으로 한 대한민국의 미래는 없을까? 다른 선진국처럼 금융이나 서비스업을 강화하면 될까? 이미 자본이나 경험이 축적된 다른 선진국에 비해 금융이나 서비스업에서 우리나라가 갖는 특별한 강점이 미미하다.

　그나마 잘 교육된 인재라는 한국의 장점이 그동안 우리나라 제조업의 경쟁력이었다. 피지컬 AI의 도입으로 단순 생산 방식의 위기가 닥친다고 하지만 연구 개발의 경우는 다르다고 할 수 있다. 이런 이유로 낮은 인건비만을 무기로 하는 공장은 문을 닫겠지만, 디자인 등 자체 상품 개발 능력을 갖춘 기업은 살아남을 수 있다 하겠다. 단순히 선진국에서 개발된 제품을 생산만 해 주는 OEM 방식으로는 피지컬 AI와의 경쟁에서 이길 수 없고, '개발 + 생산'이 결합한 ODM 방식으로만 그나마 경쟁력이 보존되는 것이다.

　더 나아가 자체 브랜드 파워까지 있다면 금상첨화이다. 예를 들어 아무리 피지컬 AI의 생산 현장 도입이 일반화된다고 하여도 샤넬이나 에르메스와 같이 자신만의 디자인과 브랜드 가치를 가진 회사가 망할 가능성은 적다.

　그렇다면 피지컬 AI가 언제쯤 생산 현장에 도입될 수 있을까? 현대자동차의 경우는 2028년쯤에는 아틀라스를 생산 현장에 투입할 계획이라고 한다. 그런데 테슬라 옵티머스Optimus의 경우는 2026년 현재 이미 텍사스 공장에 투입하고 있다. 물론 아직은 직접적인 생산에 활용하지는 못하고 있고, 트레이닝 단계라고 한다. 다시 말해 기존에 인간이 했던 방법을 옵티머스가 부지런히 배우고 있는 단계라 할 수 있다.

　사람도 가르치기 어려운데 옵티머스 한 대를 훈련하는 데 수개월이 걸린다고 하면, 수많은 옵티머스를 가르치는 데는 얼마나 긴 시간이 걸릴까 하고 생각하지 마라. 옵티머스 한 대가 습득한 기술은 OTA를 통해서 여러 대의 옵티머스가 동시에 공유할 수 있다.

여러 과정을 훈련하는 데는 몇 년이 걸릴 수도 있다고 생각하지 마라. 여러 대의 옵티머스를 여러 공정에 동시에 투입하여 각각의 기술을 익히게 한 다음 공유하면 된다.

피지컬 AI를 광범위하게 생각한다면 우리 곁에 이미 와 있는 테슬라 자동차의 FSD 기술도 일종의 피지컬 AI로 볼 수 있다. 테슬라 자동차의 FSD가 이른 시간 안에 진화할 수 있었던 비밀은 바로 데이터 공유이다. 그동안 팔려 나갔던 테슬라 자동차들에서 취합된 인간의 운전 습관 등의 데이터를 AI가 학습하면서 인간을 뛰어넘는 운전 실력을 갖추게 된 것이다.

지금은 내비게이션만 찍으면 인간의 개입이 거의 없이 차고에서 목적지까지 데려다준다. 24시간 아무 때나 호출할 수 있는 잘 숙련된 운전기사를 한 달에 100달러(15만 원)도 되지 않는 돈으로 고용하고 있는 셈이다. 운전 스트레스에서 완전 해방된 것이다.

피지컬 AI의 최종 단계는 가정용 휴머노이드 로봇이다. 생산 현장은 비교적 정형화된 프로세스에 의해 운영되므로 예외 사항의 발생 빈도가 낮다. 그리고 건장한 성인들 사이에서 작업하므로 가정보다는 안정적인 환경이다.

하지만 가정에는 아기도 있고, 노약자도 있다. 장난꾸러기 아이도 있을 수 있고, 반려동물도 있을 수 있다. 뜨거운 물을 끓이는 일도 다반사이다. 위험 요소가 사방에 깔려 있다는 뜻이다.

작업의 숙련도에도 차이가 있다. 휴머노이드는 생산 현장에서 인간이 사용하던 드라이버로 나사를 죄일 필요가 없다. 휴머노이드 전용

아기곰의 재테크 불변의 법칙

공구로 나사를 조립하는 것이 더 빠르고 생산적이기 때문이다. 하지만 가정에는 그런 공구가 없다. 인간이 예전부터 쓰던 낡은 공구로 배관도 고치고 액자도 벽에 달아야 한다. 생산 현장보다 훨씬 더 인간에 유사한 모델을 만들어야 한다는 뜻이다.

테슬라에서 옵티머스를 훈련하는 이유는 공장 근로자 일부를 줄이려는 목적이 아니다. 옵티머스를 최대한 인간과 유사하게 훈련해서 최종 목표인 가정용 휴머노이드로 진화시키려는 것이다.

가정에 휴머노이드가 들어온다면 세상은 한 단계 더 발달하게 될 것이다. 로봇이 사람 앞에서 텀블링하거나 쿵후 댄스 추는 것이나 보자는 것이 아니다. 아주 유능한 집사가 집에서 24시간 서빙하는 세상이 된다는 의미이다. 이 집사는 못 고치는 것이 없는 맥가이버도 될 수 있고, 전 세계 모든 언어를 마스터한 동시통역가도 될 수 있다. 심심할 때 이야기를 들려주는 말동무도 될 수 있고, 바둑이나 장기를 같이 둘 수도 있다. 심지어 세계 각국의 요리를 만드는 요리사가 될 수도 있고, 자녀의 가정교사 역할도 할 수 있다.

하지만 가정용 휴머노이드 역할의 최종판은 바로 요양사 역할이다. 우리나라도 초고령 사회로 진입을 앞두면서 주변에서 80대는 물론 90대 어르신도 심심치 않게 보게 된다. 물론 그 나이까지 신체적·정신적으로 건강하신 분도 있지만 그렇지 않은 분도 많다. 병을 앓아서 거동이 불편하거나 심지어 치매 증상을 겪는 분들도 있다.

과거에는 효자, 효부들이 자신의 삶을 희생하면서 이분들을 돌봐왔지만 그 기간이 길어지면 서로 지치게 된다. 그래서 요양 병원으로 모시려고 하지만 어르신의 입장에서는 그동안 익숙했던 집과 동네를 떠나 산속으로 유배당하는 것과 같은 느낌이 들 것이다. 심지어는 현대판 고려장으로 생각할 수도 있다.

그렇다고 본인만 편하고자 자신이 살던 집에서 계속 살겠다고 고집을 부릴 수도 없다. 극단적인 경우, 거동이 불편한 홀로된 시아버지 몸을 며느리가 씻겨 드릴 수는 없는 것이다. 남편이 퇴근할 때까지 기다리기만 하면 그나마 다행이다. 남편이 장기 출장이라도 간다면 집에서 시아버지와 있는 시간이 지옥과 같을 것이다. 시아버지 입장에서도 마찬가지이다. 미안한 마음과 서운한 감정이 매시간 교차하면서 자괴감마저 들 것이다.

그런데 한 달에 몇십만 원의 푼돈만 내면 세상에서 가장 유능하고 불평도 없는 요양사를 고용할 수 있는 것이다. 거동이 불편한 시아버지를 번쩍 들어서 꼼꼼하게 목욕을 시켜 주고 옷도 갈아입혀 줄 수 있다. 시아버지의 말동무도 해 주고 24시간 침대 옆에서 지키고 있다가 혹시나 아프면 보호자와 병원에 바로 연락을 주기도 한다. 치매인 시아버지가 하는 말을 인내심 있게 들어 주고 과거의 기억이 되살아날 수 있는 장면들을 말해 주거나 저장된 영상을 띄워서 보여 주며 추억을 떠올리게 할 수도 있다.

지금으로서는 소설 같은 이야기로 들리겠지만 현재의 AI 발전 속도 등을 감안하면 10년 안에 현실화될 가능성도 있다. 일론 머스크에 따르면 5년 안에 가정용 옵티머스를 발매하는 것이 목표이고, 그 가격은 우리나라 돈으로 3,000만 원 정도에 불과하다고 한다. 매년 큰 비용이 드는 것이 아니고, 구입한 이후에는 적은 유지비만 들 따름이다. 목돈이 부담스러운 사람을 위하여 현재의 FSD처럼 당연히 월 구독료 시

아기곰의 재테크 불변의 법칙

스템도 도입될 것이다.

세상이 바뀌는 것이다. 피지컬 AI는 인간의 직업만 뺏는 괴물이 아니다. 기존에 인간이 하지 못했던 분야, 인간이 하기 싫어했던 분야를 아무런 불평 없이 저비용으로 수행할 수 있는 획기적인 기회인 것이다. 만약 이런 분야에 근무하고 있다면 피지컬 AI에 직업을 뺏기는 것은 시간문제이다.

배관 기술이나 배울까 하는 엉뚱한 생각은 집어치워라. 가정용 피지컬 AI가 인간 배관공보다 더 잘 고치는 날이 금방 올 것이기 때문이다. 기술의 발달은 누구도 막을 수 없다. 이를 비웃고 무시하는 사이에 먼저 그 기술을 받아들인 사람이나 나라에 점점 뒤처지는 것이다.

예전에 우리나라에 컴퓨터가 처음 보급될 때의 일이다. 지상파 방송국 중의 한 곳에서 흥미로운 이벤트를 기획했다. 이른바 인간과 컴퓨터의 세기의 대결이다. 그런데 거창한 홍보와 달리 정작 방송 내용은 유치하기 짝이 없었다.

무대 한쪽에는 컴퓨터 자판을 앞에 놓은 사람 여럿이 있고, 반대편에는 상업고등학교에 다니는 여학생들이 주판을 탁자 위에 놓고 있었다. 이벤트 진행자가 칠판에 빼곡히 적힌 숫자를 공개하자 양쪽에서는 그 합계를 내기에 분주했다.

누가 더 빨랐을까? 주판으로 무장한 여학생 팀이 더 빠르고 정확했다. 타이핑 속도보다 주판 속도가 더 빨랐던 것이다. 그러자 이벤트 진행자가 코멘트를 했다. 컴퓨터가 발달했다 하더라도 인간의 머리를 따라올 수 없고, 특히 젓가락 문화가 있는 한국 사람의 손놀림은 절대 따라올 수 없다는 국뽕(?) 코멘트도 잊지 않았다. 50년 전에 대한민국에서 실제로 있었던 일이다.

이는 컴퓨터가 무엇인지를 이해하지 못한 방송사가 만든 해프닝이다. 주판이 이긴 것은 인간의 타이핑 속도이지 컴퓨터의 연산 속도가 아니다. 엑셀에 숫자를 50개 정도 입력해 놓고 더하기를 해 보라. 연산에 0.1초도 걸리지 않는다.

피지컬 AI의 도입 단계에는 이와 비슷한 일이 많을 것으로 예상된다. 피지컬 AI가 인간보다 못하는 분야만 찾아내서 피지컬 AI 무용론을 펴는 사람도 있을 것이다. 지금도 전기차는 화재만 많이 나는 애물단지라고 생각하면서 외면하고 비웃는 사이에 미국의 테슬라는 이미 넘을 수 없는 수준으로 앞서가고 있고, 우리가 우습게 보았던 중국의 전기차 기술도 우리나라보다 몇 수 앞에 있다.

피지컬 AI는 세상의 모든 일을 해결해 주는 마법의 기계가 아니다. 하지만 일정 분야에서는 인간이 직접 하는 것보다 훨씬 나은 결과를 가져올 수 있다는 것도 사실이다. 우리는 피지컬 AI의 장점만을 취해서 우리나라 산업 구조를 경쟁력 있게 만들고, 우리 삶의 질을 높이면 그만이다.

피지컬 AI에 대한 막연한 공포심이나 거부감을 가질 필요도 없다. 인간이 하지 못하거나 인간이 하기 어려운 것은 피지컬 AI의 몫으로 남겨 두고, 인간은 보다 창조적인 일에 몰두하면 된다. 아무리 피지컬 AI가 발달한다고 하여도 인간만이 해야 할 분야가 있다. 예를 들면 책임이나 윤리에 관한 것이다. 피지컬 AI가 잘못된 결정을 내린다고 해도 책임을 물을 방법이 딱히 없다. 인간을 감옥에 보내듯이 일주일 동안 전기를 공급하지 않고 창고에 방치하면 책임을 묻는 것일까?

아기곰의 재테크 불변의 법칙

어차피 최종 결정은 인간이 하는 것이고 피지컬 AI는 인간 삶의 질을 높이기 위한 도구일 따름이다. 도구를 잘 이용하면 우리의 삶이 풍성해지는 것이고, 도구를 적으로 여기거나 외면하면 그만큼 시대에 뒤처지게 되는 것이다.

그러면 이러한 피지컬 AI의 확대가 투자 시장에는 어떠한 영향을 끼칠까? 지난 몇 년간 AI 구동 프로세서를 만드는 엔비디아의 주가나 반도체 주식이 강세를 보였다. AI 기술의 확대 보급에 따라 시장이 더 커지고, 이들 기업의 매물이나 수익이 더 커질 것으로 예상되기 때문이다. 피지컬 AI만 놓고 보면 물리적 작동에 필요한 에너지 관련 주식과 이 에너지를 보관, 활용할 수 있는 2차 전지 관련주도 수혜주라 할 수 있다.

부동산 시장에도 영향은 당연히 있다. 공장의 인력이 피지컬 AI로 빠르게 대체되면 그 공장 자체는 생산성이 오르고 수익이 더 날 수 있겠지만 공장이 속한 지역 경제에는 도움이 되지 않는다. 인간은 식사도 하고, 회식도 하고, 생필품을 소비해야 한다. 하지만 피지컬 AI는 전기만 있으면 24시간 작동이 가능하기 때문에 공장에서 근무하는 사람의 소비에 의존하던 주변 상권에는 지대한 악영향을 끼칠 수 있다.

더 나아가 주택 수요도 줄기 때문에 집값에 상당한 영향을 끼치게 된다. 수요가 10%가 줄면 집값이 10%만 빠지는 것이 아니다. 더 이상 집값이 오르지 않을 것이라는 인식이 퍼지면서 실수요자들도 집을 사기보다는 임대로 거주하려 하기 때문에 매매가는 약세, 월세는 강세 현상이 가속화될 것이다.

단위: %

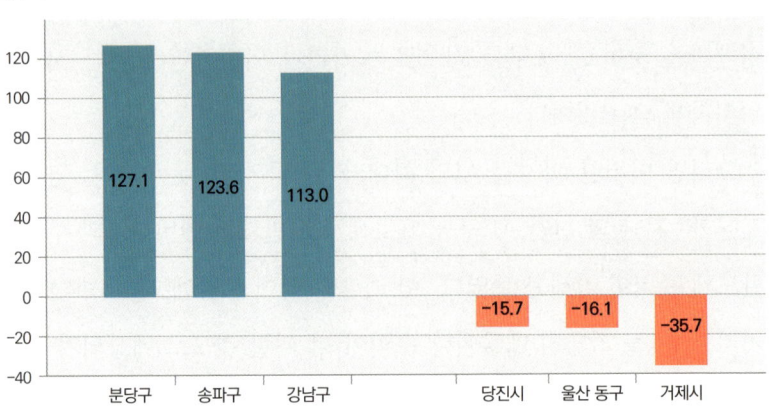

Source: KB국민은행(2016년 3월 ~ 2026년 3월)

위의 도표는 지난 10년간 아파트 매매가가 가장 많이 오른 3개 지역과 가장 많이 떨어진 3개 지역을 나타낸 것이다. 이 기간 동안 전국 아파트 매매 상승률은 27.7%에 이르고 서울은 81.4%에 달한다. 그중에서도 분당구, 송파구, 강남구는 집값이 두 배 이상으로 올랐다.

하지만 전국 모든 지역이 오른 것은 아니다. 같은 기간 동안 거제시는 35.7%, 울산 동구는 16.1%, 당진시는 15.7%나 집값이 떨어졌다. 제조업 의존도가 높은 지역의 집값이 많이 떨어진 것이다. 거제시에는 삼성중공업과 한화오션(구 대우조선)과 관련 업체가 많이 모여 있고, 울산 동구에는 현대중공업과 현대미포조선, 당진시에는 현대제철이 위치해 있다.

우리나라 전체 인구에서 25~34세 인구는 2017년 5월에 비해 2026년 2월에는 소폭(1.1%) 증가했다. 그런데 같은 기간 동안 거제시는 무려 45.0%, 울산 동구는 38.2%나 줄어들었다. 이들 지역의 일자리가 줄어들면서 일자리를 찾아 떠난 젊은 계층인 25~34세의 인구가 크게 줄어든 것이다. 이들은 내 집 마련을 처음 하는 직접적인 주택 수요이다. 수요가 크게 줄어드니 이들 지역의 집값이 전국에서 가장 약세를 보였던 것이다.

문제는 피지컬 AI의 확산이 이런 현상을 더욱 심화시킬 가능성이 있다는 것이다. 피지컬 AI의 확산이 집값 양극화를 부추길 또 하나의 요인이 될 가능성이 높다는 의미이다.

피지컬 AI의 확산은 인간을 노동에서 해방시킬 것이다. 하지만 이는 인간의 일자리가 피지컬 AI로 대체된다는 것이고, 인간 입장에서는 본인이 할 수 있는 일자리가 줄어든다는 의미이다. 특히 작년에 했던 일을 올해도 하고, 지난달에 했던 작업을 이번 달에도 하는 직종이라면 그 자리를 빠른 속도로 피지컬 AI에 빼앗길 것이다. 반복 가능한 단순노동 작업이 제일 먼저 대체될 가능성이 높다. 피지컬 AI의 학습 속도가 가장 빠른 분야이기 때문이다.

그러면 인류의 미래는 일자리를 확보한 소수와 일자리를 구하지 못한 다수로 구성된 디스토피아 세계가 될 것인가? 그렇지는 않다. 처음에 증기기관이 발명되어 공장에 도입되었을 때나 자동차가 발명되어 마차를 대체했을 때도 이와 비슷한 논쟁이 있었지만, 그 당시 없어진 직업보다 그 이후 현재까지 더 많은 직업이 생겨났다.

그렇다면 앞으로는 어떤 직업이 살아남고, 더 나아가 각광받을 것인가? 피지컬 AI의 등장으로 인류가 단순노동에서 해방된다고 했는데, 이는 다른 말로 표현하면 인류에게 여가 시간이 그만큼 늘어난다는 뜻이 된다. 사람들은 자연스럽게 이 여가 시간을 소비할 대상을 찾게 되고, 여기에 우리의 미래가 달려 있다.

여가 산업, 다시 말해 엔터테인먼트 관련 사업에 더 많은 기회가 부여될 것이다. K 팝이나 K 드라마와 같은 직접적인 여가 산업도 있지만 K 문화를 체험해 볼 수 있는 관광업, 공연업, K 스타일을 따라 해볼 수 있는 화장 관련 서비스업 등 3차 산업의 비중이 더 커질 것이다.

물론 2차 산업이라 할 수 있는 제조업이 바로 몰락하지는 않는다. 하지만 우리나라는 OECD 평균치에 비해 제조업 의존도가 두 배나 높은데, 이 비중이 미래에는 OECD 평균치 정도로 낮아질 것이라는 뜻이다. 그동안은 미국이나 유럽 등 소비 시장과 멀어서 물류비가 많이 들 수밖에 없는 약점을 선진국보다 상대적으로 낮은 인건비와 높은 생산성으로 만회할 수 있었다. 하지만 인간보다 더 높은 생산성과 더 낮은 비용으로 운용할 수 있는 피지컬 AI의 보급은 우리나라 제조업 경쟁력을 약화하는 계기가 된다. 시장에서 멀다는 치명적인 약점을 만회하기 어렵기 때문이다.

결국 제조업 중에서도 다른 나라의 기업보다 경쟁력 있는 기술을 확보한 기업만이 살아남게 될 것이다. 다시 말해 한국 제조업의 경쟁력은 공장에서 나오는 것이 아니라 연구소에서 나오는 시대가 되었다는 뜻이다. 극단적으로 표현하면 한국에는 연구소만 두고 생산은 소비 국가에서 하는 형태의 국제 협업이 일반화될 것이다.

이런 현상은 우리나라 부동산 시장에 어떤 영향을 줄까? 제조업을 기반으로 하는 지방 중소 도시의 일자리 감소는 피할 수 없다. 많은 이들이 실직할 것이고, 이들을 대상으로 했던 식당이나 주점 등 주변 상권도 큰 어려움을 겪게 될 것이다. 결국 많은 사람이 더 나은 기회를 찾아 해당 지역을 떠날 수밖에 없다.

소비를 기반으로 한 여가 산업이 각광받을 것이라고 했는데, 이는 수도권 대도시를 중심으로 이루어진다. 여가 산업의 생산 및 소비는 인구 집중도가 높은 지역일수록 경쟁력이 있기 때문이다.

한마디로 사람도 돈도 수도권으로 몰리는 양극화의 시대가 심화될 가능성이 높다는 뜻이다. 물론 이를 방지하기 위하여 정치권에서는 '국토의 균형 발전'이라는 구호를 내걸고 있지만, 현실적으로 정부의 역할은 과거보다 줄어들 수밖에 없다.

제조업에서 정부의 역할은 상당히 중요했지만 여가 산업에서 정부가 할 수 있는 것은 거의 없다. 대중의 취향이 너무나도 빠르게 변하기 때문에 누군가는 책임을 져야 하는 정부에서 이를 주도할 수는 없다. 수많은 민간 기업이 나타나서 누구는 망하고, 누구는 흥하고 하는 것이 이 분야이다. '여가 산업' 하면 여유로운 느낌을 받겠지만 어느 분야보다 치열한 경쟁이 있는 곳이 바로 이 분야이다. 정부의 의지만으로 BTS나 블랙핑크와 같은 그룹을 만들어 낼 수 있는 것도 아니고, 〈케이팝 데몬 헌터스〉나 〈오징어 게임〉과 같은 작품을 만들어 내는 것도 아니다. 정부에서 지방의 특정 도시를 한류 중심지로 지정한다고 해서 그 지역의 일자리가 극적으로 늘어나는 것은 아니라는 뜻이다.

수많은 민간 기업이 생기고 치열한 경쟁을 거치면서 그중 세계인의 공감을 받을 수 있는 작품이 나와야 성공할 수 있는 분야이다. 결국 이런 민간 기업들이 어디에 자리 잡느냐에 따라 특정 지역으로 인재와 자본이 몰린다. 민간 기업의 입장에서는 '국토의 균형 발전'보다 당장 살아남아서 세계적인 경쟁력을 갖추는 것이 더 시급한 일이기 때문에 가장 유리하다고 생각되는 곳에 몰리는 것이다.

　미국 실리콘밸리에 테크노 기업이 몰리는 이유는 인재를 확보하기 쉽기 때문이다. 실리콘밸리 인근의 UC버클리나 스탠퍼드대학과 같은 명문 학교에 우수한 학생이 몰리는 이유도 해당 지역에 우수한 기업이 많기 때문이다. 기업이 인재를 부르고, 인재가 기업을 부르는 것이다. 이 선순환에 미국 정부가 끼어들 여지는 없다.

　우리나라는 지방 소멸과 수도권 집중화라는 고질적인 문제를 가지고 있다. 자본과 일자리의 수도권 집중화가 거세지면서 지방의 젊은 층이 수도권으로 점점 몰리고 있는 것이다. 2016년 2월부터 2026년 2월까지 지난 10년간 25~39세의 젊은 층과 65세 이상의 고령자층의 비율 변화를 살펴보면 수도권(서울, 인천, 경기)은 37%포인트가 늘어나는 동안, 지방 소재 대도시(부산, 대구, 광주, 대전, 울산, 세종)는 56%포인트, 기타 지방(강원, 충청, 전라, 경상, 제주)은 무려 71%포인트나 늘어났다. 지방의 젊은 층이 급격하게 줄어들고, 고령자층은 지속적으로 늘어나는 현상이 통계에서도 그대로 나타나고 있는 것이다.

　문제는 피지컬 AI의 확산은 이런 현상을 더 빠르게 심화시킬 가능성이 높다는 것이다. 일자리와 문화 소비를 찾아서 지방에서 수도권으로 몰려드는 젊은 층을 막을 수 없다는 뜻이다. 이들 젊은 계층이 주택 시장에서는 가장 활발한 매수 세력이다. 새로 내 집 마련을 하려는 실수요자라는 뜻이다.

　현재도 문제가 되는 수도권과 지방의 집값 차이가 피지컬 AI의 확산이라는 변수로 더 벌어질 수 있다. 먼 미래에 벌어질 남의 일로 알았던 피지컬 AI의 확산이 당신 집값에 영향을 끼치는 것이다.

주식과 부동산,
나한테 맞는 재테크는?

  지난 몇 년간 부동산 값이 많이 오르자 부동산에 대한 관심이 높아지면서 부동산 투자가 재테크의 한 장르로서 확실히 자리매김한 것 같다. 이런 와중에 기존에 주식 거래를 많이 하던 사람들 중에는 거래량을 분석하여 향후 집값을 예측하려는 시도를 하는 등 부동산 시장을 주식 시장 분석 방법으로 접근하려는 시도가 있다.

  그동안 대규모 기관들이 참여하는 주식 시장에 비해 부동산 시장은 개미들이 시장 주체였기 때문에 상대적으로 과학적인 분석 체계가 미흡하였다. 그러므로 이러한 시도를 하는 것은 좋으나 주식 시장의 이론을 억지로 부동산 시장에 짜 맞추려는 인상이 짙다. 이러한 분석 방법이 부동산 시장에서도 적용되려면 주식 시장과 부동산 시장의 성격이 유사해야 한다는 조건이 전제되어야 한다. 그러면 과연 주식 시장과 부동산 시장은 같은 성격일까? 부동산 시장은 주식 시장과 종종 다른 양상을 보인다. 두 시장의 차이점을 비교해 보자.

첫 번째, 부동산은 실물이다

주식은 실물이 아니다. 권리에 대한 지분에 불과하다. 주식은 회사의 일정 지분을 소유한다는 일종의 권리증이며, 대부분 미래의 이익 실현을 기대치로 하여 주가가 형성되는 것이다. 주권 자체로는 실용 가치가 없다는 뜻이다.

이에 비해 부동산, 좁게 말하여 주택은 자동차나 음식과 같이 실물이다. 한마디로 주택은 주거 공간으로, 인간의 기본 욕구인 의·식·주에 해당되는 문제이다. 그 집의 소유 여부를 떠나서 한 가정에는 하나의 주거 공간이 필요한 것이다. 그러면 주택 가격이 차이 나는 이유는 무엇일까? 교육을 중시하는 사람은 조금 더 돈을 주고서라도 교육 환경이 좋다고 소문난 곳으로 이사 가고 싶고, 직장이 먼 사람은 직장 가까이에 집을 얻고 싶은 것이 모두의 바람이다. 좀 더 여유가 있는 사람들은 넓은 평수의 집이나 환경이 좋은 곳을 찾을 것이다. 그 주택의 조건이 타 지역보다 뛰어나서 그 지역에 대한 수요가 많으면 가격이 오르는 것이고, 반대로 그렇지 못한 지역은 공급보다 수요가 적기 때문에 떨어지게 되는 것이다.

그러면 실물이라는 것과 투자라는 것은 어떤 상관관계에 있을까? 투자자 입장에서 볼 때 아파트 시장의 매력은 망해도 쪽박은 차지 않는다는 것이다. 어떤 기업이 망하면 그 기업의 주식은 휴지조각이 되어 자산 가치가 거의 제로가 되지만, 아파트는 실물이기 때문에 그 집에서 그대로 살면 된다. 또한 본인이 그 집에 직접 들어가서 거주하는 방법 말고 전세를 주는 방법도 있다. 이 때문에 주택에는 매매 수요도 있지만, 임대 수요도 있는 것이다. 다시 말해 매매 수요가 주춤해도 임대 수요가 늘어나면, 집값 상승률이 주춤해도 전세가는 오른다. 전세가가 오르면 소유주의 입장에서는 투자금을 회수할 수 있다는 장점이 있다.

간단한 예로 보자. 어떤 아파트의 전세가를 매매가로 나눈 전세가 비율이 70%라고 가정해 보자. 집값이 5억 원이라면 전세가가 3억 5,000만 원이라는 뜻이다. 그런데 2006년 말부터 2025년 말까지 지난 20년간 전국 아파트 연평균 전세가 상승률은 3.69%였다. 이 정도 상승률로 앞으로도 오른다면 11년 후에는 전세 시세가 5억 285만 원이 된다. 결국 어떤 집을 산 후 11년 정도 시간이 흐르면 전세 시세가 최초 매수 가격에 다다른다는 뜻이다.

두 번째, 부동산 가격에는 하방 경직성이 있다

부동산은 투자 대상이자 실물이라는 이중성이 있다. 실제로 어떤 집에서 거주하고 있는 실수요자에게는 집값이 오르거나 내리더라도 크게 심리적으로 영향을 주지 않는다. 집값이 내릴 경우 더 내릴 것을 염려하여 투매를 하는 것이 아니라, 원래 그 집은 투자용으로 산 것이 아니라 들어가서 살기 위해서 산 것이기 때문에 투자 손실이 아니라 주거 비용으로 생각을 한다.

중고차를 예로 들어 보겠다. 중고차 값은 시간이 흐름에 따라 계속 내린다. 감가상각이 적용되기 때문이다. 하지만 자신이 타고 있는 차 값이 다음 달에 내릴 것 같다고 차를 팔았다가 몇 달 후에 다시 사는 사람은 거의 없다. 자동차는 실물이어서 팔아 버린 동안에는 차를 이용하지 못한다는 점도 있지만 손에 익은 자기 차와 같은 품질의 자동차를 다시 살 수 있을지도 의문이기 때문이다.

아파트도 마찬가지이다. 실수요자에게 있어서 부동산이 투자 자산으로 인식되는 것은 매수가보다 비쌀 때뿐이다. 매수가보다 낮게 시세가 형성되면 투자자가 아니라 소비자의 행동 양식을 보여 준다. 그렇기 때문에 부동산 침체기에는 거래량이 줄어드는 것이다. 극단적인 예로 아파트를 4억에 샀는데 5억이 되었다고 아스팔트에 금가루를 뿌려 주는 것도 아니고 반대로 3억이 되었다고 집 앞 도로를 파헤치지도 않기 때문이다. 자기가 가치 있다고 생각하는 만큼 돈을 주고 사서 살면 되는 것이다.

그러므로 실수요자의 시각에서 보면 집값이 오를 경우에만 팔 생각이 생기는 것이고(투자자), 내릴 경우에는 거래에 대한 생각이 없어지는 것이다(실수요자). 이렇기 때문에 부동산 특히 주택 시장은 한번 오르면 가격이 빠지기 어려운 하방 경직성을 갖게 되는 것이다.

세 번째, 주택 시장은 레버리지 투자가 가능하다

매입가	전세금	전세가 비율	실투자금	매도가	투자 수익률(ROI)
5억 원	3억 원	60%	2억 원	6억 원 (차익 1억)	50%(=1억/2억)
	4억 원	80%	1억 원		100%(=1억/1억)

예를 들어 5억 원짜리 집이 전세가 3억 원이라고 가정하면, 전세가 비율이 60%이다. 이 집이 일정 기간 후에 1억 원이 올랐다면 상승률은 20%에 불과하지만, 수익률은 50%가 된다(= 시세 차익 1억 원 / 실

투자금 2억 원). 이것이 주식과 주택의 다른 점이다. 5만 원짜리 주식이 6만 원이 되면 상승률은 20%, 수익률도 20%이다. 하지만 5억 원짜리 주택이 6억 원이 되었다면 상승률은 20%지만, 수익률은 전세가 비율에 따라 50% 이상이 된다.

그런데 위의 예에서 5억 원짜리 집의 전세가 4억 원이었다면 전세가 비율은 80%가 된다. 이 경우, 시세 차익이 1억 원 났다고 하면 수익률은 100%가 되는 것이다(= 시세 차익 1억 원 / 실투자금 1억 원). 이처럼 전세가가 오를수록 투자 수익률도 따라서 늘어나는 것이 주택 투자의 특징이다. 레버리지(지렛대) 효과 때문이다.

어떤 사람은 주식 투자도 대출을 받아서 하면 레버리지 효과가 있지 않느냐고 반문할 수 있다. 하지만 전세금은 단순한 부채가 아니다. 2년이란 정해진 기간 내에 그 돈을 갚을 필요도 없고, 게다가 무이자이다. 회계학에서 말하는 영구채 성격을 띠고 있다. 쉽게 이야기해서 대출을 받아서 주식 투자를 했는데, 손실이 났다고 하면 대출을 받은 것은 독이 된다. 하지만 주택 투자의 경우 손실이 났다고 해도 전세를 준 것이 독이 될 수는 없다. 이런 것이 양질의 레버리지다.

네 번째, 부동산은 거래 비용이 많이 든다

부동산 하락론자들이 주장하는 논리가 있다. C라는 주식이 10만 원 하는데 지금 1,000주가 있다고 가정하고, 이 주식이 하락할 것 같으면 지금 팔았다가 9만 원 때 되사면 1,000만 원이 이득이라고 한다. 주식 시장에서는 당연히 맞는 이야기이다. 부동산도 향후 20~30% 빠질 것이니까 지금 팔았다가 그때 사면 20~30% 돈을 번다고 주장하는 사람들이 있다.

거래 비용의 관점에서 볼 때 주식은 어떤 주식을 팔았다가 다시 되사단고 하더라도 거래 비용이 1%도 되지 않는다. 그러나 부동산의 경우는 양도소득세는 별개로 치더라도 팔 때 들어가는 부동산 중개 수수료, 그리고 되살 때 소요되는 취득세, 부동산 중개수수료가 수반되어 거래 비용이 보통 2~5%에 이른다. 즉 그 이상으로 가격이 하락한다는 확신이 있을 경우에만 팔았다 샀다 하는 전략이 현실성이 있는것이다. 한마디로 단기간에 거래 비용 이상이 폭락해야 이 전략이 먹힌다. 주식은 등락폭이 크지만 이에 비해 거래 비용이 적기 때문에 오전에 샀다가 오후에 파는 데이 트레이딩도 가능하지만, 부동산의 경우는 일정 기간 내의 거래 비용에 비해 부동산 시장 가격이 움직이는폭이 미미하기 때문에 1가구 1주택자가 그러한 전략을 쓰기에는 위험도가 상당히 높다.

다섯 번째, 부동산은 시장의 반응 속도가 느리다

주식은 어떤 정보에 대해 반응하는 시간이 상당히 빠르다. 하루에도 몇 번씩 급등락을 할 수가 있다. 이에 반해 부동산 시장은 반응 속도가 느리다. 이는 부동산 시장이 투자 시장의 성격도 있지만 실수요위주의 시장이기 때문이다. 주식은 매초 단위로 시세가 변하는 데 비해서 부동산은 주간 단위로 시세를 갱신한다. 그나마 대부분의 시세가 그 전주와 동일할 때가 많다. 이러한 특성 때문에 주식 시장만큼화끈한 면은 없지만 하루 종일 일에 매여 있는 사람에게는 주식보다부동산이 유리하다. 주식은 각종 회의, 거래처 방문 등 자기 시간을

100% 낼 수 없는 직장인의 경우 거래에 있어서 가장 중요할 때 다른 일 때문에 거래를 하지 못할 가능성이 많기 때문이다. 예를 들어 '오늘쯤 주식을 팔아야지' 하고 마음먹고 출근한 날 갑자기 상사가 불러서 업무 지시를 받고 나오니 이미 주가는 하한가를 그리고 있던 경험을 겪은 적도 있을 것이다. 이에 비해 부동산은 시장 반응 속도가 느리기 때문에 일과 후 또는 주말에 충분히 알아보고, 생각하고, 냉정히 결정할 수 있는 여유를 준다.

여섯 번째, 부동산에는 기관 투자자가 없다

주식 시장에서의 시장 주도권은 외국인 투자자와 기관 투자자가 가지고 있다. 시장의 참여 비중이나 정보의 편중도에서 개미라고 불리는 개인과 비교가 안 된다. 기관 투자자, 특히 외국인이라고 불리는 해외 기관 투자자의 경우는 아이비리그를 나온 전문 인력들이 하루 종일 주식 시장만 연구를 한다. 남는 시간을 쪼개서 이들과 경쟁하며 투자를 해야 하는 개인 투자자들이 경쟁이 될 수가 없다.

언론 보도에 따르면, 개인 투자자들이 선호하는 30개 종목을 골라서 지난 10년간 지속적으로 투자한 경우를 가정한 시뮬레이션(가상 실험)을 해 보니 수익률이 -74%로 나타났다고 한다. 반면 같은 기간 같은 방식으로 계산한 외국인 투자자들의 수익률은 78%였고, 국내 기관 투자가의 평균 수익률은 9%로 집계되었다고 한다. 개인들이 기관 투자가, 특히 외국인 기관 투자가와의 싸움에서 경쟁이 되지 않고 있음을 알 수 있다.

이에 비해 부동산 시장 특히 주택 시장에서의 시장 주도권은 각 개인이 가지고 있다. 뉴스테이(기업형 임대주택) 등 임대 시장은 법인의 참여가 가능하지만 매매 시장의 경우 아직까지도 주도권은 개인들 몫이다. 리츠가 기관의 역할을 할 것으로 기대되지만 아직까지는 본격적으로 주택 시장에는 들어오지 않고 있다. 투기꾼이라 불리는 사람도 겨우 몇 채를 소유할 뿐이다. 대부분의 거래는 내 집 마련을 하려는 실수요자와 아마추어 투자자에 의해서 이루어진다. 즉 이 말은 정보의 불균형 정도가 주식 시장보다는 덜하다는 의미이다. 부동산 시장은 개인과 개인 간의 경쟁 시장이라는 뜻이다.

일곱 번째, 부동산은 수요와 공급이 제한적이다

주식 시장은 활황 시에는 수요가 폭발한다. 그러다가 기세가 꺾이면 수요가 급격하게 줄어든다. 그러므로 주식 시장에서는 거래량 분석이 상당히 중요하다(거래량은 주가의 선행 지수). 이에 비해 아파트 시장은 실수요층이 있기 때문에 상대적으로 수요가 꾸준히 있지만 주택 보급률이 어느 정도에 이르면 수요는 제한적이다. 공급의 측면에서도 주식은 유무상 증자, 정부 지분 매각, 기업 공개 등으로 공급이 급속도로 증가할 수 있다. 그러나 아파트 시장은 땅이라는 한정적인 자원이 선결되지 않는 한 무한정으로 공급을 늘릴 수는 없다. 즉 주식 시장은 단기간에 수요와 공급이 증가할 수 있으나, 부동산 시장은 단기간에 수요와 공급이 늘어나기가 어렵다.

여덟 번째, 부동산은 환금성에서 제한적이다

주식 시장은 환금성이 뛰어나다. 상장 폐지 등 아주 특수한 경우를 제외하고는 현금과 다름이 없다. 이에 반해 부동산은 시세보다 싼값에 내놓지 않는 한 현금화하기가 쉽지는 않다. 그 기간도 주식은 이틀이면 현금화가 이루어지는데 비해 부동산은 계약금부터 잔금 시까지 최소 2개월 이상 소요되므로 현금화하기까지는 몇 달간의 기간을 필요로 한다. 더구나 아파트 시장을 제외한 부동산 시장은 매수자나 매도자가 적정 가격이 얼마인지 눈치를 보기 때문에 매물로 내놓아도 빠른 시일 내에 현금화가 쉽지 않다.

그렇게 환금성이 떨어진다는 것이 부동산 투자의 약점인데, 아이러니하게도 이 때문에 손실을 줄일 수 있다는 반전도 있다. 주식 투자든 부동산 투자든 심리에 영향을 많이 받는다. 예를 들어 해외발 악재가 등장하면 그다음 날 주식 시장은 개장부터 폭락 사태가 벌어진다. 어떤 사람이 순발력 있게 자신이 소유한 주식을 오전장에 손절매했다고 가정하자. 이 사람은 추가 하락으로부터 손실을 줄일 수 있었다고 안도했을 것이다. 그런데 며칠 후 악재가 사라지게 되면 어떻게 될까? 자신이 처분한 가격에 되사기는 어렵다. 가만히 있었으면 중간이라도 갈 것인데, 성급하게 판단해서 아까운 주식만 헐값에 던진 것이다. 오죽하면 앙드레 코스톨라니와 같은 전설적인 투자가도 "부자가 되려면 주식을 사서 수면제를 먹고 20년 동안 거들떠보지 마라"라고 했을까?

이에 반해 부동산 시장은 환금성이 떨어지기 때문에, 해외발 악재가 나와서 팔려고 해도 팔리지 않는다. 호가만 계속 떨어질 뿐이다. 그러다 보면 그 악재가 시간이 흐름에 따라 저절로 사라지는 경우가 있기 때문에 호가는 다시 상승하게 되고, 팔지 못했던 것이 오히려 다행인 경우가 왕왕 있는 것이다. 주식 투자도 부동산 투자처럼 진득하게 보유하면 수익률이 훨씬 높았을 것이라고 주장하는 사람들도 많은데, 이 주장은 어느 정도 타당성이 있다. 부동산 시장의 약점이 오히려 수익률을 높여 주고 있는 것이다.

아홉 번째, 부동산은 주식보다 초기 자본이 많이 필요하다

자기 자본만을 가지고 재테크를 할 때 주식은 몇십만 원, 몇백만 원의 소규모 자본만을 가지고도 시작할 수 있다. 그러나 부동산은 전세를 끼고 산다고 하더라도 최소 몇천만 원이 있어야 시작할 수가 있다. 이것이 상대적으로 자본 축적이 덜 된 젊은 층이 주식을 더 선호하게 되는 이유 중 하나이다.

열 번째, 주식은 포커, 부동산은 고스톱이다

포커를 치는 사람 중에서 고스톱은 치지 않으려는 사람이 많은데, 그 이유는 딱 한 가지다. 포커는 패가 잘 들어오지 않으면 중간에 그만둘 수도 있다. 즉 자기 의지에 의해 컨트롤이 된다는 논리다. 그러나 고스톱의 경우 자신의 패에 상관없이 세 명이 칠 경우 어느 한 사람이 점수가 날 때까지 쳐야 한다. 이때 그 판에 치고 싶지 않다고 해서 치지 않을 수는 없다.

주식 시장과 부동산 시장도 마찬가지다. 주식 시장은 시장 참여자들 간의 경기이다. 내가 주식 투자를 하지 않으면 잃을 돈이 하나도 없다. 그러나 부동산 시장은 본인의 의사와 상관없이 시장 참여자가 되어야 한다. 집을 사지 않는 순간 세입자가 되는 것이다. 본인은 부동산 시장에 참여하지 않았다고 백 번 외쳐 보았자 집주인이 전셋값을 깎아 주지는 않는다. 즉 주식은 시장에 참여하지 않은 사람에게는 피해가 없지만, 부동산은 시장에 참여하지 않아도 피해자가 될 수 있다. 집을 살 것인가 아니면 세입자로 남을 것인가에 대한 선택이 평생을 쫓아다니기 때문이다.

이상으로 주식 시장과 부동산 시장의 다른 점을 열 가지로 나열해 보았다. 두 시장의 유사점도 있지만 각 시장의 특징이 다르다. 부동산 시장에 대한 관심이 높아진 만큼 체계적인 분석 방법에 대한 필요성이 대두되고 있다. 그러나 두 시장의 특성이 다른 만큼 이를 하나의 잣대로서 판단하고자 하는 시도는 위험할 수 있으며 각 시장에 맞는 분석 방법과 접근 방법이 필요한 것이다.

Chapter 3
부동산 투자를 위한 지침

보이지 않는 손,
시장의 원리를 파악하라

|

첫 번째 이야기

옛날 남태평양 멀리에 원숭이만 200마리가 사는 섬나라가 있었다. 그 섬의 중앙에는 커다란 망고 나무가 있었는데, 신기하게도 1년에 딱 100개씩만 열렸다. 망고를 좋아하던 원숭이들은 수확철만 되면 그것을 더 많이 차지하기 위해 서로 싸움을 벌이고는 했다. 골고루 나누어 먹기에는 망고 숫자가 원숭이 수보다 너무 적었기 때문이다.

많은 피를 흘리는 망고 쟁탈전이 계속되자 현명한 원숭이 하나가 재미있는 제안을 하였다. 힘으로 싸우지 말고 사람들처럼 '돈'이라는 것을 만들어 이 돈으로 망고를 사 먹도록 하자고 말이다. 그리하여 돈을 1만 원을 만들어서 원숭이들에게 골고루 나누어 주었다.

그래서 자연스럽게 망고 하나에 100원이라는 시장 가격이 형성되게 되었다(= 1만 원 / 100개). 많은 원숭이들이 이제 더 이상 피를 흘리지 않고, 열심히 노력해서 돈을 모으면 많은 망고를 먹을 수 있다는 사실을 깨닫고 기뻐했다.

하지만 이 '돈'이 모든 문제를 해결해 준 것은 아니다. 발행한 돈은 1만 원인데 원숭이는 200마리이므로, 원숭이 한 마리당 50원밖에 나누어 줄 수가 없었다. 50원을 가지고는 100원짜리 망고를 사 먹을 수 없으므로 모든 원숭이가 '돈'의 혜택을 받은 것이 아니다. 결국 예전에는 재빠르거나 힘이 센 원숭이가 망고를 먹을 수 있었다면, 지금은 돈이 있는 원숭이가 망고를 먹을 수 있다는 것으로 바뀌었을 뿐 여전히 모든 원숭이가 망고를 먹을 수 있는 것은 아니었다. 이에 따라 돈의 혜택을 받지 못한 원숭이들의 불만이 서서히 쌓이고 있었다.

두 번째 이야기

그러던 어느 날 한 새로운 대장 원숭이 하나가 폭탄선언을 하였다.

"모든 원숭이에게 혜택을 주고자 돈을 1만 원을 더 만들어서 골고루 나누어 주겠다."

이 말에 모든 원숭이들이 환호하며 맛있는 망고를 먹을 날만 손꼽아 기다렸다. 그런데 이게 웬일인가. 어느 날 보니 망고의 값이 어느새인가 슬그머니 100원에서 200원으로 올라가 있는 게 아닌가. 대장 원숭이는 노발대발하여 말을 했다.

"이런 기회를 이용해 투기꾼들이 망고를 매점매석했다. 현재 망고 값에는 거품이 끼었으니 이것이 걷히면 모든 원숭이들이 망고를 먹을 수 있다. 그러니 망고를 200원에 거래하지 말고 100원이 될 때까지 기다리라."

그 후 어떻게 되었을까? 과연 망고 값이 100원이 되었을까?

세 번째 이야기

망고를 먼저 사서 돈을 번 원숭이들이 여럿 생기자 모두 '돈'에 대한 관심이 높아졌다. 그러던 어느 날 원숭이 하나가 망고와 닮은 신기하게 생긴 돌멩이 하나를 주웠다. 모두가 이 신기한 돌을 보기 원했기 때문에 이 돌을 주운 원숭이는 다른 원숭이들이 그 돌을 한 번 볼 때마다 1원씩을 받기로 했다. 그러다 그 돌이 꽤 돈이 된다는 것이 원숭이들 사이에서 알려지자, 다른 원숭이가 그 돌을 100원에 샀다.

그 돌의 인기는 식을 줄 몰랐다. 그러자 또 다른 원숭이가 50원을 더 주고 150원에 그 돌을 샀다. 또 다른 원숭이는 200원에, 다른 원숭이는 250원에, 그러다 값이 500원까지 치솟았다. 거래를 할 때마다 원숭이들의 마음속에 약간의 불안한 마음은 있었지만, 그 돌은 그 섬에 단 하나밖에 없다는 확고한 사실과 1,000원까지 오를 것이라는 소문으로 큰 위안을 삼았다.

그러던 어느 날 망고의 수확철이 다가왔다. 신기한 돌의 새 주인은 이 돌을 600원에 팔아 망고 3개를 사야겠다고 생각해 친구 원숭이를 찾아갔다. 그러나 친구 원숭이는 어렵게 모은 돈을 여기에 사용하는 것은 정말 어리석은 행동이라면서 자기는 망고를 사 먹을 것이라고 말을 했다. 돌의 가치를 알아주지 못한 친구를 비웃으며 다른 원숭이에게 갔지만 냉담한 반응은 마찬가지였다. 망고의 수확철이 끝나면 다시 오를 것이라는 기대도 해 보았지만 이미 모든 원숭이가 이 돌로는 망고를 살 수 없다는 사실을 알았기에 누구도 이 돌을 사려고 하지 않았다. 결국 이 원숭이는 망고를 사 먹기 위해 몇 년간 모은 돈을 허공에 날리고 말았다는 전설이 아직까지도 원숭이 섬에는 전해진다.

우리 이야기

이제 현실로 돌아와서, 우리가 이 우화에서 생각해야 할 것은 무엇일까?

이 섬나라의 문제점은 망고를 원하는 원숭이 수보다 망고가 적게 열린다는 것이다. 수요에 비해 공급이 충분치 못할 때 상품의 가격은 오르게 되는 것이다. 주택 시장도 마찬가지이다.

과거에 주택이 턱없이 모자라 주택 보급률이 100%가 되지 않았던 시절에는 가구는 네 가구인데, 주택은 세 채밖에 없었다. 이러니 좋은 집이든 후진 집이든 들어가 살아도 한 가구는 남의 집 문간방 신세를 면할 수 없었다. 그 당시 가장의 첫 번째 의무는 남의 눈치 안 보고 살 수 있는 내 집 마련이었다. 이러니 이때는 가장 좋은 A 집뿐 아니라 가장 후진 C 집도 잘 팔려 나갔다. 찬밥 더운밥 가릴 처지가 되지 않았기 때문이다. A 집이 먼저 오르지만 시차를 두고 B나 C도 따라서 오르고는 했었다. 그래서 이 시기에는 대출이나 전세를 끼고서라도 여러 채를 사는 사람이 수익도 좋았고 고수 소리를 들었다. 50% 수익을 내는 집 한 채를 가지고 있는 것보다, 30% 수익을 내는 집 두 채를 가진 사람이 이익을 더 남겼기 때문이다.

섬나라에 망고가 충분히 열리면 어떻게 될까? 수요에 비해 공급이 충분하기 때문에 망고 값이 오르기는 힘들 것이다. 그러면 주택 시장도 같을까?

주택 보급률이 100%를 넘어서면 상황은 바뀌게 된다. 예를 들어 가구 수는 네 가구 그대로인데, A2, B2 주택이 더 늘어 다섯 채가 되면 어찌될까? 그러면 한 채는 빈집으로 남아야 한다. 이에 따라 수요에 비해 공급이 많으니 모든 집값이 당연히 떨어질 것처럼 보일 것이다.

하지만 문제가 그리 간단하지 않다. 수요가 네 가구인데 주택이 다섯 채라면, 어떤 집이 빈집으로 남게 될까? 가장 좋은 집일까, 아니면 가장 후진 집일까? 사람은 누구나 주거 향상의 욕구가 있다. 지금보다 더 좋은 곳에 살려는 욕구이다. 쉽게 말해 후진 집을 좋아하는 사람은 없다는 뜻이다. 그러므로 주택 C가 빈집으로 남을 가능성이 높다.

예전에는 사 두기만 하면 무조건 오르던 집이 지금은 그런 곳과 그렇지 않은 곳으로 차별화된다는 의미이다. 결국 주택 보급률이 100%를 넘게 되면 빈집은 필연적으로 생길 수밖에 없기 때문에 아무 곳에나 사서는 곤란하고, 공실이 될 가능성이 적은 주택에 투자를 해야 한다.

가장 주거 환경이 좋은 A 주택의 경우도 인근에 공급이 많으면 영향을 받을 수밖에 없지 않겠느냐고 생각할 수 있다. 그렇지 않다. 예를 들어보겠다. 서울대에서 정원을 1,000명 늘린다고 하면 서울대학교가 미달이 날까? 그럴 가능성은 전혀 없다. 과거에는 연고대에 들어갈 만한 학생들이 서울대에 지원하기 때문이다. 그러면 연고대는 미달이 날까? 아니다. 그보다 약간 떨어지는 학교에 들어갈 만한 학생들이 그 자리를 채우게 된다. 결국 밀리고 밀려서 미달이 나는 곳은 지방의 이름도 들어 보지 못한 대학이 될 것이다. 정원은 서울대에서 늘렸는데, 미달은 엉뚱한 곳에서 나는 것이다.

만약 경희대에 정원을 늘리면 서울대에 영향을 줄까? 위와 같은 원리로 서울대에 영향을 주지는 않을 것이다. 경희대보다 경쟁력이 떨어지는 학교에 영향을 줄 뿐이다. 이것이 세상의 이치이다. 주택 시장이라고 이 이치에서 예외는 아니다. 공급이 늘어나면 집값이 떨어진다는 논리는 입지가 비슷한 곳에 무한정 공급이 늘어나야 성립된다. 그런데 주택이라는 것이 공장에서 물건을 만들 듯 뚝딱 나올 수 있는 것이 아니다.

일반 상품의 경우, 수요에 비해 공급이 부족하면 더 생산을 하면 된다. 농수산물 같은 경우도 수입을 하면 된다. 조류 독감의 영향으로 달걀의 공급이 줄어들자 계란 값이 치솟았다. 수요와 공급의 법칙이 적용되었기 때문이다. 하지만 계란을 해외에서 수입해 오면서 가격이 점점 잡혀 갔다. 이처럼 대부분의 상품은 수요에 비해 공급이 부족하면, 공급이 늘어나면서 가격의 균형을 맞추게 된다. 이것이 보이지 않는 손이다.

그런데 주택 시장에도 이것이 적용될까? 집을 짓는 데 필요한 시멘트나 철근이 부족하면 추가 생산을 하거나 수입을 하면 된다. 그런데 집을 짓는 데 가장 필요한 땅은 그것이 가능할까? 수입이 될까? 물론 집을 지을 수 있는 땅은 아직도 많다. 그런데 그것은 입지가 떨어지는 외곽의 경우이다. 서울 요지에 있는 아파트와 산골짜기에 있는 아파트 값이 다른 것은 그것을 짓는 시멘트나 철근 값이 달라서가 아니다. 땅값이 달라서이다. 요지에 있는 땅값이 비싸다고, 그 땅이 기름지거나 그런 것은 아니다. 그 땅이 가지고 있는 무형의 자산, 바로 입지가 다르기 때문이다.

결국 앞으로는 투자를 할 때 주택 수를 무리하게 늘리는 것보다는 한 채를 사더라도 남들도 사고 싶은 곳에 사는 것이 좋다. 무조건 비싼 주택이 좋다는 의미가 아니라 수요가 몰리는 곳에 내 집 마련을 해야 미래에 두 발 뻗고 잘 수 있다는 뜻이다.

그러면 현재의 주택 보급률은 높은가? 아직은 그리 높은 편은 아니다. 2024년 말 기준 우리나라 주택 보급률은 102.9%로 110~115%

에 이르는 선진국에 비하면 낮은 수준이다. 특히 수도권은 97.3%로 100%도 되지 않는다. 만약 현재 주택 보급률이 높아서 집이 남아돈다면, 전세난이 벌어지지도 않았을 것이다.

더구나 정부에서 발표하는 주택 보급률은 허물어져 가는 낡은 집을 포함한 전체 보급률이다. 사람들이 원하는 지역에 원하는 주거 형태의 주택을 보급하기에는 아직도 요원하다. 특히 인기 지역의 땅은 일정하다. 공급을 하고 싶어도 할 수가 없는 것이다.

그러면 인기 지역을 제외한 일반 지역의 집값은 주택 보급률이 100%가 넘으면 계속 떨어질까? 섬나라 두 번째 이야기에서 망고 값이 왜 올랐을까? 과연 투기꾼이 매점매석을 해서 그런 것일까? 원숭이 나라 전체로 보면 대장 원숭이가 1만 원의 돈을 추가로 발행하는 순간 망고 값은 200원이 되는 운명이 결정되었던 것이다. 망고 100개를 살 수 있는 전체 통화량이 1만 원뿐이었을 때 망고 값은 100원이었지만 (= 1만 원 / 100개), 대장 원숭이가 무리하게 통화량을 2만 원으로 늘렸기 때문에 망고 값도 200원으로 오른 것이다(= 2만 원 / 100개).

개별 원숭이의 입장에서 보면 자기의 유동 자산(돈)을 100원에서 200원으로 늘리는 데는 각고의 노력이 있었을 것이다. 그러나 현실은 냉정하게도 망고 값을 올려놓은 것이다. 그것이 바로 유동성의 힘이다.

가끔 안타까운 글들을 보고는 한다. "나는 정말 먹을 것 안 먹고 쉬지도 않고 열심히 일해서 돈을 모았는데, 집값과 전셋값은 저만치 점점 더 멀리 도망을 가니 한숨만 나온다." 이러한 내용이 주류를 이룬다. 이 사람들이 조금만 자신의 자산을 지키려는 노력을 했더라면 이렇게 한숨을 쉬지는 않았을 것이다. 경제를 이끄는 원리는 경제학 박사 학위를 따야 이해하는 것은 아니다(놀랍게도 우리는 고등학교에서 모든 것을 다 배웠다).

이 책의 초판이 나오기 직전이었던 2002년 말의 통화량과 23년이 지난 2025년 말의 통화량을 비교해 보자. 2002년 말에는 M2(광의의 통화량) 기준으로 872조 원이 우리나라에 흘러 다녔다. 그러던 것이 23년의 세월이 흐른 2025년 말에는 4,525조 원으로 늘어났다. 통화량이 5.2배 정도로 늘어난 것이다. 어떤 사람이 2002년 말에 순자산이 1억 원이었다면 2025년 말에는 순자산이 5억 1,892만 원 정도 되어야 재테크를 중간 정도 했다고 볼 수 있는 것이다(사실은 그 기간 중에 저축을 더 했을 테니, 순자산은 그보다 더 많아야 재테크를 제대로 했다고 할 수 있다).

결국 단기적으로 시장 가격을 결정하는 것은 수요와 공급의 법칙이지만, 장기적으로는 유동성 확대, 그러니까 시중에 돈이 얼마나 풀렸는지도 중요하다.

그러면 시중에 돈이 많이 풀리면 모든 것이 똑같이 오를까? 원숭이 나라 세 번째 이야기를 떠올려 보라. 망고 값은 오르지만 망고와 비슷하게 생긴 돌은 값이 오르지 않았다. 그러면 현실 세계에서 망고와 돌은 어떻게 구분할까?

뭐든지 본질을 생각하면 돌과 망고를 구분할 수 있다고 본다. 망고와 돌은 공급이 급격하게 늘어나지 않는다는 공통점이 있지만, 망고는 그 자체의 효용 가치가 많고 돌은 효용 가치가 적다는 차이가 있다. 그럼 부동산이 망고일까, 돌일까? 부동산이라고 말하면 너무 막연하니까 인기 지역의 아파트라고 하자. 인기 지역의 아파트는 망고일까, 돌일까? 그 판단 기준은 수요가 꾸준히 몰리는 것인지 아닌 것인지에 달려 있다. 결국 남보다 먼저 망고를 골라내는 눈이 있으면 돈을 벌 수가 있다. 물론 모든 부동산이 망고라는 것은 절대 아니다. 남도 갖고 싶은 집을 사는 것은 망고를 사는 것이라 할 수 있지만, 본인도 살고 싶지 않은 집을 "사 두면 누군가 더 높은 가격에 사 주겠지"라는 생각에 덜컥 사는 것은 망고와 비슷하게 생긴 돌을 사는 것이다.

　대표적인 돌의 경우는 옛날에 네덜란드에서 있었던 튤립 투기였다. 튤립 투기가 한창이었을 때 논리는 "사 두면 돈 된다" 하나였다. 그러나 "튤립 가지고 무얼 하지? 국 끓여 먹는 것도 아니고…" 하는 사람들이 점점 늘어나면서 하늘 모르게 치솟던 튤립 값은 폭락했다.

　시장을 움직이는 보이지 않는 손 — 이것을 생각해 보면 미래의 가격이 보인다.

인구가 줄면
집값이 떨어질까?

|

🏢

원숭이만 사는 섬나라 이야기에서 수요와 공급에 대해 알아보았다. 과거에는 집값이 올랐었지만 앞으로는 집값이 떨어질 것이라고 주장하는 사람들이 있다. 이들이 가장 내세우는 논지는 앞으로는 인구가 줄어들면서 주택 수요도 줄어들 것이라는 얘기이다. 과연 그럴까?

다음 도표는 국가데이터처(구 통계청)에서 발표한 수치를 정리한 그래프이다.

그런데 과거에도 지방은 수도권에 비해 인구 증가율이 높지 않았다.

2000년부터 2020년까지 지난 20년간 수도권 인구가 22.5% 증가하는 동안 지방의 인구는 4.3%밖에 늘지 않았다.

인구의 변화(과거 인구)

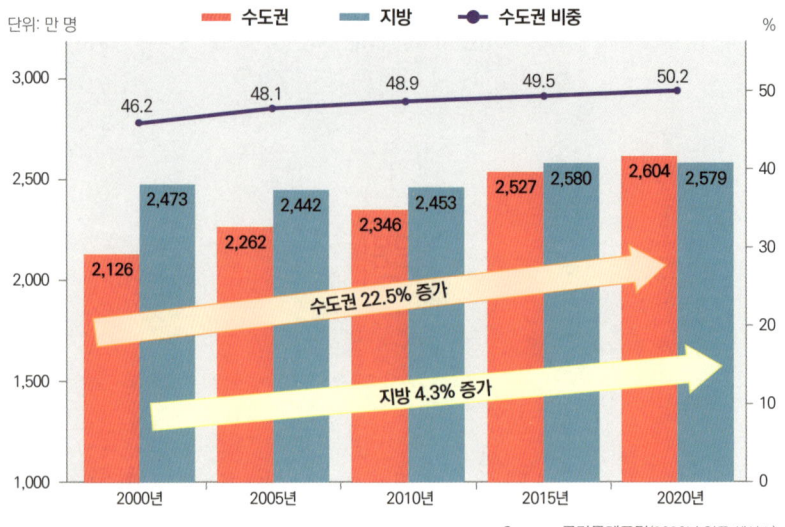

단위: 만 명 　　수도권　　지방　　수도권 비중 　　%

Source: 국가통계포털(2020년 인구 센서스)

그러면 미래에는 어떨까? 미래에도 지방의 인구는 크게 늘 것 같지 않다. 국가데이터처 추계에 따르면 2020년부터 2040년까지 20년간 지방의 인구는 4.3% 정도 줄어들 것이라고 한다. 수도권에 있는 공기업들이 속속 지방 혁신 도시로 이주하고, 행정부가 세종시로 이주하는 것까지도 감안한 수치이다. 이런 이전 계획들은 참여 정부 시절에 이미 확정되었던 것이고, 국가데이터처 추계는 그보다 훨씬 후인 2020년에 작성되었기 때문에 공공기관의 지방 이전 계획을 이미 반영한 것이다. 결국은 과거에도 그랬지만 미래에도 수도권은 인구가 많이 늘어나고, 지방은 인구가 줄거나 적게 늘어나는 구도가 지속되게 된다.

이런 현상이 극단적으로 나타나는 곳이 세종시와 울산이다.

인구의 변화(세종 vs 울산)

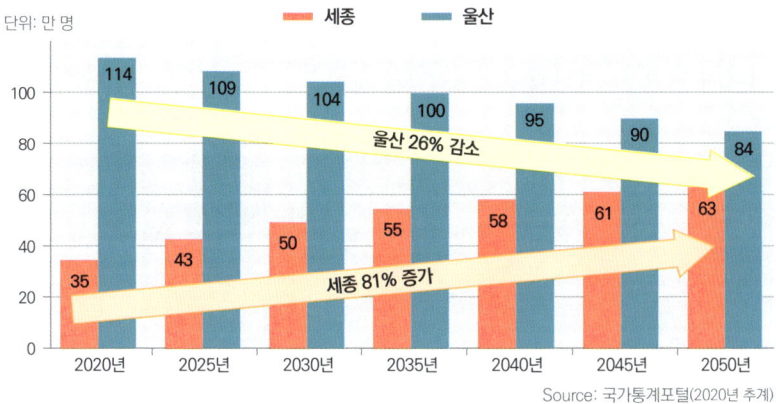

단위: 만 명

세종 | 울산

울산 26% 감소

세종 81% 증가

	2020년	2025년	2030년	2035년	2040년	2045년	2050년
세종	35	43	50	55	58	61	63
울산	114	109	104	100	95	90	84

Source: 국가통계포털(2020년 추계)

　향후 30년간 세종시 인구가 81% 증가하는 동안 울산의 인구는 26%나 감소할 것으로 국가데이터처는 보고 있다. 그런데 "인구가 줄면 주택 수요도 직접적으로 줄기 때문에 집값이 떨어질 것"이라는 하락론자들의 주장이 맞다고 하면 울산의 집값은 떨어질 것이다.

　그런데 앞의 논리가 성립된다면 반대로 "인구가 늘어나면 주택 수요도 늘어나기 때문에 집값이 오를 것"이라는 논리도 성립해야 한다. 하락론자의 논리가 맞다면 인구가 줄어드는 울산시의 집값은 떨어지겠지만 인구가 늘어나는 세종시는 집값이 크게 오를 것이다. 결국 하락론자의 논리는 인구가 늘어나는 세종시에 투자하라는 주장이 된다. 그러면 세종시에 투자하는 것이 정답일까? 문제는 그렇게 간단하지 않다. 어느 지역에 인구가 늘어나더라도 인구 증가율보다 더 빠르게 주택 공급이 늘어난다면 집값은 오르기 쉽지 않다. 인구는 늘어나지만 주택 공급이 적은 지역에서 집값이 오르게 되는 것이다.

이처럼 인구가 줄면 집값이 떨어진다는 논리와 마찬가지로 단순히 인구가 늘면 집값이 오른다는 논리에도 허점이 있다. 집값이란 단순히 인구의 증감 하나만 가지고 전망할 수 있는 것이 아니기 때문이다.

	2015년(만 명)	2025년(만 명)	인구 증감률	집값 상승률	전세 상승률
전국	5,153	5,112	−0.8 %	26.6 %	11.3 %
서울	1,002	930	−7.2 %	75.6 %	28.8 %
부산	351	324	−7.7 %	11.3 %	3.8 %
대구	249	235	−5.4 %	−5.3 %	−13.7 %
광주	147	139	−5.4 %	13.9 %	10.2 %
대전	152	144	−5.1 %	28.5 %	19.4 %
울산	117	109	−7.0 %	3.9 %	7.0 %
강원	155	151	−2.6 %	19.9 %	16.9 %
전북	187	172	−7.7 %	10.2 %	9.1 %
전남	191	178	−6.8 %	3.5 %	4.3 %
경북	270	251	−7.3 %	−6.2 %	−4.9 %
경남	336	321	−4.7 %	−6.4 %	1.6 %
인구가 줄어든 11개 지역 평균			−6.5 %	13.5 %	7.2 %

인구와 집값의 상관관계를 실증적으로 검증해 보자. 아직 닥쳐오지 않은 미래만 말하는 것은 무책임하다. 과거에도 휴거론 등을 주장하다가 그 시기가 지나면 그런 주장을 폈던 사람들이 자취를 감추었던 일이 비일비재했다. 그래서 이미 확정된 공개 데이터를 중심으로 검증을 해야 한다. 과거의 데이터는 누가 조사해도 같기 때문이다. 앞에 나오는 수치는 국가데이터처나 KB국민은행에서 공식적으로 집계한 것이기 때문에 누가 조사해도 같은 결과가 나온다.

국가데이터처에 따르면 우리나라는 2015년 대비 2025년까지 지난 10년간 인구가 0.8% 줄었다. 그런데 모든 지역의 인구가 줄어든 것은 아니다. 17개 광역자치단체 중 인천, 세종, 경기, 충북, 충남, 제주 6개 지역은 인구가 늘어났지만 서울, 부산, 대구, 광주, 대전, 울산, 강원, 전북, 전남, 경북, 경남 11개 지역은 인구가 줄어들었다. "인구가 줄면 주택 수요도 줄기 때문에 집값이 떨어질 것"이라는 하락론자들의 주장이 맞는다면 이들 인구 감소 지역의 집값은 떨어졌어야 한다. 그런데 모든 지역의 집값이 크게 올랐다. 특히 72만여 명이 감소하여 전국에서 인구가 가장 많이 줄어들었던 서울의 경우에는 (KB국민은행 아파트 매매가 상승률 기준으로) 집값이 75.6%나 올랐다.

이런 데이터를 보여주면 하락론자의 반응은 뻔하다. 이것이 바로 투기의 증거라고 할 것이다. 수요는 줄어들었는데, 투기꾼들끼리 서로 사고팔고 하면서 가격만 올려놓은 것이라고 할 것이다.

이런 논란을 피하기 위해 전세가 상승률도 조사해 보았다. 그런데 앞 페이지 표의 오른쪽에서 볼 수 있듯이 인구가 줄어든 대부분 지역에서 전세가 오른 것을 알 수 있다. 전세에 투기는 없다. 전세가 오를 것을 대비해서 일곱 채를 전세로 얻어서 요일별로 다른 집에서 사는 사람은 없기 때문이다. 인구가 줄어도 전세가는 오르는 것을 어찌 설명할 수 있을까?

이런 현상이 나타나는 이유는 크게 두 가지이다. 첫째는 집값에 영향을 끼치는 것은 수요뿐만 아니라 공급이나 유동성 증가 등 여러 원인이 있기 때문이다. 2015년 말에서 2025년 말까지 10년간 통화량 M2은 101.4%나 증가했다. 경제 규모가 커진 것도 있지만 돈 가치도 상당히 떨어졌다는 뜻이다.

둘째, 집값은 인구수보다 가구 수에 영향을 받기 때문이다. 예를 들어 보자. 어떤 집에 아빠, 엄마, 아들 세 식구가 살고 있었다. 식구가 3명이니 휴대폰도 3대를 썼을 것이다. 그러다 아들이 군대를 가게 되어 휴대폰은 쓸 필요가 없어져 해지를 했다. 인구가 줄어드니 휴대폰 수요가 줄어든 셈이다. 여기까지는 하락론자의 논리가 맞다. 그런데 그 집에 냉장고가 한 대 있다. 아들이 군대에 갔다고 그 집의 냉장고를 팔았을까? 그렇지는 않다. 남아 있는 부모도 생활을 해야 하니까 냉장고가 필요하기 때문이다.

그러면 인구가 줄 때 휴대폰 수요는 줄어드는데, 왜 냉장고 수요는 줄지 않았을까? 사용 단위가 다르기 때문이다. 휴대폰이나 라면, 볼펜, 소주 등 이런 것들은 사용 단위가 개인이다. 인구수가 줄면 수요 또한 비례해서 줄어든다. 하지만 냉장고나 소파, 식탁과 같은 가구류는 사용 단위가 가정이다. 누가 군대를 가더라도 남아 있는 가족이 사용해야 하니까 팔아 치울 수 없는 것이다.

그러면 아파트는 사용 단위가 개인일까, 아니면 가정일까? 당연히 가정이다. 결국 인구수가 다소 줄더라도 가구 수가 늘어나면 주택 수요는 늘어나는 것이다. 만약 현재 인구수가 줄어들고 있다면 라면이나 볼펜, 소주 등의 수요는 줄어들어야 한다. 이들 기업의 수익에 영향을 끼칠 것이고, 주식 시장이 먼저 반응을 할 것이다. 하지만 인구가 줄어들어서 이들 기업이 망했다는 소리는 듣지 못했다.

그러면 그동안 가구 수는 어떻게 변했을까? 2000년부터 2020년까지 지난 20년간 인구수가 12.7% 늘어나는 동안 가구 수는 무려 49.3%나 늘어났다. 특히 수도권에 비해 인구 증가율이 낮은 지방의 경우, 과거 20년간 인구수가 4.3%밖에 늘어나지 않았다. 하지만 같은 기간 동안 가구 수는 무려 38.9%나 늘었다. 이 때문에 인구가 줄어든 11개 지역에서 조차도 매매가뿐 아니라 전세가도 크게 올랐던 것이다.

수요의 변화(과거 가구 수)

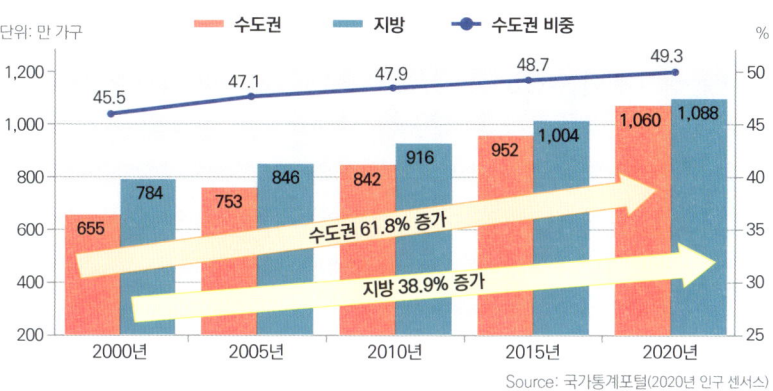

Source: 국가통계포털(2020년 인구 센서스)

그러면 앞으로는 어떻게 될까?

수요의 변화(미래 가구 수)

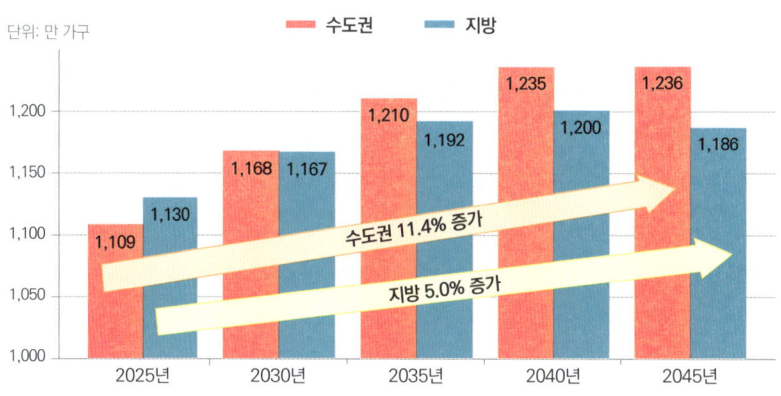

Source: 국가통계포털(2024년 가구 추계)

국가데이터처 2024년 추계에 따르면, 2025년부터 2045년까지 향후 20년간 지방의 인구는 9.4%나 줄어들겠지만 같은 기간 동안 가구수는 5.0%나 증가한다고 한다. 11.4%나 가구 수가 증가한 수도권은 물론 지방도 주택 수요가 지속적으로 늘어날 것이라는 의미이다.

미래에 인구가 줄어들어 집값이 떨어질 것이라는 논리가 얼마나 단순한 논리인지 알 수 있다.

아기곰의 재테크 불변의 법칙

베이비부머 은퇴는
재앙이 될까?

　인구 감소에 이어 하락론자들이 수요 감소의 증거로 내세우는 것은
베이비부머 은퇴론이다.

　가진 것이라고는 집밖에 없는 베이비부머들이 은퇴를 하면서 노
후 생활비 마련을 위해 집을 팔 것이라는 가설이다. 베이비부머 세대
Baby Boomer Generation라는 것은 미국에서 유래한 말이다. 2차 세
계대전이 끝난 직후부터 1950년대에 태어난 세대를 일컫는 말로, 이
때 인구가 급격히 늘어났다고 한다. 전쟁 때문에 미루었던 결혼이 늘
어나면서 출생률이 높아진 것이다. 미국 집값이 2007년부터 급격히
빠진 이유가 바로 이들 베이비부머가 은퇴를 하면서 자산을 처분했기
때문이라는 그럴듯한 설명까지 곁들이면, 베이비부머 은퇴로 인한 집
값 하락설은 진짜처럼 들릴 수 있을 것이다. 그러나 이런 이야기는 진
실과 거리가 멀다.

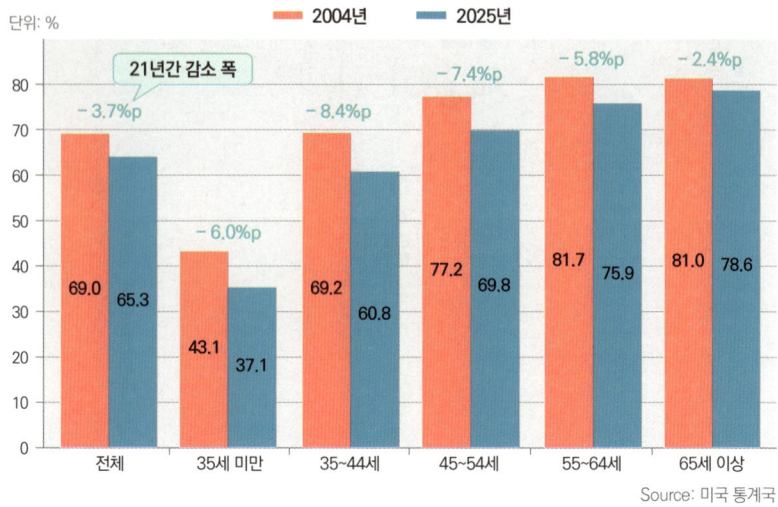

연령별 자가 보유율(미국)

단위: %

■ 2004년　■ 2025년

21년간 감소 폭

- 전체: 69.0 / 65.3 (-3.7%p)
- 35세 미만: 43.1 / 37.1 (-6.0%p)
- 35~44세: 69.2 / 60.8 (-8.4%p)
- 45~54세: 77.2 / 69.8 (-7.4%p)
- 55~64세: 81.7 / 75.9 (-5.8%p)
- 65세 이상: 81.0 / 78.6 (-2.4%p)

Source: 미국 통계국

　도표에서 보는 바와 같이 미국의 자가 보유율은 2004년 기준으로 69%를 기록했다. 자가 보유율이란 집을 가지고 있는 가구의 비율, 즉 유주택자의 비율을 말한다. 인구의 2/3가 약간 넘는 사람이 유주택자, 1/3 정도가 무주택자라고 보면 된다.

　그런데 베이비부머 세대라 할 수 있는 55세 이상의 자가 보유율은 전체 세대 평균치보다 훨씬 높은 80% 정도 된다. 베이비부머들이 은퇴 후에 집을 팔았다면 자가 보유율이 전체 세대 평균치보다 낮게 나와야 할 것이다. 베이비부머의 자가 보유율이 전체 세대 평균보다 높은 현상은 그 이후에도 지속된다.

　결국 베이비부머들이 은퇴 후 집을 팔아서 2007년 이후 집값이 하락했다는 이야기는 누군가 억지로 꾸며 낸 이야기에 불과하다. 통계를 떠나서, 미국에 살고 있는 필자로서도 주변에서 은퇴 후 집을 팔아서 생활비를 충당하는 사람을 본 적이 없다. 은퇴 후 생활비 조달이 어려우면 보유한 금융 자산을 먼저 쓰고, 그다음에 주식을 팔고, 최후에 집을 담보로 역모기지Reverse Mortgage Loan를 신청하는 순서로 생활비를 조달하는 것이 일반적이다.

부동산 시세가 좋았던 2004년과 최근인 2025년을 비교해 보면 알 수 있다. 집을 가장 많이 처분한 세대는 은퇴하여 소득이 없는 세대가 아닌 한창 일할 나이인 35~44세이다. 연령층이 올라갈수록 경제 위기 속에서도 집을 판 비중이 적어진다. 결국 2007년 이후 집값 하락 현상은 베이비부머 은퇴와는 아무런 상관이 없음을 알 수 있다.

더구나 2006년 22만 1,900달러를 기록한 후 계속 하락했던 미국 중위Median 집값은 2012년부터 회복하기 시작하여, 2015년에는 22만 2,400달러로 전고점을 회복하였으며, 2025년에는 41만 4,300달러를 돌파하여 역대 최고치를 갱신하고 있다. 하락론자들의 주장대로 베이비부머 세대가 은퇴하여 집값이 떨어졌다면, 지난 몇 년간 미국 집값이 크게 오른 현상은 베이비부머 세대가 다시 일터로 돌아왔기 때문이라고 해석해야 할까? 결국 베이비부머 은퇴와 집값과의 상관관계는 거의 미미하다고 할 수 있다. 전 세계 어느 나라에서도 베이비부머 세대 은퇴가 집값에 영향을 끼친 사례가 없다.

미국은 그렇더라도 복지 제도가 미비한 우리나라에는 크게 영향을 줄 것이라고 볼 수도 있다. 하지만 그럴 가능성은 거의 없다. 그 이유를 살펴보자.

첫째, 은퇴한 어떤 사람이 베이비붐 어쩌고 하는 말에 혹해서 집을 덜컥 팔았다고 하자. 그다음은 어떻게 될까? 집을 파는 순간 세입자가 되는 것이다. 전세가 집값보다 싸니까 전세로 가면 된다고 생각할 수도 있다. 그러나 전세가는 2년마다 오른다. 2005년 말부터 2025년 말까지 지난 20년간 전국 아파트 전세가 연평균 상승률은 3.69%였다.

그렇게 전세가가 오르면 그 돈은 어디서 조달해야 할까? 자식들에게 2년마다 손을 내밀기도 어렵지만, 자신들 집도 마련하기 어려운 형편에 부모 전세 인상분을 꼬박꼬박 내줄 자식이 얼마나 될까? 그런 자식이 있다면 집을 애초에 팔지도 않았을 것이다. 더구나 과거 통계로 볼 때 집을 사서 전세를 주고 평균적으로 11년 정도 지나게 되면 전세가가 맨 처음에 그 집을 샀던 가격보다 높게 된다. 거주 형태를 전세로 바꾸어 집값과 전세가의 차이를 이용하려는 생각은 앞으로 전세가가 영원히 오르지 않는다는 전제 조건에서만 가능한 것이다. 그보다 더 나쁜 상황은 전세 자체가 점점 줄어들고 있다는 것이다. 은퇴 후 줄어든 소득에서 월세를 부담해야 하는 상황이 올 수도 있다는 뜻이다.

자기 집을 보유하고 있다면 집값이 오르든 내리든 그 집에서 내쫓는 사람은 없다. 하지만 전세를 올려 주지 못하거나 월세를 부담할 수 없다면 더 외곽이나 더 열악한 곳으로 이사를 가야 하는 것이다.

둘째, 자산을 처분해서 소비를 하는 것은 현명한 방법이 아니다. 가령 10년만 버티고 나면 다른 재원이 생겨서 그다음 노후 대책이 해결된다고 하면, 자산을 처분하는 것도 방법일 것이다. 그런데 기대 수명이 점점 길어지고 있는 상황하에서 무턱대고 자산을 처분했다면 그것으로 몇 년이나 버틸 수 있을까? 예를 들어 20년을 버텼다 하더라도 그보다 더 오래 살게 되면 어찌 되나?

이런 이유로 우리나라도 은퇴 후에 집을 파는 사람이 적다.

아기곰의 재테크 불변의 법칙

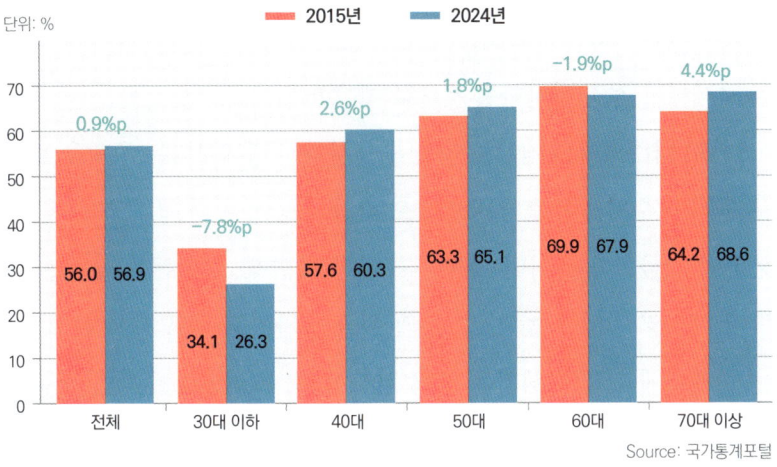

연령별 자가 보유율(한국)

단위: %

- 2015년
- 2024년

연령	2015년	2024년	증감
전체	56.0	56.9	0.9%p
30대 이하	34.1	26.3	-7.8%p
40대	57.6	60.3	2.6%p
50대	63.3	65.1	1.8%p
60대	69.9	67.9	-1.9%p
70대 이상	64.2	68.6	4.4%p

Source: 국가통계포털

이 때문에 도표처럼 우리나라도 노년층의 자가 보유율이 더 높은 것이다. 통계에서 볼 수 있듯이 자가 보유율이 가장 높은 연령층은 70대이고, 지난 9년간 자가 보유율이 가장 높아진 연령층도 70대 이상 연령층이다. 고령자층의 수명이 늘어난 영향도 있지만 은퇴 후 소득이 없어도 집은 팔면 안 되는 '최후의 보루'라는 것을 알기 때문이다.

그러면 노후 준비 자금이 부족한 베이비부머 세대의 대안은 무엇일까? 가입자 또는 배우자 중 최소 한 명이 만 55세 이상인 경우 주택 연금이라고 불리는 역모기지Reverse Mortgage Loan가 대안이 될 수 있다. 1가구 1주택자이면서 공시가 12억 원 이하 주택을 보유하고 있거나 다주택자라도 공시가격 등의 합산가격이 12억 원 이하면 주택의 가치에 따라 매달 연금식으로 일정액을 받을 수 있다. 그 집에서 그냥 살면서 생활비를 뽑아낼 수 있는 것이다.

우리나라에서는 자식에게 집 한 채는 물려주려는 부모들의 생각으로 역모기지 가입이 그동안 저조했지만 미국에서는 노후 대책으로 가장 인기 있는 제도이다. 우리나라에서도 가입자가 점점 늘어나고 있는 추세이고 점점 일반화될 것으로 예상한다.

1가구 다주택자의 경우도 자산을 처분하는 방법보다는 주택을 월세로 돌려서 수익을 창출하는 방향으로 갈 가능성이 더 크다. 자산을 처분하여 현금화하게 되면 자식을 포함한 주변에서 그 돈을 탐하는 사람이 나올 가능성이 높다. 몇 푼의 현금을 가지고 부모 자식 간에, 또는 형제간에 다툼이 생기는 일이 적지 않다. 그러므로 주택을 처분하기보다는 그 주택을 세를 주고, 그 임대료로 생활비를 충당하고 있다가 나중에 자식에게 그 집을 물려주는 것이 부모 입장에서는 현명한 처사인 것이다. 다시 말해 황금알을 낳는 닭을 죽여 배 속의 달걀을 한꺼번에 꺼내는 것보다는 그 닭이 황금알을 계속 낳게 하는 것이 더 현명하다는 것이다.

이와 별도로 우리나라가 고령 사회로 진입하기 때문에 문제라고 주장하는 사람도 있다. 고령화 사회라는 것은 만 65세 이상의 고령자가 전체 인구의 7%를 넘는 사회를 말하는 것이고, 북한을 포함한 대부분의 나라가 이에 해당하기 때문에 큰 의미는 없다.

이에 반해 고령 사회라는 것은 고령자의 비율이 14%를 넘는 사회를 말한다. 우리나라는 2017년에 고령 사회에 진입하였다. 2020년 기준으로 미국 등 67개 국가는 이미 고령 사회로 분류된다. 이 비율이 20%를 넘으면 초고령 사회라 하고, 전 세계에서 모나코, 일본, 독일, 이탈리아를 포함한 39개 국가가 이미 초고령 사회로 진입했다.

국가별 고령자 비율

단위: %

Source: World Facebook(2024년 기준)

고령자 비율을 따져 보면 우리나라는 19.3%로, 2024년 기준으로 세계에서 43위에 해당한다. 우리나라보다 고령자 비율이 높은 나라가 42개국이나 있다는 것이다. 고령자 비율이 높은 것이 문제가 된다면, 우리나라에 앞서 42개국에서 문제가 먼저 발생했을 것이다. 그런데 우리나라보다 고령자 비율이 높은 나라들은 G7 국가를 포함하여 대부분 선진국들이다. 선진국이 되면 국민들의 영양 상태도 좋아지고, 의료 기술과 의료 서비스가 발달하면서 병을 가진 노인의 생존율이 높아지게 된다. 이러니 당연히 고령자의 비율이 높아지는 것이다.

반대로 북한이나 캄보디아, 짐바브웨 같은 나라는 우리나라보다 고령자 비율이 크게 낮다. 노인이 병에 걸리면 적절한 의료 서비스를 받지 못하여 바로 사망에 이르기 때문이다. 우리가 추구해야 할 나라가 이런 나라들은 아니다. 결국 고령 사회로 진입한다는 것은 나라가 망해 가는 증거가 아니라 우리나라가 급속히 선진국이 되고 있다는 하나의 증거일 뿐이다.

다만 그것을 어떻게 극복할 것인가의 문제는 있다. 고령화 사회가 되면 생산 가능 인력이 줄어든다는 것이 가장 큰 문제이다. 법정 퇴직 연한을 늘려서 고령자가 더 일할 수 있는 기회를 늘리거나 고학력의 전업주부들을 산업 전선으로 이끌어 내는 것도 해결책이 될 수 있다. 하지만 우리나라의 현실은 노동 인력이 부족한 것이 아니라 양질의 일자리가 부족한 것이다. 정확히 말하자면 저임금의 일자리는 구인난에 빠져 있지만 반대로 고임금의 일자리를 찾는 청년 실업자는 넘쳐 나고 있다. 결국 작금의 문제는 우리나라 산업에 필요한 고학력자보다 훨씬 많은 졸업생을 배출하는 우리나라 교육 시스템의 문제이지, 고령화에 따른 산업 인력 부족이 아니라는 뜻이다.

더 나아가 AI와 휴머노이드의 발전으로 인해 그동안 인간이 해 왔던 많은 일들이 사라지게 될 것이다. 지금도 변호사나 회계사의 경우 자격증을 취득하고도 일자리를 찾지 못하는 경우가 늘고 있다고 한다. AI나 휴머노이드와 경쟁하는 업종의 경우, 고령화에 따른 노동 인력 부족을 걱정할 때가 아니라는 것이다.

좋은 투자처를 고르는 눈,
입지를 보라

|

주택 시장에서 망고와 돌을 구분할 수 있는 기준은 입지라고 할 수 있다. 수많은 전문가들이 부동산 투자는 첫째도 입지, 둘째도 입지, 셋째도 입지라고 한다. 흥미로운 것은 외국인도 같은 이야기를 한다는 것이다. 땅이 넓은 미국에서조차 주택은 입지Location라고 그 나라 부동산 전문가들은 말한다.

그러면 좋은 입지를 선택하는 기준은 무엇일까? 지역에 따라 중요도의 차이는 있지만 직주근접職住近接, 교통, 교육, 거주 환경을 들 수 있다.

우리나라 주택 보급률이 이미 100%를 넘어섰기 때문에, 이론적으로는 들어가서 살 집이 부족하다는 말은 나올 수 없다. 가구 수보다 주택 수가 많기 때문에 집이 남아도는 세상이 된 것이다. 하지만 주택 보급률이 100%를 넘어선 시점에도 주택 수요가 꾸준히 있는 이유는 주택이 모두 같은 것이 아니기 때문이다. 고급 주택만 주택 통계에 잡히는 것이 아니라 산동네에 있는 낡은 판잣집도 주택 수에 들어간다. 때문에 단순 수치상 주택 보급률이 100% 넘었다는 것만으로 집값이 오르는 시대가 끝났다고 하는 것은 과언이다. 주택 보급률이 이미 110%를 훌쩍 넘는 선진국에서도 집값 상승률이 멈추지 않고 있다. 미국의 경우 2008년에 이미 111.4%를 넘었다. 그럼에도 불구하고 집값 상승이 계속되고 있는 중이다.

그러면 주택 보급률이 100%를 넘는 시점에서도 수요가 몰리는 집은 어떤 것일까? 여러 가지 기준이 있을 수 있다. 낡은 주택보다는 새 주택을 원한다든지, 학군이 좋은 곳을 선호한다든지 하는 것도 주요 선택 기준이다. 또한 직장까지의 교통이 편리한 곳이나, 주변의 풍광이 좋은 곳도 선호되는 곳이다. 하지만 주택 시장, 특히 수도권 주택 시장에서 가장 강력한 요소는 직주근접이라 하겠다. 직주근접이란 직장과 주거지가 가까이 있는지 여부를 말하는 것이다.

예를 들어 어떤 사람의 직장이 소백산 산꼭대기에 있는 천문대라고 가정해 보자. 이 사람이 출퇴근의 편의성 때문에 소백산 산자락에 집을 샀다고 하면, 나중에 이 집을 팔려고 할 때 잘 팔릴까? 그 집은 그 천문대에서 근무하는 사람 외에는 살 사람이 없다. 이래서 그 집은 오르지 않는 것이다. 따라서 현실 세계에서는 그런 곳에 근무하는 사람은 관사를 이용한다.

그러므로 직주근접의 정확한 의미는 본인의 직장과 본인의 주거지가 가까이 있는 것이 아니라 본인의 집을 사 줄 만한 사람의 직장과 본인의 집이 가까이 있는 것을 말한다. 다시 말해 본인의 집 근처에 얼마나 많은 직장(일자리)이 있는지가 중요한 요소이다. 그 직장에 다니는 종업원 중에서 내 집을 사 줄 사람이 나올 수 있기 때문이다. 내 집값이 오르는 것은 누군가 내 집을 내가 산 가격보다 높은 가격에 사 줄 경우이다. 그 '누군가'를 현재 시점에는 알 수 없으므로 많은 사람의 직장과 접근성이 좋은 곳의 집이 미래에 오를 가능성이 높은 것이다.

그 대표적인 예가 세브란스 병원이다. 세브란스 병원은 서울에 두 군데 있다. 신촌에 있는 세브란스 병원이 본점인 셈이고, 도곡동에 있는 강남 세브란스 병원은 지점인 셈이다. 이 때문에 강남 세브란스가 생긴 초기에는 상대적으로 직급이 높은 사람은 신촌에서 근무를 하였고, 차하위 직급을 가진 사람이 강남에서 근무하는 형태였다. 그런데 몇 년이 지나자 이들의 희비가 엇갈리게 되었다. 강남 세브란스에 근무하는 사람들은 주거지를 대치동이나 도곡동에 자리 잡았기 때문에 집값이 상당히 많이 올랐지만, 신촌에 근무하는 사람들은 주로 연희동이나 홍제동 등 집값이 거의 오르지 않는 서대문 지역에 집을 가지고 있었기 때문이다. 한마디로 직장의 위치에 따라 자산의 크기가 달라지게 된 것이다. 물론 강남 세브란스뿐만 아니라 신촌 세브란스 병원에 근무하는 사람도 자기 직장 근처에 주거지를 마련했다. 그런데 왜 재미를 보지 못한 것일까?

결국 직주근접이란 내 직장과 내 집이 가까이 있는 것이 아니라, 내 집과 내 집을 사 줄 그 누군가의 직장 위치가 중요한 것이다. 그런데 몇 년 후에 내 집을 사 줄 사람의 직장 위치를 지금 현재로서는 알 방법이 없으므로, 많은 사람의 직장이 가까운 곳에 내 집 마련을 하는 것이 유리하다.

지역별 종업원 수

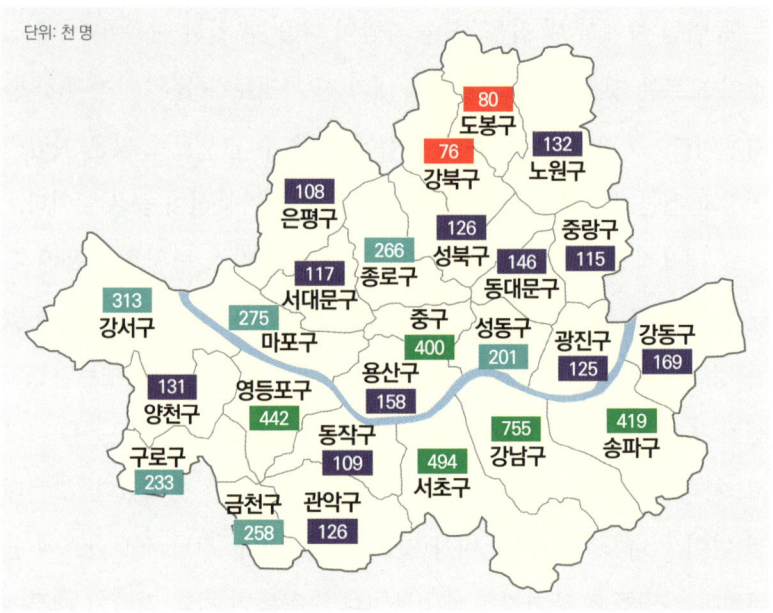

단위: 천 명

도봉구 80
강북구 76
노원구 132
은평구 108
성북구 126
중랑구 115
종로구 266
동대문구 146
서대문구 117
중구 400
성동구 201
광진구 125
강동구 169
강서구 313
마포구 275
용산구 158
영등포구 442
동작구 109
강남구 755
송파구 419
양천구 131
구로구 233
서초구 494
금천구 258
관악구 126

Source: 국가통계포털(2024년)

　서울에서 일자리가 가장 많은 지역은 강남구로서 2024년 기준으로 75만 5,251명이 근무하고 있다. 이는 강북구의 7만 5,722명보다 열 배 가까이 많은 수치이다. 강남구가 강북구보다 주택 수요가 열 배나 많다는 뜻이다. 이처럼 일자리가 많은 지역은 강남구, 서초구, 영등포구, 송파구, 중구 등이 있다. 강남구와 서초구를 강남 업무 중심지, 종로구와 중구를 강북 업무 중심지, 그리고 영등포에 있는 여의도 업무 중심지, 이렇게 3대 업무 중심지라고 한다.

　그런데 투자 측면에서는 일자리의 수가 중요한 것이 아니라 일자리가 늘어나는 추세가 중요하다. 일자리가 많은 지역은 과거에 집값이 이미 올라 있을 가능성이 있다. 높은 주택 수요가 이미 집값에 반영되어 있다는 뜻이다. 그러므로 현재 얼마나 일자리가 많은가보다 일자리가 늘고 있는가가 투자 측면에서는 중요하다. 예를 들어 일자리가 10만 개인 곳이 있는데, 5년 후에도 일자리 수가 같다면 (일자리는 많지만) 새로 주택 수요를 늘리지는 못한다. 하지만 일자리가 1만 개인 곳이 5년 후에 일자리가 2만 개로 늘었다면 (일자리는 10만 개인 지역보다는 적지만), 새로 늘어난 1만 개의 일자리에서 근무하는 사람이 그 지역과 접근성이 좋은 곳에 주거지를 마련하려고 하기 때문에 해당 지역의 주택 수요가 늘면서 전셋값이든 매매 값이든 오르는 것이다. 그러면 어느 지역의 일자리가 많이 늘어나고 있을까?

종업원 수 증감 추이(최근 22년간)

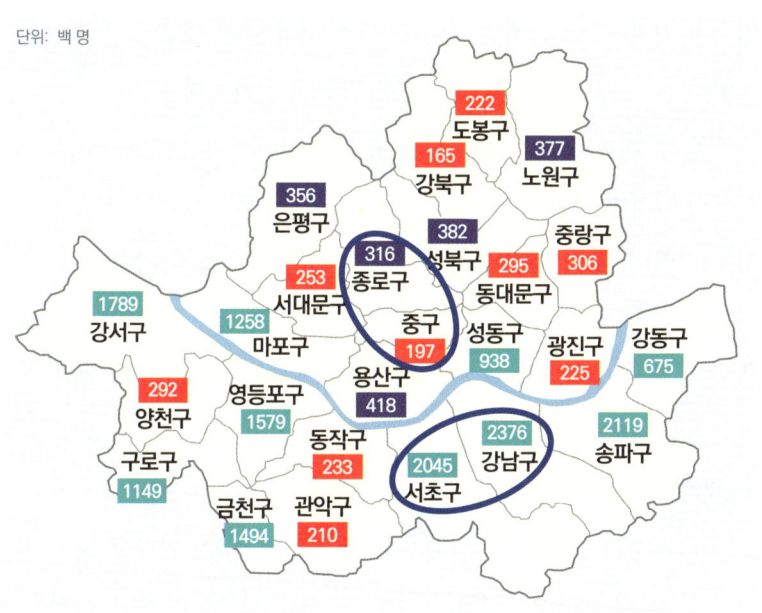

Source: 국가통계포털(2002년 대비 2024년)

지난 22년간 강남 업무 중심지는 일자리가 크게 늘었는데, 강북 업무 중심지는 그렇지 못했다. 2002년 대비 2024년까지 22년간 강남구와 서초구에 있는 강남 업무 중심지는 일자리가 44만 2,185개가 늘어났다. 무려 55%가 증가한 것이다. 반면에 종로구와 중구에 위치한 강북 업무 중심지는 일자리 증가가 5만 1,321개에 그쳐, 증가율이 8%밖에 되지 않았다. 그만큼 주택 수요 증가가 적었다는 뜻이다. 이에 따라 2002년 말부터 2024년 말까지 강북 업무 중심지가 있는 종로구(85.0%)와 중구(89.6%)의 아파트 매매가 상승률은 저조한 반면, 강남 업무 중심지가 있는 강남구(199.0%)와 서초구(192.4%)의 아파트 매매가 상승률은 그 두 배가 넘는다. 서울 25개 자치구 중에서 강남구와 서초구는 상승률 순위 1위와 2위인 지역이고, 종로구와 중구는 끝에서 두 번째와 네 번째 지역이다. 이에 따라 앞서 예로 들은 세브란스병원 지점 간의 희비가 엇갈린 것은 당연한 결과이다.

　　주민 수 대비 일자리의 비율도 중요한 지표이다. 2024년 기준으로 서울의 일자리 수는 약 577만 개로 주민등록 인구 930만 명의 62.1%에 해당한다. 반면에 같은 수도권이라 하더라도 경기도는 주민 수 대비 일자리가 상대적으로 부족하다. 2024년 기준으로 경기도의 일자리 수는 627만 개로 서울시보다 오히려 많다. 하지만 주민등록 인구가 1,369만 명이나 되는 것을 감안하면, 주민 수 대비 일자리 수가 45.8%로 서울시보다 16.1%포인트 정도 적다. 이는 베드타운인 경기도에서 일자리가 많은 서울시로 출퇴근하는 인구가 많다는 것을 의미한다. 이 때문에 같은 경기도 내에서도 서울 접근성이 좋은 지역은 집값이나 전셋값이 비싸고, 서울 접근성이 떨어지는 지역은 반대의 현상이 나타나는 것이다.

결국 어떤 지역의 집값 또는 전셋값이 꾸준히 오르려면 그 지역에 유입되는 주택 수요가 늘어야 하는데, 이를 위해서는 그 지역의 일자리 증가가 선행되어야 한다는 뜻이다.

그러면 이런 직주근접 효과가 나타나고 있는 지역은 어디일까?

인구 대비 일자리 비율

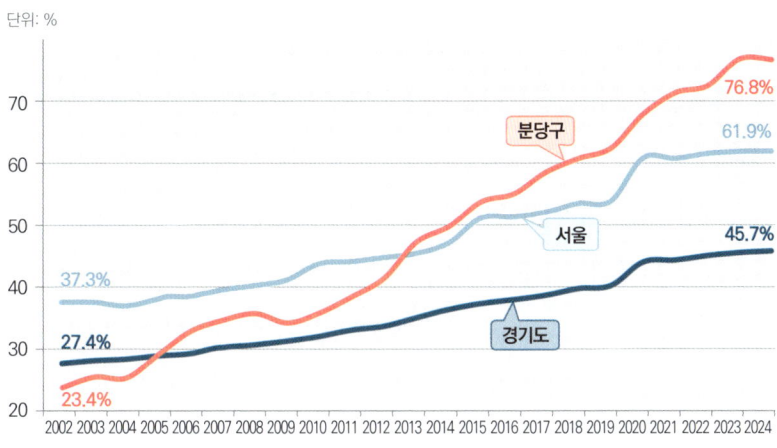

단위: %

Source: 국가통계포털(2024년)

수도권에서는 성남시 분당구가 대표적인 지역이다. 분당은 2000년대 초반만 하더라도 인구수 대비 일자리 비율이 20%대 초반에 불과한 대표적인 베드타운이었다. 잠은 분당에서 자고, 일은 서울에 가서 하는 것이 분당 주민의 대표적인 일상이었다. 하지만 2000년대 중반 이후 네이버, KT, 서울대 병원 등 굵직한 기업들이 분당으로 이전하면서 주민 수 대비 일자리 비율이 높아지기 시작하였다. 그러다 2012년부터 시작된 판교테크노밸리 입주를 계기로 2024년에는 그 비율이 76.8%에 이르게 되었다. 경기도 평균인 45.7%는 물론 서울 평균인 61.9%를 훌쩍 넘어 버린 것이다. 예전에는 서울로 출근하는 사람이 훨씬 더 많았다면, 지금은 서울에 살면서 판교테크노밸리로 출퇴근하는 직장인도 많이 늘어난 것을 볼 수 있다.

그 증가율은 더 극적이다. 2002년에 23.4%에 불과했던 것이 2024년에는 76.8%로 늘어났는데, 이는 주민 수 대비 일자리 수가 세 배 이상 늘어난 것을 의미한다. 지난 22년 동안 53.4%포인트나 증가했는데, 이 정도 늘어난 지역은 수도권은 물론 전국에서도 찾아보기 어렵다. 분당을 더 이상 베드타운이라고 부르기 어려운 이유가 바로 이것이다.

그러면 이런 일자리 증가가 집값이나 전셋값에 어떤 영향을 끼칠까? 2002년부터 2012년까지 10년간 분당 지역 인구 대비 일자리 비율은 23.4%에서 41.2%로 17.8%포인트밖에 늘어나지 않았다. 이 기간 동안 분당 지역의 아파트 매매가는 44.6% 상승에 그쳤다. 서울을 포함한 수도권 평균이 같은 기간 동안 44.8% 상승한 것에 비하면 오히려 평균 이하의 상승률을 보인 것이다. 그런데 2024년에는 일자리 비율이 76.8%까지 늘어나게 된다. 2012년부터 12년 동안 일자리 비율이 35.6%포인트나 늘어났던 것이다. 2012년을 기점으로 최근 12년간의 일자리 비율 증가율이 직전 10년간보다 두 배 정도 높아진 것이다. 이런 이유로 2012년 말부터 2024년 말까지 12년간 분당 아파트의 매매가 상승률은 89.3%로 수도권 평균 상승률 50.2%보다 월등히 높았다. 이 기간 동안 분당이 전국에서 가장 집값이 많이 오른 지역으로 기록되었다. 이런 현상은 전세가 상승률에서도 비슷하게 나타

아기곰의 재테크 불변의 법칙

난다. 분당 지역의 주택 수요가 크게 늘어났음을 의미한다. 일자리가 크게 늘어난 효과이고, 직주근접의 위력이라 할 수 있다.

그런데 직주근접을 따질 때, 간과해서는 안 될 요소가 있다. 첫째는 단순히 일자리가 늘어나는 것이 중요한 것이 아니라 그 직장에서 일하는 사람의 소득 수준이 중요하다. 어느 나라든 소득이 낮은 계층의 자가 보유율은 낮기 때문에 소득이 낮은 계층이 유입되었다고 주택 수요가 비례해서 늘었다고 보기는 어렵기 때문이다. 예를 들어 소득 1분위(하위 20%)에 해당하는 직장인 1,000명보다 소득 5분위(상위 20%)에 해당하는 직장인 500명이 그 지역에 유입되는 것이 집값 상승에는 영향을 더 크게 끼칠 수 있다는 뜻이다.

이런 이유로 지난 몇 년간 인 서울In Seoul이라는 말이 유행한 것이다. 주민등록을 서울시로 옮기면 좋은 일이 생긴다는 것이 아니라 양질의 일자리가 많은 서울의 주요 업무 중심지까지 접근성이 좋은 곳에 주거지를 마련하는 것이 유리하다라는 뜻이다.

국세청에 따르면 2024년 소득분 기준으로 억대 연봉자가 가장 많이 사는 곳은 서울시와 경기도로서, 우리나라 전체 억대 연봉자의 60%, 2억 원 초과 연봉자의 72%가 이 지역에 거주하고 있다. 서울시와 경기도 인구 비율이 전체 인구의 45%에 해당하는 것을 감안하면 이 두 지역에 고액 연봉자가 많이 몰려 있고, 결국 이 지역에 양질의 일자리가 많다는 것을 의미한다.

그러면 지역별로는 어느 지역에 양질의 일자리가 많을까? 그 지역의 일자리 수를 사업체 수로 나누어 보면, 지역별로 사업체당 종업원 수를 구할 수 있다. 그런데 영세한 기업일수록 종업원 수가 적다는 것을 착안하면, 사업체당 종업원 수가 많은 지역일수록 임금이 높을 가능성이 높다. 그런데 이것은 서울이나 수도권 일부 지역에만 해당한다. 생산직이 많은 대규모 공장의 경우, 단순 조립 라인에 근무하는 생산직은 임금이 높지 않다. 그러므로 단순히 사업체당 종업원 수가 많다고 고임금 종업원이 많다는 증거는 아니다. 하지만 서울의 경우는 지방과는 달리 대규모 공장이 거의 없다. 이런 이유로 서울이나 수도권 일부 지역에서는 사업체당 종업원 수가 중요한 지표가 될 수 있다.

지역별 일자리의 질

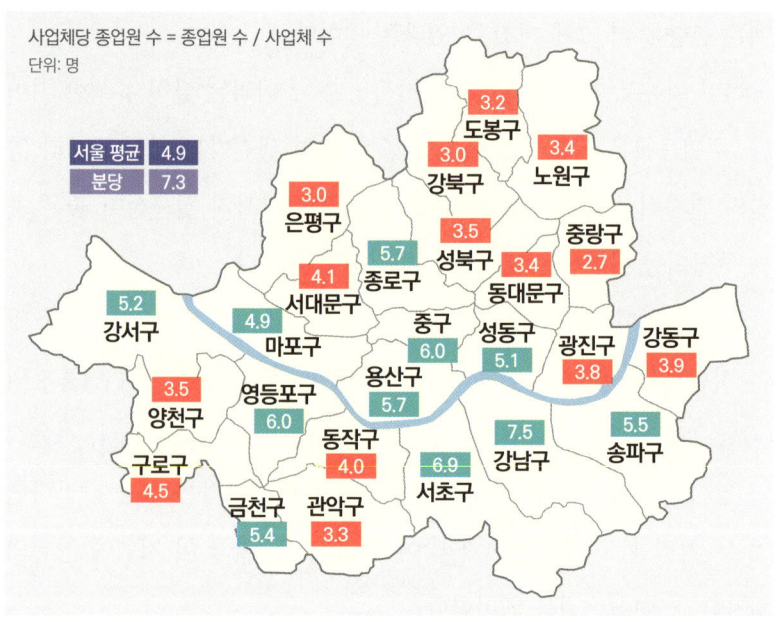

Source: 국가통계포털(2024년)

수도권에서 이 비율이 높은 지역은 강남구, 분당구, 서초구가 있다. 결국 이런 지역이 직주근접 효과가 큰 것이다.

입지의 3대 요소,
교통·교육·환경을 따져 보라

|

🏢

많은 전문가들이 입지의 3대 요소를 교통, 교육, 환경이라고 한다. 환경은 주거 환경을 의미하는 것이고, 교육은 사교육을 포함한 학군을 의미한다면, 교통은 직장과의 접근성을 말한다. 얼마나 빠르고 편하게 자신의 직장까지 갈 수 있는가가 바로 교통 요소라 할 수 있다.

교통

그런데 교통 문제도 본질은 직주근접과 같다. 본인의 직장까지 접근성이 좋은 곳이 아니라 본인의 집을 사 줄 만한 사람의 직장과 접근성이 좋은 곳을 말한다. 내 집값이 오르는 것은 누군가 내 집을 내가 산 가격보다 높은 가격에 사 줄 경우이기 때문이다. 그 '누군가'를 현재 시점에는 알 수 없으므로 많은 사람의 직장과 접근성이 좋은 곳의 내 집이 미래에 오를 가능성이 높은 것이다.

이런 측면에서 직주근접과 교통 요소가 본질적인 문제는 같다고 한 것이다. 다만 직주근접 지역은 일자리가 많거나 늘어나는 곳 주변을 말한다면, 교통이 좋다는 것은 직주근접 지역보다 멀더라도 직주근접 지역까지 접근성이 좋은 것을 말한다. 직주근접 조건에 정확히 부합되는 지역은 그리 많지 않기 때문에 교통이 편리한 곳이 대안이 되는 것이다.

서울 중구의 경우 주민등록 인구 대비 그 지역에서 일하는 사람의 비율, 즉 인구 대비 일자리의 비율이 2024년 기준으로 340%나 된다. 전국 평균이 50.1% 정도 되니, 34만 명 정도가 서울의 다른 지역이나 경기도, 인천 등의 지역에서 출퇴근한다고 볼 수 있다. 이와 같은 방법으로 계산하면 (그 지역에서 사는 주민을 제외하고도) 강남 업무 중심지가 있는 강남구와 서초구로 76만 명, 강북 업무 중심지라고 불리는 종로구와 중구로 54만 명, 여의도 업무 중심지라고 불리는 영등포구로 26만 명의 직장인이 출퇴근하는 것으로 추정할 수 있다. 이 3개 지역을 서울의 3대 업무 중심지라고 부르는 이유가 여기에 있는 것이다. 결국 교통 요소란 이들 3대 업무 중심지로 출퇴근이 얼마나 빠르고 편리한가를 보는 것이라 하겠다.

그러면 이들 지역에 접근성이 좋아지는 것과 집값에는 어떤 상관관계가 있을까? 연봉이 2,000만 원인 신입 사원이 있다고 하자. 이 사람이 출퇴근에 하루 왕복 3시간이 걸리는 곳에 살다가 왕복 1시간이 걸리는 곳으로 이사를 하려고 이것저것 따져 보았다. 하루에 두 시간씩 출퇴근 시간이 절약되므로 이를 연봉 개념으로 환산을 하면 500만 원에 해당하는 돈이 될 것이다. 하루에 8시간씩 일을 하는 것을 기준으로 연봉 2,000만 원이 책정되기 때문에, 시간 절약분이 매일 두 시간씩이니까 시간 절약분은 500만 원에 해당하는 것이다. 다시 말해 출퇴근하는 데에 매일 두 시간씩 허비하지 말고 그 시간에 회사에서 야근을 두 시간씩 더하거나 다른 생산적인 일에 투입된다면 500만 원의 가치를 창출할 수 있다는 계산이다. 이를 전세금으로 환산하면, 이자율에 따라 다르지만, 대출 이자를 5%로 계산하면 1억 원에 해당한다. 전세자금대출 1억 원의 연간 이자 500만 원과 출퇴근 시간이 매일 두 시간씩 절약되어 생산성이 올라가는 것과 상계된다는 의미이다.

그러므로 연봉 2,000만 원을 받는 사람이 출퇴근 시간을 두 시간 절약할 수 있다면 전세금을 1억 원 이하로 올려 주더라도 이사를 가는 것이 유리한 것이다. 그런데 두 지역의 전세금 차이가 1억 원을 넘는다면 전세금을 올려 주고 이사를 하는 것은 불합리한 결정이다.

이번에는 같은 회사에 다니는 연봉 8,000만 원을 받는 부장의 경우를 살펴보자. 직장 근처로 이사를 했을 때 이 부장이 절약할 수 있는 시간을 같은 계산 방법에 따라 돈으로 환산한다면 무려 2,000만 원에 이르고, 전세금으로 환산하면 4억 원에 달한다. 다시 말해 직장에서 왕복 세 시간 떨어진 곳에 싸게 전세를 사는 것보다 직장에서 왕복 한 시간 떨어진 곳에 사는 것이 전세금을 어느 정도 올려 주더라도 부장 입장에서는 크게 이익이라는 것이다. 위의 계산에서 보았듯이 연봉이 높을수록 시간 절약분의 가치가 높아지므로 연봉이 높은 사람은 직장이 가까운 곳에 거주할 가능성이 높다. 이 때문에 고임금 직장이 가까운 곳의 전세가나 집값이 올라갈 수밖에 없다. 뉴욕 맨해튼의 집값이나 서울 강남 업무 중심지 주변의 집값이 비싼 이유가 바로 이것이다.

그렇다고 아무리 강남 업무 중심지 근처에 있다고 해서 비싼 집값이나 전셋값을 내고 강남에 사는 것은 무리이다. 그러면 대안은 무엇인가? 강남 업무 중심지와 접근성이 좋은 곳, 즉 교통이 좋은 곳에서 살면 되는 것이다. 이것이 바로 교통 요소이다. 이때 접근성이 좋다는 의미는 물리적 거리를 말하는 것이 아니다. 시간적 거리를 말하는 것이다. 강남 업무 중심지와 5km밖에 떨어져 있지 않더라도 산에 가로막혀 두세 시간 걸린다면 아무 의미가 없다. 다소 거리가 있더라도 업무 중심지로서의 강남까지 접근성이 뛰어난 곳에 내 집 마련을 하는 것이 유리하다는 의미이다. 그것이 바로 교통의 의미이다.

교육

실수요자들이 거주지를 선택할 때의 기준은 무엇일까? 몇 해 전 한 부동산 정보 업체의 조사에서 서울 및 신도시에 거주하는 자녀가 있는 기혼 여성을 대상으로 설문 조사를 한 적이 있다. 설문 조사 결과에 따르면 가장 중요시하는 조건으로 교육을 꼽았다. 23.5%가 교육이 가장 중요하다고 응답을 했으며, 그다음으로 집값이 적정한가 여부가 21.8%, 교통 여건이 좋은가 여부가 16.6% 순이었다. 실수요자의 가장 큰 관심은 '학군'이라 불리는 교육 요소라는 것을 다시 한번 확인하게 되었다.

그러면 학군이 왜 중요할까? 인생에 한 가지 길만 있는 것이 아니듯이 자녀 교육에 정답이란 존재하지 않는다. 단순히 명성이 높은 곳보다는 자녀의 능력과 희망을 고려하여 최적의 환경을 제공하는 곳이 자녀 본인에게는 최고의 학군이다. 하지만 이것은 원론적인 이야기며, 구체적으로 들어가서 "그러면 내 자녀에 최적인 곳이 어디인가?" 까지 생각한다면, 쉽게 답을 낼 수 있는 문제가 아니다. 이런 이유로 결혼 전에는 원론적인 이야기를 하던 사람들도 아이가 커 가게 되면 남들처럼 소위 '학군이 좋다'는 곳으로 찾아가게 되는 것이다. 그러면 학군이 좋다는 곳에 이사를 가서 밤늦게까지 학원에 보내는 것이 자녀를 위하는 것이고, 자녀가 행복한 길일까? 그렇지는 않다. 아무래도 '학군=사교육'이라는 선입관이 있는데, 학군의 진정한 의미는 이것이 아니다. 그러면 학군이 왜 중요할까?

사교육을 통해 단순히 시험 점수 몇 점 더 받는 것이 중요한 것이 아니라 자녀에 미치는 영향 때문에 학군이 중요한 것이다. 초등학교까지는 자녀에게 부모님의 영향이 가장 크다. 특히 엄마의 영향이 절대적이라 할 수 있다. 그러나 틴에이저가 되면 아이들은 부모님이나 선생님의 말보다는 친구나 또래의 말이나 행동에 더 영향을 받는다. 부모님이나 선생님의 관심이나 사랑이 부족해서 그런 것이 아니라, 그게 인간의 본성이다. 그런 상황에서는 주변에 어떤 친구들이 있는가가 중요하다. 본인의 자녀가 게임을 좋아하는 친구들과 주로 사귄다면 본인의 자녀도 게임에 빠질 가능성이 높고, 아이돌 콘서트만 찾아다니는 친구들과 어울린다면 본인의 자녀도 그렇게 될 가능성이 높다. 그들 친구들과 어울리지 않는다는 것은 소위 '왕따'를 의미하기 때문이다.

사람은 주변의 영향을 많이 받는다. 특히 주관이 형성되지 않은 아동의 경우 더욱 그러하다. 이 때문에 맹모삼천지교 이야기도 나온 것이다. 맹자가 처음 살던 무덤가나 장터에서 계속 살았더라면, 맹자는 뛰어난 장의사나 상인이 되었을지는 몰라도 후세에까지 이름이 전해지는 대학자는 되지 못했을 것이다. 이런 이유로 많은 부모들은 본인의 자녀들이 '공부 잘하고, 착실한' 친구를 사귀기 바라는 것이다. 하지만 본인 자녀의 속도 모르는 부모가 자녀 친구의 속까지 정확히 아는 것은 불가능하다. 그러므로 상대적으로 '공부 잘하고, 착실한' 학생들이 많은 학교에 집어넣고자 하는 것이 많은 부모의 생각일 것이다. 이것이 학군의 의미다.

그러면 어느 곳이 학군이 좋은 곳일까? 학군을 평가하는 기준은 여러 가지가 있다. 서울대 등 소위 명문대에 얼마나 진학시켰는가 하는 것도 학원가에서 통용되는 대표적인 지표다. 이 때문에 과거에는 고등학교 학군이 중요했다. 그런데 지난 몇 년간 학군과 상관없는 특목고의 비중이 점점 확대되었다. 이런 추세는 앞으로도 점점 심화되어 미국과 같이 이원화된 교육 시스템으로 정착할 가능성도 높다. 미국의 경우 부유층 자제는 사립학교를 다니고, 서민은 공립학교를 다니는 경향이 높다. 문제는 특목고 담벼락과 붙어 있는 곳에 살더라도 특목고에 들어갈 수는 없다는 것이다. 더구나 일반고조차도 근거리 배정 원칙이 깨진 지 오래되었다.

이런 추세 때문에 중학교 학군이 점점 중요하게 되어 가고 있다. 이때 그 동네의 경제적 수준이나 교육열에 따라 중학교의 학군이 정해진다. 그런데 그중에서 어느 학군이 좋은지는 어떻게 알 수 있을까? 과거에는 "어느 학교가 좋다더라"는 엄마들의 입소문이 중요한 소스였다. 전체적 자료이기보다는 지역적 정보가 주류였다.

그런데 이것이 지금은 비교가 가능하다. 2010년부터 학교별 성적이 공개되면서 학군의 차이를 객관적으로 비교할 수 있는 기준이 생기게 되었다. 학업 성취도 평가와 특목고 진학률이 그것이다. 학업 성취도 평가는 매년 6월경 전국의 모든 학교에서 같은 문제로 시험을 보고, 11월 말 학교별로 결과가 공개된다. 이때 평균 성적이 공개되지는 않고, 보통 학력 이상 학생의 비율, 기초 학력 학생의 비율, 기초 학력 이하 학생의 비율이 공개된다. 특목고 진학률은 매년 5월 말 공개되는데, 진학하는 학교명은 공개되지 않고 전체 진학률만 공개된다.

결국 학업 성취도 평가가 모든 학생을 얼마나 잘 가르치는가를 볼 수 있는 지수라면, 특목고 진학률은 그중 우수 학생을 얼마나 잘 가르치느냐의 문제로 귀결된다 하겠다. 다시 말해 학업 성취도 평가는 그 학교에 공부 못하는 학생이 얼마나 적은가를 알아보는 지수이고, 특목고 진학률은 그 학교에 공부 잘하는 학생이 얼마나 많은가를 나타내는 지수이다. 둘이 비슷한 것 같지만 전혀 다른 의미다.

학업 성취도 평가 점수를 높이려면 아이들을 골고루 잘 가르쳐야 한다. 반면에 특목고 진학률을 높이려면 우열반을 만들어서 소위 잘나가는 애들만 집중적으로 가르치면 된다. 학교 입장에서는 학업 성취도를 높이는 것보다 특목고 진학률을 올리는 것이 쉬울 수도 있다. 반면에 학업 성취도는 그 지역 커뮤니티의 질에 따라 그대로 나타난다. 시험에서 50점 넘은 학생의 비율, 즉 공부 못하는 학생이 적은 비율이기 때문에 학교의 입장에서는 특별한 노력이 필요 없다. 다시 말해 학교에서 잘 가르쳐도 학업 성취도 평가 점수가 크게 높아지지도 않고, 대충 가르쳐도 크게 떨어지지 않는다는 특성을 가지고 있다. 그 지역 커뮤니티의 수준이 그대로 투영되기 때문이다.

이에 비해 특목고 진학률은 학교에서 노력을 해야지만 올릴 수 있는 것이고, 등한시하면 떨어지는 지수이다. 그런데 특목고 진학률이라는 지수 자체도 함정이 있다. 특목고라고는 하지만 학교별 편차가 크기 때문이다. 특목고 중에는 명문대에 몇백 명씩 진학시키는 학교가 있는가 하면, 그것의 10분의 1 정도도 진학시키지 못하는 학교도 있다. 이런 상황에서 단순히 특목고 진학률만 가지고 어떤 중학교가 공부를 잘 가르치는지 여부를 알기는 어렵다.

예를 들어 특목고 진학률이 5%인 중학교와 3%인 중학교가 있다고 하자. 단순 수치만 보면 전자가 더 공부를 잘 가르치는 곳처럼 보이겠지만, 전자는 그저 그런 특목고에 5%를 보낸 중학교고, 후자는 명문 특목고에 3%를 보낸 중학교일 수 있다.

이런 의미에서 보면 전국적으로 같은 문제로 시험을 보는 학업 성취도 평가가 특목고 진학률보다 객관적인 비교 방법일 수 있다.

다만 아쉬운 것은 학업성취도 평가 결과는 2017년 이후에는 공개되고 있지 않다. 하지만 학군이라는 것이 그 지역의 소득과 교육열에 비례하는 만큼 2010~2016년 결과로 그 지역의 학력 수준을 유추할 수는 있다.

그러면 학군이 좋다고 소문이 난 곳의 특징은 무엇일까? 교육과 집값과의 상관관계를 설명할 때 '닭이 먼저냐 달걀이 먼저냐'라는 것과 비슷한 논란에 빠지게 된다. 교육 환경이 좋으니까 그 지역의 주택 수요가 많아져서 집값이 올라갔다고 보는 시각과 경제적으로 여유 있는 사람이 많으니까 자녀 교육에 시간과 돈을 많이 투자하게 되어 성과를 내게 되었다는 시각이 공존하는 것이다. 사실 어느 것이 먼저인지

아기곰의 재테크 불변의 법칙

아는 것은 중요하지 않다. 다만 두 요소가 서로 상승 작용을 일으키고 있다는 것이다. 그러므로 교육 환경이 좋고 나쁨을 따질 때 그 배후 커뮤니티의 성격을 먼저 따져 보는 것이 중요하다.

그 지역 커뮤니티가 교육에 관심이 많다면 그 지역은 시차를 두고 언젠가는 좋은 학군으로서 이름을 날릴 것이고, 그렇지 않다면 반대 현상이 나타날 것이다. 그러면 좋은 커뮤니티의 기본 요건은 무엇일까?

첫째는 고학력의 부모가 많은 지역이어야 한다. 부모가 책을 많이 읽는 집 아이들이 책을 많이 읽는 경향이 있듯이, 부모는 자식의 훌륭한 스승이자 롤 모델이 되기 때문이다. 부모의 입장에서도 한국 사회에서는 고학력이 성공의 지름길이라는 것을 스스로 체득하고 있기에 자식 교육에 시간과 비용을 아끼지 않는 것이다.

지역별 고학력자 비중

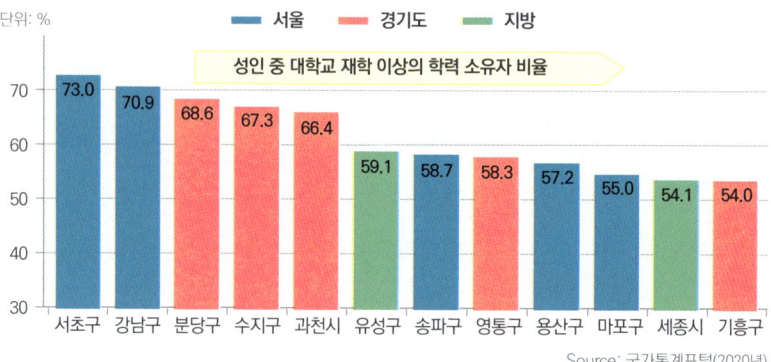

Source: 국가통계포털(2020년)

2020년 기준으로 우리나라 성인 중에서 대학교 재학 이상의 학력을 가진 사람의 비중은 35.9%이다. 그중 도시 지역은 38.8%이고, 농

어촌 지역은 19.8%이다. 이 비율이 50%가 넘는 지역은 전국에 16개가 있는데, 서울에 서초구, 강남구, 송파구, 용산구, 마포구, 종로구, 동작구, 영등포구 등 8개 지역과 경기도에 성남 분당구, 용인 수지구, 과천시, 수원 영통구, 용인 기흥구 등 5개 지역, 그리고 지방에 대전 유성구, 세종시, 대구 수성구가 여기에 속한다.

둘째는 중산층 이상의 경제력을 갖춘 지역이어야 한다. 입시 경쟁이 점점 심화되면서 사교육의 도움 없이 명문 대학에 들어간다는 것이 쉽지 않은 세상이 되었기 때문이다. 물론 가장 중요한 것은 학생의 자질이지만, 같은 자질을 갖춘 학생이라도 사교육의 혜택을 받은 학생이 입시에서 유리한 고지를 점령하고 있는 것은 엄연한 현실이다. 이 때문에 중간 정도 이상의 소득을 올리는 계층이 많이 거주하는 지역이 학군도 강세일 가능성이 높은 것이다.

셋째는 그 지역의 구성원들이 비슷한 주거 환경을 갖추고 있어야 한다. 어떤 지역의 평균 가구 소득이 8,000만 원이고, 구성원들의 대부분이 7,000만 원에서 9,000만 원의 소득을 거두고 있다면 이런 지역은 향후 교육 특구로서 두각을 나타낼 가능성이 높다. 그러나 지역 평균 가구 소득이 8,000만 원이라도 일부 가구는 수십억 원의 고소득 가구인 반면 나머지 대부분의 가구는 저소득 가구로 구성되어 있다면 이런 지역은 교육이 강세를 띨 수 없다.

부자라고 무한정 사교육의 혜택을 많이 받을 수는 없다. 한 사람당 주어지는 시간은 24시간으로 똑같기 때문이다. 그러므로 학원을 경영하는 사람의 입장에서는 몇몇 부자만 사는 동네보다는 여러 사람을 상대로 하는 곳이 훨씬 수익이 높기 때문에 이런 지역에 경쟁력을 갖춘 학원들이 들어서는 것이다.

그런데 비슷한 지역 내에서도 학력의 차이가 나는 경우가 있다. 이런 차이가 나는 원인은 무엇일까?

학교 위치와 학력에는 밀접한 관계가 있다. 첫째, 빌라나 단독주택보다는 아파트 단지가 많은 곳이 학력이 높은 경향이 있다. 둘째, 아파트라도 임대 아파트가 많거나 소형 아파트로만 구성된 곳은 대형 평형 아파트가 많이 포함된 단지보다 학력이 낮은 경향이 있다. 아무래도 학력과 경제력은 어느 정도 상관관계가 있기 때문이다. 셋째, 소득이 높은 곳이라고 반드시 자녀들의 학력이 우수한 것은 아니다. 일정 수준 이상의 경제력이 뒷받침되어야 하는 것은 맞지만 부모의 교육열과 교사들의 열정이 더 큰 변수이기 때문이다.

학군과 집값이 어느 정도 상관관계가 있다는 것은 부동산 업계에서는 상식으로 통한다. 주민의 소득이나 자산이 높은 경우, 그렇지 않은 사람보다 사교육비에 지출할 여력이 더 크기 때문이기도 하지만, 자식 교육에 대한 시간적·정신적 여유가 있기 때문이기도 하다. 당장 먹고살 걱정이 많은 사람에게는 자식의 미래보다는 현재의 경제적 어려움이 더 큰 문제일 것이다. 반면에 주민의 소득이나 자산이 높은 경우, 주거비와 교육비로 지출할 여력이 크다. 이런 이유로 통상 집값이 비싼 동네가 학군이 좋은 경우가 많다.

하지만 집값과 학군과의 관계를 이렇게 단순하게 생각하면 낭패보기 쉽다. 실제 가치보다 비싸게 지불하는 집값이 자녀의 밝은 미래로 보상받을 것이라는 착각에 빠질 수 있기 때문이다. 학군에 영향을 주는 것은 그 지역의 소득이나 자산뿐 아니라 교육열이라는 변수도 크게 작용한다.

영어 성적은 통상 그 지역 소득과 비례한다. 소득이 높은 지역의 경우, 영어 유치원을 나왔거나 영어권으로 조기유학이나 연수를 다녀왔거나, 주재원 자녀가 많기 때문이다. 쉽게 말해 어려서부터 영어에 직접적으로 노출된 경험이 많았을 것이다. 하지만 교육열이 높더라도 소득이 낮은 지역은 책이나 TV를 통한 간접적인 경험을 통해서만 영어를 접하기 때문에, 영어에 대한 공포심을 극복하기 어렵고, 성적도 낮게 나오는 것이다. 영어는 학문이 아니기 때문이다.

하지만 수학의 경우는 다르다. 수학은 교육과 훈련에 의해 승부가 나기 때문이고, 지속적으로 꾸준히 공부하지 않으면 쉽게 뒤처지고, 한번 뒤처지면 따라잡기 어려운 학문이다. 이런 이유로 교육열이 높은 지역이 수학 점수가 높은 것이다.

그러면 교육열이 높은 지역이 왜 점수가 높을까? 공부를 열심히 가르쳐서 그럴 수도 있지만, 공부를 잘하는 학생이 학군이 좋은 지역으로 몰려들기 때문이다. 학군이 좋은 지역은, 인근 또는 학군이 처지는 다른 지역에서 공부를 잘하는 학생이 전학을 올 가능성이 높다. 반대로 성적이 떨어지는 학생은 경쟁을 피해 다른 지역으로 전학을 갈 가능성이 높다. 이런 이유로 학군이 좋다고 입소문이 나면, 그 지역은 점점 성적이 올라가는 경향이 있다.

결국 학군과 소득과의 일정 상관관계가 있다는 것은 부인할 수 없지만, 그것만으로 좋은 학군을 만들기는 충분하지 않다. 그 지역의 교육열이 뒷받침되어야 그 지역이 좋은 학군으로 두각을 나타내는 것이다. 그 지역의 소득보다는 교육열이 더 중요하다는 의미이다.

환경

입지를 선택하는 기준 중 교통은 먹고사는 문제와 직결이 되는 요소이고, 교육은 자식을 키우는 것과 관련된 요소라고 한다면 환경은 삶의 질과 관련된 요소라 할 수 있다. 연령층이 높을수록, 또 소득이 높을수록 집을 선택할 때 환경을 우선적으로 고려하는 비율이 높아지는 현상이 나타난다. 이 때문에 주택을 선택할 때 고려하는 요소로서 현재는 교통이나 교육이라는 요소보다는 우선순위가 뒤처지고 있지만, 점점 그 비중이 커질 것이라는 것을 예상할 수 있다. 사회가 점점 고령 사회로 전이되면서 고령층의 선호도가 높은 환경의 중요성이 대두될 가능성이 있고, 국민 소득이 점점 높아지면서 중산층에서도 환경에 대한 우선순위가 높아질 것이기 때문이다.

'환경'이라고 하면 우리나라에서는 한강을 비롯한 조망권을 우선적으로 치는 경향이 있다. 이 때문에 한강으로의 접근성도 없으면서 먼 발치에서라도 한강이 보이면 환경이 우수하다고 하는 사람이 있다. 물론 앞뒤 꽉 막힌 아파트 숲보다는 탁 트인 전망이 보이는 아파트가 훨씬 좋은 것은 사실이다.

외국의 경우는 어떨까? 필자가 사는 미국의 경우도 해안에 있는 주택의 가격이 내륙에 있는 주택 가격보다 월등히 높다. 미국도 캘리포니아와 같은 고가 지역의 경우, 해변가에 있는 주택은 한 채에 200억 원이 넘는 경우가 많다. 이처럼 같은 지역이라도 바다가 보이느냐 아니냐에 따라 집값은 천지 차이다. 이런 면에서는 '시각적 즐거움'을 주는 우리나라의 조망권과 다를 것이 없어 보인다. 그러나 미국의 경우는 '신선한 공기의 통로'라는 점에서 차이가 있다.

우리나라보다 자동차 대수가 많기 때문에 미국도 공기 오염 문제는 있다. 그나마 바다에서 불어오는 바람이 도시의 오염된 공기를 내륙 쪽으로 밀어내기 때문에 바닷가에 가까운 지역은 공기가 신선한 것이다. 다시 말해 바다가 보인다는 의미는 바다로부터 신선한 공기가 불어오는 데 막힘이 없다는 뜻이기도 하다.

우리나라에 남가주 대학이라고 알려져 있는 USCUniversity of Southern California에서 13년 동안 3,600명을 대상으로 연구한 결과에 따르면 고속도로에서 500m 이내에 사는 어린이가 성인이 되었을 때 천식 등 호흡곤란 증세를 겪는 비율이 고속도로에서 1,500m 떨어진 곳에서 자란 사람보다 3% 정도 더 많았다고 한다. 폐활량 측면에서도 고속도로 가까이에서 자란 사람이 그렇지 않은 사람보다 7%나 폐활량이 적었다는 연구 결과도 나왔다. 고속도로에서 발생한 극미세 먼지가 유아의 허파 등 호흡기에 장기적으로 얼마나 악영향을 끼치는지에 대한 연구라 하겠다. 또 미국 암 협회에 따르면 공기 $1m^3$ 중 극미세 먼지가 $10\mu m$(마이크로미터) 증가하면 사망 위험률은 7% 증가한다고도 한다.

이렇듯 환경이라는 요소는 건강과 직결되기도 하기 때문에 건강에 대한 관심이 증대될수록 주택 선택에 있어서 환경이라는 요소의 중요성은 더욱 부각될 것이다. 이에 따라 환경이 좋은 곳과 그렇지 못한 곳의 가격 차이도 점점 벌어질 것으로 보인다. 과거에는 주택 수가 가구 수에 비하여 상당히 부족한 시대였으므로, 일단 아파트라고 하면 고속도로 옆이든 철도 옆이든 어느 곳에 지어도 분양이 잘 되던 시절이 있었다. 그러나 주택 보급률이 점차 올라갈수록 주거 환경이 열악한 곳에 지어진 주택은 외면당할 것으로 예상된다.

그렇다면 내 집 마련이라는 입장에서 환경이라는 요소를 어떻게 활용해야 할까? 단기적으로는 환경이 교통이나 교육이라는 요소보다 그 영향력은 작다고 하더라도 장기적으로는 그 영향력이 점점 커지는 추세에 있다. 장기 보유를 염두에 두는 실수요자는 환경이라는 요소를 반드시 따져 봐야 한다. 문제는 좋은 환경을 갖춘 곳은 이미 가격이 많이 올라서 비싸다는 것이다. 이런 곳을 사라고 하는 것은 아니다. 이럴 경우 실수요자가 취할 수 있는 전략을 두 가지 소개하겠다.

첫째, 소득이 높은 지역은 이미 좋은 환경을 갖춘 주택과 그렇지 않은 주택 간에 가격 차가 많이 벌어져 있을 것이다. 서두에서도 밝혔듯이 소득이 높을수록 환경이라는 요소에 더 많은 비중을 두기 때문이다. 한강 조망권을 예로 든다면 소득이 높은 사람들이 많이 사는 지역은 다른 집들과의 차별화 때문에라도 환경에 대한 프리미엄에 기꺼이 돈을 지불하고자 하는 사람이 많을 것이다. 이 때문에 부촌일수록 한강이 보이느냐 아니냐에 따라 집값의 차이가 많이 나는 것이다. 그러나 먹고살기에 바쁜 사람이 많이 사는 지역에서는 한강 조망권을 이유로 집값 차이가 그다지 많이 나지 않는다. 한강 조망권은 그저 있으면 좋고, 없어도 그만이라고 생각하는 사람이 많기 때문이다.

이 점에 착안하면 앞으로의 방향이 보일 것이다. 우리나라가 점점 어려워져서 먹고살기도 걱정하는 수준이 된다면 잘사는 동네의 한강 프리미엄은 점점 그 가치가 떨어질 것이다. 하지만 반대로 우리나라가 점점 소득이 높아진다면 그 반대 현상이 벌어질 것이다. 그러므로 프리미엄이 아직 적은 동네의 주택을 선점하고, 국민 소득이 오름에 따라 그 프리미엄의 가치가 올라가는 것을 기다리는 것도 좋은 전략이다.

두 번째 전략은 변화하는 곳을 찾으라는 것이다. 한강이 물줄기를 바꾸는 것도 아닌데 환경이 어찌 변한다고 하는 것일까? 한강 조망권만 환경 요소가 아니다. 우리나라 사람들의 경우 선호하는 조망권은 한강 등 하천보다는 산이나 공원 등 녹지라는 조사 결과도 있다. 집 앞에 시커먼 연기를 내뿜던 공장이 다른 곳으로 이전하고 그 자리에 공원이 들어선다고 상상을 해 보자. 트럭들이 드나들던 곳에는 잔디가 깔리고, 연기를 내뿜던 굴뚝 자리에는 커다란 분수대가 들어선다고 하면 그 인근 주택 값은 오를까 내릴까?

서울 등 수도권에는 현재도 주거 지역과 준공업 지역이 섞여 있는 곳이 적지 않다. 공장 입장에서도 굳이 땅값이 비싼 곳에 있을 이유가 없기 때문에 여건만 된다면 외곽 지역으로 이전하려고 할 것이다. 만약 주거 지역과 준공업 지역이 반반 섞여 있는 지역이 있다면 현재는 열악한 주거 환경 때문에 집값은 낮을 수밖에 없겠지만, 공장이 하나 둘 이전하게 됨에 따라 주거 환경이 점점 좋아지게 되며, 이에 따라 땅값도 급속히 오르게 된다. 이러한 땅값 상승은 다른 공장의 이전을 더욱 부채질하게 된다. 비싼 땅을 깔고 있는 것보다 현금화하여 생산 시설 등 다른 곳에 재투자를 하는 것이 더 이익이기 때문이다. 그러므로 현재는 열악한 지역이라도 일단 공장 이전이 시작되면 그 지역은 도미노처럼 공장 이전이 활발해질 가능성도 있는 것이다.

문제는 첫 번째 전략이나 두 번째 전략 모두 시간과의 싸움이라는 것이다. 그러므로 단기 차익을 노리는 투자자가 아니라 장기적으로

아기곰의 재테크 불변의 법칙

그 지역에서 살 수 있는 실수요자나, 지금 사 놓고 나중에라도 그 지역에서 살 예정인 예비 수요자라면 이런 지역을 노리는 것이 더 유리하다. 현재는 핸디캡이 있는 지역이지만 언젠가는 그 핸디캡이 사라지고 오히려 프리미엄이 생길 것이기 때문이다.

그러면 투자라는 측면에서 환경이라는 요소는 언제나 플러스 요소인가? 꼭 그렇지는 않다. 투자라는 측면에서 볼 때 주의할 점이 몇 가지 있다. 첫째, 다른 요소보다 경기의 영향을 많이 받는 경향이 있다. 즉 경기가 어려우면 어려울수록 프리미엄이 급격히 줄어드는 현상을 보인다는 것이다. 경기가 어려울 때 라면의 매출이 줄어드는 것보다 자동차의 매출액이 더 떨어지는 현상과 같은 원리이다. 둘째, 환경 하나만 보고 다른 요소를 무시해서는 절대 안 된다. 극단적으로 말해 공기나 풍광이 좋다고 깊은 산골짜기에서 혼자 살 수는 없는 일이다. 교통, 교육 등 다른 요소와 적절히 어우러져야 그 효과를 충분히 낼 수 있다. 셋째, 효용 체감의 법칙도 고려해야 한다. 조망권의 경우 처음에는 멋진 조망에 반해서 비싼 프리미엄을 지불하고 사겠지만, 그 조망이 바뀌는 것이 아니기 때문에 시간이 점점 흘러갈수록 무감각해지는 경향이 있다.

이에 따라 우리나라에서는 환경이라 하면 현재는 조망권이 각광을 받고 있지만, 시간이 흐르면 점점 무감각해질 수 있는 조망권만 있는 곳보다는 그곳에 접근하여 운동이나 산책도 할 수 있는 체험권이 있는 곳이 앞으로는 더 각광을 받게 될 것으로 예상된다.

새 아파트가 좋을까,
낡은 아파트가 좋을까?

─

얼마 전 분양 열기가 뜨겁다는 취지의 TV 뉴스를 보다가 깜짝 놀랄 만한 인터뷰를 보았다. 한 주부가 "아무래도 새 아파트가 투자 가치가 있으니…"라고 언급하는 것을 보았기 때문이다. 그 인터뷰에서 "아무래도 새 아파트가 살기 편하니…"라고 했으면, 그러려니 하고 넘어갔을 것이다. 하지만 그 어려운 '투자 가치'라는 말을 일반인이 언급하면서, 시세 상승 가능성을 확신하는 데 놀란 것이다. 과연 새 아파트는 무조건 투자 가치가 있는 것일까? 지금부터 살펴보자.

지난 몇 년간 시장 분위기가 살아나면서 미분양 시장을 포함한 분양 시장의 청약 열기가 뜨겁다는 보도가 잇따르고 있다. 분양 시장이 활기를 찾고 있는 원인은 집에 대한 일반인들의 생각이 바뀌고 있기 때문이다. 처음으로 내 집 마련을 하는 사람일수록 자동차를 사듯이 고르는 경향이 있다. 중고 자동차보다는 새 차를 선호하듯이, 낡은 주

아기곰의 재테크 불변의 법칙

택보다는 당연히 새 주택을 점점 선호하게 되는 것이다.

그러면 무엇이 문제일까? 새 자동차를 사서 처음 탈 때는 세상을 다 얻은 것 같은 기분이 들겠지만 세월이 흐르면 그 좋던 자동차도 낡아 가게 마련이다. 이렇듯 시간이 흘러감에 따라 가치가 줄어드는 것을 회계 용어에서는 감가상각이라고 한다. 우리나라에서는 자동차와 같은 기계류는 5년 감가상각을 적용한다. 예를 들어 5,000만 원짜리 고급 승용차를 산다면 1년 후에는 4,000만 원, 2년 후에는 3,000만 원… 이런 식으로 가치가 줄어들어 5년 후에는 장부상 자산 가치가 0원이 되는 것이다. 그럼 주택에는 감가상각이 적용되지 않을까? 당연히 적용된다. 하지만 자동차와 같이 금방 낡아지는 것이 아니어서 우리나라 법에서는 40년 감가상각을 적용한다. 예를 들어 4억 원짜리 건물이 있다면 매년 가치가 1,000만 원씩 떨어진다는 의미이다. 미국의 경우는 27년 6개월 감가상각을 적용한다.

이렇게 주택이 감가상각되는 것을 두고, 일부 하락론자들은 집값이 떨어질 것이라고 주장하는 근거로 삼고 있다. 하지만 그렇지는 않다. 왜 그럴까? 두 가지 이유가 있다. 첫째, 돈 가치가 지속적으로 떨어졌기 때문이다. 2015년 말부터 2025년 말까지 지난 10년간 통화량M2은 연평균 7.3%씩 증가해 왔다. 그만큼 돈 가치가 떨어져 온 것이다. 5년 감가상각을 하는 자동차는 한 해 20%씩 가치가 떨어지기 때문에 돈 가치 하락보다 감가상각 속도가 빠르지만, 40년 감가상각을 하는 주택의 경우 한 해에 2.5%씩밖에 감가상각이 이루어지지 않기에 돈 가치 떨어지는 속도보다 건물 가치 떨어지는 속도가 느리다. 그러니 상대적으로 집값이 오른 것처럼 보이는 것이다.

주택을 포함하여 자산에 대한 투자는 돈 가치 하락에 대한 헤지 Hedge 기능을 가지고 있다. 동서고금을 통틀어 발권 기관이 임의적으로 돈 가치를 떨어트리는 것에 개인이 대항할 수 있는 유일한 대안이 바로 '자산에 대한 투자'라 할 수 있다. 결국 건물의 감가상각보다 돈 가치 떨어지는 속도가 더 빠르기 때문에 집값이 오르는 것 같은 착시 현상이 일어나는 것이다. 물론 집과 같은 자산에 투자하지 않고 은행 예금을 포함한 현금을 보유할 경우, 돈 가치의 하락 피해를 그대로 받을 수밖에 없다.

두 번째 이유는 주택의 가치는 건물에만 있는 것이 아니라 대지에도 있기 때문이다. 그런데 대지는 시간이 흘러도 낡아지는 것이 아니기 때문에 회계법상으로도 감가상각을 적용하지 않는다. 다시 말해 주택에서 감가상각이 적용되는 것은 대지가 아닌 건물에 한하는 것이다. 그러므로 전체 주택에서 대지 가치보다 건물 가치의 비중이 클수록 감가상각의 영향을 받을 수밖에 없다. 예를 들어 보자. 5억 원짜리 A라는 신축 주택의 건물 가치가 4억 원이고 대지 가치가 1억 원이라고 가정해 보자. 이 주택은 10년이 흐르면 감가상각이 적용되어 건물의 가치는 1/4이 줄어들어 3억 원이 된다(= 10년/40년). 대신 대지 가치는 그대로 1억 원이기 때문에 이 주택의 실질 가치는 4억 원이 된다(= 건물분 3억 원 + 대지분 1억 원). 대신 돈 가치 하락분을 감안한 명목 가치는 10년 후에는 8억 원 정도 될 것이다. 한 해 평균 통화량 증가율이 7%를 상회한다면 10년이면 통화량은 거의 두 배로 늘기 때문이다.

이번에는 5억 원짜리 B 주택의 건물 가치가 1억 원이고, 대지 가치가 4억 원이라고 가정해 보자. 이 주택은 10년이 흐르면 감가상각이 적용되어 건물의 가치는 1/4이 줄어들어, 7,500만 원이 된다. 대신 대지 가치는 그대로 4억 원이기 때문에 이 주택의 실질 가치는 4억 7,500만 원이 된다(= 건물분 7,500만 원 + 대지분 4억 원). 하지만 통화 가치가 떨어지는 것을 감안하면, 10년 후에 명목 가치는 9억 5,000만 원 정도가 될 것이다. 처음에는 A 주택이나 B 주택이나 같은 5억 원이었지만 감가상각이 적용된 후에는 가치가 달라지는 것이다.

결국 건물 가치보다 대지 가치가 높은 주택이 장기적으로는 상승 가능성이 더 높은 것이라 하겠다. 새 주택이 낡은 주택보다 건물 가치가 높다는 것은 누구나 알 수 있다. 그러면 대지 가치는 어떤 주택이 높을까? 집이 새 거다 낡은 거다 하는 이야기는 건물에 대한 것이고, 대지는 그런 개념이 없다. 그러면 무엇을 보고 가치를 판단할 수 있을까?

그것이 바로 입지인 것이다. 물론 실수요자 입장에서 가장 좋은 것은 건물 가치도 높고 대지 가치도 높은 것이다. 다시 말해 입지가 좋은 곳의 새 주택이 살기에도 좋고, 투자 가치도 좋은 편이라고 할 수 있다. 그러나 이런 곳은 가격이 비싸기 때문에, 한정된 예산으로 집을 사려는 대부분의 사람들은 입지가 떨어지는 곳의 새 아파트와 입지가 좋은 곳의 낡은 아파트 중 하나를 골라야 한다. 그러면 두 곳 중 어느 것이 투자 가치가 있을까? 살기에는 전자가 편하겠지만, 투자 가치만 놓고 보면 앞서 계산으로 증명한 대로 후자가 더 낫다. 당장에 편하게 살려면 새 아파트를 사는 것이고, 고생을 하더라도 투자 가치를 보면 낡은 아파트를 사면 된다. 이런 면에서 세상은 공평한 편이다.

그런데 과거에는 후자를 선택하는 사람들이 많았으나 현재는 전자를 선택하는 사람들이 많아지고 있다. 자동차처럼 당장의 편리함을 추구하기 때문이다. 그러나 새 아파트는 당장은 살기 좋지만 장기적으로 보면 입지의 차를 극복하기는 어렵다.

이러한 실제 사례가 분당에서 과거에 있었다. 같은 분당 내에 입지는 좋지만 1991년에 입주를 한 H 아파트와 입지는 상대적으로 떨어지지만 1996년에 입주한 K 아파트가 있다. 20년 정도 흐른 지금 시점에서 보면 두 아파트 모두 낡은 아파트이지만, K 아파트가 입주를 하던 1996년에는 그렇지 않았다. K 아파트는 새 아파트이고, H 아파트는 5년 차의 조금 낡은 아파트였다. 더구나 H 아파트는 바닷모래 사용 논란이 있었던 곳이고, 나중에 지은 K 아파트는 강모래를 사용했기에 그 당시에는 인기가 높았다.

이런 인기를 반영하듯 1996년부터 1999년까지 K 아파트는 H 아파트에 비해 무려 13%나 시세가 비쌌다. 그런데 2000년에는 그 폭이 3%로 줄어들더니, 2001년에서 2002년 사이에는 오히려 시세가 역전되어 입지가 좋은 H 아파트가 K 아파트에 비해 5%나 비싸게 된다. 2003년 이후에는 더욱 가격 차가 벌어져 2025년에는 무려 평균 51%나 차이가 나게 된다. 입지는 좋지만 낡은 아파트가 입지는 상대적으로 떨어지는 새 아파트의 시세를 역전하는 데에는 5년 정도의 세월밖에 걸리지 않은 것이다. 다시 말해 새 아파트도 입주한 지 5년 정도 지나면 그저 그런 아파트가 되어 버리고, 입지라는 경쟁의 장에 나서게 된다는 것이다.

새 아파트가 좋을까, 낡은 아파트가 좋을까? 비슷한 입지라면 물을 것도 없이 새 아파트가 살기 편하기에, 새 아파트를 선택할 것이다. 하지만 입지가 떨어지는 새 아파트와 입지가 좋은 지역의 낡은 아파트 중에 고르라면, 투자 가치를 감안하여 후자가 더 나은 선택이 될 것이다. 눈에 보이는 새 아파트는 감가상각으로 인해 가치가 떨어지지만, 입지는 감가상각이 되지 않기 때문이다. 부동산을 고르는 기준이 첫째도 입지, 둘째도 입지, 셋째도 입지라는 말이 이래서 나오는 것이다.

더구나 같은 신도시라 하더라도 지역에 따라 입지가 다르기 때문에, 입주가 되기 전에는 어디가 좋다 나쁘다를 단정 짓기가 쉽지 않다. 입주가 다 되어 봐야 입지의 차이를 느낄 수 있다는 것이다. 완공 후의 겉모습은 지금도 조감도나 단지 모형을 보고 파악할 수 있다. 하지만 겉모습만 보고서는 절대 알 수 없는 것이 그 안에 담겨질 커뮤니티의 질이다. 쉽게 말해 단지별로 다른 '입주민의 수준'이다. 이 때문에 지금 분양받는 것보다는 나중에 옥석이 가려질 때, 프리미엄을 더 주더라도 옥을 선택하는 편이 안전하다.

새 아파트 분양을 기다리는 이유 중 하나는 일반적으로 분양가는 싸다는 오해 때문이다. 예를 들어 어느 지역에 A라는 새 아파트를 3억 원에 분양했고, 몇 년이 지나서 그 아파트 값이 4억 원이 되었다고 가정해 보자. 이런 상태에서 A 아파트를 4억 원에 사라고 하면 처음 분양 때부터 그 아파트를 눈여겨본 사람은 아까운 마음이 들 것이다. A 아파트를 처음에 분양받은 사람에게 1억 원의 프리미엄을 주는 것이기 때문이다. 그래서 A 아파트를 사기보다는 인근에서 새로 분양하는 아파트 청약을 기다리게 된다.

몇 년이 더 흐른 어느 날 드디어 인근에 B 아파트를 분양한다고 발표가 나게 되었다. 그 사이에 A 아파트는 5억 원으로 올랐다. 그러면 이 사람은 "인근 A 아파트도 분양가에서 2억 원이 올랐으니, B 아파트도 분양받으면 2억 원이 오를 거야"라고 생각할 것이다. 그런데 B 아파트의 분양가는 3억 원일까? 그렇게 분양가를 책정하는 건설사는 없다. 인근 시세가 5억 원인데, 3억 원에 팔 이유가 없기 때문이다. 인근 시세에 비해 10%가 싼 4억 5,000만 원에만 공급해도 충분히 완판되기 때문에 분양가는 4억 5,000만 원 정도에 책정되는 것이다.

결국 A 아파트를 4억 원에 사는 것은 남에게 1억 원의 이익을 주는 것이니만큼 B 아파트를 분양 받을 때까지 기다리는 것이 낫다는 오판 때문에, B 아파트 청약에 성공한다고 하여도 (과거에 A 아파트를 4억 원에 살 수 있었을 때에 비하면) A 아파트보다 5,000만 원이나 비싸게 산 것이 된다.

일반적으로 분양가는 주변 시세에 비해 약간 낮게 책정된다. 미분양의 위험성을 피하기 위함이다. 그런데 문제는 본인이 원하는 시기에 본인이 원하는 지역에서 분양되는 일은 흔치 않으며, 그 시기를 기다리다가는 오히려 매수 타이밍을 놓치게 되는 경우가 많다. A 아파트를 4억 원에 사는 것은 남에게 이익을 안겨 주는 행위이고, B 아파트를 4억 5,000만 원에 분양 받는 것은 원가에 사는 것이라고 생각한다면 큰 착각이다.

그러면 4억 5,000만 원에 B 아파트를 분양한 건설사는 큰 돈을 벌었을까? A 아파트처럼 3억 원에 분양해도 되는 것을 폭리를 취한 것일까? 만약에 그렇게 생각하는 사람이 있다면 건설사 주식을 사라. 건설사가 폭리를 취하고 있다면 그 회사의 주당 순이익은 높을 것이고,

이에 따라 주가도 급등할 것이기 때문이다. 하지만 현실은 그렇지 않다. 그동안 땅값이 오른 것이고, 그 땅값을 올린 것은 시간의 흐름에 따른 '돈 가치 하락'이다.

아파트는
땅이다

아파트는 당연히 우리의 행복을 담는 주거 공간이다. 그러나 경제학적인 관점에서 보면 거의 우리의 전 재산이라 할 만큼 비싼 재화이기도 하다. 아파트를 구성하는 주요 재료는 시멘트·자갈·모래의 혼합물인 콘크리트와, 철근으로 이루어진 골조와 배관, 유리와 바닥재 등으로 이루어진 내장재이다. 여기에 건설 노임, 설계비, 감리비, 시공사경비, 금융 비용 등을 모두 합한 것이 건설 원가이다.

그런데 서울 요지의 아파트 분양가와 지방 읍면 지역의 아파트 분양가는 천지 차이다. 비싼 아파트는 금가루로 짓고, 싼 아파트는 시멘트로 짓는 것이 아니다. 비싼 아파트는 변호사나 의사와 같은 고임금인력이 와서 짓고, 싼 아파트는 저임금의 외국인 노동자가 짓는 것도아니다. 그러면 서울에 분양되는 평당 몇천만 원이나 되는 분양가는무엇일까? 건설사의 폭리일까? 지방 읍면 지역에 분양되는 같은 면적의 분양가와의 차액이 거품일까?

　그렇지는 않다. 해답은 땅에서 찾을 수 있다. 달리 표현하면 입지立地에 따르는 프리미엄이 땅값이라는 형태로 나타나는 것이고, 그것이 결국 분양가의 차이로 나타나는 것이라 할 수 있다.

　현대의 주거 공간은 단순히 비바람을 피하는 곳 이상이다. 비슷한 부류와 사회 생활을 하는 주거 문화의 중심축이다. 우리가 아파트를 고를 때 중요시하는 교육, 교통, 환경 등이 모두 따지고 보면 아파트의 위치와 관계되는 것이다. 지방에 지어지는 일부 아파트를 제외하고는 땅값에 붙는 이러한 프리미엄이 건설비를 상회한다. 그렇기 때문에 '아파트는 땅이다'라는 명제가 성립된다.

　아파트가 땅이라고 선언하면 그동안 설명되지 않았던 두 가지 의문은 쉽게 풀린다. 그것은 "첫째, 왜 오래된 아파트가 새 아파트보다 비싼 경우가 많은가?"와 "둘째, 왜 재건축이 인기가 높은가?"이다.

　첫째, 오래된 아파트가 새 아파트보다 비싼 경우가 왜 많은가에 대한 논란이 있어 왔다. 같은 지역에 지어진 아파트의 경우 감가상각이 상당히 이루어진 기존 아파트보다는 새 아파트가 비싸야 하는 것은 상식적인 일이다. 게다가 새 아파트는 여러 가지 장점을 지니고 있다.

　새 아파트의 장점은 진화된 평면 설계, 현관까지 엘리베이터로 연결되는 지하 주차장, 새 감각의 인테리어 등이다. 과거 80년대 초반까지 지은 30평형대 아파트는 화장실이 하나이지만 요즈음에 지은 20평형대의 일부 아파트는 화장실이 두 개이다. 설계의 효율성을 극대화한 결과라고 볼 수 있다. 같은 면적의 다른 나라 아파트와 비교하더라도 한국의 아파트가 제일 아기자기하게 평면을 잘 뽑는다.

1980년대 초만 하더라도 우리나라의 승용차 등록 대수는 100만 대가 안 되었다(1988년 100만 대 돌파). 그러므로 아파트에서 주차난이라는 단어는 찾아볼 수 없었다. 그러나 승용차 등록 대수가 몇십 배나 증가한 지금은 주차의 용이성이 집을 고르는 큰 변수 중 하나가 되었다(2014년 2,000만 대 돌파). 그동안 우리나라 인구가 증가한 것도 있지만 우리나라 소득 수준이 지난 몇십 년간 급격하게 늘어난 영향이 크다.

인구 1,000명당 승용차 등록 대수를 보면 1986년에는 16.1대였던 것이 2024년에는 425.9대로 38년 동안 26배 이상 급증했다. 38년 전에 지은 아파트의 주차 공간이 그 당시에는 100대로 충분했다면, 지금은 2,645대분이 필요하다는 의미이다. 하지만 일단 지어진 아파트에서 주차장을 추가로 확보하는 것은 쉬운 일이 아니다. 일부 녹지나 어린이 놀이터, 운동 시설을 헐어 내고 주차장 부지로 활용하는 단지들이 있지만 본질적인 해결책은 아니다. 지하 주차장이 없는 아파트를 방문해 본 사람은 낮에도 주차할 자리를 찾아 몇 번씩이나 아파트를 돌아야 했던 기억이 있을 것이다.

이에 반해 충분한 지하 주차장이 확보된 신규 아파트는 지상에 보다 많은 녹지 공간을 설치할 수 있기 때문에 단지의 가치를 높일 수 있다. 그러나 이러한 탁월한 장점에도 불구하고 기존 아파트들이 신규 아파트보다 비싼 경우가 왕왕 있다. 과거에는 분양가 규제에 의한 일시적 현상이라고 설명할 수 있었지만 지금은 설득력이 없다.

이에 대한 해답은 기존 아파트들이 비교적 입지가 좋은 곳을 선점하고 있다는 데 있다. 이들 아파트들은 역세권 등 인프라를 이미 갖추

아기곰의 재테크 불변의 법칙

었기 때문에 입지라는 프리미엄을 누리는 것이다. 반면 새 아파트는 기존의 인프라를 이용하기에는 조금 불편하다는 단점이 있다. 이럴 경우에 입지가 좋은 곳의 기존 아파트가 입지가 떨어지는 곳의 새 아파트보다 비싼 현상이 나타나는 것이다.

그러면 역세권 등 입지가 좋은 곳은 왜 낡은 아파트가 선점하고 있는 것일까? 두 가지 이유가 있다. 첫 번째는 분양사의 입장에서는 가능하면 입지가 좋은 곳에 분양을 해야 미분양이 나오지 않기 때문에 역세권과 비역세권이 있다면, 당연히 역세권에 먼저 아파트를 건설할 것이다. 그러다가 전철역에서 500m 이내에 있는 역세권에 더 이상 아파트를 지을 부지가 없어지면, 전철역에서 1km 정도 떨어진 곳에 아파트를 짓는 것이고, 이런 곳마저 부지가 없으면 더 먼 곳에 지을 수밖에 없는 것이다.

두 번째는 도시가 어느 정도 자리를 잡은 후에 전철이 개통되는 경우이다. 이 경우도 낡은 아파트 앞에 전철이 개통되는 경우가 많다. 왜 그럴까? 도시가 발달하는 순서를 보면 우선 대규모 단지 옆에 그 단지의 수요를 보고 은행, 학원이나 병원 등이 들어선다. 그리고 백화점 등 편의 시설도 들어서게 된다. 이에 따라 이 단지 근처의 유동인구가 많아지게 된다.

이에 비해 나중에 지어진 단지 근처에는 생활 편의 시설이 상대적으로 적게 들어선다. 예를 들어 은행의 경우 단지별로 지점을 낼 수도 없기 때문에 기존에 있던 자리에서 이전하는 경우는 드물다. 결국 낡은 아파트가 먼저 지어졌기 때문에 입지가 좋은 곳을 선점한 경우도 있지만, 아파트가 최초로 거기에 들어섰기 때문에 인근 편의 시설이 그 아파트를 중심으로 형성되었다고도 볼 수 있다. 한마디로 입지를 스스로 만들었다고 볼 수 있다.

그러면 새 아파트의 장점과 기존 아파트의 입지가 가지는 장점을 모두 갖춘 아파트는 없을까? 이것이 재건축 아파트이다. 지은 지 30년이 넘은 재건축 아파트는 대부분 그 지역의 요지에 자리 잡고 있고, 상가, 전철역 등 인프라가 이들 아파트를 중심으로 형성되어 있다. 이렇기 때문에 부동산 가격이 들썩일 때는 언제나 재건축 아파트부터 가격이 움직이기 시작하는 것이다.

그러면 정부에서는 왜 재건축 아파트에 대해 규제를 하려 할까? 그리고 고민은 무엇일까?

첫째, 재건축 반대론의 핵심에는 언제나 자원 낭비론이 있다. 석유 한 방울도 나지 않는 나라에서 한두 푼도 아닌 몇 억씩 하는 멀쩡한 아파트를 헐어 내는 것은 자원 낭비라는 주장이다.

그러나 아파트 분양가에서 자재비는 15% 정도에 불과하다. 예를 들어 서울의 경우 아파트 분양가가 1,000원이라면 그중 600원은 땅값이다. 나머지 400원 중 250원은 건설 노무비, 설계 용역비, 감리비, 건설사 간접 비용 및 이윤, 각종 세금 등 부가가치가 차지한다. 나머지 150원 정도가 자재비에 들어가는 돈이다. 자재 비율이 15%인 아파트에는 자원 낭비를 이유로 재건축을 규제하면서 재료 비율이 그보다 높은 자동차에 대해서는 몇 년 타지 않고 신차로 갈아타는 행태나 1~2년 밖에 쓰지 않은 스마트폰을 새 기종으로 바꾸는 행태에 대해 관대한 것은 모순이다. 물론 자동차의 사용 연한도 점점 늘어나고 있으며, 자동차도 자원의 낭비니까 아파트도 낭비해도 된다는 논리는 아니다. 오히려 향후 자원을 낭비하지 않을 방법이 무엇인가를 찾아보자는 이야기이다. 더구나 재건축 자체는 자원의 낭비라는 측면에서 보면 비난을 받아 마땅하지만 부가가치의 창출이라는 면에서 보면 경제에 플러스가 되는 것임에는 틀림없다.

둘째, 건물의 수명 논쟁이다. 철근 콘크리트 빌딩의 수명은 100년이라고 한다. 처음 시공 후 60년간은 점점 강도가 세어지다가 60년을 정점으로 약화되어 100년까지는 안전 강도를 유지한다고 한다. 그러나 이것은 이론적 수명이다. 하중에 대한 정확한 구조 설계와 양질의 자재를 사용하여 시멘트 : 모래 : 자갈의 비율을 정확히 1:2:4로 맞추고, 철근도 규정된 것을 사용하여 시방서대로 정확히 시공되었다면 100년은 충분히 갈 수 있다. 이렇게만 되었다면 와우아파트나 삼풍백화점 붕괴 같은 사고는 없었을 것이다.

그러나 70, 80년대 지어진 건물들이 제대로 지어졌는지, 90년대 초 바닷모래를 사용하여 급조된 신도시의 아파트가 과연 100년이 갈 수 있는지를 자신의 이름을 걸고 확신할 수 있는 건축 구조 전문가는 단한 사람도 없을 것이다. 또한 100년이라는 것도 사람의 뼈대에 해당하는 구조물에 해당하는 것으로 혈관에 해당하는 배관이나 설비 등은 15~20년이 평균 수명이다.

셋째, 재산권 논쟁이다. "내 땅에다 내 집을 짓는데, 정부에서 관여하는 것은 사유 재산권 침해다"라는 것이 재건축론자의 주장이다. 그 단지 자체로만 보면 그 주장이 맞다. 그러나 재건축을 통하여 늘어난 가구 수는 교통 문제, 학교 문제 등 주변의 인프라를 악화시키는 역할을 한다. 즉 인근 초등학교의 학생 수가 1,000명이고 반이 40개라고 할 때, 학급당 학생 수는 25명이다. 그런데 한 단지가 재건축을 하여 초등학생 수가 1,200명으로 늘어났다면 학급당 학생 수는 30명이 되는 것이다. 그러므로 기존에 학교를 다니던 학생의 입장에서는 재건축 후 늘어나는 학생 때문에 피해를 입게 되는 것이다. 이러한 기존의 인프라에 무임승차한다는 측면에서 보면 무분별한 재건축의 남발은 자신의 재산권을 행사하기 위해 주변의 재산권을 침해하는 결과가 된다.

교통도 마찬가지다. 도로가 확충되지 않은 상태에서 인구만 늘면 기존 주민은 불편함을 감수해야 한다. 물론 새로 분양받는 사람들도 그에 맞는 '학교 용지 부담금'과 대도시권인 경우는 '광역 교통 시설 부담금'을 납부하여야 하므로 전적으로 주변의 재산권을 침해하는 것은 아니라고 할 수도 있으나 비용에 대비하여 수익이 훨씬 큰 것은 인정해야 한다.

그러면 가구 수를 늘리지 않고 1:1 재건축하는 것에는 문제가 없는가? 있는 가구 수 그대로 늘리지도 않고 자신의 돈으로 짓는 것이니까 제3자의 재산권도 침해하지 않는 경우이다. 하지만 이것은 사회 전체로 보면 효율적인 해법이 아니다.

재건축을 한다는 아파트 단지는 건물은 낡았지만 땅 자체는 요지이다. 이런 비싼 땅에 종전 가구 수와 같은 가구 수로만 새집을 지어 입주한다는 것은 국토의 효율적 관리라는 면에서 낭비이다. 땅값이 비싸거나 도심이 가까운 곳에는 용적률을 높여야 한다. 현재와 같이 서울 도심과 가까운 곳은 저밀도로 하고, 경기도 등 외곽 지역은 고밀도로 하는 정책은 효율성 면에서 떨어진다. 오히려 그 반대가 되어야 한다.

도심에서 5km 떨어진 곳에 1만 명이 살고, 50km 떨어진 곳에 10만 명이 살 때의 교통량을 계산해 보자. 출퇴근은 왕복이므로 도심 근처에서 사는 1만 명의 교통량은 5km x 2(왕복) x 1만 명 = 10만km이며, 외곽 지역에서 사는 10만 명의 교통량은 50km x 2(왕복) x 10만 명 = 1,000만km이므로 11만 명 전체에 대한 교통량은 1,010만km이다.

이번에는 같은 11만 명의 사람을 도심에서 5km 떨어진 곳에 2만 명을 살게 하고, 50km 떨어진 곳에 9만 명을 살게 할 때의 교통량을 계산해 보자. 외곽에 사는 1만 명을 도심 지역으로 이주시킨다는 의미이다.

도심 근처에서 사는 2만 명의 교통량은 5km × 2(왕복) × 2만 명 = 20만 km이며, 외곽 지역에서 사는 9만 명의 교통량은 50km × 2(왕복) × 9만 명 = 900만km이므로 11만 명 전체에 대한 교통량은 920만km이다. 교통량이 매일 90만km나 절약된다. 교통량이 절약된다는 이야기는 단순히 거기에 들어가는 휘발유 값만 절약된다는 의미가 아니다. 추가 도로 건설비와 출퇴근에 소모되는 시간을 절약할 수 있다는 의미이다.

이 출퇴근 시간 절약분을 경제적 가치로 환산해 보자. 출퇴근 시간에 자동차를 25km로 운전한다고 하면, 교통량이 매일 90만km나 절약된다는 의미로 매일 3만 6,000시간씩 절감되는 셈이다. 이는 연봉 4,160만 원을 받는 사람 기준으로 보면, 매일 7억 2,000만 원이 절약되는 것이다. 결국 외곽에 사는 1만 명을 도심 지역으로 이주시키면 연간 1,872억 원의 부가가치가 생기는 셈이다. 한 번만 이주시키면 매년 이 정도의 부가가치가 계속 생긴다는 의미이다. 그러면 어떻게 1만 명을 이주시킬 수 있을까? 간단하다. 1만명이 이주할 만한 새 아파트가 공급되면 된다. 재건축과 같은 도시 재생 사업이 바로 그것이다.

도심 지역은 외곽 지역보다 출퇴근이 편리하다는 등 여러 가지 장점이 많다. 도심 지역에 양질의 주택이 많이 공급된다면 굳이 외곽으로 나가 살 이유가 없는 것이다. 하지만 현실은 그동안 정반대였다.

2011년 2월을 정점으로 서울의 인구는 계속 줄어들고 있다. 반면에 경기도의 인구는 계속 늘어나고 있다. 그동안 서울에 새 아파트 공급이 저조했기 때문에 가격 대비 양질의 주거지를 찾아서 서울시민이 경기도민이 되고 있는 것이다.

서울은 양질의 일자리가 많은 매력 있는 도시이다. 하지만 주택 보급률이 100%도 되지 않는 도시이기도 하다. 그러므로 양질의 주거지가 늘어나지 않는다면 서울 인구의 감소를 막을 방법은 없어 보인다. 결국 줄어들고 있는 서울의 인구를 늘릴 수 있는 방법은 재건축이나 재개발, 리모델링과 같은 도시 재생 사업이라 하겠다.

이런 식으로 정책이 전개되면 부수적인 효과도 크다. 기존의 개발 방법은 외곽 지역에 택지를 개발하여 아파트를 공급하는 방법이다. 1기 신도시가 다 지어지면 2기 신도시, 2기 신도시가 다 지어지면 3기 신도시… 이런 식으로 점점 외곽으로 뻗어 나가면서 택지를 개발해 왔던 것이다. 문제는 이렇게 무분별하게 택지를 개발할 때마다 산이나 논밭이 파헤쳐진다는 것이다. 다시 말해 자연 환경이 파괴되는 것이다. 하지만 도시 재생 사업을 통해 도심 지역의 주택 수를 늘리는 데는 환경 파괴가 뒤따르지 않는다. 현재 사용되고 있는 택지 위에 층수만 더 늘려서 지으면 되기 때문이다.

부동산 시장 전체로 보아도 도시 재생 사업이 더 이상적이다. 기존의 신규 택지 개발 방법은 기존의 주택은 그대로 놔두고 새로 주택을 계속 짓는 것이기 때문에 과잉 공급이 될 수 있다. 열악한 기존 주택은 그대로 남겨 두기 때문에 지역에 따라 슬럼화될 수도 있다. 하지만 도시 재생 사업의 경우, 기존 주택을 헐고 그 자리에 짓기 때문에 주택 수를 조절하면서 공급할 수 있다. 다시 말해 기존의 공급 방식이 주택의 양만 늘리는 방법이라고 하면, 도시 재생 사업은 주택의 질을 높이는 방법이라 하겠다.

이렇기 때문에 주요 업무 중심지와 가까운 곳에는 용적률을 높이고 직장이 먼 곳은 오히려 용적률을 낮추어 자연 환경과 친밀한 저밀도 단지를 만들어야 한다.

아파트는 산꼭대기에다 지을 수 있는 것이 아니다. 택지가 있어야 지을 수 있는 것인데, 교외 개발 방식은 이미 한계에 다다랐다. 그러므로 도시 재생 사업이 향후 주택 공급 방식의 주류로 자리매김할 가능성이 높다. 투자 측면에서 보면 주요 업무 단지 인근에 있는 재건축, 재개발, 리모델링 대상 단지는 눈여겨볼 필요가 있다. 등락을 거듭하겠지만 장기적으로는 일반 주택보다 높은 상승세를 보일 가능성이 농후하다.

정부 입장에서는 단순히 규제가 아니라 국토의 효율적 활용이라는 측면에서 접근해야 한다. 아파트는 땅이다. 그 땅은 단순히 소유주의 것이 아니라 이 시대를 같이 사는 우리 모두의 것이기도 하고, 미래의 후손과 공유해야 하는 몫이기도 하다. 현 소유주에게도 재산 손실이 안 되고 사회의 공익에도 부합한 방법을 찾아야 한다. 그것이 땅의 효율성을 최대한 살리는 방향인 것이다.

재건축 투자의
본질

|

🏢

    빵이나 라면이 부족하면 공장에서 더 만들면 된다. 심지어 자동차와 같은 고가품도 수요에 비해 공급이 부족하면 더 생산하면 된다. 생산 시설이 부족해서 공급이 원활하지 않으면 해외에서 수입해 오면 된다. 수요에 비해 공급에 탄력이 있다는 뜻이다. 하지만 집은 그럴 수 없다. 미래에 집을 공장에서 찍어 내는 기술을 개발하더라도, 집을 쉽게 공급할 수 있는 세상은 절대 오지 않는다.

    집을 지을 때는 땅이 필요한데, 땅은 생산되거나 수입할 수 없기 때문이다. 새만금처럼 대규모 간척 사업으로 바다를 메워 땅을 만들면 되지 않을까 생각할 수도 있겠지만, 새만금에 대규모로 주택을 공급하면 미분양 주택만 양산할 따름이다. 결국 집을 지을 수 있는 땅은 아무 땅이 아니라, 주택 수요가 많은 지역 근처에 있는 땅을 말하는 것이다.

우리가 흔히 입지가 좋은 땅이라 하는 것도 본질적으로는 수요가 많은 땅을 말한다. 직장이 많은 곳에 위치하거나(직주근접), 직장에서 다소 멀더라도 쉽고 빠르게 접근할 수 있는 곳(교통), 교육 수준이 높고 중산층 이상의 소득자들이 분포하여 학업 분위기가 좋은 곳(교육), 그리고 이런 조건을 갖춘 곳 중에서도 가능한 한 쾌적한 환경을 갖춘 곳(환경) 등을 사람들은 선호한다.

이런 조건을 모두 갖춘 곳은 흔치 않다. 그중에서 몇 개라도 갖춘 곳을 우리는 입지가 좋은 곳이라고 부른다. 문제는 이런 입지를 갖춘 곳은 이미 집이 들어서 있으므로 그 위에 주택을 추가로 지을 수 없는 것이다. 더구나 기존에 있던 주택마저도 시간이 갈수록 낡아 가기 때문에 주거 만족도가 점점 떨어진다.

이를 해결하기 위해 좋은 입지를 가진 땅 위의 낡은 주택을 헐고 그 자리에 새 주택을 짓고자 하는 시도가 있는데, 이를 재건축 사업이라고 한다. 특히 일정한 부지 위에 가능한 많은 주택을 공급하기 위해서, 다시 말해 주택의 밀도를 높이기 위해서는 아파트 위주로 건설할 수밖에 없다. 다시 말해 좁은 의미의 재건축 사업이라고 하면 낡은 아파트나 주택을 부수고 그 자리에 새 아파트를 짓는 것을 의미한다.

이전 챕터 「아파트는 땅이다」에서도 언급했지만, 신도시를 개발하는 것보다 재건축 등 도시 재생을 통해 주택을 보급하는 것이 국가 전체로 보면 훨씬 더 경제적인 해법이라 하겠다. 일자리에서 멀리 있는 곳에 신도시를 지으면 일자리가 많은 곳까지 전철이나 도로를 새로 놓아야 하고, 입주 후에도 사람들이 직장까지 이동하는 데 드는 시간만큼 사회적 손실이 발생하기 때문이다.

그럼에도 불구하고 정권의 성격에 따라 다소 차이는 있지만 정부 입장에서는 재건축을 통한 주택 공급보다는 신도시와 같은 신규 개발을 선호한다. 그 이유는 개발 이익 때문이다. 3기 신도시나 4기 신도시와 같은 대규모 택지 지구를 개발하게 되면 정부 입장에서는 막대한 수익이 생긴다. 상대적으로 싼 가격에 기존의 민간인 땅을 수용해서, 다시 말해 싸게 사들여서 도로나 상하수도 등을 건설한 다음 민간 건설사에 조성된 택지를 비싼 가격에 되파는 과정에서 막대한 수익이 생기는 것이다.

물론 이런 수익이 특정 정치인의 비자금으로 들어가는 것은 절대 아니다. 넓게는 정부, 좁게는 LH공사의 수익으로 잡혀서 도로나 철도, 상하수도 건설 등의 인프라 구축 재원으로 활용된다. 결국 우리나라의 개발 방식은 조성 원가가 싼 땅을 높은 가격에 팔아서 그 수익으로 인프라를 건설하는 방식이라 하겠다. 이런 이유로 높은 가격에 땅을 산 민간 건설사 입장에서는 그 위에 짓는 아파트의 분양가를 크게 낮추기가 어려운 것이다.

결국 정부 입장에서는 민간의 자금으로 사회기반시설을 구축할 수 있기 때문에 신규 개발 방식을 선호한다. 그런데 재건축을 통해서 주택이 공급되면 개발 이익이 들어오지 않는다는 문제가 있다. 물론 재건축초과이익환수제를 통해서 개발 이익의 일부를 취하지만, 대부분의 이익은 기존 소유주나 민간 건설사가 취하게 된다. 이런 이유로 정부는 재건축 사업 활성화에 소극적이다.

이는 역설적으로 재건축 방식이 민간으로서는 더 수익이 나는 사업이라는 것을 의미한다. 특히 기존 소유주로서는 희소성 있는 입지에

아기곰의 재테크 불변의 법칙

실수요자의 선호도가 높은 새 아파트가 들어서는 것이기 때문이다. 3기 신도시이든 4기 신도시이든 새로 조성되는 신도시가 경쟁력을 갖출 때까지 기다릴 필요도 없고, 기존에 검증된 입지 위에 새 아파트를 짓기 때문에 확실한 경쟁력을 갖추게 된다.

아크로리버파크나 원베일리와 같이 우리에게 익숙한 고가 랜드마크 아파트들 모두 재건축을 통해 새 아파트가 된 경우라 하겠다.

그런데 문제는 과거처럼 재건축 사업이 모두 황금알을 낳는 거위는 아니라는 것이다. 과거에 재건축 사업은 자기 돈을 들이지 않고 일반 분양 수익으로 건설하고 나서도 오히려 개발 이익을 나눠 갖는 일도 있었다.

하지만 그런 경우가 앞으로는 거의 없다고 보면 된다. 두 가지 이유 때문이다. 첫째, 과거에는 용적률이 낮은 저층 아파트가 재건축을 하는 경우가 많았다. 잠실이나 반포도 그렇지만 최근에 대대적으로 재건축된 개포 1~4단지나 개포 시영의 경우도 기존 용적률은 80% 정도에 불과했었다.

현재는 250% 정도로 재건축이 되었으니, 용적률이 170%포인트 정도 늘어난 것이다. 이를 쉽게 설명하자면 8층짜리 낡은 아파트가 25층짜리 새 아파트가 된 것으로 생각할 수 있다. 그러면 기존 소유주들은 낡은 아파트를 8개 층의 새 아파트로 바꾸고, 나머지 17개 층은 일반 분양을 한 것이다. 이때 17개 층의 분양 수익을 8개 층 소유주가 나누어 가진 것이기 때문에 분양 수익률은 212.5%(= 일반 분양 17개 층 ÷ 기존 8개 층)나 된다. 여기서 나온 일반 분양 수익으로 기존 아파트의 공사비를 충당하고도 남는 것이다.

최근 빠르게 재건축을 추진하고 있는 은마아파트는 기존 용적률이 200%나 된다. 초역세권 특례를 적용받아 330%로 재건축이 된다고 하지만, 기부채납을 감안할 때 과거 기준으로는 300% 정도라 하겠다. 결국 기존 200%에서 300%로 재건축되니까 비유하자면 20층에서 30층으로 되는 것이다. 이때 잉여 10개 층의 분양 수익을 20개 층이 나누어 가지는 셈이므로 분양 수익률은 50%(=일반 분양 10개 층 ÷ 기존 20개 층)가 된다.

개포 재건축에 비하면 분양 수익률이 212.5%에서 50%로 급감한 것이다. 이 때문에 은마아파트는 기존 31평형의 경우 같은 새 아파트로 갈 때 2억 3,000만 원의 추가부담금을 내야 하고, 34평형의 경우는 1억 8,000만 원의 추가부담금을 내야 한다. 이것도 사업 초기의 추정치이고 공사비가 점점 오르는 것을 감안하면 추가부담금은 더 늘어날 것으로 보인다.

그나마 은마아파트는 우리나라 학군 1번지라는 뛰어난 입지를 자랑하는 곳이다. 일반 분양가가 높을 것이라는 뜻이다. 은마아파트와 같이 일반 분양가가 높을 것으로 예상되는 단지도 억대의 추가부담금을 내야 하는 것을 감안하면, 이보다 일반 분양가가 낮을 것으로 예상되는 지역에서의 재건축 사업은 예전처럼 수익이 나는 사업 모델이 아니라는 것을 알 수 있다.

일반 분양가는 그 지역의 집값에 비례한다. 예를 들어 국민평형이라고 불리는 전용면적 84m²짜리 일반 아파트 시세가 20억 원인 지역에서 신규 분양을 한다면 어느 정도 가격에서 분양하는 것이 좋을까? 같은 면적의 구축이 20억 원에 시세가 형성되어 있으므로 새 아파트

아기곰의 재테크 불변의 법칙

를 20억 원에 분양한다고 해도 청약 신청률은 하늘 높은지 모를 정도로 치솟을 것이다.

그런데 전용면적 84m²짜리 아파트 시세가 10억 원인 지역에서 새 아파트를 20억 원에 분양한다고 하면 과연 분양이 잘될까? 새 아파트라고 해도 주변 아파트보다 두 배로 집값이 오를 가능성은 높지 않다. 이런 곳은 아무리 마케팅을 열심히 해도 분양에 고전을 면치 못할 것이다. 더 나아가 극단적인 예로 84m²짜리 아파트 시세가 5억 원인 지역에서 새 아파트를 20억 원에 분양한다고 하면 어찌 될까? 아무리 최고급 자재를 써서 공사한다고 해도 이런 아파트를 분양받는 사람은 없을 것이다.

이처럼 주변 시세가 높은 곳일수록 일반 분양가가 높게 책정될 수 있다. 반면에 공사 원가는 분양가에 비례하지는 않는다. 지역과 상관없이 거의 비슷한 수준이라는 뜻이다. 시멘트나 철근 같은 자재 가격은 지역과 상관없이 비슷하기 때문이다. 강남은 금가루로 짓고, 지방은 시멘트 가루로 짓는 것이 아니다. 노무비도 마찬가지다. 지역과 상관없이 대부분 외국인 노동자가 공사를 하고 있다.

이런 이유로 일반 분양가가 높게 책정된 지역일수록 분양 수익이 커지기 때문에 고가 지역이 저가 지역보다 재건축에 유리한 것이다. 그러면 우리나라의 대표적인 고가 지역은 어디일까?

다음 그래프는 전용면적 m²당 아파트 매매가를 지역별로 나타낸 것이다. 우리나라에서 아파트 값이 가장 비싼 상위 20개 지역이라고 할 수 있다. 20개 지역 모두 수도권에 있는데 서울에 16개 지역, 경기도에 4개 지역이 있다.

집값이 가장 비싼 강남구와 서초구는 넘사벽(?)이고, 상위 14위인 중구까지를 고가 지역이라고 할 수 있다. 13위인 영등포구와 14위인 중구는 m²당 35만 원밖에 차이가 나지 않는데, 14위인 중구와 15위인 종로구는 m²당 153만 원이나 차이가 난다. 15위 종로구와 16위 수정구는 54만 원밖에 차이 나지 않는다.

m² 당 아파트 평균매매가격

단위: 만 원

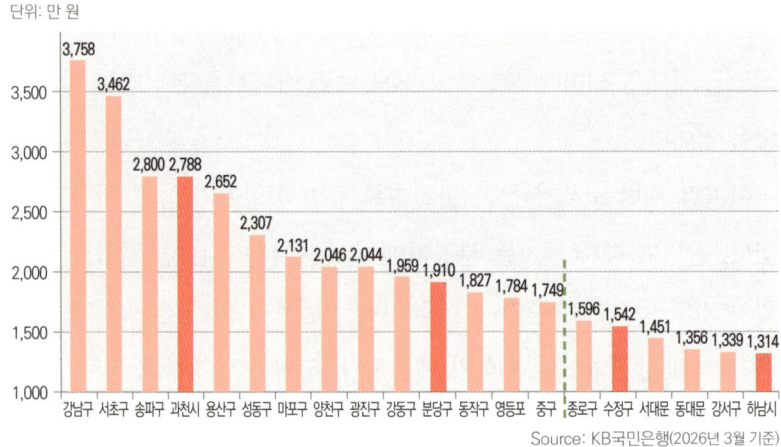

Source: KB국민은행(2026년 3월 기준)

초고가 지역인 강남구와 서초구의 경우는 대부분 단지에서 재건축이 가능하다. 나머지 3위에서 14위에 해당하는 고가 지역의 경우는 용적률이 상대적으로 낮은 단지에서만 재건축이 가능하다. 바꾸어 말하자면, 이들 고가 지역이라고 해도 기존 용적률이 200%를 넘으면 재건축 사업성이 크게 떨어진다고 보면 된다.

용적률이 200%면서 입지가 깡패라고 하는 은마아파트조차 같은 평형으로 재건축하는 데 억대의 추가부담금을 내야 하는데, 일반 분양가도 은마보다 낮게 책정되면서 기존 용적률도 200%가 넘으면 당연히 추가부담금은 많이 늘어날 수밖에 없다.

하물며 고가 지역도 이 정도인데, 집값 수준이 m²당 1,000만 원도 되지 않는 대부분 지역에서는 용적률이 아주 낮은 경우를 제외하고는 재건축 사업성이 크게 떨어질 수밖에 없다.

과거와 달리 공사비가 많이 올랐기 때문이다. 공사비가 오른 데는 여러 가지 원인이 있다. 첫째는 대외적인 요소로, 세계적으로 유동성이 확대되면서 원자잿값이 많이 올랐기 때문이다. 철광석값이 오르면 철근값이 오르는 것이고, 알루미늄괴 값이 오르면 새시값이 오르고, 구릿값이 오르면 동 파이프값이 오르는 것이다.

둘째는 지난 몇 년간 강화된 규제로 인한 비용 증가 때문이다. 예를 들어 1기 신도시 건설이 한창이었던 1990년대에는 아파트 바닥 두께가 120mm면 충분했다. 이때는 아파트가 많이 보급되기 전이라 층간 소음에 대한 이슈도 없었고, 건물의 안정성만 담보되면 되었기 때문에 120mm로 시공해도 준공 검사를 통과할 수 있었다.

하지만 2013년 이후에는 규정이 210mm로 크게 강화되었다. 바닥 두께가 75%나 두꺼워진 것이다. 그럼에도 불구하고 층간 소음 문제가 계속 불거지자 최근에 짓는 고급 재건축 아파트들은 250~300mm의 두께로 바닥을 시공하고 있다. 바닥이 두꺼워질수록 층간 소음은 없어지지만, 반대로 자재가 더 많이 들어가니 공사비는 올라가게 된다.

주당 근무시간이 52시간을 넘지 않도록 하는 것도 근로자 입장에서는 노동 환경의 개선이라는 면에서 환영할 만하지만 공사 일정이 더 걸린다는 문제가 있다. 이 때문에 예전에는 36개월이면 공사를 끝낼 수 있었는데, 지금은 40개월 정도 걸린다고 한다. 그러면 인건비가 10% 이상 늘어나는 것이고, 금융 비용 또한 10% 이상 늘어나는 것이다.

시대적 추세에 맞춘 안전 기준 강화도 결국 돈과 직결된다. 안전장치를 과거보다 더 많이 설치해야 하고, 건설 노동자의 피로도를 감안해서 노동 강도를 줄여야 사고를 예방할 수 있기 때문이다.

결국은 이런저런 이유로 과거보다는 단위당 건설 원가가 크게 치솟을 수밖에 없는 것이 현실이다. 이 때문에 과거처럼 재건축을 무조건 황금알을 낳는 거위로 착각하면 곤란하다.

그렇다면 어떤 단지에 투자하는 것이 좋을까? 비슷한 조건이라면 고가 지역일수록 재건축 사업이 성공할 가능성이 높다. 고가 지역에서도 랜드마크라 할 수 있는 신축 단지가 근처에 있으면 더욱 유리하다. 랜드마크 아파트와 입지가 비슷하므로 분양가가 높게 책정될 가능성이 크다. 이에 반해 고가 지역이라도 근처에 고가 신축 아파트가 없는 경우는 일반 분양을 신청할 때 매수자들을 주저하게 만든다.

재건축 사업의 본질은 일반 분양 수익을 최대화해서 자신이 소유한 낡은 아파트를 새 아파트로 공사하는 데 드는 비용을 보전하는 것이다. 이때 분양 수익이 사업 비용보다 크다면 사업 이익을 돌려받는 것이고, 분양 수익이 사업 비용보다 적다면 그만큼 추가부담금을 내야 하는 것이다. 이때 사업 비용의 대부분을 차지하는 공사비나 금융 비용을 줄이는 것은 상당히 어렵다. 한마디로 사업 비용은 고정비이기 때문이다. 결국 일반 분양가를 높게 책정할수록 분양 수익이 많이 나오는 것이고, 상대적으로 집값이 비싼 지역에 투자해야 추가부담금이 적게 나오는 것이다.

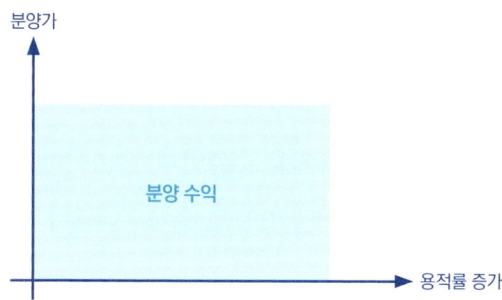

분양 수익을 늘리려면 그림과 같이 분양가(y축)는 높이고 용적률 증가(x축)도 늘려야 한다. 용적률이 많이 늘어나는 단지에 투자하려면 기존 용적률이 낮은 지역에 투자하는 것이 가장 쉬운 방법이고, 초역세권 특례나 노후 도시 특례와 같이 추가 용적률이 제공되는 곳에 투자하는 것도 방법이다. 용적률 증가는 결국 새로 허용받을 용적률과 기존 용적률의 차이이기 때문이다.

이때 조심해야 할 것은 기존 용적률이 낮다고 기계적으로 사업성을 판단하지 말라는 것이다. 눈에는 보이지 않지만 대지에는 여러 가지 용도 지역이 있다. 용적률을 높게 허용하는 상업 지역이나 준주거 지역도 있는 반면, 쾌적한 주거 환경 유지를 위해 낮은 용적률을 유지하는 주거 지역도 있다. 주거 지역 중에서 1종, 2종, 3종이 있는데 허용 용적률이 뒤로 갈수록 높게 책정된다.

다시 말해 기존 용적률이 100%라고 재건축 사업성이 있다고 단정 짓지 말라는 것이다. 그 단지가 1종 주거지라면 기존 용적률이 100%라고 하여도 낮은 수준이 아니다. 1종과 2종 주거지, 그리고 2종과

3종 주거지 사이에는 각각 50%포인트 정도 차이가 있다. 다시 말해 100%의 용적률을 가진 1종 주거지는 200%의 용적률을 가진 3종 주거지와 비슷한 사업성을 지닌다고 할 수 있다.

쉽게 말해 은마아파트의 용적률 수준인데, 은마아파트보다 일반 분양가가 낮게 책정될 가능성이 높으므로 추가부담금이 더 많이 나온다는 뜻이다.

이때 추가부담금이 같은 수준으로 나오더라도 은마아파트보다 동의율이 높게 나올 가능성은 낮다. 예를 들어 추가부담금이 4억 원 나온다고 하더라도, 기존 집값 40억 원짜리 아파트 소유주에게는 기존 집값의 10%밖에 되지 않기 때문에 크게 부담되는 수준은 아니다. 하지만 기존 집값 10억 원짜리 아파트라면 추가부담금이 집값의 40%나 되기 때문에 부담이다. 자금력이 되는 조합원은 찬성표를 찍지만 자금력이 딸리는 조합원은 반대표를 던질 가능성이 높다. 심지어 기존 집값 5억 원짜리 단지에서 추가부담금이 4억 원이나 나온다면 대부분의 조합원은 재건축을 반대할 것이다. 결국 추가부담금 규모가 비슷하더라도 기존 집값에 따라서, 그리고 그 지역의 소득에 따라서 영향받는 것이다.

재건축 수익에 영향을 끼치는 또 하나의 변수는 조합원당 대지 지분이다. 재건축 수익은 일반 분양 아파트 수를 얼마나 늘릴 수 있는지, 그리고 그 일반 분양 아파트를 얼마나 높은 가격에 분양할 수 있는지에 달려 있다고 앞서 강조했다. 그런데 조합원당 대지 지분이 너무 작으면 일반 분양분이 거의 나오지 않거나 적게 나올 수밖에 없다.

예를 들어 보자. A라는 단지는 3종 주거지인데도 불구하고 용적률이 100%밖에 되지 않는 단지이다. 만약 이 단지가 용적률 300%의 새 아파트로 재건축된다고 가정해 보자. 용적률 증가분이 무려 200%포인트나 되니, 투자 가치가 아주 높다고 생각할 수 있을 것이다. 그런데 문제는 이 단지는 모두 소형 평형으로만 구성되어 조합원당 평균 대지 지분이 10평에 불과하고 재건축 조합원 모두 30평형의 아파트를 원한다고 하면, 이 단지에는 일반 분양이 한 채도 나오지 않는다. 용적률 증가분 모두를 조합원 아파트의 평형 증가에 소진했기 때문이다. 일반 분양분이 없으니 공사비를 포함한 사업비는 모두 조합원의 추가 부담금으로 돌아온다. 2026년 기준으로만 봐도 한 가구당 6억 원 이상의 추가부담금을 내야 하는데, 공사비가 더 오르면 추가부담금 규모도 따라서 늘어나게 된다.

재건축 사업은 정부 정책이나 관련 법규 등에 의해 많은 규제를 받는 투자 상품이다. 그냥 낡았다는 이유 하나로, 또는 그 단지 소유주들이 재건축을 추진한다는 소문만 믿고 투자해서는 안 된다. "조합장이 알아서 하겠지" "그 동네에서 오래된 부동산 중개소에서 소개해 준 곳이니까"라는 이유만으로 투자할 대상은 아니라는 것이다.

재건축 투자의 본질은 자신의 대지 지분을 팔아서, 다시 말해 일반 분양을 통해서 수익을 내고 그 자금으로 본인이 부담해야 할 막대한 추가부담금을 경감받는 사업 모델이다.

정리하자면, 일반 분양 수익을 높이려면 일반 분양 아파트 수가 많아야 하고, 일반 분양가가 높아야 한다. 전자를 위해서는 용적률 증가분이 많을수록 유리하다. 다시 말해 기존 용적률이 낮은 단지면서 재건축 후의 허용 용적률이 높은 곳이 유리하다. 또한 조합원당 대지 지분이 큰 단지일수록 일반 분양분이 많이 나온다.

후자를 위해서는 입지가 좋은 곳에 투자해야 한다. 주변 집값이 비싼 곳일수록, 그리고 주변에 고가 신축 아파트가 있는 곳일수록 일반 분양가가 높게 책정될 수 있다. 또한 일반 분양가 책정의 걸림돌인 분양가 상한제가 적용되지 않는 지역이 유리하다. 분양가 상한제가 적용되면 일반 분양 수익이 그만큼 줄어들기 때문이다. 문제는 고가 지역의 경우는 투기과열지구로 지정된 곳이 많아서 분양가상한제가 적용되는 지역이 많다는 점이다. 주변 집값이 높을수록 재건축에 유리한 구조라고 했는데, 이런 곳은 분양가상한제가 걸려 있을 가능성도 배제할 수 없다는 점을 유의하라는 것이다.

결국 재건축 투자의 본질은 일반 분양분 수익의 다소에 따라 좌우된다. 일반 분양분이 얼마나 많이 나오고, 일반 분양가가 얼마나 높게 나올지에 따라 사업성이 달라진다는 것을 철저하게 감안하고 투자해야 할 것이다.

집을 샀다 팔았다 해야
돈을 벌까?

　부동산 투자로 돈을 벌려면 샀다 팔았다를 자주 반복해야 한다고 알고 있는 사람들이 의외로 많다. 한국에서도 그렇지만 심지어는 미국에서조차도 이렇게 주장하는 사람들을 심심치 않게 볼 수 있다. 필자가 유명한 부동산 컨설턴트이자 칼럼니스트 '아기곰'이라는 것을 모르는 사람들은 "그게 왜 그런데요?" 하고 짐짓 묻는 필자에게 무슨 비밀이라도 알려 주는 듯이 일장 연설을 하고는 한다. 그러나 그 사람들의 주장들은 명확한 논리보다는 단순한 경험치를 근거로 삼는 경우가 많다.

　과연 그럴까? 샀다 팔았다 해야만 과연 돈을 벌 수 있는지 살펴보자.

사례 1

　대학 동창인 *A*와 *B*는 같은 단지, 같은 동, 같은 층에 살고 있었다.

그러다 신도시가 개발되자 평소 새 아파트에 살고 싶어 하던 A는 신도시로 이사를 하였다가 그 후에도 상대적으로 분양가가 싸다고 알려진 곳으로 이사를 하였다. 그러한 노력에 보답을 하듯이 집값이 올라 주어서 기분이 뿌듯해졌다.

그러다 마침 직장을 전에 살던 아파트 근처로 옮기게 되었다. 그런데 전에 살던 아파트의 시세도 알아볼 겸 대학 동창 B를 만나 본 A는 그만 허탈한 기분에 빠지고 말았다. 전에 자기가 팔았던 아파트는 재건축 소문이 돌면서 이제는 자기의 전 재산을 팔아도 살 수 없을 만큼 올라 버렸기 때문이다.

사례 2

초등학교 동창인 C와 D는 같은 동네, 같은 빌라에 살고 있었다. 그러다 그곳이 재개발이 될 것이라는 소문이 돌았다. 이에 C는 동네도 오래되고 도로도 좁고 해서 불편은 하였지만 집값이 오르리라는 기대감으로 그대로 눌러앉아 살기로 했으나 D는 집사람의 성화(?)에 신도시로 이사를 가게 되었다.

그 후 몇 번의 사고 팔기를 거듭하면서 자산이 상당히 늘어난 D는 C를 만난 이후 자신의 결정이 옳았던 것을 다시 한번 확인했다. 그가 예전에 살았던 지역은 재개발이 되어 단기 급등하기는 했으나, 그 이후로는 지역적 한계를 극복하지 못하고 집값이 거의 정체되어 있었기 때문이다.

집을 계속 보유하는 것에 비해 샀다 팔았다 하는 것이 사례 1에서는

아기곰의 재테크 불변의 법칙

헛고생만 한 것이고, 사례 2에서는 성공 투자가 된 것이다. 이 두 사례를 보면 샀다 팔았다 하는 것이 재산 형성에 유리한 것인지, 불리한 것인지 확실히 알 수는 없다. 이 사례들을 통해 재건축이 신도시 투자보다 좋으며, 신도시 투자가 재개발보다 좋다고 말하려는 것은 아니다 (하나의 예일 따름이다). 더구나 자주 사고 파는 전략이 유리할지 불리할지 모르니까 운에 맡기라고 이야기하는 것도 아니다.

결론부터 미리 말을 하자면 부동산을 샀다 팔았다를 반복하는 이러한 전략이 약이 되는 사람도 있고, 해가 되는 사람도 있다.

주식을 예로 들어 보자.

"주식 시장에서 돈을 버는 것은 참 쉽다. 쌀 때 사서 비쌀 때 팔면 된다. 그러다가 주가가 떨어지면 또 사면 된다. 한 예로 A라는 주식을 1만 원에 사서 2만 원에 팔면 100%의 수익률을 거두게 된다. 그러다가 그 주식이 폭락하여 1만 원이 되면 또 사고, 2만 원이 되면 또 팔면 된다. 그러므로 차트만 잘 분석하여 사이클Cycle만 잘 타면 크게 돈 벌 수 있다"라고 말하는 사람이 있다면 주식 투자를 한 번도 안 해 본 사람일 가능성이 높다.

우리에게 미래를 내다보는 능력이 있다면 위의 이야기는 가능할 수도 있다. 그러나 불확실성의 세계에 살고 있는 우리에게 위의 이야기는 하나의 궤변에 불과할 따름이다. 현실의 세계에서는 이렇게 될 것이다.

갑이라는 사람이 A라는 주식을 1만 원에 1,000주 샀다가 2만 원에 팔아 1,000만 원의 수익을 거두었다. 그런데 그 주식이 그 이후에도 계속 상승하여 3만 원이 되자 추격 매수하여 갖고 있다가 4만 원에 또

1,000주를 팔았다. 갑은 A 주식을 통하여 2,000만 원의 수익을 거둔 것이다. 그런데 친구 을은 똑같이 1만 원에 1,000주를 사서 팔지 않고 계속 보유를 하고 있다가 갑이 4만 원에 파는 시점에 팔아 3,000만 원의 수익을 거두었다. 누가 성공한 투자인가? 당연히 을이다.

한편 병이라는 친구는 B 주식을 4만 원에 1,000주 샀는데 주가가 하락하자 눈물을 머금고 3만 원에 손절매하여 1,000만 원의 손실을 입었다. 이 주식이 2만 원에 이르자 바닥이라고 인식한 병은 이 주식을 2만 원에 다시 샀으나, 그 주식은 그 이후에도 계속 추가 하락하여 1만 원이 되자 또다시 손절매를 하였다. 병은 B라는 주식을 통하여 2,000만 원의 손실을 입은 것이다. 그런데 친구 정은 똑같이 4만 원에 샀다가 팔지 않고 계속 보유를 하고 있다가 병이 1만 원에 파는 시점에 팔아 3,000만 원의 손실을 입었다. 누가 현명한 결정을 한 것인가? 이번에는 중간중간 손절매를 한 병의 손실이 적었던 것이다.

결국 상승장이나 하락장에서 샀다 팔았다를 반복하는 사람이나 계속 보유하는 사람의 기회비용은 같다는 것을 알 수 있다. 즉 상승장에서는 계속 보유하는 사람이 유리하고, 하락장에서는 샀다 팔았다 하는 사람이 손실을 적게 보지만 상승과 하락의 가능성을 같이 본다면 기회비용은 같은 것이다.

주가가 일정한 박스권 내에서만 움직인다면야 싸게 사서 비싸게 판다는 전략이 주효하겠지만 대부분의 현실 세계는 이와는 거리가 멀다. 특히 부동산 시장은 사인파와 같은 형태의 사이클을 그리는 것이 아니라 누운 L과 같은 계단형 사이클을 그리기 때문에 더욱 어려운 것이다. 다시 말해 부동산 시세가 50만 원 → 100만 원 → 50만 원 →

아기곰의 재테크 불변의 법칙

100만 원 → 50만 원 → 100만 원 → 50만 원 하는 식으로 움직인다면 50만 원일 때 사서 100만 원에 팔고, 50만 원이 될 때까지 기다렸다 다시 사서 100만 원에 팔고 하면 큰돈을 벌 수 있다. 하락론을 신봉하는 사람들은 이런 사이클을 기대할 것이다. 하지만 현실 세계는 시간이 흐름에 따라 50만 원 → 100만 원 → 80만 원 → 150만 원 → 130만 원 → 200만 원 → 180만 원 하는 식으로 변동하게 된다. 시간이 흐름에 따라 돈 가치가 지속적으로 떨어지기 때문이다.

이 말에 수긍이 되지 않으면 짜장면 가격을 생각해 보라. 수십 년 전에는 짜장면 한 그릇에 50원밖에 하지 않았다. 그렇지만 지금은 5,000원이 넘는다. 100배 이상 가격이 오른 것이다. 그런데 앞으로 경제 위기가 오고 디플레이션 늪에 빠지는 일이 벌어진다고 한들 짜장면 값이 50원이 될 일이 있을까? 짜장면 집 주인 입장에서는 팔지 않으면 않았지, 그 가격에 파는 일은 절대 없을 것이다. 주방장 월급이 1만 원 정도까지 떨어지면 모를까, 짜장면을 50원에 팔면 팔수록 손해가 나기 때문이다.

집을 한번 사면 한 번도 떨어지지 않고 오르는 경우는 없다. 하지만 장기적으로 보면 사이클을 그리면서 우상향으로 가는 것이고, 이를 연결하면 돈 가치 하락분과 비례한다. 결국 현재의 최고가에 팔더라도 미래에는 그 가격에 다시 살 수 없을 가능성이 높다는 것이다. 이런 이유로 부동산 시장에서 샀다 팔았다 하는 전략이 잘 먹혀들지 않는 것이다.

이러한 샀다 팔았다를 반복하는 전략이 부동산 시장에 맞지 않는 또 하나의 이유는 높은 거래세에 있다.

다주택자가 아니더라도 주택을 매입할 때 취득세 등 거래세와 부동산 중개수수료, 등기 비용 등으로 매입가의 2~5% 정도가 나가게 된다. 또한 팔 때도 보유 기간에 따라 고율의 양도세가 따르게 마련이다. 그러므로 거래세가 거의 없는 주식 시장과 같이 샀다 팔았다를 반복하는 것은 세무 당국 등 남 좋은 일만 시켜 주는 경우가 될 수도 있다. 거래세가 적은 미국의 경우도 마찬가지다. 미국에는 거래세가 거의 없는 대신 부동산 중개 수수료가 6%에 달하고, 기존 집을 팔고 새 집을 살 경우 보유세 부담이 늘게 된다는 문제가 발생한다. 미국은 재산세가 시세가 아니라 매입가에 연동하기 때문이다.

이상에서 살펴본 바와 같이 샀다 팔았다를 반복하는 전략은 부동산 시장에서는 맞지 않는 전략인 것이다. 투자자가 샀다 팔았다를 반복하는 경우 이득을 보는 것은 세무 당국과 부동산 중개인뿐이다.

필자가 아무리 이렇게 주장하더라도 고개를 갸우뚱하는 사람이 많을 것이다. 실제로 주변을 보면 샀다 팔았다를 반복하는 사람이 돈을 많이 번다는 것을 체득적으로 알고 있기 때문이다. 맞다. 부동산을 샀다 팔았다를 반복하는 사람이 돈을 많이 번다.

"아니, 아기곰이 지금 장난하나? 방금 전까지 샀다 팔았다를 반복하는 것은 좋은 전략이 아니라고 하고서는 금방 말을 바꾸네? 사람 실없기는… 쯧쯧."

우리가 잘 아는 개구리 실험 이야기가 있다. 어떤 학생이 개구리를 잡아다가 실험실 탁자 위에 놓고 소리를 크게 지르자 개구리가 놀라서 앞으로 튀어 나갔다고 한다. 다음번에는 개구리 뒷다리 아킬레스건을 자른 상태에서 큰 소리를 내었는데, 그때는 당연히 개구리가 튀어 나가지 않았다고 한다. 그러자 이 학생이 리포트에 이렇게 적었다고 한다. '개구리는 귀가 뒷다리에 붙어 있다.'

샀다 팔았다를 반복하는 사람이 부동산으로 돈을 버는 이유는 그 전략이 적절해서가 전혀 아니다. 그 이유는 다른 데에 있다.

첫째, 부동산 투자라는 것은 강제 저축 효과가 있다. 대부분 전세나 약간의 대출을 끼면서 부동산을 사기 때문에 대출을 빠른 시간 내에 갚고자 이를 악물고 절약하는 경우가 많다. 그러므로 본인이 원하지 않더라도 저축 효과를 발휘하는 것이다. 특히 이 경우 자발적인 저축보다 효과가 더 클 때가 많다. 대출을 받을 때는 높은 금리가 적용되지만 예금을 할 때는 대출 금리보다 낮은 금리를 주기 때문에, 대출금을 빨리 갚는 것이 저축 효과가 더 큰 것이다.

둘째, 부동산을 샀다 팔았다를 반복한다는 것은 부동산에 대한 관심이 남다르다는 것을 의미한다. 그러므로 돈을 벌 수 있는 기회를 많이 접하게 되는 것이다. 반대로 말해 관심이 많아 기회를 많이 접하다 보니 샀다 팔았다를 반복하는 것처럼 보이는 것이지, 샀다 팔았다를 반복한다는 것 때문에 돈을 번 것은 아니다. 즉 원인과 결과가 뒤바뀐 것이다.

누구나 집을 하나 사면 무조건 오래 가지고 있으라고 주장하는 것이 아니다. 본인이 처한 상황에 따라 두 가지 방향의 투자가 필요하다.

첫째, 자금 형성이 덜 된 사람은 부동산을 샀다 팔았다를 반복하는 것이 좋은 전략이다.

단, 같은 물건을 샀다 팔았다를 반복하라는 이야기는 절대 아니다. 적절한 시기에 갈아타기를 하라는 의미이다. 본인이 살고 싶어 하는 지역, 선호하는 평형을 생각한 후 최종적으로 이 주택을 사기 위해서 몇 개의 징검다리를 건너야 하는지를 생각해 보자. 부모의 유산을 받을 수 있는 몇 안 되는 사람 빼고는 한 방에 크고 좋은 집을 마련할 방법은 없기 때문에 몇 개의 징검다리를 건너서 최종 목표에 다다를 수 있는 것이다.

다만 본인 스스로 만족할 만한 집에 들어갈 때까지는 이를 악물고 고생할 각오가 필요하다. 누구나 다 그런 식으로 내 집 마련을 하는 것이다. 신혼 때부터 크고 멋진 집에서 시작하는 것은 TV 드라마에서나 가능한 이야기이다.

둘째, 어느 정도 투자 자금 형성이 된 사람이라면 '가치 투자'를 하는 것이 좋다.

무리하게 부동산을 샀다 팔았다를 반복한다고 수익이 높아지는 것은 아니다. 그럴 경우 세금은 있는 대로 다 내고도 세무 당국의 '감사장'이 아니라 '세무 감사'만 받는다. 부동산 시장은 주식 시장처럼 긴박하게 움직이는 곳이 아니기 때문에 장기적 관점에서 볼 때 투자 환경이 갑자기 변하거나 그러지는 않는다. 투자 환경이 바뀌었다고 느끼는 것은 투자에 대한 본인의 자신감 부족에서 기인한다.

한 곳에 투자를 해 놓고 6개월이 지나도 시세가 오르지 않자 그것을 팔고 다른 곳에 투자하면 어떨지를 물어 오는 사람도 있다. 특별한 경우를 제외하고는 6개월 만에 눈에 띌 정도로 수익률을 보여 주는 투자는 거의 없다. 요즈음은 인터넷이 하도 발달되어 있고, 언론에서도 부동산 시장 흐름에 대해 보도를 자주 하기 때문에 사는 사람이 알고 있는 정보는 파는 사람도 안다고 봐야 한다. 즉 6개월 후에 크게 오를 부동산을 파는 사람은 없다는 의미이다. 그러므로 제대로 된 수익을 거두려면 장기 가치 투자가 바람직하다.

물론 고기도 없는 곳에 낚싯대를 걸어 두고 10년을 기다려 보아도 고기는 잡히지 않는다. 물고기가 다니는 길목에 아침에 그물을 쳐 두고, 논일을 하다가 저녁이 되어 집에 갈 때 고기만 건져 가면 저녁상이 푸짐할 것이다.

주택 시장에서 그 길목이라는 것은 직주근접 지역과 교통, 교육, 환경이 좋은 지역이다. 더 좋은 투자처는 이러한 입지 요건이 과거보다 미래에 더 좋아지는 지역이다.

교통이 나빴던 곳에 전철역이 생긴다든지, 도로가 넓어진다든지 한다면 좋은 투자처이다. 교육 환경이 나쁜 곳에 명문 학교가 이전을 해오는 것도 호재이다. 물론 이 학교는 학군에 영향을 미쳐야 한다. 학군과 상관없이 시험을 봐야 들어갈 수 있는 학교라면 호재가 아니다. 동네에 있던 큰 공장이나 정신병원 자리에 고임금의 직장이나 공원이 들어서는 것도 호재가 될 것이다.

이런 곳이라면 장기 가치 투자를 해도 될 곳이다. 적어도 5년, 길면 10년을 보고 투자를 한다면 그 안에 급등의 기회가 한두 번은 오게 마련이기 때문에 부동산 시장 변화에 대해 매일 노심초사할 필요가 없다.

부동산을 샀다 팔았다를 반복한다고 돈을 벌 수 있는 것은 결코 아니다. 그 이론적 배경도 모르고 무조건 남의 말만 쫓다가는 백전백패이다. 먼저 본인의 상황을 정확히 알고 자신에 맞는 투자 방법을 따라야 성공 투자가 되는 것이다. '지피지기면 백전백승'이라고 하지 않았나.

투자도
심리 싸움이다

|

    상담을 받다 보면 안타까운 사례를 많이 보게 된다. 어떤 사람은 과거 터무니없는 가격에 부동산을 사서 팔지도 못하고 전전긍긍하는 경우가 있는가 하면, 또 어떤 사람은 몇 년 전의 부동산 가격에만 연연해 집을 사지 못하기도 한다. 지금 사면 상투를 잡는 것 같아 불안하기 때문이다. 이렇듯 일반인들이 투자에 어려움을 겪는 이유는 무엇일까?

    그것은 일반인들이 주택을 사는 행위를 상점에서 라면을 사는 행위와 비슷하게 생각하기 때문이다. 무엇을 산다는 표면적인 행위 자체야 비슷하게 보이지만 주택을 사는 행위와 라면을 사는 행위는 본질적으로 다르다. 라면은 수백 원에 불과하고 집값은 수억 원에 달하는 차이를 말하는 것이 아니다. 그러면 자동차와 비교해 보자. 자동차는 1,000만 원은 기본이고, 고급 수입 자동차의 경우에는 수억 원이 넘는 것도 있지만 부동산을 구매하는 것과는 의사 결정이 비교할 수 없이 간단하다. 그 차이를 비교해 보자.

첫째, 라면이나 자동차는 기본적으로 가격이 안정되어 있다. 그러나 집은 그렇지 않다. 지난달까지는 못 팔아서 가격이 약세이던 곳도 시장 분위기만 바뀌면 한두 주 만에 몇천만 원을 더 붙여도 팔리는 것이 부동산 시장이다. 반대로 매물이 없어서 매도 호가를 다 주고 사야 했던 시장이 정부 규제 등으로 몇 달 만에 싸늘하게 식어 버리는 일도 흔한 일이다.

둘째, 집값은 개별성이 강하다. 라면이나 자동차는 놓인 장소에 따라 가격이 크게 다를 이유가 없다. 그러나 집은 다르다. 정찰제가 있는 것도 아니고 동과 층, 향 또는 수리 여부에 따라 집값이 천차만별일뿐더러, 같은 평형의 바로 옆집이라 해도 가격이 같으리란 보장이 없다. "옆집은 싸게 파는데, 왜 이리 비싸냐?"고 말해 보았자 "그럼 그 집을 사라"는 핀잔만 돌아올 뿐이다.

셋째, 원할 때 언제든 살 수 있는 것이 라면이나 자동차이다. 상점에는 언제나 재고가 충분히 있으며, 자동차의 경우도 시간의 문제이지 물건이 없어서 못 판다는 이야기는 있을 수 없다. 그러나 집의 경우는 다르다. 집값이 오를 것 같다는 인식이 사람들 사이에 퍼지면 그 많던 매물도 게 눈 감추듯 순식간에 사라진다. 상승하는 장에서는 나중에 팔면 돈을 더 받을 수 있는데, 오늘 물건을 싸게 내놓을 사람이 흔치 않기 때문이다.

넷째, 라면이나 자동차의 경우는 사는 사람의 입장만 생각하면 된다. 본인에게 가장 맞는 상품을 고르고 그에 합당한 가격만 지불하면 된다. 그러나 집의 경우, 사는 사람은 현재의 매수자이면서 미래의 매도자가 되는 것이다. 본인의 취향뿐 아니라 먼 훗날 자신의 집을 살 매수자의 취향이나 가격 조건도 생각해야 한다. 이런 이유로 집을 사는 행위는 기업에서 원자재를 구매하는 행위와 유사한 점이 있다. 원자재를 비싸게 사면 제품 가격이 올라가서 시장에서 팔리지가 않기 때문이다.

그렇다면 왜 이런 차이가 날까?

첫째, 라면이나 자동차는 파는 주체가 동일하지만 집의 경우는 각각 다르다. 물론 분양 시장의 경우는 파는 사람이 분양사 하나이기 때문에 분양가도 같다. 그러나 일반 주택의 경우 집주인이 각각 다르므로 본인의 사정에 따라 가격이 모두 다른 것이다. 자금 사정이 급한 사람은 남보다 집을 싸게 팔 것이고, 그렇지 않은 사람은 싸게 팔 이유가 없는 것이다.

둘째, 라면이나 자동차는 언제든 만들어 낼 수 있지만, 집은 쉽게 만들 수 없다. 즉 희소성이 있다. 세상에 널리고 널린 것이 집인데 희소성이라니 무슨 말인가라고 생각한다면 오산이다. 세상에 흔한 것이 해바라기 그림이라고 해도 '고흐의 해바라기'는 한 점밖에 없다. 그림이 사진보다 비싼 값에 거래되는 이유는 희소성 때문이다.

이상으로 살펴본 바와 같이 집을 사는 데는 라면이나 자동차를 사는 것과는 전혀 다른 의사 결정이 필요함에도 불구하고, 많은 사람들은 같은 절차를 통해 의사 결정을 하기 때문에 투자에 실패를 하는 것이다.

부동산 상승기 때 많이 받는 질문 중의 하나가 "지난 몇 달간 집값이 많이 올랐는데, 지금 사도 괜찮겠냐?"는 질문이다. 이에 필자가

"그러면 그때 집을 사지 그랬느냐?"고 물으면, "이렇게 오를지 몰랐다"라고 대답을 하곤 한다. 그러나 사실 "오를지 내릴지를 몰라서 사지 못했다"가 솔직한 표현일 것이다. 누구도 오를지 내릴지 모르는 불확실성이 있었기에 몇 달 전의 가격이 현재 가격보다 상대적으로 쌌던 것이고, 그 불확실성이 제거되었기 때문에 가격이 오른 것이다. 단기적으로 오를 것이 확실한데 파는 사람은 어디에도 없다.

투자의 본질은 불확실성에 있다. 투자에서 불확실성이 모두 제거된다면 그때부터는 돈이 많은 사람이 수익을 올리는 자본의 논리만이 남게 될 것이다. 도로에 안개가 적당히 끼어 있어야 과속을 하지 않는 것이다.

불확실성을 두려워하는 사람의 또 하나의 특징은 추격 매수이다. 어디가 오를 것 같다는 기사가 보도되면, 추격 매수를 마다치 않는다. 언론 보도를 불확실성이 사라졌다는 증거로 생각하기 때문이다. 그러나 이런 매수 행태는 언론 보도 이전에 선투자를 하였던 사람들의 수익률을 높여 주는 것 외에는 의미가 없다. 이러다 역사상 가장 비싼 값에 사게 되는 것이 추격 매수의 위험성이다.

국토교통부 실거래가 자료를 보면 2006년 말이나 2007년 초에 이런 거래가 종종 있었다. 다른 거래가보다 10~20% 정도 높은 가격에 한두 건 거래된 것이다. 아무리 부동산에 하방경직성이 있다고는 하지만 이런 예외적인 가격보다 떨어지지 않는다는 의미는 아니다. 설혹 이런 최고가 대비 10~20%가 떨어진 가격에 일부 거래가 된다고 해도 한두 사람을 제외하고는 대부분 사람들의 매입가보다는 높기 때문이다.

그러면 추격 매수를 피하는 방법은 무엇인가? 국토교통부의 실거래가 동향을 활용하는 방법이다. 비록 한 달 정도 후에 공개가 되지만 일방적인 매도 호가와 실거래가를 구분할 수 있는 유일한 방법이다. 이때 최근 실거래가보다 10% 이상 비싼 가격에는 거래를 하지 않는 것이 좋다. 아무리 뛰어난 호재라 할지라도 거래량이 뒷받침되지 않으면 사상누각에 불과하며, 단기간의 급등은 오버슈팅Overshooting의 위험성이 많기 때문이다. 거래량이 많다는 것은 같은 처지에 있는 사람이 많다는 의미이므로 이런 단지는 향후 하방경직성을 띄게 된다. 최근 실거래가보다 10% 이상 비싼 가격이 지속될 경우 이미 그곳은 투자에 늦은 곳이므로 다른 지역을 찾아보는 것이 현명하다.

그러나 이것은 집값이 오르고 나서 취할 수 있는 수동적인 방법이고, 더 좋은 방법은 다른 사람보다 한 걸음 빨리 움직이는 것이다. 남들도 모두 사려고 하는 성수기보다는 비수기에 사는 것도 방법이다. 밀짚모자는 당연히 수요가 많은 여름에 사는 것보다 겨울에 사는 것이 싸다.

이때 오를 만한 곳에 미리 투자를 해 놓는다면 더할 나위 없이 좋겠지만 말처럼 쉬운 일이 아니다. 그러므로 상대적으로 쉬운 방법은 덜 오른 곳을 찾아내는 것이다. 국토교통부 실거래가 동향을 살펴보면 이런 곳을 어렵지 않게 찾아볼 수 있다.

문제는 이렇게 상대적으로 덜 오르거나 내린 지역에 투자를 하면 앞으로도 오르지 않을 가능성이 있다는 것이다. 다시 말해 '아직 오르지 않은 지역'과 '앞으로 오르지 않을 지역'을 구분하기가 현실적으로 쉽지 않다는 것이다. 이럴 때는 오르지 않는 이유를 살펴보는 것이 중요하다. 그것이 일시적인 현상이거나 단기 악재 때문이라면 그 지역은 그 악재가 사라지는 순간 반등을 할 것이다. 그러나 그 이유가 그 지역의 수요 감소 등 장기적 추세의 변화 때문이라면 반등의 기회는 좀처럼 오지 않을 것이다.

상승 중인 곳도 마찬가지이다. 상승의 이유가 추세의 변화 때문이라면 그 상승은 이유가 있는 것이다. 그러나 단순히 오를 것 같아서 투자자가 몰리는 곳이라면 작은 악재에도 쉽게 무너질 수 있는 것이다.

부동산, 특히 주택 시장은 양도소득세의 비과세 조건이 2년 보유이므로 적어도 2년 후의 시장을 내다보고 투자를 하여야 한다. 단기 시세 차익만을 노리고 투자를 할 경우에 상투를 잡게 될 위험성이 있다.

투자 심리는 집값에
어떤 영향을 끼칠까?

투자는 컴퓨터나 기계가 하는 것이 아니라 사람이 하는 것이다. 그런데 사람은 기계와 달라서 감정에 의해 지배되는 경우가 많다. 지나친 공포감과 지나친 탐욕이 투자를 그르치는 경우가 많다. 하락기에는 세상이 망할 것처럼 공포에 휩싸여 투매를 한다든지, 상승기에는 자신의 여력을 생각하지 않고 공격적인 투자를 하기도 한다. 이는 어느 나라 사람들에게나 모두 공통적으로 나타나는 현상이기는 하지만, 우리나라 사람들은 조금 더 심하다고 할 수 있다.

이 때문에 투자 심리의 동향을 파악하는 것이 중요하다. 그러면 다소 주관적이라 할 수 있는 투자 심리를 어떻게 알 수 있을까? 한국은행에서는 매월 마지막 주에 소비자 심리 지수CSI의 한 항목으로 주택 가치 전망 지수를 발표하고 있다. 전국에 있는 일반인을 대상으로 조사를 하는데 샘플 수가 2,000명 이상으로 진행되기 때문에 신뢰성이 높다고 할 수 있다. 통계학에서 샘플 수가 1,000 이상이면 신뢰도가 높아진다고 한다.

조사 내용은 "향후 1년 후에 집값이 상승할 것인가?"라는 것이다. "매우 그렇다"고 답하면 200점, "조금 그렇다"고 하면 150점, "지금과 비슷할 것이다"라고 하면 100점, "약간 내릴 것이다"라고 하면 50점, "큰 폭으로 내릴 것이다"라고 하면 0점을 준다. 이를 가중 평균한 것이 바로 주택 가치 전망 지수이다. 결국 이 지수가 100을 넘으면 집값이 상승한다고 믿는 사람이 많다는 것이고, 100이 안 되면 집값이 내릴 것이라고 믿는 사람이 많다는 의미이다.

소비자 심리 지수(주택 가치 전망)

Source: 한국은행

도표에서 보듯이 2008년 하반기부터 조사를 해 온 이래로 상승 전망과 하락 전망이 반복되었다. 국제 금융 위기 직후에는 7개월 연속 하락 전망이 많았고, 2012년 침체기 때는 무려 8개월간 하락 전망이 우세했다. 하지만 2013년 3월 이후 2016년 11월 말까지 45개월 연속 상승 전망이 우세했었고, 3년여간의 혼조세를 거쳐 현재는 상승 전망이 압도적으로 우세하다. 특히 2008년 7월부터 2021년 2월까지 162개월의 조사 기간 중 이 지수가 120이 넘은 적은 23개월에 불과한데, 2020년 10월부터 2021년 10월까지 13개월 연속으로 120이 넘는 강세를 보였다. 이 기간 동안 집값이 역대급으로 상승했던 이유가 바로 이것이다.

2022년 6월부터 100 이하로 떨어졌던 심리 지수는 미국 기준금리의 급격한 인상과 이에 따른 경기 침체 우려로 인해 2022년 11월 역사상 최저 수준인 61까지 떨어졌다. 이러한 하락세는 2023년 5월까지 이어지면서 역사상 가장 긴 침체기를 보냈다. 그 이후 등락을 거듭하다가 2025년 3월 이후 상승기로 돌아서 2026년 2월까지 12개월 연속 100 이상을 기록하였다.

그러면 이러한 소비자 심리 지수가 집값에 어떤 영향을 끼칠까?

투자의 경험이 적은 사람일수록 투자 심리에 영향을 받는 경향이 심한데, 이렇게 생각하기에 매수나 매도 타이밍을 잡지 못하는 것이다.

집값이 떨어져서 예전보다 싸지면 매수 타이밍이 되었는데도 "지금부터 대세 하락기인데 집을 왜 사?"라고 눈치만 보다 사지 못하게 되고, 반대로 반등을 하여 어느 정도 올라 적당한 수익을 올렸으면 팔아야 하는데 "지금부터 대세 상승기인데 집을 왜 팔아?"라고 고집을 부리다 매도 타이밍을 놓치기 일쑤이다.

이런 현상은 미국과 같이 실수요로만 움직이는 시장에서도 공통적으로 나타난다.

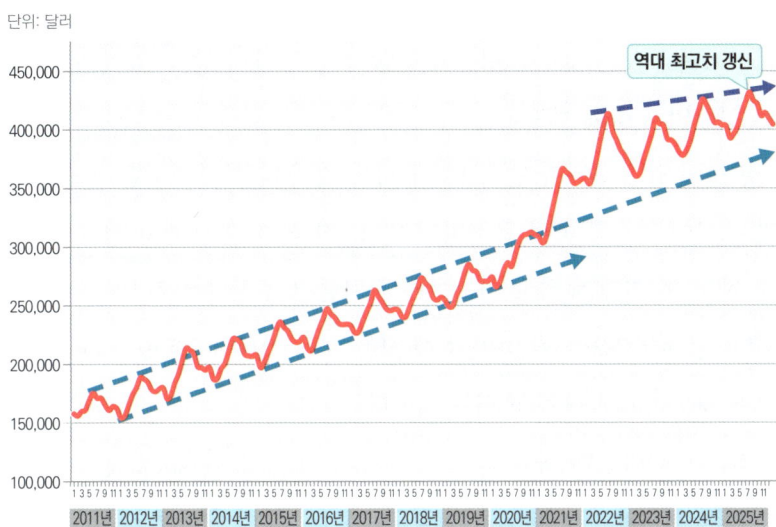

미국 주택 매매가 추이

단위: 달러

역대 최고치 갱신

Source: National Association of Realtors(중간값Median 기준)

위의 도표는 2011년 1월부터 2025년 12월까지 15년간의 미국 집값을 나타낸 것이다.

그런데 신기하게도 1년을 주기로 비슷한 패턴이 반복되는 것을 볼수 있다. 매해 6월이 가장 집값이 비싸다. 우리나라는 학기가 3월에시작하지만, 미국의 경우 동부는 8월 말, 서부는 9월 초에 학기가 시작된다. 우리나라도 계약일부터 잔금일까지 두 달 정도 걸리는데, 미국에서도 두 달 정도 걸리기 때문에 6월에 집을 사야 8월에 입주할 수있는 것이고, 그래야 자녀를 새 학교에 새 학년 시작부터 다니게 할 수있다. 이런 이유로 6월에 매수세가 가장 활발하고, 한겨울인 1월이 가장 매수세가 저조하다. 흥미로운 것은 이런 패턴이 지금 나타난 것이 아니라 과거부터 계속 지속되어 왔다는 것이다.

2011년부터 2025년까지 15년간의 통계만 보더라도 1월에 사는 것이 6월에 사는 것보다 평균 4만 달러 정도 싸게 살 수 있었는데, 이는 집값의 15%에 해당하는 금액이다. 1월에 집을 사면 싸다는 것을 사람들이 알게 되면 당연히 1월에 사는 것이 맞을 것도 같은데, 6월에 가서 집이 필요할 때나 움직이게 된다. 집을 사 본 경험도 적고, 일생에 한두 번 거래를 하고 마는 실수요자들이 주도하는 시장이기 때문이다. 실수요자들은 집값이 쌀 때 사는 것이 아니라 본인이 필요할 때 사기 때문에 비싸게 주고 사는 것이다.

집값이 싼 1월에 집을 사지 않고, 집값이 가장 비싼 6월에 집을 사는 미국 사람을 비웃을 필요가 없다. 미국과 같이 주기적으로 이런 현상이 나타나지 않는다는 것뿐이지, 집값의 등락이라는 본질은 우리나라도 다르지 않기 때문이다.

투자 수익을 올리기 위해서는 쌀 때 사고 비쌀 때 팔아야 한다. 말은 쉽지만, 집값이 떨어진다고 남들이 외면하는 비수기에 집을 사기 위해서는 공포를 극복해야 하고, 집값이 더 오를 것이라는 기대감이 시장에서 넘칠 때 집을 팔기 위해서는 탐욕을 자제해야 한다. 이런 이유로 탐욕과 공포를 억누르는 것을 투자의 가장 큰 덕목으로 꼽는 것이다.

실수요자가 내 집 마련을
쉽게 하지 못하는 이유

주택 시장은 투자자에게는 투자의 대상이 되지만 대부분의 실수요 자들에게는 내 집 마련의 장이다. 부동산 거래에 익숙한 투자자들에 게 집을 매매한다는 것은 어려운 일이 아니지만, 생애 최초로 내 집을 마련해 보려는 초보 실수요자에게는 일생일대의 모험과도 같은 일이 다. 너무 높은 집값에 놀라서 주춤대는 사이 관심을 가졌던 집은 시세 가 올라서 다시는 쳐다보지도 못하게 되는 경우도 있고, 내가 집을 사 면 집값이 떨어질까 노심초사하는 사이 어느새 집값이 슬그머니 올라 버린 경우도 있을 것이다. 남들은 쉽게 마련하는 내 집을 왜 나만 어렵 게 하는지 스스로 이해가 안 갈 때도 있을 것이다. 그 원인과 대응책을 살펴보기로 하자.

첫째, 관심의 차이에 있다. 집을 쉽게 사고팔고 하는 사람도 있지만 우리나라 사람의 평균 주택 보유 기간은 10년 이상이다. 굉장히 중요한 결정이지만 10년에 한 번 할 정도로 흔히 있는 일이 아니기 때문에 주택 거래에 대한 지식이 일천한 경우가 대부분이다. 이는 주택을 사고팔 때 부과되는 세금의 종류와 세율은 얼마나 되는지, 본인이 사려는 지역의 평균 주택 가격이나 지난 5년간 상승률이 어떻게 되는지, 어느 지역이 많이 오르고 어느 지역이 오르지 않는지 평소에 관심을 가지고 알아보는 사람이 많지 않다는 뜻이다. 집을 사기 직전에 임박해서야 주위에 집을 사 본 사람에게 물어보는 것이 고작이다.

그러나 그 사람들도 고작 한두 번의 거래 경험을 가지고 주관적인 입장에서 조언을 해 줄 수밖에 없다. 거래하려는 동네의 부동산 중개인에게 물어보는 사람도 있을 것이다. 그러나 생각을 해 보라. 그들이 중개를 하는 지역이야 잘 알겠지만 다른 지역에 대해서는 잘 알지도 못할뿐더러, 거래를 성사시켜야 수수료를 받는 이해 당사자에게 그 지역에 대한 객관적인 평가를 기대한다는 것이 쉬운 일은 아닐 것이다.

백화점에서의 쇼핑을 상상해 보라. 매일 필요한 콩나물이나 두부 같은 것이야 아무 고민 없이 사겠지만 일 년에 한두 번 사는 외출복을 사는 경우, 백화점 매장에 가서 눈에 띄는 첫 번째 옷을 바로 사는 사람은 없다. 몇십만 원짜리 옷 한 벌을 사는 데도 백화점을 이 잡듯이 뒤지고, 다음 날 또 가고, 나중에는 세일을 할 때까지 기다리기도 한다. 이때 평소에 윈도우 쇼핑을 즐겨 하던 사람은 선택을 쉽게 할 수 있을 것이다. 평소에 관심을 가지고 신상품들을 살펴보았기 때문이다.

아기곰의 재테크 불변의 법칙

그러면 어떡해야 할까? 만약 평소에 백화점 의류 매장에 있는 신상품에 대해 쏟는 정성의 절반만 부동산에 쏟는다면 자신의 집을 살 때 고수나 달인 소리를 들으며 살 수 있을 것이다. 남자도 마찬가지다. 남의 나라끼리 하는 유로 축구 중계 같은 것을 보는 데에 쏟는 시간의 일부만이라도 평소에 주택 시장에 대해 관심을 가지고 공부를 해 나간다면, 내 집 마련할 때 "우리 남편 최고!"라는 소리를 들을 수 있을 것이다.

둘째, 너무 잘하려고 그런다. 테니스나 골프 등 대부분의 운동을 시작하는 초보자가 겪는 공통점은 너무 잘하려다가 오히려 망치는 경우가 많다는 것이다. 실력에 비해서 너무 잘하려고 하다 보니 어깨에 힘이 너무 들어가서 몸이 굳어 버리기 때문이다. 첫 타석에서 멋진 장외 홈런을 날리려고 힘을 잔뜩 주다 보니 홈런은커녕 삼진 아웃을 당해 버리는 경우라 하겠다.

내 집 마련을 할 때도 마찬가지다. 여기저기서 들은 것은 많아서 교통도 좋아야 하고, 교육 환경도 좋아야 하고, 주거 환경도 좋은 곳을 찾고자 한다. 그러다 보니 눈이 너무 높아져 버린 것이다. 여기는 이것이 맘에 안 들고, 저기는 저것이 맘에 안 들 것이다. 모처럼 맘에 든 집을 찾았구나 싶으면 이번에는 본인이 가지고 있는 예산과 터무니없이 맞지가 않을 것이다. 이런 조건들을 모두 만족시키는 투자처는 한정되어 있고, 본인의 맘에 드는 집은 다른 사람의 눈에도 좋게 보이기 때문에 가격이 비싼 것이다.

그러면 어떡해야 할까? 교통, 교육, 환경이라는 입지에 영향을 주는 3대 요소 중 한 개 정도가 빠지는 곳이라도 자신과 맞는 곳을 고르는 차선책이 필요하다. 예를 들어 동네 장사를 하는 자영업자라면 출퇴근에 어려움이 없으므로 꼭 교통이 편리한 곳이 아니어도 된다. 자녀가 없거나 신혼부부라면 교육 환경이 다소 떨어지는 곳이라도 본인들이 사는 데는 큰 불편함이 없을 것이다. 집에 있는 시간이 상대적으로 적은 맞벌이 부부라면 굳이 조망권 등 환경이 좋은 곳을 고집할 필요는 없는 것이다. 다시 말해 본인에게 상대적으로 덜 필요한 요소를 희생하는 대신에 상대적으로 싼 가격으로 내 집 마련을 하자는 전략이다.

이때 현재의 핸디캡이 미래에 없어지는 곳이라면 금상첨화이다. 예를 들면 현재는 교통이 불편하지만 몇 년 후에는 지하철이 개통되어 교통 여건이 크게 개선되는 곳이라면 집값이 크게 오를 것이다. 집 근처에 주택가와 어울리지 않는 큰 공장이 있는데, 이 공장이 다른 곳으로 이전을 하고 그 자리에 공원 등이 들어선다면 이도 대단한 호재이다. 이런 곳을 골라야 한다.

셋째, 지나치게 걱정이 많다. 우리나라 집값은 소득에 비해 비싼 편이다. 이렇다 보니 인기 지역 아파트의 경우 한 평의 가격이 웬만한 대기업 직원 연봉을 넘는 경우도 있다. 평소에 먹고 싶은 것, 쓰고 싶은 것도 참아 가며 열심히 저축한 돈도 부족하여 은행에서 대출을 받아야 원하는 집을 살 수 있다는 현실의 벽에 부딪힐 것이다. 그러나 어쩌랴, 인구에 비해 좁은 땅덩어리의 나라에서 태어난 우리의 숙명인 것을.

평소에 저축해 온 돈의 단위와 집값의 단위가 다르다 보니 겁도 날 것이다. 수년간 알토란처럼 돈을 모아서 산 집이 '혹시 가격이 떨어지면 어떻게 하나?' 하는 고민에 빠지게 된다. 신문을 봐도 경제가 어렵다는 기사나 집값이 빠질 것이라는 기사만 눈에 들어오게 된다. 이러다 차일피일 미루게 되면 전세 만기가 돌아오고, 돈을 더 모아서 2년 후에 살 거라고 하면서 내 집 마련 계획은 더 미루어진다.

그러면 어떡해야 할까? 지난 십 년간 경제 신문의 헤드라인만이라도 살펴보라. 정도의 차이는 있을지언정 신문을 보면 집을 살 만한 만만한 시기가 있었는가? 10년 전에도 20년 전에도 비슷한 기사는 언제든지 찾아볼 수 있을 것이다. 그때는 그때고 지금은 세계적인 불경기에, 스태그플레이션에, 이웃나라 일본은 20년 동안 집값이 떨어진 어려운 시기라고 생각할 수도 있다. 물론 단기적으로 떨어질 수도 있다. 그러나 집값이 떨어진다고 모든 사람이 집을 다 팔고 길거리에 나앉을 수는 없는 것이다.

넷째, 매수 타이밍을 잘 못 잡는다. 누구나 제일 싼 가격에 좋은 집을 사고자 한다. 같은 집을 남들보다 싸게 산다면 그보다 기분 좋은 일은 없을 것이다. 문제는 제일 싼 가격이라는 것은 그 당시에는 알 수가 없다는 데 있다. 지난달 3억 2,000만 원에 거래되었던 집을 본인이 3억 원에 샀다고 해서 그 가격이 최저가라고 장담을 못하는 것이다. 다음 달에 2억 9,000만 원에 사는 사람이 있다면 그 사람보다는 비싼 가격에 사는 것이기 때문이다. 이런 이유로 제일 싼 가격에 사고자 하는 사람은 집값이 2억 9,000만 원까지 떨어진다 해도 내 집 마련을 못하는 것이다. 2억 8,000만 원짜리 집을 찾아 헤매기 때문이다. 주택 가격 하락기에는 가격이 더 떨어질까 봐 못 사고, 주택 가격 상승기에는 지난번에 사려던 가격이 생각나서 못 사는 것이다.

그러면 바닥을 찍고 약간 상승했을 때 사면 어떨까? 이론적으로는 그럴듯하게 보인다. 그러나 그것이 바닥인지 아니면 기술적 반등을 한 후 더 깊은 나락으로 떨어질 것인지 어떻게 아나? 그것이 진짜 바닥이라고 시장에서 모두가 아는 순간에는 더 이상 그 매물은 살 수가 없다. 생각해 보라. 매도자를 포함해서 모두가 바닥이라고 안다면, 매도자의 입장에서는 몇 달만 더 기다리면 지금보다 더 비싼 가격으로 팔 수 있을 텐데 몇 달을 기다리지 못해서 싸게 팔 이유는 없는 것이다. 매수자도 자신의 이익을 최대한으로 늘리려는 것처럼 매도자도 자신의 이익을 최대한으로 늘리려고 하기 때문에 시장에서 바닥이라는 인식이 퍼지는 순간, 그 많던 매물은 게눈 감추듯 순식간에 사라지는 것이다.

그러면 어떻게 할까? 주식 격언에 "무릎에 사서 어깨에 팔라"는 말이 있다. 누구든 발바닥에서 사서 머리 꼭대기에 팔고 싶지 않을까만은 현실적으로 그것이 불가능하기 때문이다. 욕심을 버리고 무릎에 산다는 생각으로 매매를 하다 보면 그것이 발바닥일 경우도 있는 법이다. 세상에는 나만 똑똑한 것이 아니다. 상대는 나보다 더 똑똑하다는 생각을 가질 때 합리적인 거래가 이루어지는 것이다.

내 집 마련이든 투자 차원의 주택 매매든 거래의 첫걸음은 시장 가격을 인정하는 것이다. 상대방이 부르는 호가를 다 주고 사라는 이야기가 아니다. 현재 형성되어 있는 시장가는 수많은 사람들의 이해 관계가 얽히고설켜서 힘의 균형점을 이룬 것이다. 이 균형점이 위로 조정될 것인지 아니면 아래로 조정될 것인지는 그때 당시의 경제 상황에 따라 달라지겠지만 그 기준점마저 인정하지 않는다면 내 집 마련은 요원한 일이 될 것이다. 그러므로 내 집 마련의 첫걸음은 시장을 이해하고 인정하는 것에서부터 시작한다고 할 수 있다.

다섯째, 전세 거래와 매매 거래를 착각한다. 전세 거래도 어떤 집에 들어가서 사는 것이고, 매매 거래도 그 집에 들어가서 산다는 점에서는 같다. 하지만 그 차이가 전세 대금과 매매 대금의 차이라고만 생각하면 큰 오산이다. 전셋집을 고르는 메커니즘과 집을 사는 메커니즘은 전혀 다르다. 전세는 본인이 살기 편한 곳을 고르면 된다. 직장이 소백산 꼭대기에 있는 천문대라면 소백산 산자락에서 전세로 사는 것도 방법이다.

하지만 매매는 다르다. 전세는 전세 만기 후 집주인이라 할 수 있는 임대인이 전세 보증금을 돌려줄 의무가 있으므로, 세입자의 입장에서는 리스크가 작다. 하지만 매매로 그 집을 샀을 경우에는 누군가 그 집을 사 주기 전까지는 그 집을 계속 보유해야 한다. 집값이 오르든 오르지 않든 자금을 회수할 수 없다는 뜻이다. 그렇기 때문에 전세를 고를 때는 본인의 입장만 생각하면 되지만, 매매를 할 때는 본인의 입장보다는 나중에 그 집을 팔아야 할 때 그 집을 사 줄 잠재 매수자의 입장을 고려해야 한다. 쉽게 이야기하여, 이 집이 나중에 과연 팔릴까도 생각하고 매수하라는 것이다.

집값이 오르는 메커니즘은 의외로 굉장히 간단하다. 수요가 몰리는 곳에 집을 사면 된다. 그러므로 이 집을 사 줄 수요가 지속적으로 늘어나는 지역인지, 또 그 늘어나는 수요가 선호하는 조건의 집인지를 생각하고 사면 되는 것이다.

상승장과 하락장에서의
전략은 다르다

　세상의 모든 투자 상품이 그렇듯 언제나 상승기만 있는 것은 아니다. 부동산 시장도 오를 때가 있고, 내릴 때도 있다. 정부 정책이나 내수 경기, 투자 심리 등 다양한 외부 변수에 따라 시세가 오르기도 하고 내리기도 한다. 지역에 따라서도 전략은 달라진다. 시장이 혼조세를 보일 때는 어떤 지역의 집값은 오르지만 다른 지역의 집값은 내리는 경우가 비일비재하기 때문이다. 그러므로 어느 시기에 또 어느 지역에 내 집 마련을 하느냐에 따라 전략을 달리해야 하는 것이다. 상승기에는 상승기에 맞는 전략을, 하락기에는 하락기에 맞는 전략을 써야 한다.

　상승기에는 매물 부족 현상이 보이며, 매수 대기자들은 기회를 놓칠까 봐 조바심에 애가 탄다. 일부 부동산 중개인들은 이 매물을 놓치면 다시 기회를 잡기 어렵다며, 사람을 더 불안하게 만들기도 한다. 이렇기 때문에 본인이 아무리 냉철해지려고 해도, 시장 자체가 냉철한 곳이 아니기 때문에 그 매물은 조바심을 내는 다른 사람에게 갈 수밖에 없는 것이다. 매도인과 매수인만 느긋하게 협상을 할 수 있는 분위기가 아닌 것이다. 계약을 하러 나온 자리에서 가격을 올려 버리거나 집을 팔지 않겠다고 돌아서는 집주인들도 있다. 이런 시장 상황이 닥치면 과거와 같은 전략으로는 내 집 마련하기가 어렵다. 이럴 때는 어떻해야 할까?

첫째, 과거 시세에 너무 연연해하면 곤란하다. 현재 시장가는 현재의 시장 상황을 정확히 반영하는 것이다. 팔려고 하는 사람보다 사려고 하는 사람이 많으면 가격은 올라가는 것이고, 팔려고 하는 사람보다 사려고 하는 사람이 적으면 가격은 내려가는 것이다. 다른 사람은 현재 시세로 살 준비가 되어 있는데, 과거 시세만 생각하고 현재가를 인정하지 않는다면 그 집을 사기는 어려울 것이다.

둘째, 판단은 신중하게 행동은 빨리 해야 한다. 신중하게 판단한다고 하면서 결정을 하지 못하고 꾸물거리는 경우가 많다. 이런 사람은 판단할 시간이 더 필요한 것이 아니라 시장 상황이 변하기를 기다리는 것이다. 즉 불확실성이 모두 제거되기를 바라는 것이다. 그러나 시장은 아주 냉정하다. 불확실성이 제거되면 그때는 지금과는 다른 시세가 형성되어 있을 것이다. 그러므로 무작정 '내지르는' 사람도 문제지만 신중을 핑계로 결정을 하지 못하는 사람도 문제이다. 상승장에서는 무작정 내지르는 사람이 오히려 수익률이 높은 불합리성을 보이는 것이 바로 시장이다.

셋째, 상승장에서는 일시적 1가구 2주택 전략을 활용해야 한다. 우리나라에서는 1가구 1주택자에게 양도세 비과세 혜택을 주고, 1가구 2주택자 이상은 과세를 하고 있다. 그러나 기존 집을 팔고 새로운 집을 사는 경우, 기존 집을 파는 기간을 3년 정도로 보고 이 기간 동안에 기존 집을 파는 경우 비과세 혜택을 주고 있다(예전에는 규제 지역은 1년, 비규제 지역은 3년이었는데 2023년부터는 전 지역 3년으로 통일). 이를 일시적 1가구 2주택이라 하는데, 1가구 1주택과 같은 양도소득세 비과세 혜택을 준다. 그러므로 이 3년의 중복 기간을 잘 활용하면 효과적인 갈아타기가 될 수 있다. 다만 일시적 1가구 1주택의 중복 보유 기간은 정권의 성격에 따라 달라지므로 세법 개정 여부를 언제나 주목하고 있어야 한다.

이사 갈 집을 먼저 산 후 기존 집을 나중에 판다면 갈아타기를 하는 데 위험성이 없다. 사려는 집의 시세가 급등하거나 계약을 해지당해서 본인의 의사와 상관없이 졸지에 무주택자가 되는 의외의 일은 벌어지지 않을 것이다. 더구나 기존 집을 2~3년 정도 보유했기 때문에 새로 산 집의 상승분과 기존 집의 상승분까지도 보너스로 챙길 수 있다는 장점도 있다. 그러나 이 방법은 자금의 여유가 있을 때 쓸 수 있는 전략이다. 물론 전세가 비율이 올라가면서 과거 대비 적은 실투자금으로 투자가 가능한 상황하에서는 이 방법을 쓰는 것이 훨씬 유리하다. 전세를 끼고 사 두었다가 전세 만기가 되는 2년 후에 본인이 거주하던 집을 팔아서 이사를 하게 되면 자금 측면에서도 무리가 없기 때문이다.

넷째, 무조건적인 추격 매수는 지양해야 한다. 시장에 매물이 사라지고 매수 경쟁자들이 많아지면 집을 거래해 본 적이 없는 무주택자의 경우에는 심리적으로 상당한 압박감에 시달리게 된다. 그래서 시세나 알아보자고 들렀던 부동산 중개소에서 덜컥 계약까지 하고 나오는 경우도 비일비재하다.

이럴 때일수록 판단은 신중하게 해야 한다. 앞에서 언급한 '판단은 신중하게 행동은 빠르게'는 행동을 빨리 하라는 것이지 판단을 대충 하라는 의미는 전혀 아니다. 부동산 시장이라고 해서 계속 오르기만 하는 것은 아니다. 오르고 내리기를 반복하면서 장기적으로는 통화량 증가, 즉 돈 가치 하락분만큼 오르는 것이다. 묻지 마 식의 추격 매수는 시세 조정기에 본인이나 가족에게 큰 고통으로 다가올 수 있다는 것을 명심하자. 그러므로 아무리 급해도 자기가 사려는 집이 내재가치가 있는지를 따져 보아야 하는 것이다.

그러면 반대로 시장이 하락세를 보이고 있는 지역에 투자를 할 때는 어떤 전략을 써야 할까? 하락장에서는 매물이 시장에 쌓이기 시작하면 급매물 위주로만 거래가 될 뿐이다. 이런 곳이라면 어떤 전략을 써야 할까?

하락장의 특징은 거래량이 먼저 줄어든다는 것이다. 팔고자 하는 사람은 과거의 시세나 호가를 고집하는 반면, 사고자 하는 사람은 보다 싼 급매물만을 찾기 때문이다.

첫째, 시장에 나온 매물이 진짜 급매물인지 알아볼 필요가 있다. 무늬만 급매물인 경우가 있기 때문이다. 이를 위해 과거 시세와 거래량

추이를 함께 살펴봐야 한다. 국토교통부 실거래가 자료를 보면 가격 추이도 알 수 있지만, 얼마의 가격에 몇 건이 거래되었는지도 알 수 있다. 예를 들어 4억 원에 거래가 있었던 것은 사실이라고 하더라도 그것이 그 가격대의 유일한 거래이며 나머지 거래는 3억 원대 초반에서 이루어졌다면, 3억 5,000만 원에 나온 매물은 결코 싼 가격이 아니다. 시세가 3억 5,000만 원까지 떨어졌다고 해서 4억 원에 산 사람이 자신의 집을 파는 경우는 거의 없다. 하지만 3억 원대 초반에 매수한 사람 입장에서는 그래도 수익이 나기 때문에 3억 5,000만 원짜리 매물이 계속 나오는 것이다. 그러므로 시세 추이와 함께 거래량도 유심히 살펴보아야 한다.

둘째, 판단은 신중하게 행동은 한 박자 천천히 해야 한다. 시장이 하락하기 시작하면 대부분의 매도인은 매물을 회수하며, 시장이 반전되기를 기다린다. 그러다가 몇 달이 지나도 시장 상황이 반전이 되지 않으면 그때부터 '사연이 있는' 매물이 나오기 시작한다. 양도세 비과세 혜택을 받으려는 일시적 1가구 2주택자의 매물이나 어려워져 가는 사업의 운영 자금을 확보하고자 매물을 내놓는 경우가 있기 때문이다.

셋째, 하락장에서는 먼저 팔고 나중에 사는 전략을 활용해야 한다. 상승장에서는 갈아타기를 할 때 일시적 1가구 2주택 전략을 쓰는 것이 아주 유용하다. 그러나 하락장에서는 거래 자체가 되지 않는 경우도 많아서, 본의 아니게 1가구 2주택자가 되는 경우가 많다. 자금력이 풍부한 경우라면 문제가 없겠지만, 과도한 대출을 끼고 집을 마련한 경우에는 그에 따른 고통도 수반될 수 있다. 그러므로 기존 집을 매도 계약하고 중도금 정도라도 받은 상태에서 새로 살 집을 계약하는 것이 안전하다. 수익성만큼이나 중요한 것이 환금성이다. 눈앞의 이익에 눈이 멀어 욕심을 내다가는 중도금을 제때 치르지 못해 계약금만 날리는 일도 벌어질 수 있는 것이다.

자신이 투자하려는 시점의 상황과 지역의 시장 상황을 정확히 파악하여 그에 알맞는 전략을 선택하는 것이 성공 투자의 지름길이다.

아기곰의 재테크 불변의 법칙

아파트,
그 대안은 없는가?

우리나라의 대표적인 주거 형태는 아파트이다. 그 인기의 비결은 무엇이고 미래에는 어떠한 주거 형태가 인기를 끌 것인지를 알아보자. 우리나라에 알려진 주택의 종류로는 아파트, 주상복합, 오피스텔, 연립주택, 빌라, 단독주택, 다세대주택, 다가구주택, 전원주택 등이 있다.

주택공사가 1961년 마포 아파트를 착공하면서부터 시작된 한국의 아파트 문화는 현재 전체 주택의 60% 이상을 차지하는 주거 형태로 자리 잡았다. 국가데이터처 주택총조사에 따르면 2024년 말 기준으로 우리나라 전체 주택에서 아파트가 차지하는 비중이 65.3%라고 한다. 아파트가 처음 소개되었던 1960년대의 일반적인 주거 형태는 재래식 한옥이었다. 실외에 위치하였던 부엌과 화장실을 실내 공간으로 끌어들임으로써 생활 패턴의 변화를 가져오게 되었으며, '아파트 = 현대식 주거 형태'라는 인식을 심어 주었다. 80년대 강남, 90년대

신도시 시대를 거치면서 아파트는 현재까지도 가장 인기 있는 주거 형태로 자리매김하였다.

아파트에서 변형된 것이 주상복합이다. 아파트의 저층은 전통적으로 사람들의 선호도가 떨어진다. 반면에 상가에서 가치가 있는 층은 1층을 위시한 저층이다. 그러므로 저층부는 상가나 사무실로 꾸미고, 고층부는 주거 공간으로 만드는 복합 건물이 탄생하게 되었다. 서울 도심에 위치한 세운상가가 과거 대표적인 주상복합이었다. 하지만 기존의 주상복합 건물들은 상가를 이용하는 인근 지역의 유동인구와 그 건물에 사는 주민과의 동선 분리가 쉽지 않아서 보안이나 사생활 보호에 취약성을 보였다.

그러나 도곡동의 타워팰리스를 시초로 기존의 단점을 보완한 새로운 주상복합 건물들이 나오기 시작하면서 주상복합 건물은 하나의 대안으로서 점차 인기를 끌고 있다. 주상복합의 장점이라면 한 건물 안에서 모든 것을 해결할 수 있는 편이성과 현대식 설비를 꼽을 수 있다.

오피스텔은 오피스와 아파트의 중간 형태이다. 원래는 오피스 공간의 일부를 개조하여 숙식을 해결할 수 있도록 하여 소호SOHO, Small Office Home Office 사업자를 대상으로 보급되었으나 지금은 미혼 및 독신 가구용으로 인기가 있으며, 직장 가까운 곳의 임시 숙소로 사용되는 세컨드 홈의 성격을 띠기도 한다.

고층 아파트, 주상복합, 오피스텔은 빌딩의 형태를 취하고 있다는 점에서 형제간이라 할 수 있다. 이에 비해 저층 아파트와 사촌지간으로 부를 수 있는 주거 형태가 있는데, 연립주택과 빌라이다. 아파트가 대규모 자본이 필요한 만큼 소규모 자본을 가진 주택건설업자들은 도시 내에 작은 땅을 사들여 연립주택을 짓게 된다. 최소한 1개 이상의 벽면을 옆집과 공유하면서 1개 동의 바닥 면적이 660m²(약 200평)를 넘는 4층 이하의 공동 주택을 말한다. 아파트는 저층이라도 5층 이상의 건물을 말한다. 다시 말해 아파트와 연립주택을 구분하는 기준은 층수이다.

그러면 빌라라는 것은 또 무엇인가? 빌라는 건축법적으로는 연립주택이다. 하지만 기존의 연립주택이 저층 아파트의 아류로서 서민층을 대상으로 하고 있는데 반하여 빌라는 중상층의 고급 수요를 대상으로 한다. 빌라의 어원은 로마 시대까지 거슬러 올라가는데, 대규모의 고급 주택을 통칭한다. 그러나 빌라와 연립주택을 구분하는 법적 장치가 없으므로 모든 연립주택이 OO빌라, XX빌라라는 이름을 쓰면서 기존의 서민주택인 연립주택과 차별화되지 않아 급속히 빌라의 인기는 하락하게 되었다. 결국 빌라라는 것은 공식적인 주거 형태가 아니라 연립주택이나 다세대주택의 한 종류라 할 수 있다.

그러면 다세대주택이란 무엇일까? 연립주택과 마찬가지로 4층 이하의 공동 주택을 말하는데, 연립주택과의 차이는 바닥 면적이다. 바닥 면적이 660m²를 넘으면 연립주택이 되는 것이고, 660m² 이하이면 다세대주택이 되는 것이다. 쉽게 말해 저층 공동 주택에서 층수가 5층 이상이면 아파트, 4층 이하이면서 면적이 넓으면 연립주택, 좁으면 다세대주택이 되는 것이다.

그런데 다가구주택이라는 것도 들어 보았을 것이다. 다가구주택은 건물의 바닥 면적이 660m² 이하라는 점에서 다세대주택과 동일하지만 3층 이하라는 점에서 차이가 있다. 그러면 다세대주택과 다가구주택은 층수에만 차이가 있을까? 아니다. 다가구주택은 소유주가 1명이고, 다세대주택은 각기 소유주가 다르다는 점에서 차이가 있다. 즉 다가구주택은 형태상으로는 다세대주택처럼 보이지만 소유주가 1명이라는 점이 다르다. 물론 공동 명의일 경우는 소유주가 여러 명이 될 수 있지만, 등기권리증은 하나라는 뜻이다. 소유권이 세대별로 분리가 되지 않는다는 점에서 다가구주택은 법적으로는 단독주택으로 볼 수 있다. 쉽게 말해 임대를 주기 위해 단독주택에 방을 여러 개 만든 거라 보면 된다.

구분	층수	바닥 면적	소유주
아파트	5층 이상	면적 기준 없음	가구별 소유
연립주택	4층 이하	660m² 초과	가구별 소유
다세대주택	4층 이하	660m² 이하	가구별 소유
다가구주택	3층 이하	660m² 이하	1인 소유

아파트나 연립주택과는 다른 형태의 주거 공간 중 가장 오래된 주거 형태는 단독주택이다. 역사적으로 가장 오래된 주거 수단이기는 하지만, 기존의 단독주택들은 재개발을 통해서 아파트로 개발되거나 자체적으로 다가구주택으로 개축함에 따라 점점 수가 줄어들고 있다. 국가데이터처에 따르면 2000년 대비 2024년까지 24년간 단독주택에서 거주하는 가구의 비중이 19.3%포인트가 줄어들었다고 한다. 같은 기간 동안 아파트에서 거주하는 가구 수의 비중이 14.2%포인트가 늘어난 것에 비교하면 단독주택은 점점 인기가 떨어지고 있음을 알 수 있다.

소득 구분	단독주택	아파트	기타
전체	31.0%	51.1%	17.9%
저소득층	47.3%	31.6%	21.1%
중소득층	24.4%	57.8%	17.8%
고소득층	11.9%	77.5%	10.7%

이러한 여러 주거 형태가 있음에도 불구하고 한국에서는 아파트가 가장 인기 있는 주거 형태로서 자리매김을 한 지 오래다. 전체 주거 시설에서 아파트 비중이 점점 늘어나는 것은 물론, 고소득층이 가장 선호하는 주거 형태이기도 하다. 2020년 국가데이터처 조사에 따르면, 고소득층 네 명 중 세 명 이상이 아파트에서 거주한다고 한다. 반면에 저소득층이 주로 주거하는 공간은 단독주택이라 한다.

그러면 다른 나라에서도 아파트의 인기는 높은가? 나라마다 환경이 다르기 때문에 그렇지는 않다.

일본의 경우는 지진의 영향 때문에 아파트보다는 목조로 된 단독주택이 가장 일반적인 주거 형태이다. 물론 일본에도 아파트 단지가 있으나 우리처럼 대규모 단지가 아니라 한 동으로 구성되는 경우가 많다. 중국의 경우는 사합원 주택이라고 해서 가운데 중정을 중심으로 건물 4동이 정방형으로 둘러싼 일반 주택이 흔한데, 최근에는 대도시를 중심으로 아파트가 많이 보급되고 있다. 우리나라처럼 인테리어까지 다 해서 분양되는 경우는 드물고 인테리어는 입주자가 하는 마이너스 옵션제가 일반적이다.

미국의 경우 싱글 하우스Single House 또는 디태치드 하우스

Detached House라 불리는 단독주택이 가장 인기 있는 주거 형태이다. 지역에 따라 집값이 큰 차이가 나지만 캘리포니아의 경우 중류층 거주 지역은 100만~150만 달러 정도의 가격대를 형성하고 있다. 이보다 소득이 조금 낮은 계층은 타운홈Town Home 또는 어태치드 하우스Attached House라 불리는 우리나라 다세대주택 같은 곳에서 살고 있으며, 80만~100만 달러의 가격대를 형성하고 있다. 우리나라 다세대주택과 다른 점은 개별 정원이 있다는 점이며, 이런 점에서 싱글 하우스와 다를 바가 없으나, 1개 이상의 벽을 공유하는 공동 주택이라는 차이가 있다.

가장 인기가 낮은 것이 아파트이다. 보통 미국의 아파트는 한국과 달리 분양되는 것이 아니라 임대용으로 건설된다. 대도시에는 고층 아파트도 있으나 보통 3층 이하의 저층 아파트로 구성되며, 프라이버시를 존중하는 문화의 특성으로 생활에 많은 제약이 따르기 때문에 어린 자녀가 있는 가구는 대부분 1층에 위치한다. 방 2개짜리 아파트 기준으로 한 달 렌트비는 2,000~3,000달러 정도 한다.

그러면 유독 한국에서만 아파트의 인기가 높은 것은 무엇 때문일까? 기존의 단독주택과 비교를 해 보겠다.

첫째, 입식 주거 문화가 아파트를 통해 소개되었기 때문에 기존의 일반 주택에 비해 '아파트는 살기 편한 곳'이라는 인식이 있다.

둘째, 보안이 상대적으로 뛰어나다. 고층 아파트의 경우 각 동마다 경비실이 있거나 보안 시스템이 잘 갖추어져 있기 때문에 도난 등 범죄로부터 보호받을 수 있다. 물론 경비실이 있다고 도난 사고가 전혀 일어나지 않는다는 것이 아니라 그 비율이 훨씬 줄어들 수 있다는 의미이다. 단독주택이나 다가구주택 등도 자체 보안 시스템을 갖출 수 있으나 비용 효율 면에서 아파트를 따라갈 수 없다.

셋째, 고층 아파트인 경우 조망권이 확보된다. 도심의 답답함 속에서 멀리나마 큰 강이나 산이 보인다는 것은 큰 위안이 될 것이다.

넷째, 또래 문화를 즐길 수 있다. 같은 아파트는 같은 위치, 비슷한 평수 및 재산 가치를 가지고 있기 때문에 이웃들과 관심사가 비슷할 수 있다. 이에 따라 그 아파트만의 이웃 사회(커뮤니티Community)를 구성하여 살고 있다. 그렇기 때문에 단독주택 군과는 다른 아파트 자체의 독특한 문화가 있다.

다섯째, 환금성이 뛰어나다. 아파트는 획일화된 평면이 단점이기도 하지만 매수자의 입장에서는 재산 가치로서 평형, 향, 층 등만을 고려하면 되기 때문에 가격 산정에 어려움이 없다. 그러나 단독주택의 경우에는 최초 소유자의 취향에 맞추어 설계가 되었을 경우가 많으므로 그 가치 산정에 어려움이 따른다.

여섯째, 대단위 아파트의 경우에는 그 자체만으로 상권이 형성된다. 즉 학원, 은행, 병원, 마트 등 생활 편의 시설이 자연스럽게 따라오게 된다.

반면에 몇 가지 단점도 있다. 첫째, 자연 친화적이 아니다. 즉 흙냄새를 맡을 수 있는 전원과 거리가 멀어 인공적인 공간에서만 생활하게 된다. 둘째, 노인층이나 어린이에게 생활이 부자연스럽다. 층간 소음에 취약하다는 것도 치명적인 약점이다.

그러면 아파트의 장점을 살리면서 단점을 보완할 제3의 대안은 없는 것인가? 우리나라도 다른 선진국과 같이 단독주택이 인기 있는 주택 형태로 자리매김할 수 있을까? 필자의 경우, 매년 미국과 한국을 오가며 살고 있다. 날씨가 좋은 봄가을에는 우리나라에 들어와 강의를 하고 있으며, 날씨가 추운 겨울에는 미국에서 지낸다. 한국에 있을 때는 아파트에서, 미국에 있을 때는 단독주택에서 거주한다는 뜻이다.

우리나라와는 달리 미국 등 선진국에서의 아파트는 주로 서민용 임대 주택으로 공급되고 있고, 중산층이나 부유층들은 주로 단독주택에서 생활하고 있다. 다시 말해 단독주택이 아파트보다 고급 주거 형태라는 의미이다. 단독주택이 여러 장점을 가지고 있기 때문이다.

첫 번째 장점은 층간 소음 문제 등 사생활 보호 측면에서 유리하다. 단독주택은 한 가구가 주택 전체를 모두 사용하기 때문에 위층에서 어린아이들이 뛰어다녀도 통제가 가능하거나 양해가 된다. 반대로 아이들이 아랫집의 눈치를 볼 필요 없이 집 안에서도 마음껏 뛰어놀 수 있다. 집들이 독립적으로 배치되어 있기에 피아노 소리 등이 벽을 타고 전달되지도 않는다.

둘째, 4면 채광이 가능하므로 집안이 아파트에 비해 훨씬 밝다. 아파트는 화장실을 안쪽에 배치하기 때문에 창문이 없는 것이 당연하게 여겨진다. 이 때문에 화장실 사용 중 정전이 되거나 실수로 화장실 스위치를 내리면 난감한 일이 아닐 수 없다. 하지만 단독주택에서는 모든 벽면에 창을 낼 수 있기 때문에 욕실이나 화장실에도 창문을 낼 수 있다. 창 밖의 숲을 보면서 샤워하는 일이 가능한 것이다.

셋째, 정원이나 마당이 별도로 있기에 화초를 가꿀 수도 있고, 정원에서 바비큐 파티도 할 수 있다. 저녁을 먹고 나서 정원 한 켠에 자리한 흔들 그네에서 자녀들과 대화하는 부모들의 모습은 단독주택에서만 볼 수 있는 선진국 가정의 일상이다. 마치 영화 속의 한 장면이 연상된다. 이런 이유로 선진국에서는 단독주택이 가장 인기 있는 주거 형태인 것이다.

그러면 우리나라도 가까운 미래에 단독주택 전성시대를 맞이할 수 있을까? 그럴 가능성은 거의 없다는 것이 미국과 한국에서 모두 살아본 필자의 견해이다. 우리나라 현실과 단독주택의 특성이 서로 궁합이 맞지 않기 때문이다. 그 이유를 살펴보자.

첫째, 단독주택은 유지 보수가 끊임없이 필요하다. 우리에게 익숙한 아파트는 철근콘크리트 조라고 해서 주택 중 가장 튼튼한 구조를 가지고 있다. 그러나 단독주택은 벽돌을 쌓아 올린 조적식이나, 나무나 조립식 패널 등으로 지어진 집들이 대부분이어서 내구성이 크게 떨어진다. 이 때문에 같은 연한이라고 하더라고 아파트와 단독주택은 노후도에서 차이가 많이 난다. 이 때문에 단독주택은 끊임없이 수리를 해야 한다.

미국 남자들에게 가장 큰 취미가 무엇이냐고 물으면 대부분 '집 고치기'라고 대답할 것이다. 주말만 되면, 전기 대패 등 차고에 설치된 각종 공구의 돌아가는 소리가 이 집 저 집에서 울려 퍼진다. 카펫을 걷어 내고 마룻바닥을 까는 사람도 있고, 집 전체를 페인트 칠하는 사람도 있다. 집을 매주 스스로 고치는 것이 일상인 것이다. 수리공을 부를 돈이 없어서라기보다는 집 고치기가 그들의 취미이기 때문이다. 여자들은 정원 가꾸기에 여념이 없다. 철마다 새로 나는 꽃을 계속 사다가 심어 주어야 정원이 화사하기 때문이다. 이 때문에 집에 대한 애착이 우리나라 사람보다 훨씬 높다. 집 구석구석 자신의 손길이 가지 않은 곳이 없기 때문이다.

그런데 주말만 되면 야외로 놀러 가거나 쇼핑 가기에 바쁜 우리나라 사람들이 과연 이런 생활을 할 수 있을까? 처음 한두 달은 가능할지 모르겠으나, 몇 달 지나지 않아 이런 생활 자체를 집의 노예가 되었다고 여길 것이다. 더구나 집을 투자 개념으로 보는 우리나라 사람들의 특성상 초기에 돈이 어느 정도 들어가는 것은 인정을 해도, 계속 끊임없이 들어가는 것은 좋아하지 않는다. 이렇게 되면 집이 낡아 가기 시작해서, 나중에는 손을 댈 수 없을 정도로 낡은 집이 되는 것이다. 외국에는 100년이 넘은 집들이 많다. 튼튼하게 지어서 그렇다기보다는 끊임없이 수리를 해 왔기 때문에 100년이 넘는 집도 사용이 가능한 것이다.

둘째, 연교차가 심한 우리나라 기후 조건에서는 단독주택의 경우 난방비나 냉방비가 많이 든다. 날씨가 추운 나라나 날씨가 더운 나라에서는 각각 그 기후에 맞는 주택 형태가 발달되어 왔다. 그러나 우리나라는 여름에는 무덥고 겨울에는 상당히 춥다. 또 여름에는 상당히 습하고, 겨울에는 상당히 건조하다. 세계적으로도 이렇게 계절 간 기후 차가 큰 나라는 흔치 않다. 이 때문에 여름에는 냉방비, 겨울에는 난방비가 다른 나라에 비해 많이 들어갈 수밖에 없는 구조적인 문제가 있다. 더구나 우리나라 가정용 전기료나 난방용 연료는 다른 나라에 비해 비싼 편이어서 어려움을 더한다. 우리나라 연교차가 크다는

아기곰의 재테크 불변의 법칙

것은 예로부터 바뀌지 않았는데, 왜 아파트에서는 난방비나 냉방비가 적게 나올까? 아파트는 단열효과가 크기 때문이다.

주택이 6면체라고 하면, 아파트는 앞쪽과 뒤쪽만이 외기에 접하고 있고, 다른 4개 면은 옆집이나 아래 윗집과 맞닿아 있다. 이때 다른 집도 난방을 하게 되므로 4개 면으로는 열을 빼앗기지 않고, 외기에 접한 두 개 면에서만 열 손실이 발생한다. 같은 아파트라도 1층이 추운 것은 바닥으로도 열을 빼앗기기 때문이며, 꼭대기 층이 춥고 결로가 생기는 것은 천정 쪽으로 열의 손실이 있기 때문이다. 그런데 겨우(?) 3개 면만 외부에 접하는 1층이나 꼭대기 층도 이렇게 추운데, 6개 면 전체가 외부에 접하는 단독주택의 경우 열효율이 나쁜 것은 당연한 이치이다. 필자가 거주하는 남부 캘리포니아는 역사상 눈이 온 적이 한 번도 없고, 얼음이 언 적도 없다. 야자수를 가로수로 심는 지역이다. 그런 따스한 날씨임에도 겨울에 단독주택은 춥다.

셋째, 안전에 문제가 있을 수 있다. 경비원을 두는 아파트와는 달리 단독주택에서는 별도의 경비원을 두기가 현실적으로 어렵다. 또한 단독주택은 1~2층이 대부분이므로 외부에서의 침입이 상대적으로 쉽다. 단독주택의 인기가 높은 선진국의 경우, 우리나라보다 치안이 잘 발달되었거나 총기의 개인 소지가 허용된 나라들이다. 외부 침입자에게 발포하는 것을 정당방위로 인정하기 때문에, 목숨을 걸고 남의 집을 침입하는 경우가 적은 것이다. 우리나라의 경우도 인적이 드문 전원주택 같은 곳은 안전을 위해 야간에는 정원에 맹견을 여러 마리 풀어놓는 집도 있다고 한다.

넷째, 양질의 단독주택을 짓기에는 우리나라의 땅이 너무 부족하다. 우리나라는 인구수에 비해 국토가 너무 좁기 때문에 단독주택이 일반화된 나라보다 땅값이 비싸다. 참고로 미국의 경우 우리나라보다 95배나 넓은 땅을 보유하고 있고, 인구를 감안하여도 1인당 점유 면적이 우리나라의 15배이다. 특히 서울의 경우 상당한 재력가가 아니고서는 고급 단독주택에 산다는 것은 현실적으로 어렵다. 수도권 중에서 서울로의 접근성이 떨어지는 곳에서나 단독주택을 지을 땅을 확보할 수 있는 것이 현실이다. 결국은 기존의 아파트를 팔고 단독주택으로 이사한다는 것은 주거의 질과 출퇴근의 편리성을 맞바꾼 것에 불과하다.

다섯째, 단독주택은 환금성이 부족하다. 아파트는 개성이 없다. 하지만 이 말은 아파트가 누구에게도 적합한 주거 형태라는 의미와 같다. 이에 비해 단독주택은 개성이 뚜렷하다. 그런데 개성이라는 것은 말 그대로 개인별로 편차가 크기 때문에 환금성에서 문제가 생기는 것이다. 어떤 사람에게는 멋있어 보이는 집도 다른 사람에게는 촌스럽게 보일 수 있다. 미적 감각이 모두 다르고 취향도 모두 다르기 때문이다. 자신에게 맞는 집을 찾기 어렵기 때문에, 남이 살던 집을 살 바에는 차라리 자신의 입맛에 맞게 새로 짓는 것이 낫다. 그런데 이 말은 기존에 단독주택을 가지고 있는 사람의 입장에서는 자신의 집이 팔리지 않는다는 것을 의미한다.

필자의 경험에 비추어 보아도 단독주택에서의 삶의 질은 높은 편이다. 하지만 이에 합당한 비용을 지불해야 그 삶의 질이 보장되는 것이다. 삶의 질을 위해서 단독주택으로 이사하려는 것은 누구나 고려해 볼 수 있다. 그러나 거기에다가 경제적 이익까지 거두려는 목적이라면 꿈에서 깨라고 말하고 싶다. 영화와 현실은 다르다. 단독주택에서의 거주가 꿈이라 하여도, 전세로 몇 년 살아 보고 사도 늦지 않을 것이다.

결국 단독주택이 아파트를 대체하는 일은 우리나라에서는 일어나기 어렵다. 그러면 대안은 없을까?

주상복합 주택과 타운홈이 아파트에 대한 향후 대안 또는 보완재가 될 수 있다.

주상복합 주택은 수직의 형태로서 하나의 커뮤니티를 이루고 있다. 기존의 아파트 단지가 주거 공간인 아파트와 상가라는 편의 공간을 평면적으로 모아 놓은 것이라면 주상복합은 이 모든 것이 한 건물 또는 몇 개의 건물군 안에 모아져 있다. 기존의 아파트가 갖고 있는 장점을 모두 누릴 수 있다는 점에서 대안이 될 수 있다. 그러나 아파트의 단점으로 지적된 '자연 친화 문제'에서는 아파트보다 더 열악하다. 멀리 보이는 조망권만 가지고는 부족하다. 인간의 감각을 통하여 느낄 수 있는 자연과의 교감이 우리의 정서에는 필요하다. 비가 온 후 맡을 수 있는 상큼한 풀 내음은 주상복합 건물에서는 불가능하다.

이러한 점에서 타운홈은 아파트 주거 문화에 대한 새로운 대안으로 떠오를 가능성이 높다. 타운홈의 외형은 다세대주택과 비슷하다. 2~4개의 세대가 한 개 이상의 벽체를 서로 공유하는 공동주택이다. 하지만 다세대주택과는 달리 여러 개의 동이 아파트처럼 단지를 이루고 있다.

또한 기존의 아파트나 빌라와는 달리 타운홈은 세대마다 정원이 따로 있다. 단지를 이루고 있기 때문에 테니스장이나 수영장 등을 공유할 수 있고, 아파트처럼 관리비를 걷어 단지를 쾌적하게 유지한다. 저밀도로 설계되며, 자연 친화적인 주거 형태이기 때문에 국민 소득이 올라가고 환경에 대한 관심이 높아지면 타운홈에 대한 수요가 늘어날 것이다. 파랗게 깔린 잔디밭 사이로 아이들이 뛰어노는 모습을 보며 남편은 마당 한쪽에서 바비큐를 굽고 아내는 상추를 씻어서 저녁 준비를 하는 그런 당신 가족의 모습을 상상해 보라.

　물론 기존의 아파트가 갖는 장점과 비교해 볼 때 나머지 장점은 같으나 보안성, 고층이 갖는 조망권, 환금성이 조금 떨어진다고 생각할 수도 있다. 하지만 보안성에 대한 대안은 충분히 있다. 단지 전체를 울타리로 감싸고 정문을 경비원이 지키는 방법이다. 단지 전체에 몇 사람의 경비원만 있으면 되므로 기존 아파트보다 운영 경비는 적게 든다. 미국에서는 단독주택 단지이든 타운홈 단지이든 이런 식의 보안 시스템을 갖추고 있는 곳을 게이티드 하우스Gated House라 부른다.
　그리고 지금은 빌라나 단독주택에 대한 거래가 일반화되지 않아서 환금성 면에서 취약하지만 향후 타운홈 주거 형태가 일반화된다면 환금성 문제도 해결될 것으로 본다. 우리는 높은 건물만이 조망권을 갖는다는 선입관을 갖기 쉬운데, 그 경우는 주위에 높은 건물이 있을 때이고, 타운홈은 단지 전체가 2~3층으로 구성되기 때문에 시야를 가리는 건물이 없다. 고로 일조권 문제도 없는 것이다. 산을 불도저로 밀어버리고 지은 대단위 아파트 단지보다 자연 그대로의 산을 건드리지 않고 주변에 소규모 타운홈 단지를 여러 개 만드는 것이 더 가치 있는 단지를 만드는 것이다.

그러면 향후 아파트와 주상복합 그리고 타운홈이 어떻게 역할 분담을 할 것인가에 대해 알아보자. 환경과 교통, 그리고 효율적인 국토 활용이라는 측면에서 살펴보겠다.

인간은 생활수준과 소득이 점차 올라갈수록 쾌적한 환경에 대한 욕구가 커진다. 현재 콘크리트 숲이라고 할 수 있는 아파트가 가지고 있는 가장 큰 약점이 자연 환경에 대한 접근성이 떨어진다는 점이다. 그린벨트를 파헤치고 거기에다 짓는 아파트는 친환경적인 주거 단지가 아니다. 오히려 '아파트 단지 안에 자연적 요소를 얼마나 끌어들이는가'가 친환경적인 주거 단지의 핵심 요소라고 할 수 있다.

문제는 우리나라에 집을 지을 땅이 부족하다는 것이다. 싱가포르 등 일부 도시 국가를 제외하고는 가용 면적 대비 인구밀도에서 우리나라가 세계 상위권이다. 국토 면적 1만km² 이상인 나라가 세계에 169개가 있는데, 우리나라는 방글라데시·대만·레바논에 이어 인구밀도 4위 국가이다. 더구나 우리나라는 국토가 좁고 산지가 많으며 수도권에 인구의 절반이 몰려 살고 있다. 인구밀도가 높다고 알려진 네덜란드조차 우리보다 조밀하게 살지는 않는다. 그들의 국토는 대부분이 평지이기 때문이다.

이런 측면에서 땅은 우리가 가진 자원 중 가장 비싼 것일 수도 있다. 이렇기 때문에 70년대 개발독재 때도 소중하게 지켜 온 그린벨트를 선거 때마다 선심성 공약을 내세워 조금씩 훼손하는 것은 우리 후손의 자산을 훔치는 행위로 비난받아 마땅하다.

이러한 환경, 교통, 국토의 효율적 이용이라는 측면에서 볼 때 서울 도심권, 여의도, 강남 테헤란로 주변 등 부도심 지역에는 주상복합의 건설을 장려해야 한다. 주상복합 건물은 그 자체로도 주거 시설과 편의 시설을 갖추고 있기 때문에 주변의 열악한 주거 환경에 상대적으로 영향을 덜 받는다는 이점이 있다.

도심 지역에 주상복합 건설을 허용한다면 두 가지 이점이 있다. 하나는 직장인의 동선動線이 크게 줄어든다는 점이다. 「아파트는 땅이다」라는 글에서 수학적으로 증명한 바가 있다. 다른 이점은 도심 공동화空洞化 현상을 완화할 수 있다는 점이다. 도시학자들은 유동인구는 많지만 정작 도심에 거주하는 주민이 적은 도넛형이 현대 도시의 문제이고, 도심의 슬럼화와 범죄율 증가를 가져오는 원인으로 꼽는다. 하지만 주상복합의 대거 도입으로 이러한 문제점을 해결할 수 있는 것이다.

한편 서울의 구릉지는 타운홈으로 재개발해야 한다. 과거에 산동네로 불리었던 많은 곳들이 재개발 붐을 타고 아파트촌으로 탈바꿈하고 있다. 그러나 도로가 확충되지 않은 채로 재개발을 추진하다 보니 아파트 입주 시점에는 주변 도로가 주차장화되는 문제점을 낳고 있다. 도로가 잘 완비되지 않은 강북의 경우가 특히 심하다.

그러므로 현재의 고밀도 아파트 위주 재개발에서 저밀도 위주의 타운홈으로 개발 정책을 바꾸어야 한다. 물론 저밀도의 타운홈으로 개발되는 경우 개발 이익이 나지 않아 주민의 참여가 저조할 수 있다. 이에 따라 지역에 따라 중소 규모의 타운홈 형태도 도입되어야 할 것이며, 정부의 개발비 보조도 일부 있어야 한다. 그러면 기존의 열악한 단독주택이 아니라 고급 주택 단지로서 타운홈 단지가 되는 것이다.

외곽 지역의 신도시도 타운홈 중심의 저밀도로 개발하는 것이 좋다. 중상류층을 대상으로 한 넓은 평수의 자연 친화적인 주거 형태가 되어야 한다. 향후 개발되는 신도시 또한 철저히 저밀도 개발이 되어야 한다.

그러면 강북 구릉지도 저밀도로 재개발하고 신도시도 저밀도로 개발한다면 부족한 주택 공급은 무엇으로 해결할 것인가? 그 해답은 아파트 재건축에 있다. 「아파트는 땅이다」라는 글에서도 피력했듯이 국토의 효율적인 이용이라는 측면에서 아파트 재건축은 규제해야 할 대상이 아니라 적극 권장해야 할 대상이다. 다만 개발 이익이 소유주에게 모두 돌아가지 않도록 정부에서 개발 이익의 일부를 취하여 임대주택 건설이나 서울 구릉지 개발의 재원으로 삼아야 할 것이다.

이때 재건축 아파트는 기존의 철근 콘크리트 조가 아니라 철골 조로 건설되어야 한다. 그 이유는 고밀도로 재건축되기 때문에 30~40년 후에 재건축을 다시 할 수는 없기 때문이다. 수명이 100년 이상 보장되는 철골 조로 공사를 했을 때 설비 등 미비점은 20여 년마다 리모델링으로 보완해 나가면서 건물의 효용성을 높이는 것이다. 또 하나는 30~40년 후 주택 수요가 줄어들 경우 철골 조는 가변 설계가 가능하므로 주택의 수요 감소에 효율적으로 대처를 하여 아파트가 슬럼화되는 것을 막을 수 있다.

또한 자연 친화적인 환경을 위하여 주차장은 모두 지하화하고 아파트의 1층과 2층 부분에 건물을 짓지 않고 비워 놓은 필로티Piloti를 채택하여 지상층을 모두 공원화하는 것이 좋다. 어차피 인기가 없는 1층, 2층에는 조그만 연못도 만들어 수초 사이로 잉어나 오리 떼들이 헤엄치게 하고, 실개천도 만들고, 잔디밭 사이로 아이들이 뛰어놀게도 할 수 있는 그런 단지를 설계하는 것이다.

동선의 단축을 통한 교통 문제 해결과 친환경적 주거 환경을 위하여 외곽 지역은 저밀도로 개발하고 도심 지역은 고밀도로 개발하자는 논리 자체에는 문제가 없다. 그러나 지난 수십 년간 우리가 믿어 왔던 논리와 상치되는 부분이 없지 않다. 그것은 서울이 개발되면 개발될수록 인구의 수도권 집중화가 심화된다는 논리이다.

하지만 인구 집중화는 직장 등 경제적인 이유 때문이지, 지방에 살 만한 집이 없어서 상경하는 것은 아니다. 그러므로 인구 분산을 위해서는 지방 경제의 활성화를 통해 많은 일자리를 창출해야 하는 것이지, 서울에서 살 집이 부족하여 지방으로 내려가게 하는 것이 해결책은 아니다. 정부에서는 행정수도 건설, 지방 경제의 활성화 추진, 출산 정책 등 주택 수요에 영향을 줄 요인들을 면밀히 검토해야 할 것이며, 차제에 물량 위주의 공급 확대 정책이 아니라 주거의 질을 생각하는 주택 정책의 수립이 요망된다.

미래 주거 형태의 핵심이 될 아파트와 주상복합 그리고 타운홈이 역할 분담을 제대로 할 때 비로소 주거 질의 향상과 국토의 효율성 관리라는 두 마리 토끼를 잡을 수가 있을 것이다. 어설픈 개발 논리로 수

아기곰의 재테크 불변의 법칙

도권의 허파인 그린벨트를 파헤치는 것보다는 기존에 개발된 택지부터 철저하고 효율성 있게 사용해야 한다. 현재의 이 땅은 우리 것이 아니라 우리 조상으로부터 빌려 잠시 사용하다 우리 후손에게 물려주어야 할 소중한 자산이기 때문이다.

지난 몇십 년간의 부동산 시장의 중심에는 아파트가 있었다. 고소득자를 중심으로 아파트를 선호하면서 다른 유형의 주택보다 높은 상승률을 보여 왔다.

40년간 주택 유형별 상승률

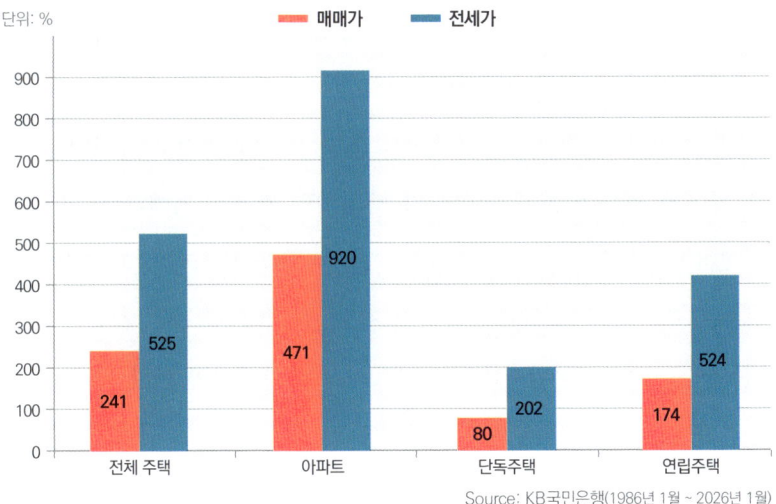

Source: KB국민은행(1986년 1월 ~ 2026년 1월)

KB국민은행 통계가 시작된 1986년 1월부터 2026년 1월까지 전국 아파트 매매가 상승률은 471%였다. 이는 단독주택(다가구주택 포함) 매매가 상승률 80%나 연립주택(빌라나 다세대주택 포함) 매매가 상승률 174%보다 압도적으로 높은 상승률이다. 그런데 매매가뿐만 아니라 전세가 상승률에서도 주택 유형별 상승률은 차이가 난다. 같은 기간 동안 전국 아파트 전세가 상승률은 920%였다. 이는 단독주택 전세가 상승률 202%나 연립주택 전세가 상승률 524%보다 압도적으로 높다. 매매가나 전세가 모두 아파트가 단독주택이나 연립주택보다 높은 상승률을 보이는 이유는 주택 수요가 아파트를 중심으로 늘어났기 때문이다. 한마디로 아파트에 대한 선호도가 압도적이라는 말이다.

그러면 이러한 추세가 앞으로도 계속될 것인가? 앞서 「생각의 차이가 미래를 좌우한다」라는 글에서 4차 산업 혁명이 자동차 산업과 우리 삶을 어떻게 변화시킬 것인지에 대해 알아보았다. 그런데 이러한 4차 산업 혁명, 작게는 전기 자동차의 대중화가 아파트 위주의 주거 문화에 변화를 일으킬 것으로 보인다.

전기 자동차의 가장 큰 문제점은 충전 장소와 충전 시간이다. 휘발유 차이건 경유 차이건 내연기관 자동차의 경우는 가까운 동네 주유소에서 5~10분이면 충분히 주유를 할 수 있다. 하지만 전기 자동차의 경우는 충전소 수가 주유소만큼 많지도 않을뿐더러 충전 시간이 길기 때문에 충전하는 동안 상당히 오랜 시간을 기다려야 한다. 더구나 누군가 충전 포트를 먼저 사용하고 있다면 몇십 분은 그 근처에서 차례를 기다려야 한다.

주유소의 입장에서는 전기 충전기 수를 무한정 늘릴 수 없다. 전기 자동차는 충전 시간이 길기 때문에 내연기관 자동차의 주유기에 비해 충전기의 사용 회전율이 낮다. 더구나 유류보다 전기가 요금이 싸다. 식당의 예를 들어 보겠다. A라는 식당은 단가가 비싼 음식을 파는 곳인데 음식의 특성상 손님들이 20분이면 식사를 마치고 자리를 비우지만, B라는 식당은 음식값도 싸고 음식의 특성상 손님들이 2시간씩 식사하는 곳이라면 당신은 어느 식당을 인수할 것인가? 사업의 목적이라면 당연히 A 식당을 인수할 것이다. A 식당 같은 곳이 주유소이고, B 식당 같은 곳이 충전소이다. 이런 이유로 영리를 목적으로 하는 충전소가 획기적으로 늘어나지 않는 것이다. 주유소 한쪽 공간에 충전기를 설치하면 되는 것과 같이 간단한 문제가 아니라는 뜻이다.

그러면 미국과 같은 선진국에서는 이런 문제가 없을까? 미국이나 유럽과 같은 나라에서는 우리나라만큼 충전 문제를 민감하게 받아들이지 않는다. 그 이유가 무엇일까? 넋 놓고 기다리는 것을 죽기보다 싫어하는 우리 민족의 특성 때문일까? 그것이 아니라 주택의 유형이 다르기 때문이다. 우리나라는 아파트가 주류이다. 본인의 소유이건 임대로 살건 아파트에서 거주하는 사람이 대부분이라는 뜻이다. 더구나 자동차를 소유하는 가구를 기준으로 통계를 내면 아파트 거주 비율은 더 높아진다. 하지만 미국이나 유럽 등 대부분의 선진국에서는 단독주택이나 타운홈이 가장 흔한 주택 유형이다. 한마디로 자기 소유의 차고가 있는 집이 주류라는 뜻이다.

자기 소유의 차고가 있다는 것이 무슨 뜻일까? 우리가 자동차를 소유하게 되면 주유소에 가는 것을 자연스럽게 생각한다. 출근할 때 주유를 하거나, 퇴근할 때 주유소를 찾는다. 여행을 가기 전에도 주유소에 들러서 '만땅'을 외친다. 지난 100여 년간 내연기관 자동차에 익숙해졌기 때문에 자동차를 가지면 당연히 주유소를 가야 한다고 생각하는 것이다. 그런데 당신은 스마트폰을 충전할 때 출퇴근 길에 휴대폰 매장에 들려서 충전을 하고 가나? 여행을 가기 전에도 휴대폰 매장에 들려서 '만땅'을 외치나? 그렇지는 않을 것이다. 그냥 집에서 잘 때 충전기에 스마트폰을 꽂아 놓으면 끝이다.

전기 자동차도 마찬가지다. 밤에 자기 전에 전기 콘센트에 휴대용 충전기를 꽂아 놓으면 아침에 출근 전에는 완전 충전Full Charge이 되어 있다. 귀찮게 주유소까지 갈 필요가 없다는 뜻이다. 더구나 집에서 심야 시간대에 충전하게 되면 급속 충전 요금의 4분의 1 정도 요금밖에 나오지 않는다. 휘발유 가격과 비교하면 8분의 1 정도의 요금만 내면 된다. 한마디로 전기 자동차는 집이나 회사에서 천천히 충전하고, 급속 충전은 멀리 여행갈 때 어쩌다 한두 번 사용하는 것을 기본 전제로 설계된 물건이다.

전기는 가장 편히 사용할 수 있는 에너지원이다. 집마다 휘발유를 공급하는 라인이나 수소를 공급하는 라인을 새로 깔기는 어렵지만, 전기선이 없는 집은 거의 없기 때문이다. 편하게 자기 집에서 충전할 수 있다는 것이 전기 자동차의 또 다른 장점이다.

이런 이유로 전기 자동차가 일반화되면 될수록 (본인만의 전용 차고가 없는) 아파트보다는 본인만의 전용 차고가 있는 단독주택이나 타운홈이 고소득층을 중심으로 각광을 받을 가능성이 높은 것이다. 그동안 아파트에 비해 상대적으로 찬밥 신세였던 단독주택이나 타운홈의 가치가 전기 자동차를 만나면서 빛을 발할 것이다.

물론 이런 4차 산업 혁명이라는 변화가 아파트 전성시대의 몰락으로 이어지지는 않는다. 인구밀도가 높은 우리나라 특성상 아파트가 가지는 장점이 여전히 뛰어나기 때문이다. 하지만 지금과 같이 찬밥 신세였던 단독주택이나 타운홈의 위상이 달라질 것은 자명하다.

그러면 아파트는 어떻게 진화할 것인가? 앞으로 지어지는 아파트 단지는 전기 충전시설을 완비한 아파트가 등장할 것이다. 이는 적어도 1가구당 한 대의 충전기와 충전 공간이 보장되는 단지를 말한다. 이를 위해 본인만의 주차 공간이 할당되는 전용주차제가 일반화될 것이다. 다시 말해 아파트 단지 내에서도 전용 차고가 생기는 셈인 것이다. 이리하여 앞으로는 아파트 시장에서도 이러한 충전시설과 공간이 확보된 아파트와 (지금의 새 아파트를 포함한) 기존의 아파트가 차별화될 것으로 보인다. 그 단지 간의 시세 차이는 현재 지하주차장이 완비된 아파트와 지하주차장이 없는 아파트의 차이 이상으로 벌어질 것이다.

2030 세대를 위한
조언

|

🏢

짧지 않은 인생을 살아오면서, 또 한국과 미국에서 몇십 년간 직장 생활을 하면서 많은 사람을 만날 수 있었던 것은 필자에게는 행운이었다. 같이 직장 생활을 한 사람 중에는 필자에게 좋은 영향을 끼친 사람들도 있었고, '저러면 안 되지'라는 반면교사의 역할을 한 사람들도 있었다. 후자의 경우 '회사에서 (받는 급여에 비해) 본인이 가장 힘든 일을 한다'고 생각한다는 공통점이 있다. 일을 장악하고 있는 것이 아니라 일에 치여서 하루하루 밀린 일을 처리하는 데도 벅차 보이곤 한다. 이러니 정작 (급하지는 않지만) 중요한 일보다는 (중요하지 않지만) 급한 일 위주로 일을 하게 되고, 이에 따라 회사의 평가는 박할 수밖에 없다. 이에 회사에서는 이런 사람에게 중요한 일을 맡기기보다는 누구나 할 수 있지만 급한 일 위주로 배정을 하게 된다. 이런 사람이 언제 회사를 그만두더라도 남아 있는 사람들에게 일을 할당해서 처리하면

아기곰의 재테크 불변의 법칙

되니까 처우 또한 좋을 리가 없다. 이러니 회사에 대한 불만은 더 쌓여 가는 악순환의 늪에 빠지게 되는 것이다.

재테크로 비유하자면 생활비가 부족하니까 비싼 이자를 물면서 카드 대출을 받아 생활하고, 대출을 갚을 때가 오면 다른 카드에서 대출을 받아서 갚는 것과 비슷하다. 이런 사람들에게 카드 대출은 가능한 한 받지 말라고 조언하면, "당장 생활비가 없는데 어찌하냐"고 항변하고, 자기가 얼마나 힘든 인생을 사는지 아냐고 한탄을 하곤 한다. 안다. 원래 인생은 힘든 거다. 그런데 이 카드에서 대출을 받고 다른 카드로 그걸 막고 하다 보면 거기서 발생하는 이자만 모아도 상당액이 된다. 그 악순환의 고리를 끊지 않으면 인생은 점점 더 힘들어지는 것이다.

문제는 일에 치여서 살고 있는 직장 생활이나 돈에 치여서 살고 있는 사람일수록 남의 탓을 하는 경우가 많다는 것이다. 남의 탓 중 끝판왕은 재벌 2세 이야기이다. 자기의 소원은 재벌 2세가 되는 것인데, 아버지가 재벌이 되려고 '노~오력'을 하지 않아서 걱정이라는 이야기다. 물론 우스갯소리지만, 본인의 노력보다는 남의 탓을 먼저 하는 세태를 상징하는 이야기라 하겠다.

부동산 시장에서도 '남의 탓'이 난무한다. 본인이 내 집 마련을 못한 이유는 투기꾼 때문이거나 정부의 잘못된 정책 탓이거나 더 나아가 한양을 수도로 점지한 무학대사 탓이라고 한다. 하락론자들 사이에 정설처럼 퍼져있는 '남의 탓'으로는 50~60년대에 태어난 베이비부머들이 집값이 쌀 때 마구 집값을 올려놔서 젊은 세대인 본인들이 집을 살 수 없다는 논리이다.

그 말이 사실이라면, 본인 주변부터 둘러보기 바란다. 베이비부머 세대에 해당하는 사람이 주변에 있을 것이다. 부모님일 수도 있고, 삼촌이나 고모일 수도 있다. 그분들 모두 상당한 자산가인가? 또 그분들 친구들이 모두 상당한 자산가인가? 그렇지는 않을 것이다. 그러면 "집값이 싸서 마구 주어 담을 수 있었다"는 그때 그분들은 뭘 했나?

물론 예전에는 지금보다 집값이 훨씬 쌌다. 서울 토박이인 필자가 어렸을 때는 서울에 있는 근사한 집도 몇백만 원에 불과했다. 평당 몇백만 원이 아니라 집값 전체가 몇백만 원이었다. 1979년에 지어진 강남 대치동의 은마 아파트 분양가도 31평형이 1,800만 원, 34평형이 2,100만 원에 불과했다. 그 당시 고분양가라고 했지만, 지난 40여 년 동안 200배도 더 오른 것이다.

문제는 그때는 집값도 쌌지만 소득도 상당히 낮았던 시절이기 때문에 아무나 집을 살 수 있었던 것이 아니다. 자기 집을 가지고 있는 자가보유율이 그때는 훨씬 낮았었다. 집이 아무나 살 수 있을 정도로 쌌다면 자가보유율이 지금보다 훨씬 높은 것이 정상이다. 하지만 현실은 정반대이다. 인구 천 명당 주택 수의 경우, 통계가 시작된 1995년에는 214.5채에 그쳤으나 2024년에는 442.8채에 달한다. 29년 동안 두 배 이상으로 늘어난 것이다. 통계적으로 보면 과거보다 현재가 내 집 마련이 상대적으로 쉽다는 뜻이다. 자기 집을 가진 사람의 수도 통계가 시작된 2012년에는 1,203만 2,798명이었는데, 2024년에는 1,597만 5,759명으로 32.8%나 늘어났다. 같은 기간 중의 인구 증가율이 0.5%에 그친 것을 감안하면 자기 집을 소유하는 사람이 꾸준히 늘어나고 있음을 의미한다. 반대로 해석하면 과거에는 그만큼 자기 집을 소유하는 것이 어려웠던 것을 뜻한다.

OECD에 따르면 2023년 기준으로 한국의 노인 빈곤율(39.8%)은 OECD 국가 중 가장 높다고 한다. 이는 OECD 평균(14.8%)의 약 3배 가까이 되는 수준이다. 만약 비관론자들의 주장대로 베이비부머들이 꿀을 빨아서 젊은 세대들이 힘든 것이 사실이라면, 그동안 빨았던 꿀은 다 어디 가고 OECD 최고의 노인 빈곤국이 되었을까 생각해 보라.

반대로 세월이 흘러 본인들이 나이가 들어 노후를 맞이했을 때, 본인의 자녀들이 "엄마 아빠는 옛날에 서울 아파트 값이 10억 원밖에 하지 않았을 때 뭐 했어?"라고 질책하면 뭐라 대답할 것인가? 지금의 10억 원은 큰돈이지만 돈 가치가 떨어지는 미래에는 푼돈으로 보이기 때문이다.

결국 집값이 쌌을 시절에는 소득도 낮았고, 소득이 높아진 시기에는 집값도 비싸게 된 것이다. 본인은 힘들게 살고 남은 쉽게 살았다고 생각하니까 '남의 탓'을 하게 되는 것이다. '남의 탓'을 해서 본인의 인생이 더 나아진다면 몇백 번 몇천 번이라도 해도 좋다. 하지만 본인이 컨트롤할 수 없는 '남'을 원인으로 삼는다면 (남이 자신을 위해 변해 주지 않는 한) 본인의 삶이 나아질 수 없다는 결론에 다다른다. 결국 '남의 탓'만 하는 사람은 자신의 인생이 남의 의사에 의해 좌우되는 존재에 불과하다고 여기는 것이다.

"다 아는 이야기인데, 지금같이 가격에 거품이 잔뜩 낀 집을 샀다가 폭락하면 어떡하나?"고 걱정하는 사람도 많다. 이런 걱정 때문에 수년간 내 집 마련을 못하고 있다가, 그동안 오른 집값을 보며 한탄하는 사람도 많다.

다음 도표는 IMF 외환위기 직전인 1997년 1월부터 2026년 3월까지 전국 아파트 매매가 추이를 그린 것이다. 이 기간 동안 전고점보다 1% 이상 집값이 떨어진 적이 2023년 하락기를 포함하여 여섯 차례나 있었다. 집값이 어느 한순간이라도 떨어지지 않고 계속 오르는 것은 아니라는 뜻이다. 평균적으로 5년에 한 번씩 조정을 거치게 된다. 하지만 그다음 상승기에는 언제 그랬냐는 듯이 전고점을 돌파하곤 한다.

전국 아파트 매매가 추이

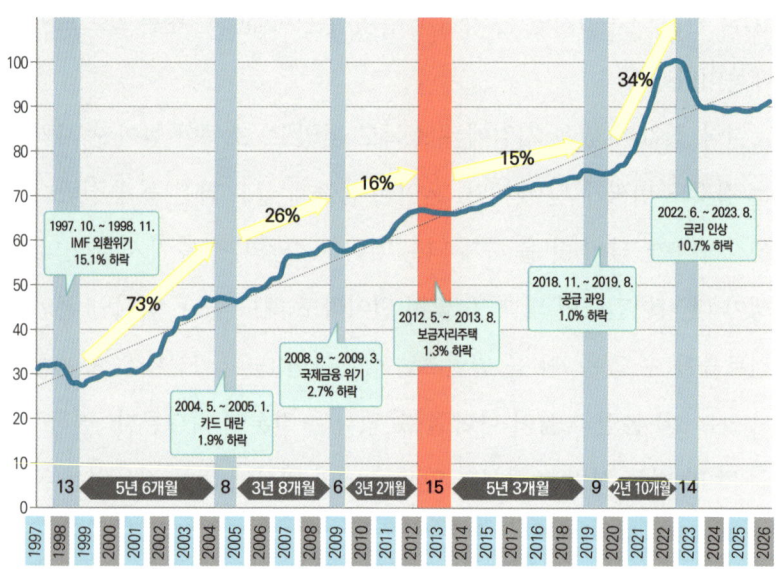

Source: KB 국민은행

지난 몇십 년 동안 우리나라 역사상 집값이 가장 많이 내렸던 적은 IMF 외환위기 때이다. 이때 전국 기준으로 아파트 값은 15.1%나 내렸다. 평균 개념이니 이보다 더 많이 내린 단지도 있고, 더 적게 내린 단지도 있을 것이다. 그런데 만약 어떤 사람이 IMF 직전에 집을 못 팔았다면 20여 년이 지난 지금 아쉬워할 것인가? 그 당시에는 아쉬워했을지 몰라도 지금은 그때 집을 팔지 못한 것을 천만다행으로 여길 것이다.

이렇듯 집값은 하락과 상승을 반복하면서 돈 가치 하락분만큼 상승하는 것이다. 지금의 하늘과 같이 높은 집값은 과거에 비해 높은 것이지, 미래의 시각으로는 낮은 것일 수 있다는 뜻이다. 그러므로 본인의 부모님이나 친척은 제외하고 (그분들과 같은 나이 또래인) 베이비부머라는 가상의 투기꾼 때문에 집을 사지 못하겠다고 하는 것은 전형적인 핑계에 불과한 것이다.

다행스러운 것은 최근 20~30대의 젊은 세대 중에도 내 집 마련을 서두르는 사람들이 늘고 있다는 점이다. 국가데이터처에 따르면 2018년 말 기준으로 우리나라 아파트의 15.8%를 30대가 소유하고 있다고 한다. 이 이야기는 2018년이 아니더라도 2018년 이전의 어느 시점에 30대가 집을 사서 2018년 말에 보유하고 있는 비중이 15.8%라는 뜻이다. 다시 말해 과거 30대의 매수 비중의 누적치가 15.8%라는 것이다.

그런데 2019년부터는 흐름이 변하기 시작했다. 2019년 1월부터 2025년 12월까지 7년 동안 전국 아파트 매수자 중 30대의 비중은 25.2%에 달한다. 과거에 비해 30대의 매수 비중이 9.4%포인트나 급증한 것이다. 이런 흐름이 극적으로 나타나고 있는 지역이 바로 서울이다. 서울의 경우 2018년 말 기준으로 13.9%만이 30대 소유였는데,

2019년부터 2025년까지 7년간 30대의 매수 비중이 32.6%로 급증했다. 30대의 매수 증가 추세는 서울 지역 18.7%포인트로 전국 평균 9.4%포인트의 두 배 가까이 된다. 같은 기간 중 서울 아파트 매수자 중 40대가 차지하는 비중이 28.9%에 그친 것을 감안하면, 서울에서 가장 집을 많이 사는 계층으로 30대가 등장한 것이다.

30대가 차지하는 비중

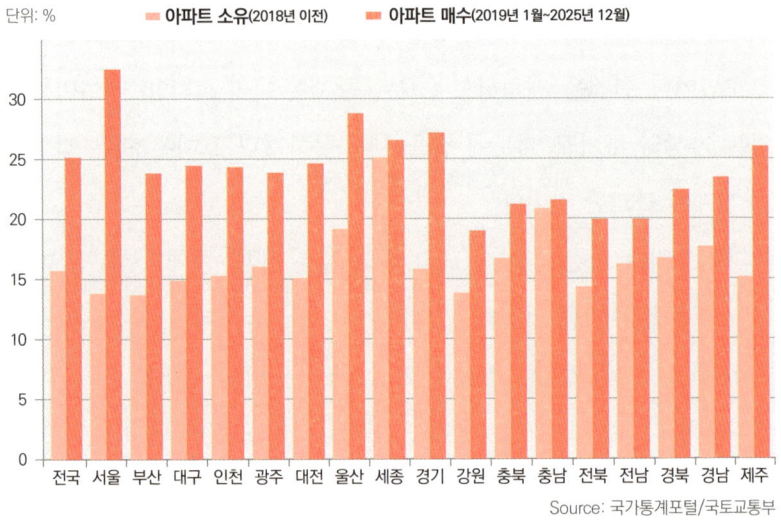

단위: %
■ 아파트 소유(2018년 이전) ■ 아파트 매수(2019년 1월~2025년 12월)

Source: 국가통계포털/국토교통부

흥미로운 사실은 이러한 흐름이 점점 빨라지고 있다는 것이다.

서울 지역 아파트 매수자의 연령대를 분석해 보면 2019년에는 30대가 차지하는 비중이 27.9%였는데, 2020년에는 33.6%까지 높아졌고, 2021년에 들어서도 36.4%로 비중이 점점 높아지고 있다. 다만 정부에서 대출 규제를 강력히 강화함에 따라 2022년에는 자본력이 약한 30대의 매수 비중이 주춤했었다. 그 이후 2023년에는 26.6%,

아기곰의 재테크 불변의 법칙

2024년에는 26.6%, 2025년에는 27.6%로 점점 30대의 매수 비중이 늘어나고 있다.

그런데 이런 사실이 보도될 때마다 부정적인 시각으로 바라보는 사람들이 있다. "30대가 무슨 돈이 있어서 집을 사냐?" "부모가 증여한 것 아니냐?" "투기꾼이 파는 아파트를 사 주는 젊은 세대가 안타깝다" 등의 반응이다.

전국 아파트 30대 매수 비중

단위: %

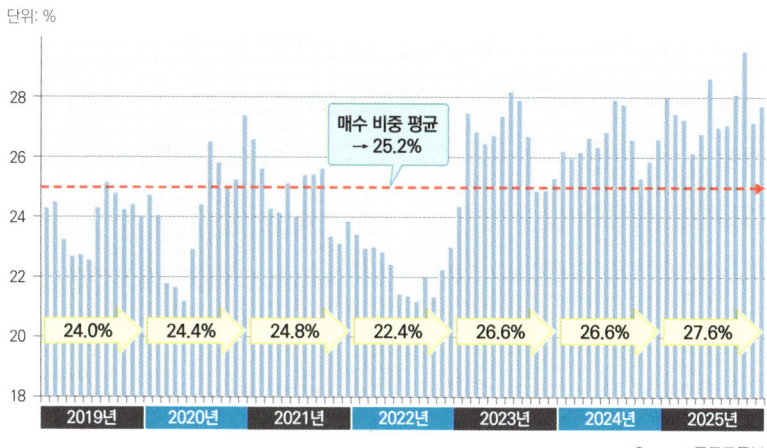

Source: 국토교통부

이 통계는 국토교통부에서 공식적으로 집계 발표한 아파트 매매 거래량으로 분석한 것이다. 증여에 의한 거래는 빠져 있다는 뜻이다. 30대의 소득에 대해서도 과거의 시선으로 보는 것은 곤란하다. 30대 중에서 맞벌이를 하는 부부가 상당히 있다. 과거에도 맞벌이가 있었지만 그 비중이 많지 않았고, 부부 중 한 쪽은 보조적인 경제활동을 하는 수준이었다. 하지만 지금은 아내가 남편보다 더 많이 버는 경우도 많고, 그렇지 않더라도 소득 차이가 많지 않다. 부부 합산을 하면 1년에 1억 5,000만 원 정도 버는 30대 부부도 상당히 많다. 그런데 이런 부부들이 목표를 확실히 잡기 시작하니까 알뜰하기까지 해서 소비보다는 저축에 힘을 쓰고 내 집 마련을 과거보다 빠르게 시작하는 것이다.

본인이 감당할 수 없는 과도한 수준의 대출을 받아 집을 사는 것은 고통의 시작일 수 있다. 하지만 충분한 소비를 하고 남는 돈으로 집을 사는 것은 과거에도 불가능했고, 지금도 불가능하고, 미래에도 어려운 일이다. 문제는 그 어려운 일을 피할 방법이 없다는 것이다.

일부 정치권에서는 청년을 위한 임대주택을 확대하여 내 집 마련 걱정을 덜어 주겠다고 하는데, 그것은 소득이 평균 이하인 사람에게 해당하는 혜택이지, 소득이 충분하여 고급 자동차 등을 누리며 소비하는 사람에게까지 주는 혜택이 아니다. 우리나라보다 훨씬 사회보장제도가 잘 되어있는 나라 중에서도 중산층에게까지 그런 혜택을 부여하는 나라는 없다. 나라 전체로 보면 임대주택을 공급하기 위해서는 막대한 재원이 필요하기 때문에 모든 사람에게 혜택이 돌아갈 수 없다. 국민 모두에게 임대주택의 혜택을 주려면, 평균적으로 모든 사람에게 집값만큼 세금을 더 걷어야 가능하기 때문이다.

근시안적으로 보면 이론적으로는 임대주택에 입주하여 절약되는 주거비를 열심히 모아서 자산 형성에 보태면 경제적 자립을 앞당길 수 있을 것으로 생각되지만, 주변을 살펴보라. 안전하게(?) 임대주택을 선택한 사람들과 무리하게(?) 내 집 마련을 한 사람의 10년 전 자산은 비슷했지만 지금은 비교할 수 없을 정도로 차이가 나 있는 것이다.

인생은 어렵고 힘들며, 내 집 마련은 더더욱 힘들다는 것은 누구나 안다. 그러나 어쩌랴. 그것은 누구나 건너야 할 인생의 험한 다리 Bridge Over Troubled Water인 것을. 더구나 비관론자에게는 남겨 둔 자리가 없다는 것을.

집을 왜
사야 하나?

어느 사회나 부유층과 중산층, 극빈층은 존재한다. 각각의 정의에 따라 구성 비율이 달라지겠지만 필자는 편의상 10%, 80%, 10%로 정의하겠다. 10%에 속하는 극빈층은 현재나 향후 5년간 특별히 경제적 상황이 나아질 것 같지 않은 사람들이다. 낮은 교육 수준으로 인한 저소득이 세습되는 듯한 경향까지 있다. 어떤 정부가 들어서든지 이 사람들이 사회 구성원으로서의 소속감을 잃지 않도록 특별 보호 프로그램을 준비해야 할 것이다. 보다 많은 임대주택 건설, 철저한 사전 조사를 통한 엄정한 입주자 선정 및 사후 관리, 획기적인 주거 비용 경감, 교육 기회 확대 등의 조치가 있어야 한다.

10%에 달하는 부유층들은 큰 걱정이 없다. 한국 경제가 인플레이션이 되든 디플레이션이 되든, 부동산이 폭락하든 급등하든 그 사람들은 이미 자산의 포트폴리오를 완벽하게 갖추었기 때문에 상대적으

아기곰의 재테크 불변의 법칙

로 느긋하고, 경제적 변동이 심할 때 그때그때에 맞는 전략만 세우면 돈을 쉽게 벌 수 있는 처지에 있다. 즉 부동산 가격이 올라도 돈을 벌고 내려도 벌고, 주식이 올라도 벌고 내려도 번다. 이 사람들이 싫어하는 것은 아무 일도 없는 것, 즉 흐름이 완만해서 아무것도 할 일이 없는 때이다.

이 사람들은 과거와 같이 단순히 부만 세습하는 것이 아니라 교육을 통하여 부를 세습하고 있다. 즉 이 사람들의 자녀들은 미국 MBA나 박사 학위를 따고 귀국해서 부모의 회사를 물려받든지, 다른 회사에 취업하여 경험을 쌓든지 해서 보장된 미래라는 조건하에서 한마디로 잘나가고 있다. 많이 배운 사람이 돈도 많아지는 사회, 이것은 한국 사회에만 국한된 일은 아니고 싫든 좋든 어느 사회에나 있는 일이다.

문제는 80%에 달하는 중산층이다. 이 사람들은 위치나 평수의 차이는 있겠지만 지금 집을 소유하고 있거나 5년 이내에 자신의 집을 마련할 수 있는 상황에 있는 사람들이다. 그러나 이 사람들 모두 유주택자는 아니다. 본인들의 처지나 성향에 따라 집을 소유한 사람들도 있고 아닌 사람들도 있다. 30대 초반의 연령층, 직장인(샐러리맨), 남성들은 부동산보다는 주식을 선호하고, 40, 50대의 연령층, 자영업자, 여성들은 주식보다 부동산을 선호하는 것 같다. 그러면 이 80%의 중산층이 왜 집을 사야 하는지 심리적인 측면과 경제적인 측면에서 살펴보자.

집이란 우리에게 어떤 의미일까? '집은 주거를 위한 장소이다'라는 명제에 이의가 있는 사람은 없을 것이다. 그러나 전세나 월세의 형태가 있음에도 불구하고 많은 사람들이 집을 소유하려는 것은 무엇 때문일까? 그것이 반드시 시세 차익 때문이라고는 생각하지 않는다. 내 집 마련에 성공한 사람들의 글을 읽어 보면 공통적으로 나오는 말이 "이렇게 마음이 뿌듯할 줄은 예전에 몰랐어요"이다. 무엇이 그렇게 뿌듯할까? 그 심리의 저변에는 몇 가지 요인이 있는 것 같다.

첫째는 주거 안정성이다. 자기 집에서 살면 본인이 원하는 때까지 그 집에서 살 수 있다. 하지만 전세로 살게 되면 본인의 의지와 상관없이 2~4년마다 거주지를 옮겨야 하는 경우도 나올 수 있다.

예를 들어 보자. 어떤 은퇴한 사람이 5억 원의 자금으로 집을 살지, 아니면 전세를 얻을지를 고민한다고 하자. 만약 이 사람이 집을 샀는데, 집값이 오르면 다행이지만 떨어지더라도 그 집에서 계속 사는 데는 문제가 없다. 하지만 집값 하락을 우려한 이 사람이 5억 원짜리 전세에 살기로 선택했다고 가정하자. 2년 후 집주인이 전세금을 올려 달라고 연락해 올 것이다. 정책의 변화에 따라 그 폭은 다를 수 있지만, 역사상 평균치로 보더라도 2년이면 최소 10%를 올려 달라고 할 것이다. 그러면 5,000만 원의 추가 자금이 필요하다. 다행히 계약갱신청구권을 쓰지 않았다면 5%인 2,500만 원 정도만 올려 주면 되지만, 그렇지 않은 경우는 난감할 수밖에 없다.

그런데 은퇴한 사람은 목돈을 마련할 길이 없으므로, 현재의 주거지보다 전세가 싼 곳으로 이사를 가려고 할 것이다. 그런데 새로 이사한 곳에서도 몇 년 후에는 전세금을 올려 달라고 하니 더 싼 곳으로 이사를 가야만 한다. 이렇게 되니, 서울에서 전세를 살던 사람이 싼 전세를 찾아서 분당, 용인, 평택, 천안을 거쳐서 나중에는 땅끝 마을까지 가야 하는 상황도 벌어질 수 있다. 집이 없으면 부평초처럼 떠도는 인생이 되는 것이다.

　아기곰의 재테크 불변의 법칙

더구나 전세를 옮길 때마다 집주인이 어떤 사람인지 상당히 신경이 쓰인다. "사업하는 사람은 집을 담보로 맡긴다던데, 우리가 살고 있는 집이 잘못되어 전세금을 떼이는 것은 아닐까?" 그러다 은행에서 집주인에게 보내 온 이자 연체 통보서라도 보게 되면 빚을 갚지 않는 집주인보다 오히려 더 걱정을 하고는 한다.

둘째는 집에 대한 애착이다. 전세를 살면서 아쉬운 점이 많았을 것이다. 지저분한 싱크대도 갈아 버리고 싶지만 100여만 원이 넘는 돈을 남의 집에 투자하기는 싫었을 것이다. 헌 싱크대를 계약 기간 동안 달리 보관할 장소도 없을뿐더러 2년 후 이사 갈 때 헌 싱크대를 도로 달아 놓고 새 싱크대를 떼어 가기도 쉽지 않다. 이래서 밤새도록 아내와 때에 절은 싱크대를 비눗물로 닦기도 했을 것이다.

사람은 무언가 소유를 할 때 애착이 생긴다. 첫 차를 뽑았을 때의 흥분을 기억해 보라. 누가 자기 차에 흠집이라도 낼까 봐 노심초사했던 것이 기억날 것이다. 하물며 자동차보다 몇 배나 더 비싸고 평생을 살지도 모르는 자기 소유의 집이 생겼다는 것은 일생일대의 사건인 것이다. 남들이 어쩌지 못하는 자신만의 주거 공간이 생기면 그에 대한 애착도 커지게 마련이다.

셋째는 성취감이다. 우리나라 사람들은 집에 대한 애착이 유달리 강하다. 장가를 가서 부모님의 도움 없이 내 집 마련을 하는 순간이 경제적으로 완전히 성인이 되는 것으로까지 여겨지기도 한다. 특히 나이 드신 부모님이 계시는 경우는 내 집 마련을 했을 때 당사자보다 부모님이 더 기뻐하셨을 것이다.

더구나 나이 드신 분들에게 집이란 자산 이상의 의미가 있다. 이런 것들 때문에 많은 사람들이 집을 사는 것이다. 그 사람들에게 집값이 떨어지면 어쩌느냐고 물어도 대부분의 대답은 "어차피 내가 편하게 살려고 산 집인데 떨어지거나 오르거나 무슨 상관이냐?"고 반문한다.

그러나 아무리 그렇더라도 힘들게 모은 돈을 잃는다는 것은 억울한 일이다. 집을 살 경우의 경제적 의미를 살펴보자.

집을 사는 것은 강제 저축 효과가 있다. 풍족하게 쓰고 남아서 노후까지 문제없을 정도로 높은 수준의 소득을 거두는 사람이면 미래에 대한 걱정이 별로 없을 것이다. 하지만 대부분의 사람은 그 정도로 충분한 수입을 가지고 있지 않다. 그러나 앞으로 기대 수명이 점점 길어지고 은퇴 시기가 당겨지면서 '은퇴 후 삶의 질'이 사회 문제로 떠오를 전망이다.

국가데이터처와 한국은행이 공동 조사한 가계 금융 복지 조사 결과에 따르면 2024년 기준 우리나라 가계의 경상 소득은 7,427만 원이라고 한다. 그런데 65세 이상 고령층의 경상 소득은 4,728만 원으로 전체 가구 평균의 64% 정도 밖에 되지 않는다. 특히 50~60세 미만의 경상 소득이 9,416만 원이라는 점을 감안하면, 은퇴 후 소득이 절반 가까이 급감하는 것을 알 수 있다. 이에 따라 은퇴 후 급격하게 삶의 질이 떨어지는 것을 방지하려면 그만큼 저축이나 투자를 많이 해 놓아야 한다는 결론에 다다를 수 있다.

문제는 이것이 쉽지 않다는 데 있다. 소득은 일정한데 저축을 늘린다는 의미는 그만큼 당장의 소비를 줄여야 하는 문제에 봉착하기 때문이다. 이 때문에 많은 사람이 그 필요성은 인정하면서도 저축을 하지 못하거나 시늉에 그치고 마는 것이다. 그리고 대부분은 "지금 당장 쓸 돈도 없는데, 저축은 어떻게 하는가?"라는 이유로 자기 합리화를 한다. 그런데 누군가가 강제로 저축을 하게 만든다면 어떨까? 자의 반 타의 반이지만 저축을 하게 된다면 그 당시에는 다소 고통이 따르겠지만 노후의 삶은 한결 편해질 것이다.

앞서 인용한 가계 금융 복지 조사 결과를 보면 흥미로운 사실을 발견할 수 있다. 수도권 거주자와 비수도권 거주자 사이에 많은 차이가 있다. 2024년 평균값 기준으로 수도권 거주 가구의 경우 연간 8,118만 원의 소득을 벌어들이고 있는 반면, 지방 거주자의 경우 6,752만 원에 그쳐 수도권 소득의 83%에 불과하다. 상대적으로 고임금의 직장이 수도권에 많이 몰려 있는 관계로 지방 거주자보다는 수도권 거주자의 소득이 높다는 것을 유추해 볼 수 있다.

문제는 자산이다. 2024년 평균값 기준으로 수도권 거주자의 총자산 규모는 7억 926만 원인데, 지방 거주자의 경우 4억 2,751만 원에 그쳐 수도권 거주자의 60%밖에 모아 놓지 못하였다. 소득 차이는 17%밖에 되지 않는데, 자산에서 40%나 차이가 나는 것이다. 물론 이런 결과가 나타난 것은 자산의 대부분을 차지하고 있는 부동산에 그 원인이 있다. 과거 수도권 부동산의 상승률이 지방보다 훨씬 높았기 때문에 이것이 누적되어 현재의 자산 차이로 나타난 것이다.

하지만 이런 측면 외에도 다른 원인이 있다. 바로 강제 저축 효과이다. 전체 자산에서 부동산이나 기타 실물 자산을 제외한 금융 자산을 비교해 보면 그 차이를 알 수 있다. 2024년 평균값 기준으로 수도권 가구의 경우 금융 자산은 1억 6,642만 원에 달한다. 이에 반해 지방 거주 가구의 경우 1억 805만 원에 그쳐 수도권 가구의 65%에 불과하다. 소득 차이는 17%밖에 되지 않는데, 금융 자산에서 그 두 배가 넘는 35%나 차이 나는 것은, (수도권에 사는 사람이라고 모두 재테크의 귀재만 모여 사는 것도 아니기 때문에) 강제 저축 효과 외에는 달리 설명할 방법이 없다.

소득에서 17% 정도 차이가 나기 때문에 저축률이 같다고 가정하면 금융 자산도 17% 정도만 지방 거주자가 적어야 논리적으로 맞다. 그러나 그 차이가 35%에 달한다는 것은 소득의 차이에 따른 17%를 제외한 나머지 18% 정도는 저축률의 차이, 다시 말해 강제 저축의 효과라고 할 수 있다.

그러면 수도권 거주자의 경우 이러한 강제 저축을 해야 하는 이유는 무엇일까? 수도권의 높은 주거비가 그 원인이다. 수도권 거주자의 금융 자산 1억 6,642만 원 중에서 금융 기관에 예탁해 놓은 순수 저축액은 1억 745만 원이고, 나머지 5,897만 원이 전월세 보증금이다. 이에 반해 지방 거주자의 경우 순수 저축액은 9,194만 원이고, 전월세 보증금은 1,611만 원에 불과하다. 순수 저축액만 비교해 보면 지방 거주자가 수도권 거주자의 86% 수준을 유지하고 있다. 두 지역 간의 소득 격차(17%)와 비교해서 순수 저축액(14%) 간의 격차가 오히려 적다는 것을 알 수 있다.

결국 원인은 73%나 차이가 나는 전월세 보증금이다. 전월세 보증금의 경우, 임대 기간이 끝나면 원금 손실 없이 돌려받을 수 있다는 점에서 금융 자산으로 분류되는 것이다.

한마디로 수도권 거주자의 경우 계속 인상되는 전월세 보증금을 울며 겨자 먹기로 맞춰 주다 보니 어느덧 자산이 모이게 된 것이고, 지방 거주자의 경우 상대적으로 낮은 주거비를 지불하다 보니 힘들여 저축할 필요가 없었던 것이다. KB국민은행에 따르면 통계가 시작된 2003년 9월부터 2026년 3월까지 지난 22년 6개월간 수도권 전세 상승률은 128.6%에 달한 반면, 지방 소재 5대 광역시의 경우는 77.8%, 기타 지방은 82.3%에 그쳐 이런 가설을 뒷받침하고 있다. 수도권의 경우 전세 보증금이 많이 올랐기 때문에, 인상액만큼을 강제로 더 저축했던 것과 같은 결과가 된 것이다.

이론적으로 보면 주거비가 상대적으로 저렴한 지방에 거주하는 경우, 그 차액으로 저축을 하든지 다른 곳에 투자를 하여 자산을 많이 모을 수 있을 것으로 생각하기 쉽다. 하지만 현실의 세계는 이와 반대이다. 저축을 하지 않으면 몇 년 후 기존에 살고 있던 집에서 쫓겨나는 (?)수도권 거주자의 경우, 이를 악물고 저축을 해야 하기 때문에 이에 맞춰 살다 보니 어느덧 상당한 금융 자산을 모을 수 있었던 것이다. 반면 지방 거주자의 경우, 주거 문제에 대한 당장의 스트레스는 없어서 좋지만 저축에 대한 간절한 필요성이 상대적으로 덜 느껴지기 때문에, 이것이 누적되어 나중에는 금융 자산 자체가 많이 모아지지 않는 문제가 생기는 것이다. 실제로 지방 일부 도시의 경우 수도권 소재 도시보다 소비 수준이 높은 것으로 나타나고 있다. 이에 따라 소득은 수도권보다 낮지만 주거비를 제외한 다른 물가 수준은 수도권보다 낮지 않은 기현상이 나타나기도 한다.

하락론자 주장의 특징은 "과거에는 그랬는지 몰라도, 앞으로는~" 이다. 과거에 부동산 투자가 다른 투자 상품보다 수익이 훨씬 높았다는 것은 그들도 인정한다. 하지만 앞으로는 그동안 오른 만큼 어려움을 겪을 것이라는 것이 그들의 주장이다. 신기한 것은 이런 주장이 지금만 있었던 것이 아니라 IMF 외환위기가 한창이던 20여 년 전에도 있었다. 이들의 말에 동조해서 아무것도 하지 않거나 있던 집마저 팔아 버렸던 사람들은 땅을 치고 후회하고 있을 것이고, 우리나라의 경제 성장 잠재력에 대한 믿음을 저버리지 않고 그것을 투자로 실천했던 사람들은 자산을 크게 늘렸을 것이다.

주식이든 부동산이든 투자 상품은 계속 오르지만은 않는다. 오를 때도 있고, 내릴 때도 있다. 자본주의 시장의 특징이기도 하다. 하지만 이를 두려워해서 이불 속에만 있는다면 아무것도 이룰 수 없다. 역사는 도전과 응전의 점철이다. 아무런 위기가 없으면 기회도 없다. 눈을 들어 세상을 보라. 서브프라임 사태와 리먼 브러더스 사태, 그리고 코로나 사태 이후에 망해 갈 것 같은 미국의 주가가 2026년 2월 역사상 최고치인 5만 포인트를 갱신하였다. 미국의 집값도 2006년 전고점을 2016년에 돌파한 후 매년 최고치를 갱신하고 있다.

두려움의 이불에서 나와 세상과 싸워 이겨라. 당신이 지금 평균 이하의 소득과 평균 이하의 자산을 가지고 있다고 두려워하거나 좌절하지 마라. 당신에게는 지금까지의 전세를 역전시킬 용기와 충분한 시간이 있다.

아기곰의 재테크 불변의 법칙

재테크 실천의 일기장을 덮으며

이 책은 2003년에 나온 필자의 첫 번째 책 『How to Make Big Money』의 전면 개정판이다. 형식은 개정판이지만 절반 이상을 새로운 내용으로 채워 넣었다. 시간이나 노력을 비교하면 새로 책을 쓴 거나 진배없다. 하지만 개정판의 형식을 취한 것은 2003년에 이 책을 처음 썼을 때 독자들에게 전하고 싶었던 메시지가 단 한 글자도 변함이 없기 때문이다. 이 책이 처음 나왔을 때, 이 책을 읽고 자극을 받아 재테크와 투자의 길로 나선 사람들도 많았고, 그중 일부는 지금 재테크 컨설턴트나 부동산 전문가로 활동하고 있다.

그러나 그것은 20여 년 전의 이야기이다. 지금 사회에 첫발을 내딛고, 재테크를 막 시작하려는 사람이 초등학생이었을 때의 일이다. 강산이 두 번이나 바뀌는 20여 년의 세월만큼 세상도 많이 바뀌었고, 사람도 많이 바뀌었다.

사회 초년병, 재테크 초년병, 투자 초년병들에게 험한 세상을 헤쳐 나가는 용기와 지혜를 주기 위해 이 책을 썼지만 그들이 어찌 받아들일까 걱정이 된다. '노~~오력'만 하라는 꼰대(?)의 잔소리로 들릴 수도 있을 것이다.

이 책을 읽으면서 "뭐 특별한 노하우가 있나 했는데 다 아는 소리네"라고 생각하는 사람도 있을 수 있다. 어떤 사람은 "말이 쉽지, 언제 이렇게 해서 부자가 돼?"라고 반문할 수도 있다. 야구공이 날아오는 것을 끝까지 지켜보면서, 어깨에 힘을 빼고, 배트에 체중을 실어서 배트의 무게 중심에 공을 맞추면 홈런이 나온다는 것은 누구나 안다. 그러나 실전에서 홈런을 치기는 말처럼 쉽지 않다는 것도 누구나 안다. 하지만 실전에서 홈런이 나오기 어렵다고 위의 방법이 틀렸다고 볼 수는 없다. 책 한 권 읽는다고 뚝딱 부자가 될 수는 없다. 자기계발서이든 재테크 책이든 책은 사실 요리의 레시피에 불과하다. 요리를 하는 것은 당신 자신이다.

이 책은 여기저기서 들은 이야기, 여기저기서 읽은 이야기를 그냥 모아 놓은 것이 아니다. 필자가 짧지 않은 인생을 살아오면서 고민하고 연구해서 실천해 보고 좋은 결과가 난 것을 요약한 인생의 일기장이다.

이 책의 모태였던 『How to Make Big Money』가 처음 출간되었던 2003년에 비해 20여 년이 지난 지금 필자 자신에게도 많은 변화가 있었다. 이 책에 나온 대로 실천한 결과 경제적 자유를 얻었다고 자신할 수 있기 때문이다. 일을 해도 되고, 안 해도 된다. 한국에 살아도 되고, 미국에 살아도 된다. 1년간 세계 여행을 다녀와도 뭐랄 사람도 없다.

"너 잘났다" "좋던 시절 만나서 투자에 성공한 거 아니냐?"라고 폄하할 수도 있다. 하지만 과거를 돌아보면 한순간도 만만했던 시절은 없었다. 나라의 위기도 있었고, 다니던 회사가 망할 위기도 많았다. 국내 기업에서 근무하며 1997~1998년 IMF 외환위기를 헤쳐 나왔고, 미국에서 근무하며 2007~2008년 서브프라임 사태와 리먼 브러더스 사태를 헤쳐 나왔다. 그 이후에도 국내외 경제 환경에 크고 작은 위기가 있었지만 그 어렵던 시간을 견뎌 낸 것에는 내가 가는 길에 대한 믿음이 있었기 때문이다. 지금은 힘들어도 언젠가는 경제적 자유를 얻으리라는 갈망이 미래를 만들어 왔던 것이다.

만약 세상이 리셋되어 모든 사람에게 똑같은 자산을 나눠 준다 해도 10년만 지나면 상위 1% 안에 들 수 있는 노하우를 이 책에 담아 보고자 했다.

이 책의 두 번째 개정판은 10여 년 후쯤 다시 나올 수도 있겠다. 지금 현재 이 책을 읽고 있는 당신도 그때는 경제적 자유에 이르러, "젊었던 그 어느 날 읽었던 책이 내 인생을 바꾸었지"라고 회상하기를 기대한다.

아기곰 a-cute-bear@hanmail.net

블로그 blog.naver.com/a-cute-bear

최신 개정 리프레시

아기곰의 재테크 불변의 법칙

초판 1쇄 발행 2017년 5월 8일
초판 17쇄 발행 2021년 3월 20일
전면 개정판 1쇄 발행 2021년 6월 20일
전면 개정판 11쇄 발행 2024년 11월 20일
최신 개정판 1쇄 발행 2026년 4월 15일

지은이 아기곰

펴낸이 김연홍
펴낸곳 아라크네

출판등록 1999년 10월 12일 제2-2945호
주소 서울시 마포구 성미산로 187 아라크네빌딩 5층(연남동)
전화 02-334-3887   **팩스** 02-334-2068

ISBN 979-11-5774-795-5 03320